자바스크립트와 Node.js를 이용한

웹 크롤링 테크닉

JS+Node.js Ni Yoru Web Crawler Net Agent Kaihatsu Technique

자바스크립트와 Node.js를 이용한

웹 크롤링 테크닉

초판 1쇄 발행 2016년 12월 30일 **3쇄 발행** 2018년 5월 14일

지은이 쿠지라 히코우즈쿠에
옮긴이 이동규
펴낸이 장성두
펴낸곳 주식회사 제이펍

출판신고 2009년 11월 10일 제406-2009-000087호
주소 경기도 파주시 회동길 159 3층 3 - B호
전화 070 - 8201 - 9010 / **팩스** 02 - 6280 - 0405
홈페이지 www.jpub.kr / **원고투고** jeipub@gmail.com
독자문의 readers.jpub@gmail.com / **교재문의** jeipubmarketer@gmail.com
편집부 황혜나, 이 슬, 이주원 / **소통·기획팀** 민지환 / **회계팀** 김유미
교정·교열 배규호 / **본문디자인** 북아이 / **표지디자인** 미디어픽스
용지 에스에이치페이퍼 / **인쇄** 한승인쇄사 / **제본** 광우제책사

ISBN 979-11-85890-66-1 (93000)
값 30,000원

자바스크립트와 Node.js를 이용한

웹 크롤링 테크닉

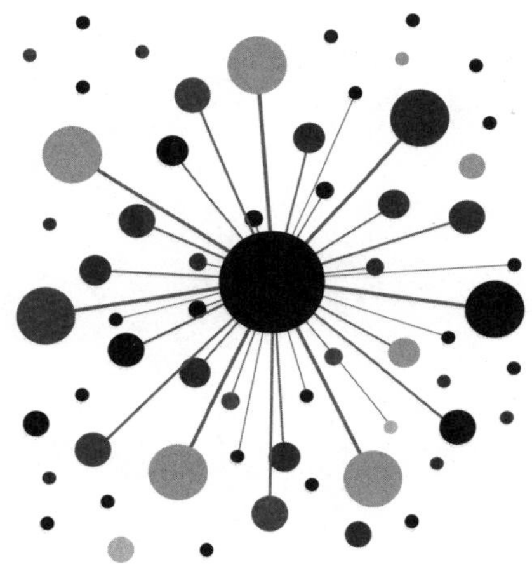

쿠지라 히코우즈쿠에 지음 / 이동규 옮김

※ 드리는 말씀

- 이 책에 기재된 내용을 기반으로 한 운용 결과에 대해 저자, 역자, 소프트웨어 개발자 및 제공자, 제이펍 출판사는 일체의 책임을 지지 않으므로 양해 바랍니다.
- 이 책에 등장하는 각 회사명, 제품명은 일반적으로 각 회사의 등록 상표 또는 상표입니다. 본문 중에는 ™, ©, ® 마크 등이 표시되어 있지 않습니다.
- 이 책에서 사용하고 있는 제품 버전은 독자의 학습 시점이나 환경에 따라 책의 내용과 다를 수 있습니다.
- 본문 중 일본 내의 실정에만 국한되어 있는 내용이나 그림은 일부를 삭제하거나 국내 실정에 맞도록 변경하였으니 참고 바랍니다.
- 책 내용과 관련된 문의사항은 옮긴이나 출판사로 연락해 주시기 바랍니다.

  – 옮긴이: reap.as.i.sow@gmail.com

  – 출판사: readers.jpub@gmail.com

차례

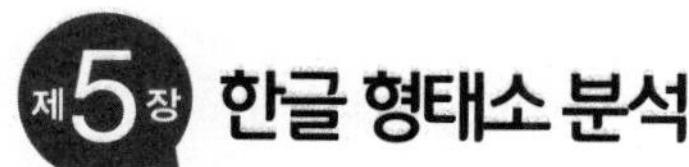

옮긴이 머리말

Node.js라고 하면 경량 웹 서버를 많이 떠올린다. 그리고 자바스크립트는 웹 페이지를 꾸미는 언어 정도로 생각하는 사람이 아직 있을지도 모르겠다. 그런데 자바스크립트와 Node.js 형제는 만능 언어로 점점 조명을 받으며 자라나고 있다. npm이라는 든든한 지원군에 힘입어 원하는 기능을 빠르게 구현할 수 있어 너무나도 편리한 언어다. 잘 알아 두면 웹 서버, 배치 프로그램을 효과적으로 만들 수 있을 뿐만 아니라 MongoDB, 엘라스틱서치 등을 다룰 때도 직간접적으로 도움이 된다.

이 책은 일본 여행 중 우연히 서점에서 마주쳤던 책이다. 마침 회사의 빅 데이터 분석을 담당하는 팀에서 크롤링 시스템을 개발하고 있었으므로 자연스레 집어 들게 되었다. 책을 넘기면서 도움이 될 만한 내용을 스마트폰으로 찍다 보니 몇십 장이 되었고, 여행 중이라 돈도 부족하고 짐도 무거웠는데 점점 이 책을 구매해야겠다는 생각만이 머릿속에 가득해졌다.

여행에서 돌아와 책을 읽어 보니 혼자 보기 아까울 정도로 내용이 좋았다. IT 도서는 어려운 책도 많은데 이 책은 어렵지가 않았고, 예제를 따라 하며 설명을 읽으니 자연스레 이해가 되었다. 쉽게 읽히면서도 다루는 내용은 정말 실용적이고 편리한 것들이다. 이 책에서 다루는 Vagrant, Electron, Phantomjs 등을 읽어 보면 가슴이 두근거릴 정도로 편리하고 좋은 도구들이다. 특히, 소프트웨어 스타트업에 관심이 있는 사람들은 이 책의 많은 부분에서 흥분할지도 모르겠다.

최신 기술들을 쉽게 배울 수 있고, 괜찮은 프로그래밍 테크닉도 일부 포함되어 있다. 따라서 이 책은 언어와 상관없이 초급에서 중급 수준의 독자가 읽으면 반드시 큰 도움이 될 책이다. 좋은 책을 공유하고 싶다는 순수한 일념 하나로 먼저 번역 제안을 했는데, 열린 마음으로 검토해 주시고 기회를 주신 제이펍 출판사 관계자분들께 감사의 말씀을 전하고 싶다.

마지막으로, 좋은 취미 하나를 제안하고 싶다. 그것은 데이터를 수집하고, 분석하고, 가시화하는 취미다. 잘하면 괜찮은 인사이트를 얻을 수도 있고, 활용하기에 따라 수익이 날지도 모른다. 적어도 재미와 함께 여러 기술들을 습득할 수 있을 것이다. 바로 이 책으로 시작할 수 있다. 데이터 수집부터 머신러닝에 이르기까지 쉽고 재미있게 입문하고 싶은 분들께 이 책을 추천한다.

옮긴이 **이동규**

머리말

이 책은 다양한 에이전트를 만들어 여러 작업을 자동화하는 방법에 대해 다룬다. 웹상에는 유익한 데이터가 가득하다. 그러한 데이터를 체계적으로 수집하여 분석하고 활용하는 것은 재미있는 취미가 될 수도 있고 업무에도 도움이 된다. 이 책에서는 웹에 있는 데이터를 수집하는 방법과 그것들을 정리하고 분석하는 방법을 소개한다.

이 책을 통해 웹 사이트를 순회하는 크롤러를 만들어 본인만의 데이터베이스를 구축해 볼 수 있다. 하지만 그렇게 모은 데이터베이스를 활용하지 않고 잠들게 놔두기에는 아깝다. 그래서 이 책에서는 크롤링을 통한 수집만을 다루는 데 그치지 않고, 자신이 선호하는 기사를 꺼내거나, 일정한 규칙으로 자동 분류하거나, 다른 데이터와 조합하는 등 한 걸음 더 나아간 활용법을 제안한다. 트렌드를 조사하여 주식과 FX의 트레이드에 참고하거나, 광고 수익에 활용하거나, 보고서의 자동 작성 및 문장 요약과 재작성 등 다양한 응용을 생각할 수 있다.

게다가 웹을 대표하는 언어인 자바스크립트를 사용하므로 코드를 이해하기 쉽고 수정하기에도 쉬울 것이다. 이 책에서 소개하는 기술이나 프로그램은 그대로 사용할 수 있는 것도 많지만, 약간 손을 봄으로써 보다 실용적인 툴이 될 수 있다. 이 책에서 소개하는 내용을 바탕으로 웹이나 업무 속 데이터에 묻혀 있는 보물을 발굴하기 바란다.

이 책은 자바스크립트의 기본을 알고 있는 독자나 프로그래밍 중급자를 대상으로 한다. 자바스크립트를 모르는 독자는 기본적인 문법을 마스터하고 난 후에 읽으면 내용을 더욱 쉽게 이해할 수 있을 것이다.

지은이 **쿠지라 히코우즈쿠에**

이 책의 사용 방법

이 책의 지면에서는 소스 코드를 담고 있지만, 지면 관계상 일부를 생략한 것이 있다. 소스 코드는 다음 사이트에서 다운로드할 수 있다. 다운로드 URL은 다음을 참고하자.

프로그램 다운로드 방법

다음의 제이펍 웹 크롤러 GitHub 페이지에서 해당 도서의 예제 코드를 다운받으실 수 있습니다.

웹 크롤러 GitHub 페이지

URL https://github.com/Jpub/JSWebCrawler

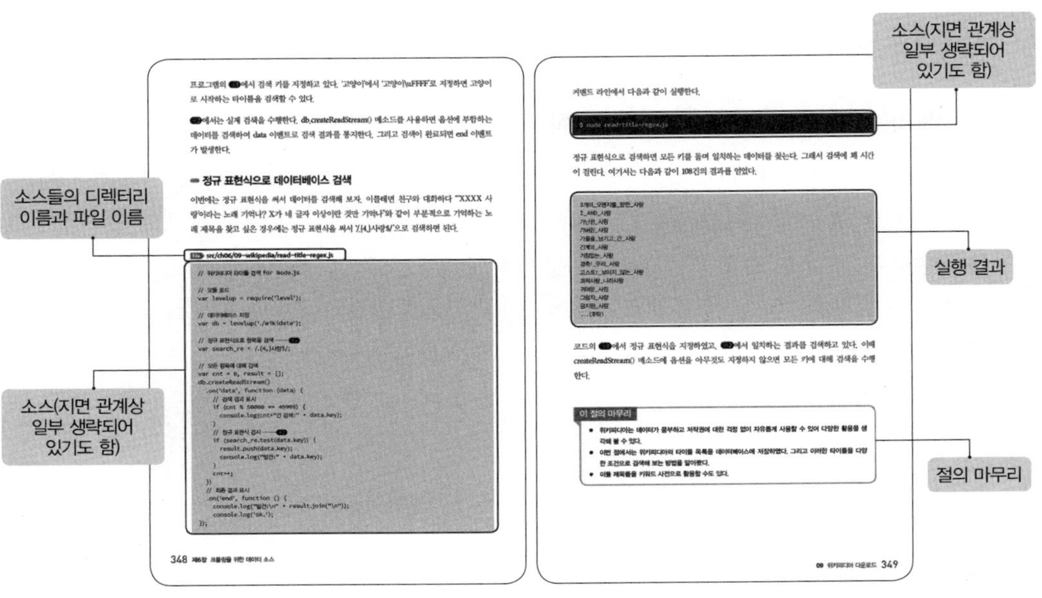

베타리더 후기

허찬순(삼성전자)

프로그래밍 언어도 결국은 도구라고 생각합니다. 도구의 가치는 도구 스스로가 갖는 기능도 영향을 미치겠지만, 궁극적으로는 완성된 결과에 의해 결정된다고 생각합니다. 그런 맥락에서 이 책은 도구를 이용해 완성된 결과물, 산출물을 만들어 가는 사고 과정과 그와 관련된 부가적인 과정들을 살펴볼 수 있어서 좋았습니다.

김인숙(가비아)

이 책은 Node.JS뿐만 아니라 가상환경 설정을 위한 Vagrant, 다양한 웹 크롤링 기법, 한글 형태소 분석 등 많은 내용을 다루고 있습니다. 보다가 이건 토이 프로젝트로 발전시키면 재밌겠다고 생각한 내용이 많았습니다. 그저 읽기만 하지 마시고 반드시 코드를 작성해 보세요.

이보라(아주대학교 소프트웨어 특성화대학원 석사과정)

이 책은 크롤러부터 챗봇까지 자바스크립트와 Node.js를 이용해 응용할 수 있는 다양한 기능들을 소개하고 있습니다. 이런 책의 가장 좋은 점은 라이브러리나 모듈 등을 엄선해서 소개한다는 점입니다. 자바스크립트와 Node.js 입문서를 다 읽고, 또 뭘 만들어 볼까 고민하는 개발자에게 가장 적합한 도서입니다. 다른 분들도 실습을 따라 해보시면 떠오르는 다양한 프로젝트 아이디어를 구현해 보고자 하는 욕구가 샘솟을 것입니다.

김용현(마이크로소프트 MVP)

자바스크립트부터 시작해서 핫 이슈인 커피스크립트, 웹 크롤링, 웹 자동화 테스팅으로 이어지더니 SVM에 머신러닝을 다루고 있습니다. 각 단원이 옴니버스식의 단순 설명이 아니라 정확하고 놀라울 만큼 독자가 궁금해하고 원하는 결과를 보장합니다. 책을 처음부터 따라 하다 보면 어느새 최신 IT 흐름보다 앞선 경험을 얻게 될 것입니다. node.js를 어떻게 활용할 수 있을까 더는 고민할 필요 없습니다. 그저 이 책을 펼치세요!

제이펍은 책에 대한 애정과 기술에 대한 열정이 뜨거운 베타리더들로 하여금
출간되는 모든 서적에 사전 검증을 시행하고 있습니다.

제 1 장

개발 환경

1장에서는 개발 환경에 관해 알아볼 것이다. 자바스크립트(JavaScript)는 운영체제를 가리지 않고 실행할 수 있는 장점이 있지만, 여기서는 가상 머신을 이용하여 더욱 편리하게 개발하는 방법을 살펴볼 것이다. 그리고 자바스크립트 엔진에 관해 알아보고, 개발 생산성을 높여 줄 최신 에디터를 소개할 예정이다. 본격적인 데이터 수집과 분석이라는 재미있는 보물찾기를 떠나기 전에 장비부터 먼저 갖추자.

01

자바스크립트 엔진의 이모저모

예전에는 자바스크립트의 낮은 호환성이 개발자에게 커다란 고민거리였다. 그러나 현재는 대부분 표준화되어서 웹 브라우저뿐만 아니라 다른 많은 환경에서도 동작할 수 있게 되었다. 여기서는 자바스크립트 엔진에 관해 살펴보겠다.

주요 학습 내용

- 자바스크립트 엔진의 특징
- 개발 환경 설치 방법

주요 도구와 라이브러리

- Node.js
- Rhino/Nashorn
- JScript

ECMAScript가 실현한 범용 자바스크립트의 세계

ECMAScript는 Ecma International에 의해 표준화된 스크립트 언어의 명세서다. 이 명세서는 웹 브라우저별로 달랐던 클라이언트 기반 스크립트의 구현을 표준화시키기 위해 만들어졌다. 이후 자바스크립트는 ISO/IEC JTC 1, ISO/IEC 16262로 표준화되었다. 2016년 11월 현재 최신 버전은 7로, 'The Seventh Edition'이라 부르며, 이러한 표준화 덕에 자바스크립트는 개발 언어로서의 지위를 점차 높일 수 있었다. 앞으로 나올 버전 8에는 동시성 지원, CPU 명령어 세트를 이용한 병렬 계산 등으로 성능이 더욱 향상될 예정이다.

자바스크립트는 웹 브라우저라는 제약을 뛰어넘어 다양한 애플리케이션에서 매크로 언어로도 사용되고 있다. 대표적인 예가 포토샵(Photoshop)이나 일러스트레이터(Illustrator)로 유명한 어도비(Adobe)의 CC(Creative Cloud) 시리즈다. 이들 제품은 자바스크립트를 이용해 각종 작업을 자동화할 수 있다. 그리고 윈도우(Windows)에는 기본으로 JScript 엔진이 탑재되어 있다. 이를 이용하면 윈도우의 다양한 기능에 좀 더 쉽게 접근할 수 있다.

더욱이 HTML5 덕에 스마트폰 애플리케이션마저도 자바스크립트로 개발할 수 있게 되었다. 폰갭(PhoneGap) 프레임워크처럼 HTML5로 만든 웹 애플리케이션을 네이티브 애플리케이션으로 변환하는 기술이 발전하여 성능상의 문제도 없어지고 있다.

즉, 이제 자바스크립트를 배우면 웹 애플리케이션부터 데스크톱 애플리케이션, 모바일 애플리케이션, 그리고 배치 처리 프로그램까지 다양한 분야의 애플리케이션을 개발할 수 있는 시대가 된 것이다. 또한, 자바스크립트는 배우기 쉽고, 언어의 유연성이 높으며, 다양한 환경에서 사용할 수 있어서 그 인기가 점점 높아지고 있다.

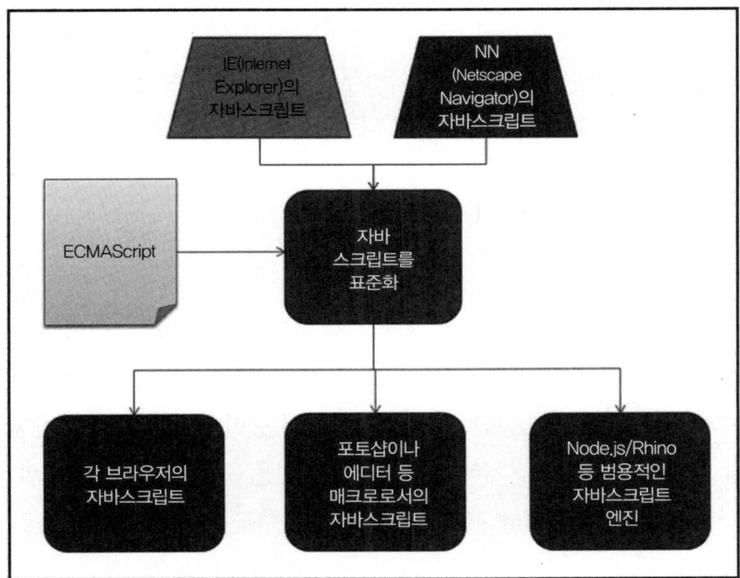

▲ 표준화되어 다양한 곳에서 사용하게 되었다.

자바스크립트 엔진의 이모저모

이 책에서는 자바스크립트를 이용하여 데이터를 수집하고 분석하는 폭넓은 정보 처리 방법을 소개한다. 정말로 자바스크립트만으로 이런 고도의 처리를 수행하는 것이 가능할까? 이것을 가능하게 하기 위해서는 실행 엔진의 힘을 빌려야 한다.

뛰어난 화가가 여러 개의 붓으로 캔버스에 아름답게 채색해 나가는 것처럼 자바스크립트 엔진도 그 종류가 다양하여 목적에 따라 구분하여 사용한다면 고도의 작업을 더 짧은 시간에 수행할 수 있다.

이 책에서는 주로 Node.js(노드제이에스)라는 실행 엔진을 이용한 프로그래밍을 소개할 것이다. Node.js의 활용도는 다른 어떤 자바스크립트 엔진보다도 높다.

웹 브라우저에서의 자바스크립트 엔진

원래 자바스크립트는 웹 브라우저에서 사용되었던 스크립트 언어다. 일반적으로 자바스크립트라고 하면 마이크로소프트 인터넷 익스플로러(Microsoft Internet Explorer)나 모질라 파이어폭스(Mozilla Firefox), 구글 크롬(Google Chrome), 애플 사파리(Apple Safari) 등 웹 브라우저에서 사용된 스크립트 언어를 말했다. 이들 자바스크립트 엔진은 고속화되었고, 다양한 처리도 가능하게 되었다. 그러나 웹 브라우저에 탑재된 자바스크립트 엔진은 브라우저 안에서만 동작할 수 있어 제한이 많은 것도 사실이다. 로컬 PC 안의 파일을 자유롭게 조작할 수 없고, 웹 서버로 동작할 수도 없다. 그래서 등장한 것이 웹 브라우저에 의존하지 않으면서도 다양하게 이용할 수 있는 자바스크립트 엔진이다.

고속 엔진에서 탄생한 Node.js

Node.js는 웹 서버처럼 네트워크 프로그래밍을 위해 개발된 자바스크립트 실행 환경이다. 그 심장부에는 구글 크롬에 탑재된 자바스크립트 엔진 V8이 있다. V8의 가장 큰 특징은 고속 수행 능력이다. 웹 브라우저의 자바스크립트가 보안 때문에 파일 처리 등이 불가능한 것에 반해 Node.js를 사용하면 파일 처리부터 네트워크 처리까지 다양한 작업을 소화할 수 있다. 또한, 패키지 매니저인 npm을 사용하면 다양한 확장 기능을 쉽게 도입할 수도 있다.

Node.js는 서버에서 실행되는 자바스크립트 실행 환경(런타임)으로 많이 사용되고 있다. 그래서 주로 서버 관련 기술로만 취급되기가 쉽다. 그러나 Node.js로 작성된 수많은 애플리케이션이 존재한다. 서두에 잠깐 HTML5로 작성된 애플리케이션을 스마트폰 앱으로 변환해 주는 폰갭에 대해 소개했는데, 폰갭도 바로 Node.js를 사용하여 개발되었다.

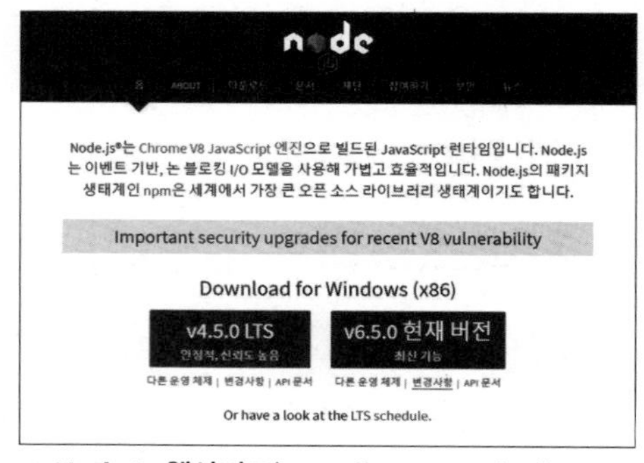

▲ Node.js 웹사이트(https://nodejs.org/ko/)

자바의 풍부한 자산을 이용할 수 있는 Rhino와 Nashorn

다음으로, Rhino(라이노)와 Nashorn(나스호른)에 관해 알아보자. 다소 헷갈릴 수 있는데 이들 자바스크립트 엔진은 자바로 구현되었다. 그래서 자바의 가상 머신(JVM, Java Virtual Machine) 위에서 자바스크립트를 돌릴 수 있다.

이들 자바스크립트 엔진의 최대 장점은 자바스크립트로 자바의 기능에 접근할 수 있다는 것이다. 즉, 자바스크립트로 자바의 방대한 API나 라이브러리를 이용할 수 있다. 이 책에서도 자바의 라이브러리를 이용한 프로그래밍을 소개하는데 이것이 가능한 것은 자바스크립트 엔진이 자바의 가상 머신 위에서 수행되기 때문이다. 또한, Rhino는 자바 1.4 이후에서, 그리고 Nashorn은 자바 SE 8 이후에서 이용할 수 있는 자바스크립트 엔진이다. 기본적인 기능은 같으나, Nashorn은 최신 자바 버전에 맞게 다시 작성되어서 JVM의 새로운 기능을 이용한 고속 수행이 가능하다. 그리고 개발에 있어 매우 중요한 점이기도 한데 에러 메시지가 친절하게 나와 디버깅이 쉽다는 특징이 있다.

이처럼 Nashorn이 가진 이점이 많지만, 이 책에서는 어느 정도 오래된 PC에서도 동작을 테스트할 수 있도록 Rhino를 이용한 프로그래밍을 소개할 것이다.

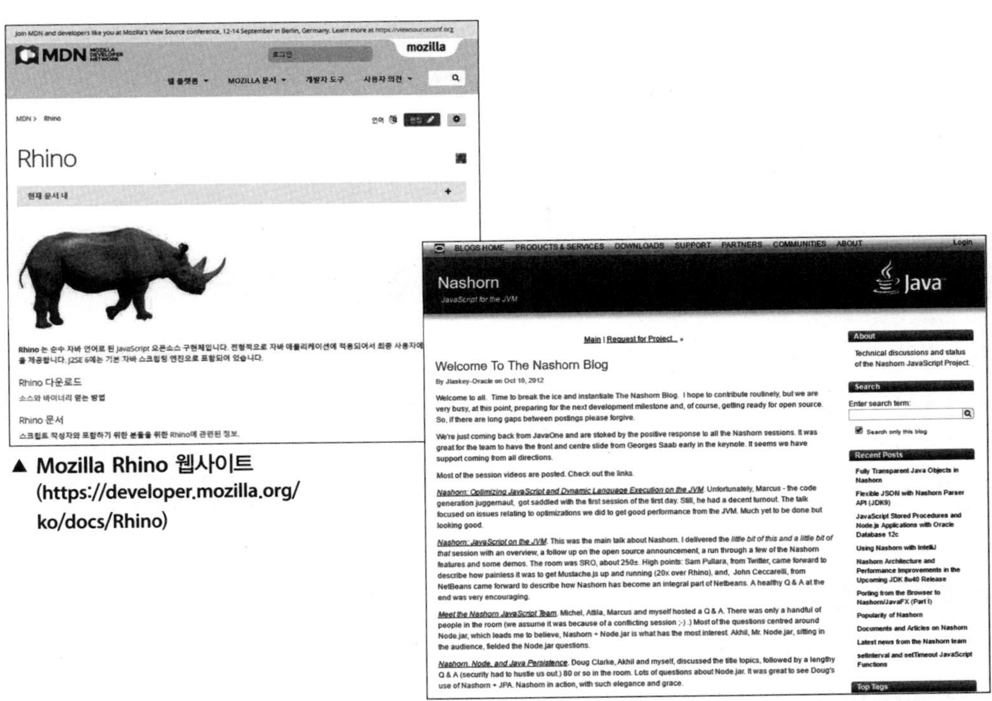

▲ Mozilla Rhino 웹사이트 (https://developer.mozilla.org/ko/docs/Rhino)

▲ Nashorn 블로그 사이트(https://blogs.oracle.com/nashorn/entry/welcome_to_the_nashorn_blog)

윈도우에 표준으로 탑재된 제이스크립트

제이스크립트(JScript)는 윈도우에서만 이용할 수 있는 단점이 있으나, 그만큼 윈도우에 특화된 다양한 기능을 다룰 수 있는 장점을 가진다.

구체적으로, 제이스크립트를 이용하면 윈도우의 ActiveX(COM) 기술에 대응한 각종 애플리케이션의 기능을 사용할 수 있다. 예를 들면, 엑셀에 있는 명부를 워드로 만든 편지 서식의 수신인에 끼워넣는 것처럼 실무에서 편리한 기능을 쉽게 이용할 수 있다. 'JScript Excel' 등의 키워드로 검색해 보면, 엑셀을 좀 더 잘 활용하기 위한 다양한 팁이 검색된다.

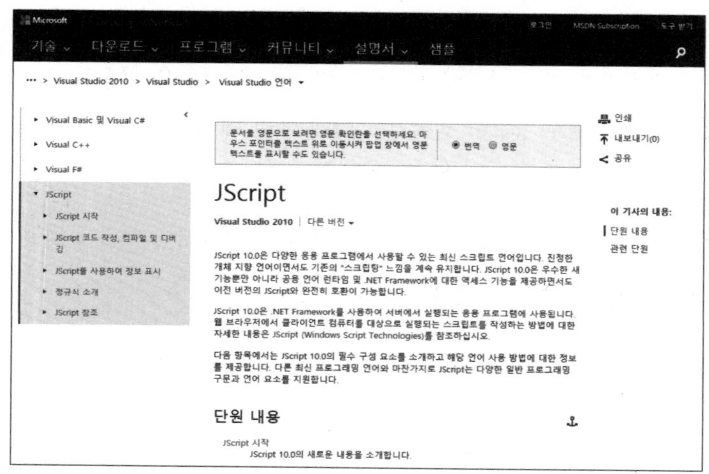

▲ JScript 마이크로소프트 매뉴얼

자바스크립트가 데이터 수집에 적합한 이유

자바스크립트가 데이터 수집에 적합한 이유는 무엇일까? 가장 큰 이유로 코드 작성이 쉬운 점을 들 수 있다. 요즘에는 많은 웹 페이지에서 자바스크립트가 이용되고 있는 만큼 누구라도 조금만 배우면 데이터 수집을 위한 자바스크립트 코드를 작성할 수 있다. 또한, 자바스크립트를 위한 풍부한 라이브러리가 준비되어 있다. 이유에 관해 좀 더 구체적으로 살펴보자.

배우기 쉽다

자바스크립트의 기본적인 문법은 매우 간단하다. 기본적인 부분만 놓고 말한다면 쉽게 학습할 수 있다고 말할 수 있을 것이다. 이 책은 독자가 자바스크립트에 관한 어느 정도의 지식이 있음을 전제하고 있는데, 기본 문법을 알고 있다면 이 책을 통해 자바스크립트의 실전 코딩 기술을 익힐 수 있을 것이다.

다양한 라이브러리가 준비되어 있다

앞에서 이야기했듯이 다양한 자바스크립트 실행 엔진이 존재한다. 그리고 이를 통해 다양한 라이브러리를 사용할 수 있는 환경이 형성되고 있다. 이 책에서는 주로 Node.js를 다루는데 Node.js를 위한 수많은 라이브러리가 있으며, 그것들을 패키지 매니저인 npm을 이용해 쉽게 설치할 수 있다.

유연성이 높아 코드를 빠르게 작성할 수 있다

자바스크립트는 언어의 유연성이 매우 높은 것으로 정평이 나 있다. 프로토타입 기반의 객체 지향적인 코드를 작성할 수 있으며, Node.js의 경우는 기능을 모듈 단위로 관리할 수 있다.

이 절의 마무리

- 여러 자바스크립트 엔진에 관해 알아보았다.
- 자바스크립트의 실행 환경에는 여러 가지가 있다.
- 특히, Node.js가 많은 개발자의 지지를 받고 있다.
- 이 책에서도 Node.js를 이용한 프로그래밍을 주로 소개한다.
- Rhino나 Nashorn을 사용하면 자바로 작성된 많은 라이브러리를 자바스크립트에서 활용할 수 있다.

02

에이전트란 무엇인가?

이 책에서는 자바스크립트를 사용해서 데이터를 수집하고 처리하는 방법을 소개한다. 이번 절에서는 이 책에서 목표로 하는 내용에 관해 설명하고, 이것을 실행하는 프로그램인 에이전트를 작성하기 위해 어떤 분야의 기술이 필요한지 알아본다.

주요 학습 내용	주요 도구와 라이브러리
• 에이전트에 관하여	• 없음

에이전트의 의미

에이전트(Agent)란, 타인이나 타 조직의 의뢰를 받고 대신 행동해 주는 개인이나 조직을 뜻한다. 대리인, 대리업자, 중개업자로 바꿔 말할 수 있다. 운동선수를 대신해서 팀과 교섭해 주는 스포츠 에이전트에 관해 들어 보았을 것이다. 또한, 연예계에서 연예인을 대신해서 다양한 교섭을 해주는 것도 에이전트다. 일상생활의 가까운 예로, 여행자를 대신해서 여행을 준비해 주는 여행 에이전트가 있다. 또, 토지와 건물의 경우에도 판매자와 구매자 사이에 절충 업무를 해주는 부동산 에이전트가 있다.

이런 작업, 처리, 업무를 IT 분야에 적용한 것이 소프트웨어 에이전트다. 사용자 혹은 다른 소프트웨어를 대신해서 다양한 작업을 수행해 주는 프로그램을 말한다. 이 책의 나머지 부분에서는 소프트웨어 에이전트를 짧게 줄여 에이전트라 부르도록 하겠다.

이 책은 웹사이트로부터 다양한 데이터를 수집하고, 일련의 처리를 자동으로 수행해 주는 에이전트의 작성법을 다룬다. 이를 위해 데이터 수집부터 처리, 보관, 한글 형태소 분석, 데이터 분석 기법 등 다양한 기술을 광범위하게 다룬다. 처음부터 순서대로 읽어도 좋고, 필요에 따라 선택적으로 읽을 수도 있게 구성하였다.

지능형 에이전트

에이전트에는 어떤 것이 있을까? 몇 개의 에이전트에 관해 구체적으로 살펴보자. 이 분야에서 주목받고 있는 것이 지능형 에이전트(IA, Intelligent Agent)다. 지능형 에이전트는 인공지능으로 사용자를 돕고, 반복되는 작업을 사용자 대신에 처리한다. 지능형 에이전트는 다음과 같은 특징이 있다.

- 환경과의 상호작용을 통해 학습하며 동작이 개선된다.
- 온라인으로 실시간 적응한다.
- 대량의 데이터를 고속으로 학습한다.
- 새로운 문제 해결 규칙에 적응한다.
- 자신의 동작에 대해 성공과 실패를 스스로 분석한다.

위 특징들을 읽으면 SF소설에 나오는 고도의 지능을 지닌 로봇이 상상될지 모르겠다. 그러나 이미 우리 근처에서 지능형 에이전트가 활약하고 있다. 실례를 살펴보자.

바이어 에이전트

구매 봇이라고도 불린다. 사용자가 인터넷에서 상품이나 서비스를 발견하는 것을 도와주는 에이전트다. 예를 들면, 아마존에서 쇼핑할 때 페이지 밑에 유사 상품들이 표시된다. 이것은 그 페이지를 본 다른 사용자가 구매한 상품이나, 사용자가 본 다른 상품의 경향 정보를 이용한 것이다. 전문점의 점원이라면 손님의 이야기를 듣고 손님에게 딱 맞는 상품을 선택해 준다. 약사는 손님의 증상을 듣고 맞는 약을 추천해 준다. 이와 마찬가지로 바이어 에이전트도 사용자의 취향을 고려해서 상품을 추천해 준다.

사용자 에이전트

인터넷 세계에서는 사용자 에이전트가 큰 활약을 하고 있다. 예를 들면, 웹 브라우저나 이메일 클라이언트의 경우 사용자를 위해 자동으로 작업을 수행한다. 이메일 클라이언트는 새로운 메일을 수신하고, 규칙에 따라 메일을 분류하고, 중요한 메일이 있으면 사용자에게 알리기도 한다. 그리고 웹 브라우저는 사용자와 웹 서버 사이에서 정보를 주고받는 에이전트다. 사용자가 보고 싶은 페이지를 웹 브라우저에 입력하면 웹 브라우저가 서버의 데이터를 취득해서 보기 쉬운 형태로 표시해 준다. 보다 고도의 에이전트의 경우 사용자의 취향에 맞게 웹의 뉴스를 모으는 일도 한다. 또, 게임의 상대가 되기도 하고 사용자와 대화를 하기도 한다.

감시 에이전트

화려하지 않지만 없어서는 안 될 일을 하는 것이 감시 에이전트다. 이 에이전트는 컴퓨터 기기나 시스템이 정상적으로 동작하고 있는지를 감시하여 보고한다. 기기가 고장 나거나 시스템이 다운되면 관리자에게 통지하고 자동으로 복구를 시도하기도 한다. 그리고 소매점의 재고 현황을 감시해서 재고 부족을 예측하여 보고하는 일도 한다.

데이터 마이닝 에이전트

데이터 마이닝이란, 크고 다양한 데이터로부터 유용한 정보를 발굴하는 것을 말한다. 이 작업은 광산에 있는 광석을 채굴(mining)하는 것과 비슷하여 데이터 마이닝(data mining)이라 부른다. 데이터 마이닝 에이전트는 정보를 수집하고 모은 데이터를 분류, 분석한다. 그리고 트렌드의 전환을 검출하거나 새로운 정보를 찾아낸다.

유명한 데이터 마이닝의 예로, 슈퍼마켓의 판매 데이터를 분석하여 다음과 같은 의외의 정보를 발견한 사례가 있다.

- 맥주를 사는 손님은 기저귀를 함께 사는 경우가 많다.
- 비가 오는 날은 고기의 판매량이 많다.

이러한 정보를 바탕으로 맥주와 기저귀의 판매대를 가깝게 하거나 비가 오는 날에 진열하는 고기의 종류를 늘리는 것과 같은 간단한 지침을 통해 매출 증대를 기대해 볼 수 있다.

이처럼 에이전트는 이미 우리의 삶 가까이에서 사용되고 있다. 이 책에서 모든 내용을 망라할 수는 없지만, 이 책의 내용을 바탕으로 입문한다면 더 심오한 기술에 다가갈 수 있을 것이다.

이 절의 마무리

- 에이전트는 누군가를 대신해서 어떤 일을 해 주는 사람이나 조직, 소프트웨어를 말한다.
- 우리 주변에는 이미 다양한 에이전트가 있어서 온라인 마켓이나 브라우저, 이메일 클라이언트 등에서 역할을 수행하고 있다.
- 이 책에서는 소프트웨어 에이전트의 작성법을 설명한다.

제1장 | 개발 환경

03 개발 환경 구축

이번 절에서는 가상 머신 위에 개발 환경을 구축하는 방법을 알아볼 것이다. 가상 머신 위에서라면 안심하고 마음껏 소프트웨어를 설치하고 수행해 볼 수 있다. 여기서는 보다 쉬운 방법으로 가상 머신 및 개발 환경을 구축하는 방법을 알아볼 것이다.

주요 학습 내용

- 가상 머신 위에 개발 환경을 구축하는 방법

주요 도구와 라이브러리

- Vagrant/VirtualBox
- CentOS
- Node.js
- Poderosa
- nvm
- git

가상 머신에 실행 환경 구축

이 책에서 설명하는 코드는 윈도우, Mac OS X, 리눅스 모두에서 동작한다. 그러나 프로그램을 개발할 때 가상 환경을 구축해 놓으면 편리한 점이 많다. 이 책에서는 가상 머신 위에 CentOS(센트오에스)를 설치하여 사용할 것이다. 그러면 독자와 필자의 운영체제 차이로 생기는 여러 에러 메시지에 관한 걱정 없이 코드의 설명에 집중할 수 있다. 또한, 가상 환경을 만들면 다양한 실험을 해볼 수 있으며, 문제가 생겨도 쉽게 복구할 수 있다. 어떠한 무리한 프로그램을 실행시켜도 호스트 머신 환경에 영향을 미치지 않기 때문이다.

많은 가상화 도구가 무료로 제공되고 있어 부담 없이 이용할 수 있다. 최근의 PC라면 가상 머신을 켜 둔 채로 있어도 호스트 머신에 큰 부담이 되지 않는다.

이 책에서는 콘솔을 통해 프로그램을 실행하거나 라이브러리를 설치하는 경우가 많다. 물론, 윈도우에도 콘솔이 있지만, 리눅스 계열의 터미널이 여러모로 편리하다. 또한, 리눅스에 있는 패키지 매니저를 사용하면 필요한 소프트웨어들을 쉽게 설치할 수 있다.

가상 머신 생성

그러면 가상 머신을 생성하는 방법을 알아보자. 우리는 VirtualBox(버추얼박스) 위에 CentoOS를 설치할 것이다. 그런데 운영체제 설치는 귀찮고 시간이 오래 걸리는 작업이다. 그래서 여기서는 CentOS가 미리 설치된 머신 이미지를 한 번의 명령으로 내려받을 수 있는 Vagrant(베이그런트)라는 도구를 사용할 것이다.

VirtualBox와 Vagrant 설치

그러면 VirtualBox와 Vagrant를 설치하자. VirtualBox는 다음 URL에서 내려받을 수 있다. 윈도우라면 'VirtualBox x.x.x for Windows hosts'를 선택하고, Mac OS X이면 'VirtualBox x.x.x for OS X hosts'를 선택한다. 인스톨러가 준비되어 있어 안내에 따라 설치를 진행하면 된다.

```
VirtualBox > Downloads
https://www.virtualbox.org/wiki/Downloads
```

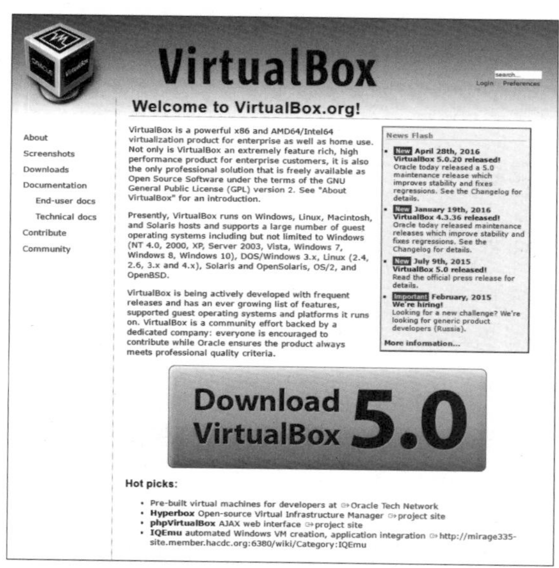

▲ VirtualBox의 웹사이트

다음으로, Vagrant를 설치하자. 다음 URL에서 다운받는다. 역시, 인스톨러가 있으니 지시에 따라 설치를 진행하도록 한다.

```
Vagrant > Download
https://www.vagrantup.com/downloads.html
```

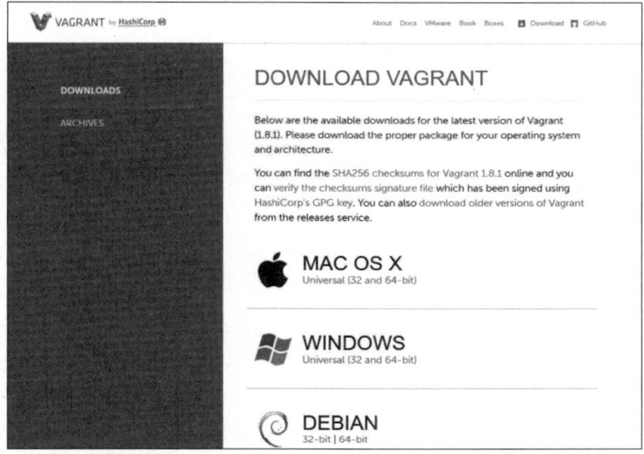

▲ Vagrant의 웹사이트

가상 머신 추가

윈도우에서는 명령 프롬프트, Mac OS X에서는 터미널을 열어서 가상 머신을 생성하고 싶은 폴더로 이동한다. 그리고 'vagrant init'이라고 입력한다. 그러면 Vagrantfile이 자동으로 생성된다.

```
$ vagrant init
```

에디터를 사용해서 Vagantfile을 편집하도록 한다. 파일 내에 config.vm.box="base"라고 쓰여진 부분을 찾아서 아래와 같이 바꾸도록 한다. 이것은 Vagrant Cloud로부터 자동으로 가상 머신 파일(Box 파일)을 내려받도록 하는 설정이다.[1]

```
#config.vm.box = "base"                     ← 주석 처리
config.vm.box = "puphpet/centos65-x64"  ← 추가
```

1 이 가상머신 파일은 사용자들이 작성하여 올린 것으로, 경우에 따라서는 이용하지 못할 수도 있다. 만약, 해당 이름으로 설치가 안 되면 http://vagrantcloud.com에서 CentOS를 검색해서 Box 파일 이름을 기재하여 진행하도록 한다.

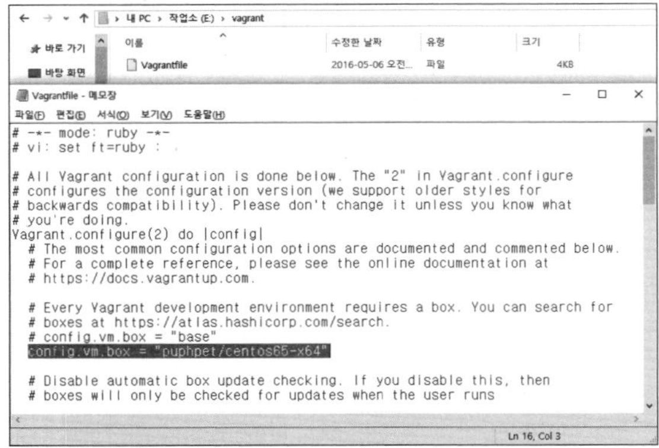

```
# -*- mode: ruby -*-
# vi: set ft=ruby :

# All Vagrant configuration is done below. The "2" in Vagrant.configure
# configures the configuration version (we support older styles for
# backwards compatibility). Please don't change it unless you know what
# you're doing.
Vagrant.configure(2) do |config|
  # The most common configuration options are documented and commented below.
  # For a complete reference, please see the online documentation at
  # https://docs.vagrantup.com.

  # Every Vagrant development environment requires a box. You can search for
  # boxes at https://atlas.hashicorp.com/search.
  # config.vm.box = "base"
  config.vm.box = "puphpet/centos65-x64"

  # Disable automatic box update checking. If you disable this, then
  # boxes will only be checked for updates when the user runs
```

▲ 텍스트 에디터로 편집

여기서는 CentOS 6.5를 내려받도록 설정하였는데, Vagrant Cloud에는 그 외에도 다양한 가상 머신 Box가 등록되어 있어 원하는 것을 내려받아 사용할 수 있다.

Vagrant Cloud의 웹사이트
[URL] https://vagrantcloud.com

Discover Vagrant Boxes

This page lets you discover and use Vagrant Boxes created by the community. You ca
by operating system, architecture or provider.

Search for boxes by operating system, included software, architecture and more

Provider filter: virtualbox | vmware_desktop | aws | digitalocean | docker | hyperv | rackspace | parallels

Sort by: Downloads | Recently Created | Recently Updated

ubuntu/trusty64
Official Ubuntu Server 14.04 LTS (Trusty Tahr) builds
14,920,840 downloads | 20160406.0.0 | last releas

laravel/homestead Official Laravel local development box.
5,719,186 downloads | 0.4.4 | last releas

hashicorp/precise64 A standard Ubuntu 12.04 LTS 64-bit box.
5,046,672 downloads | 1.1.0 | last releas

hashicorp/precise32 A standard Ubuntu 12.04 LTS 32-bit box.
1,943,802 downloads | 1.0.0 | last releas

puphpet/ubuntu1404-x64 Ubuntu Trusty 14.04 LTS x64
1,527,933 downloads | 20151201 | last release

▲ Box 파일 일람

가상 머신 기동

이것으로 준비가 완료되었다. 다음과 같이 명령을 실행해 보자. 그러면 자동으로 Box 파일을 내려받고 가상 머신을 기동한다.

```
$ vagrant up역주
```

```
선택 C:₩WINDOWS₩system32₩cmd.exe
E:₩vagrant>vagrant up
Bringing machine 'default' up with 'virtualbox' provider...
==> default: Box 'puphpet/centos65-x64' could not be found. Attempting to find and install...
    default: Box Provider: virtualbox
    default: Box Version: >= 0
==> default: Loading metadata for box 'puphpet/centos65-x64'
    default: URL: https://atlas.hashicorp.com/puphpet/centos65-x64
==> default: Adding box 'puphpet/centos65-x64' (v20151130) for provider: virtualbox
    default: Downloading: https://atlas.hashicorp.com/puphpet/boxes/centos65-x64/versions/20151130/providers/virtualbox.
box
    default: Progress: 100% (Rate: 3609k/s, Estimated time remaining: --:--:--)
==> default: Successfully added box 'puphpet/centos65-x64' (v20151130) for 'virtualbox'!
==> default: Importing base box 'puphpet/centos65-x64'...
==> default: Matching MAC address for NAT networking...
==> default: Checking if box 'puphpet/centos65-x64' is up to date...
==> default: Setting the name of the VM: vagrant_default_1462494388621_47990
==> default: Clearing any previously set network interfaces...
==> default: Preparing network interfaces based on configuration...
    default: Adapter 1: nat
==> default: Forwarding ports...
    default: 22 (guest) => 2222 (host) (adapter 1)
==> default: Booting VM...
==> default: Waiting for machine to boot. This may take a few minutes...
    default: SSH address: 127.0.0.1:2222
    default: SSH username: vagrant
    default: SSH auth method: private key
    default: Warning: Remote connection disconnect. Retrying...
    default:
    default: Vagrant insecure key detected. Vagrant will automatically replace
    default: this with a newly generated keypair for better security.
    default:
    default: Inserting generated public key within guest...
    default: Removing insecure key from the guest if it's present...
    default: Key inserted! Disconnecting and reconnecting using new SSH key...
==> default: Machine booted and ready!
==> default: Checking for guest additions in VM...
    default: The guest additions on this VM do not match the installed version of
    default: VirtualBox! In most cases this is fine, but in rare cases it can
    default: prevent things such as shared folders from working properly. If you see
    default: shared folder errors, please make sure the guest additions within the
    default: virtual machine match the version of VirtualBox you have installed on
    default: your host and reload your VM.
    default:
    default: Guest Additions Version: 5.0.10
    default: VirtualBox Version: 4.3
==> default: Mounting shared folders...
    default: /vagrant => E:/vagrant

E:₩vagrant>
```

▲ 첫 실행 시에는 Box 파일을 내려받는다

첫 실행 시에는 Box 파일을 내려받는 시간이 필요하여 다소 오래 걸리지만, 이후에는 그만큼 오래 걸리지 않는다. 한편, 지금까지 설명한 가상 머신을 다운받고 기동하는 과정은 다음 두 줄의 명령어로 대체할 수 있다.

```
vagrant init puphet/centos65-x64
vagrant up --provider virtualbox
```

역주 윈도우 10에서 vagrant up 실행 중 에러가 발생한다면 설치 경로에서 VirtualBox.exe 파일을 찾아 마우스 오른쪽 버튼 클릭 ➡ 속성 ➡ 호환성 탭에서 "관리자권한으로 실행"을 체크해 준다. 그리고 VirtualBox.exe를 실행하여 도움말 ➡ 모든 경고 초기화를 클릭한다.

가상 머신 제어

가상 머신의 기동 상태를 확인하기 위해 다음 명령어를 사용한다. 정상적으로 기동 중이면 'running(동작 중)'이라고 표시된다.

```
$ vagrant status
```

실행 중인 가상 머신을 종료하기 위해서는 'vagrant halt'라고 입력한다. 이 외에도 다음과 같은 명령으로 가상 머신을 제어할 수 있다.

▼ Vagrant 관련 명령어 일람

커맨드	제어 설명
vagrant up	가상 머신 시동
vagrant halt	가상 머신 정지
vagrant suspend	가상 머신 휴면
vagrant resume	가상 머신 휴면 상태에서 복원
vagrant reload	가상 머신 재시동
vagrant status	가상 머신의 상태 확인
vagrant destroy	가상 머신 삭제
vagrant ssh	가상 머신에 로그인

가상 머신에 로그인하기

우리가 앞서 설치한 CentOS 이미지는 최소 구성이므로 데스크톱 화면을 포함하지 않는다. 따라서 터미널을 통해 가상 머신에 로그인해야 한다. Mac OS X이라면 터미널을 열고, 다음과 같이 명령어를 실행하면 SSH를 통해 가상 머신에 로그인하게 된다.

```
$ vagrant ssh
```

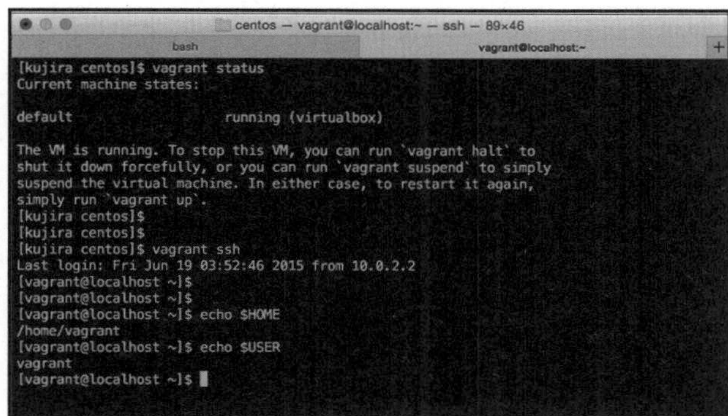

▲ Mac OS X에서 가상 머신에 로그인한 화면

윈도우에서 가상 머신에 로그인하는 방법

윈도우에서는 다음과 같이 SSH 접속에 필요한 정보만 표시된다.

```
> vagrant ssh
(이하 표시 예)
Host: 127.0.0.1
Port: 2222
Username: vagrant
Private key: E:/vagrant/.vagrant/machines/default/virtualbox/private_key
```

먼저, SSH 클라이언트를 설치하고 위 정보를 설정하여 접속한다. 유명한 윈도우용 SSH 클라이언트로는 Putty(푸티), TeraTerm(테라텀), Poderosa(포데로사) 등이 있다. 여기서는 Poderosa의 사용법을 소개하겠다.

다음 주소에서 Poderosa를 다운로드한다. ZIP 파일을 압축 해제하면 Poderosa.exe가 나오는데 이것이 실행 파일이다. 더블클릭하여 실행한다.

Poderosa
[URL] http://sourceforge.net/projects/poderosa/

Poderosa를 실행한 후 메뉴에서 'File ➡ New Telenet/SSH Connection'을 클릭한다. 그리고 앞서 'vagrant ssh'로 획득한 접속 정보를 입력한다. Host에 '127.0.0.1', Protocol에 SSH2, Port에 포트 번호, Account에 vagrant, Authentication에는 Public Key를 선택하고, Key File(Private

Key)을 지정한다. 이때 포트 번호가 일반적으로 쓰이는 22가 아니라 2222인 것에 주의한다. OK를 누르면 가상 머신에 접속한다.

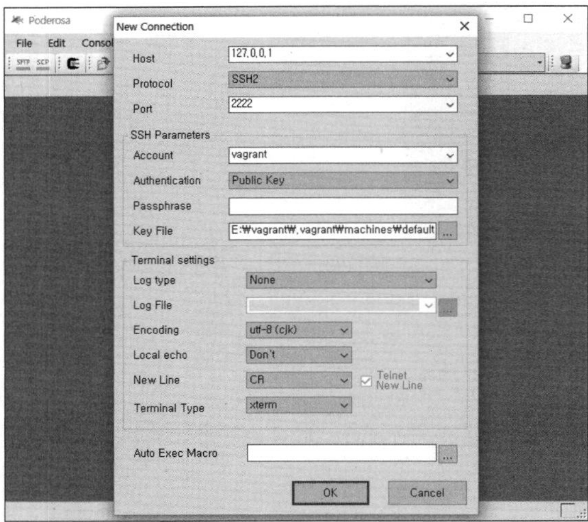

▲ **Poderosa로 접속하는 화면**

보통 웬만한 SSH 클라이언트는 화면 색을 기호에 맞게 바꿀 수 있는데 Poderosa도 메뉴의 Tools ➡ Options의 Display 탭에서 화면 색을 설정할 수 있다.

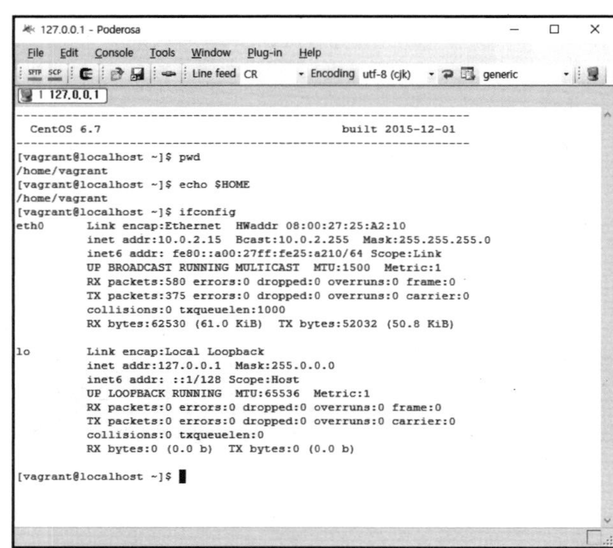

▲ **Poderosa를 실행한 화면**

초기 계정과 비밀번호는 모두 vagrant다.

▼ 디폴트 계정 정보

디폴트	
계정	vagrant
패스워드	vagrant

Node.js 설치

그러면 이 책에서 주로 사용하는 자바스크립트 엔진인 Node.js를 설치하자. Vagrant로 기동한 가상 머신에 로그인한다. Node.js는 버전에 따라 동작이 다르다. 그래서 nvm이라는 도구를 사용해서 특정 버전의 Node.js를 설치할 것이다. 먼저, 다음과 같은 명령어를 통해 nvm을 설치한다.

```
$ curl -o- https://raw.githubusercontent.com/creationix/nvm/v0.25.3/install.sh | bash
```

설치 후 셸의 재시작을 위해 'logout' 명령어를 이용하여 로그아웃하였다가 재접속하여 다시 로그인한다. 이어 Node.js 0.12.4를 설치한다.

```
$ nvm install v0.12.4
$ nvm alias default v0.12.4
```

제대로 설치되었는지 확인해 보자. 'node -v' 명령어로 설치된 Node.js의 버전 정보를 확인할 수 있다. 다음과 비슷하게 표시되면 성공한 것이다.

```
$ node -v
v0.12.4
```

Node.js에는 REPL(Read-Eval-Print-Loop)이라 불리는 대화 환경이 준비되어 있다. 터미널에서 인자 없이 node 명령어를 실행하면 REPL이 시작된다. 여기서 3 + 5라 입력하고, 엔터를 눌러 보자. 8이라는 결과가 표시될 것이다.

```
$ node
> 3 + 5
8
```

그런데 nvm을 사용해서 Node.js를 설치한 경우에는 sudo 명령어와 함께 npm이나 node 명령어를 사용할 수 없다. 이를 위해 sudo 명령을 실행할 때의 패스(PATH: 프로그램이나 명령을 찾는 기본 경로를 담고 있는 환경 변수)를 일반 사용자의 패스와 같게 해야 한다. 먼저, '.exit'를 입력하여 REPL 환경을 종료하고 다음과 같이 visudo 명령어를 실행하도록 한다.

```
$ sudo visudo
```

많은 설정 항목이 있는데 env_keep을 설정한 행을 찾아서 주석 표시 '#'을 없애도록 한다. 그런데 visudo를 실행하면 vi 에디터가 실행된다. vi 에디터는 명령 모드와 문자를 입력할 수 있는 입력 모드를 바꿔가면서 편집을 수행한다. vi를 실행하면 명령 모드로 시작된다. i 키를 눌러 입력 모드로 변환하여 편집을 수행하고, 편집이 끝나면 esc 키를 눌러 명령 모드로 돌아가도록 한다.

```
### 첫 번째 수정(env_reset을 무효화)
Defaults env_reset
        ↓
Defaults  !env_reset

### 두 번째 수정(HOME을 추가)
#Defaults env_keep += "HOME"
        ↓
Defaults  env_keep += "HOME"

### 세 번째 수정(sudo 명령어 실행 시 사용할 패스를 덮어쓰지 않도록 주석 처리한다)
Defaults  secure_path = /sbin:/bin:/usr/sbin:/usr/bin
        ↓
# Defaults   secure_path = /sbin:/bin:/usr/sbin:/usr/bin
```

명령 모드에서 :wq 키를 누르면 저장 후 vi가 종료된다. 한 번 로그아웃하고 다시 로그인하면 설정이 반영된다.

git 설치

다양한 오픈 소스 프로젝트의 소스 코드를 로컬 환경에 내려받을 수 있도록 git도 설치해 두자.

```
$ sudo yum install git
```

가상 머신에서 웹 서버를 사용하기 위한 설정

가상 머신은 말하자면 상자 안의 모형 정원이다. 그래서 가상 머신에 웹 서버를 만들었다면 기본적으로 호스트 머신에서 접근할 수가 없다. 접근할 수 있게 하기 위해서는 Vagrant의 설정 파일 Vagrantfile에 다음 내용을 추가한다.

```
config.vm.network "forwarded_port", guest: 80, host: 8080
config.vm.network "private_network", ip: "192.168.33.10"
```

설정 파일의 마지막 줄에 있는 end 위에 기술한다. 설정을 저장했으면 'vagrant reload'를 입력하여 가상 머신을 재기동한다.

첫 번째 행이 수행되면서 가상 머신의 웹 서버 포트 80이 호스트 머신의 포트 8080에 할당된다. 두 번째 행이 수행되면서 가상 머신의 IP 주소가 192.168.33.10에 할당된다.

호스트 머신과 가상 머신 간의 폴더 공유

호스트 머신과 가상 머신 간에 폴더를 공유할 수도 있다. 특별한 설정 없이도 가상 머신의 /vagrant 폴더가 호스트 머신의 설정 폴더(Vagrantfile이 있는 폴더)와 공유된다. 물론, 호스트 머신의 임의의 폴더를 가상 머신의 임의의 폴더와 공유할 수도 있다. 이를 위해 설정 파일 Vagrantfile에 다음과 같이 기재한다.

```
[서식]
config.vm.synced_folder "호스트 머신의 경로", "가상 머신의 경로"
```

설정을 편집했으면 동일하게 'vagrant reload' 명령어로 가상 머신을 재기동한다.

가상 머신의 폴더 공유 설정 중 에러가 발생하는 경우

혹시 위에 설명한 방식으로 공유가 되지 않는다면 vbox를 재빌드함으로써 문제가 해결되기도 한다. 가상 머신에 로그인한 후에 다음 명령어를 실행한다.

```
$ sudo /etc/init.d/vboxadd setup
```

혹은 호스트 머신에 플러그인을 설치해 두면 편리하다. 다음 명령어를 입력하면 가상 단말에 Virtualbox-guest-addition의 설치 여부를 확인한 후 필요 시에 자동으로 설치가 이뤄진다.

```
$ vagrant plugin install vagrant-vbguest
```

호스트 머신에서 개발하고 가상 머신에서 실행

호스트 머신과 가상 머신 간에 폴더가 공유되면 편리한 점이 많다. 예를 들면, 호스트 머신인 윈도우(혹은 Mac OS X)에서 프로그램을 작성한 후에 가상 머신 위의 CentOS에서 프로그램을 실행하는 것이 쉬워진다. 또한, 이 책의 예제 코드를 다운로드하고 압축을 해제하는 것은 호스트 머신에서 수행하고, 실행은 가상 머신에서 할 수도 있다.

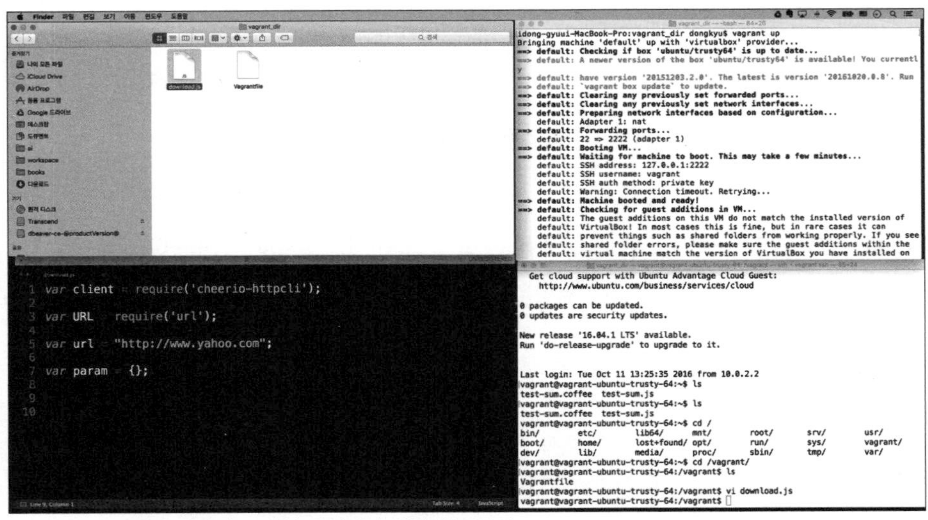

▲ Mac OS X에서 개발하고 가상 머신에서 실행하는 장면

이 절의 마무리

- 이 절에서는 가상 머신을 사용해서 개발 환경을 구축하는 방법을 소개했다.
- Vagrant를 이용해서 비교적 빠르게 개발 환경을 구축할 수 있었다.
- 이 책의 나머지 부분에서는 이번 장에서 구축한 가상 머신 위에서 동작을 확인해 나가겠다.

04 Node.js 모듈 설치

Node.js의 이점은 많은 모듈이 공개되어 있다는 점이다. 패키지 관리자인 npm을 사용하면 모듈을 쉽게 설치할 수 있다. 여기서는 npm에 관해 자세히 알아보자.

주요 학습 내용	주요 도구와 라이브러리
• npm의 사용법	• npm • nano

npm이란?

npm은 Node.js의 모듈을 관리하는 패키지 관리자다. 기본적으로 Node.js의 모듈을 설치하는 목적으로 사용된다. 그리고 Node.js로 만든 애플리케이션을 설치할 수도 있다.

npm install로 모듈 설치

그러면 npm의 기본적인 사용법을 알아보자. 모듈을 설치할 때에는 'npm install'을 사용한다. 커맨드 라인 창에서 다음과 같이 명령어를 입력한다.

```
[서식] npm으로 모듈 설치
$ npm install (모듈 이름)
```

예를 들면, 웹사이트로부터 파일이나 데이터를 내려받을 때에는 request 모듈을 많이 사용한다. request 모듈을 설치하기 위해서는 다음과 같이 입력하면 된다.

```
$ npm install request
```

그러면 다음과 같은 화면을 볼 수 있다.

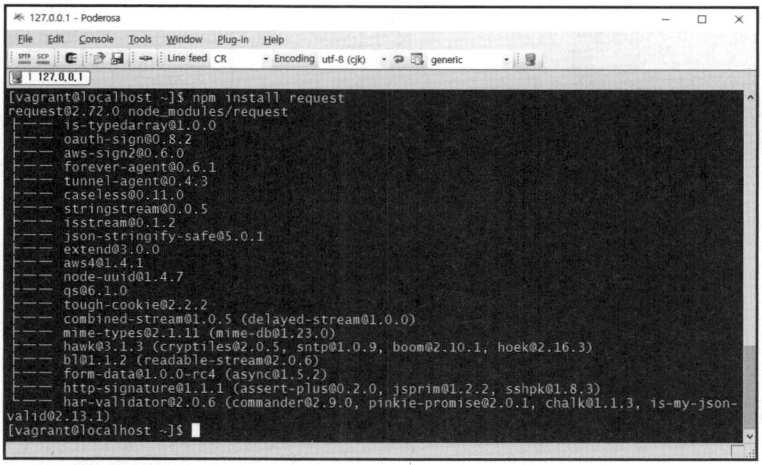
127.0.0.1 - Poderosa
File Edit Console Tools Window Plug-in Help
Line feed CR Encoding utf-8 (cjk) generic
127.0.0.1
[vagrant@localhost ~]$ npm install request
request@2.72.0 node_modules/request
├── is-typedarray@1.0.0
├── oauth-sign@0.8.2
├── aws-sign2@0.6.0
├── forever-agent@0.6.1
├── tunnel-agent@0.4.3
├── caseless@0.11.0
├── stringstream@0.0.5
├── isstream@0.1.2
├── json-stringify-safe@5.0.1
├── extend@3.0.0
├── aws4@1.4.1
├── node-uuid@1.4.7
├── qs@6.1.0
├── tough-cookie@2.2.2
├── combined-stream@1.0.5 (delayed-stream@1.0.0)
├── mime-types@2.1.11 (mime-db@1.23.0)
├── hawk@3.1.3 (cryptiles@2.0.5, sntp@1.0.9, boom@2.10.1, hoek@2.16.3)
├── bl@1.1.2 (readable-stream@2.0.6)
├── form-data@1.0.0-rc4 (async@1.5.2)
├── http-signature@1.1.1 (assert-plus@0.2.0, jsprim@1.2.2, sshpk@1.8.3)
└── har-validator@2.0.6 (commander@2.9.0, pinkie-promise@2.0.1, chalk@1.1.3, is-my-json-valid@2.13.1)
[vagrant@localhost ~]$

▲ **npm 실행 화면**

위 화면에서 볼 수 있듯이 npm install을 실행하면 그 모듈에서 사용하는 다른 모듈(즉, 의존 모듈)도 같이 설치된다. 따라서 request 모듈을 사용하기 위해 mime-types 모듈과 form-data 모듈을 따로 설치하지 않아도 된다. 이것은 npm을 이용할 때의 커다란 장점으로 매우 편리한 기능이다.

모듈이 설치되는 경로

그러나 주의해야 할 점이 있다. 기본적으로 'npm install'로 모듈을 설치하면 이 명령을 실행한 현재 디렉터리에 모듈이 다운로드된다. 정확하게는 현재 디렉터리에 node_modules라는 디렉터리가 만들어지고, 그 안에 모듈이 다운로드된다.

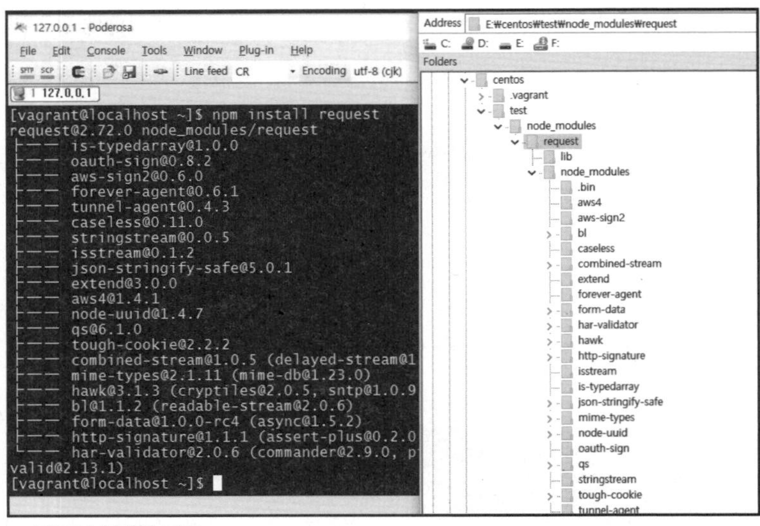

▲ 모듈이 설치된 구조

그래서 한 번 모듈을 설치했어도 다른 디렉터리에 배치된 프로젝트에서는 그 모듈에 접근할 수 없다. 여기서 잠시 정리해 보자. 다음과 같은 디렉터리 구성으로 두 개의 프로그램이 있다고 하자.

```
+ <root>
|---+ <ProjectA>
|   |---+ <node_modules>
|   |--- program-a.js
|
|---+ <ProjectB>
|   |--- program-b.js
```

<Project A>의 program-a.js에서 request 모듈을 사용하기 위해 Project A의 디렉터리에서 npm install request를 실행했다고 하자. 그러면 program-a.js에서는 request 모듈을 사용할 수 있게 된다. 그러나 Project B의 program-b.js에서는 request 모듈을 발견할 수 없으므로 Project B의 디렉터리에서 다시 request 모듈을 설치해야 하는 것이다.

글로벌 설치 -g

그러나 자주 사용되는 모듈을 매번 설치하는 것은 성가신 일이다. 모든 프로젝트 및 폴더에서 사용하고 싶다면 모듈을 설치할 때 -g 옵션을 붙인다. 그러면 글로벌한 경로에 모듈이 설치된다.

```
# 모듈을 글로벌하게 설치
$ npm install -g (모듈 이름)
```

-g 옵션을 붙여서 설치하는 것을 글로벌 설치라고 하고, 그렇지 않은 경우를 로컬 설치라고 한다. 글로벌 설치를 할 때의 주의점은 대부분의 환경에서 관리자 권한이 필요하다는 점이다. CentOS나 Mac OS X에서는 명령어 앞에 sudo를 붙여서 관리자 권한으로 명령을 실행할 수 있다.

```
# 관리자 권한으로 글로벌 설치
$ sudo npm install -g (모듈 이름)
```

sudo로 명령어를 실행하면 패스워드를 물어 보는데 이때 관리자 패스워드를 입력하도록 한다. 올바른 패스워드로 관리자 권한이 확인되면 관리자 권한으로 명령어가 실행된다.

글로벌 설치 시 PATH에 주의

npm을 통해 모듈을 글로벌하게 설치하면 CentOS5에서는 /usr/lib/node_modules에 설치된다. Mac OS X에 Homebrew로 설치한 경우에는 /usr/local/lib/node_moduels에 설치된다. 어디에 모듈이 설치되는지는 다음 명령어로 확인할 수 있다.

```
# 글로벌 설치 경로 확인
$ npm root -g
```

그런데 npm으로 글로벌하게 설치한 모듈을 Node.js가 찾을 수 없다며 다음과 같은 에러 메시지가 표시되는 경우가 있다.

```
Error: Cannot find module '(모듈 이름)'
```

이것은 해당 모듈을 아직 설치하지 않았거나 Node.js에서 npm으로 글로벌하게 설치한 모듈을 찾을 수 없을 때 발생하는 에러 메시지다. 그렇다면 Node.js가 모듈을 찾을 때 어떤 경로를 검색할까? 다음 명령어를 통해 확인할 수 있다.

```
$ node -e "console.log(global.module.paths)"
```

CentOS에서는 다음과 같이 나타난다.

```
[ '/home/vagrant/test/node_modules',
  '/home/vagrant/node_modules',
  '/home/node_modules',
  '/node_modules' ]
```

잘 보면 현재 작업 디렉터리의 node_modules 폴더, 그리고 그 상위 폴더의 node_modules 폴더, 다시 그 상위 폴더의 node_modules 폴더… 이러한 순으로 차례대로 모듈을 검색하는 것을 알 수 있다. 이와 별개로 Node.js는 환경 변수 NODE_PATH에 저장된 경로도 검색한다.

결론적으로, npm의 글로벌 모듈 설치 경로를 환경 변수 NODE_PATH에 등록하면 Node.js에서 모듈을 찾을 수 있게 된다.

다음은 가상 머신의 CentOS에서 'npm root -g'를 실행한 결과다.

```
$ npm root -g
/home/vagrant/.nvm/versions/node/v0.12.4/lib/node_modules
```

리눅스(CentOS)나 Mac OS X에서 환경 변수 값을 등록하려면 사용자의 홈 디렉터리에 있는 '~/.bash_profile'(가상 머신 환경에서는 '/home/vagrant/.bash_profile')을 편집한다. 다음과 같이 NODE_PATH에 npm의 글로벌 설치 경로를 지정한다.

```
# 환경 변수 NODE_PATH 설정
export NODE_PATH=/home/vagrant/.nvm/versions/node/v0.12.4/lib/node_modules
```

환경 변수 NODE_PATH를 참조하는 것은 윈도우의 Node.js도 마찬가지다. 윈도우에서 환경 변수를 편집하는 것은 '제어판 ➡ 시스템 및 보안 ➡ 시스템 ➡ 고급 시스템 설정 ➡ 환경 변수'에서 가능하다.

CentOS에 nano 에디터 설치

그런데 CentOS에서 파일을 편집하려면 어떻게 해야 할까? 보통은 텍스트 에디터인 vi를 사용한다. 그러나 vi의 사용법은 초보자에게 다소 어려울 수 있다. 한번 vi를 실행시켜 보면 문자를 입력하는 것도, vi 자체를 종료하는 것도 못할 수 있다. 만약, vi가 실행 중이라면 ':q!'와 엔터를 입력해서 종료시킨다.

여기서는 vi 대신에 메모장처럼 사용할 수 있는 nano 에디터를 소개하고자 한다. CentOS에서는 다음 명령어를 통해 nano를 설치할 수 있다.

```
$ sudo yum install nano
```

설치가 완료되면 '~/.bash_profile'을 편집해 보자. 다음과 같이 입력한다.

```
$ nano ~/.bash_profile
```

편집이 완료되었으면 Ctrl 키를 누르면서 X 키를 누른다. 그러면 편집한 텍스트를 저장할지 여부를 묻는데 Y 키와 Enter 키를 누른다. 파일 이름을 물으면 그대로 Enter 키를 눌러 덮어 쓰도록 한다.

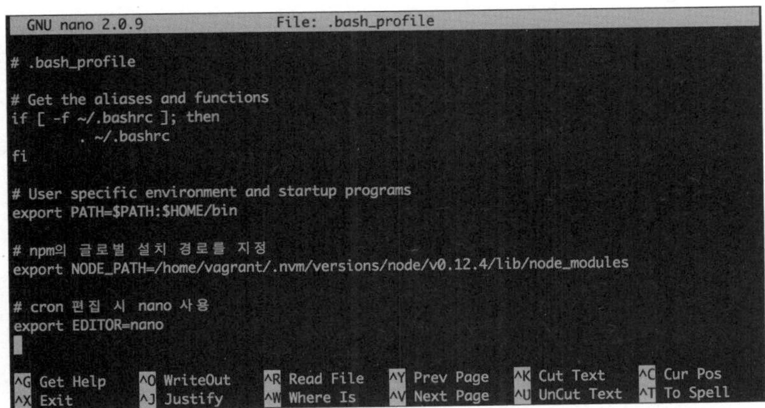

GNU nano 2.0.9 File: .bash_profile
# .bash_profile
# Get the aliases and functions
if [-f ~/.bashrc]; then
. ~/.bashrc
fi
User specific environment and startup programs
export PATH=$PATH:$HOME/bin
npm의 글로벌 설치 경로를 지정
export NODE_PATH=/home/vagrant/.nvm/versions/node/v0.12.4/lib/node_modules
cron 편집 시 nano 사용
export EDITOR=nano
^G Get Help ^O WriteOut ^R Read File ^Y Prev Page ^K Cut Text ^C Cur Pos
^X Exit ^J Justify ^W Where Is ^V Next Page ^U UnCut Text ^T To Spell

▲ nano 에디터 실행 화면

nano 에디터의 화면 하단에는 단축키들이 나열되어 있다. 예를 들어 '^X'는 Ctrl 키를 누르면서 X키를 누른다는 뜻이다.

모듈 삭제

모듈의 설치 방법에 이어 제거 방법도 알아보자. 모듈이 불필요하게 되었을 때는 'npm uninstall'로 삭제할 수 있다.

```
# 모듈 삭제
$ npm uninstall (모듈 이름)
```

이 절의 마무리

- 이 절에서는 Node.js의 패키지 매니저인 npm에 관해 알아보았다.
- 모듈의 설치와 제거와 관련하여 주의해야 될 부분에 관해 알아보았다.
- 글로벌 설치에 관해서는 잘 이해해 두어야 한다.

05

개발 생산성을 높여 줄 모던한 에디터 소개

이 절에서는 자바스크립트 개발에 편리한 텍스트 에디터를 소개한다. 많은 텍스트 에디터 중에서도 요즘에 특히 주목받는 모던한 에디터를 소개하도록 하겠다. 책 속의 프로그램을 수정하고 실행해 보는 데 도움이 될 것이다.

주요 학습 내용	주요 도구와 라이브러리
• 모던한 자바스크립트 개발 에디터 소개	• Atom • Brackets • NetBeans • Sublime Text • WebStorm

자바스크립트 작성에 필요한 에디터는?

결론부터 말하면, 자바스크립트를 작성하는 데 특별한 에디터가 필요한 것은 아니다. 마음에 드는 텍스트 에디터를 사용하면 그만이다. 이 책의 많은 프로그램은 커맨드 라인에서 실행하는 것으로 되어 있다. 텍스트 에디터에서 자바스크립트의 코드를 확인한 후, 커맨드 라인에서 실행하여 결과를 확인해 보면 된다. 그래서 텍스트 에디터에 요구되는 것은 자바스크립트의 문법에 따라 컬러링이 되는 것과 자동완성 기능 정도가 되겠다. 이번 장에서는 자바스크립트의 개발 생산성을 향상시켜 줄 여러 가지 기능을 갖춘, 근래에 주목받는 에디터들을 소개하겠다.

Atom — 풍부한 플러그인이 매력

```
Atom 에디터
[URL] https://atom.io/
[OS] 윈도우/Mac OS X/리눅스
[라이선스] MIT License
```

Atom(아톰)은 오픈 소스로 개발되고 있는 텍스트 에디터다. 주로 깃허브(GitHub)에서 개발되고 있다. Atom의 최대 장점은 구글 크롬(Google Chrome)의 모체가 되고 있는 크로미움(Chromium)을 기반으로 한 에디터라는 것이다. 즉, 웹 브라우저를 기반으로 텍스트 에디터가 만들어진 것이다. 자바스크립트를 포함한 다양한 프로그래밍 언어의 키워드 강조 기능을 지원하며, 자동 완성 기능도 있어 편리하다. 또한, 다양한 확장 기능을 추가할 수 있다.

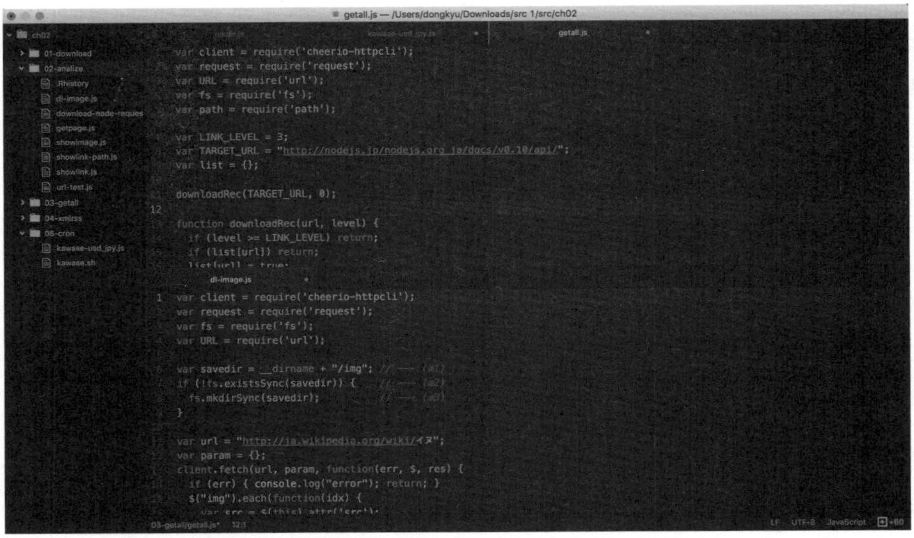

▲ Atom 에디터 – 화면 분할 및 탭 분할 기능 지원

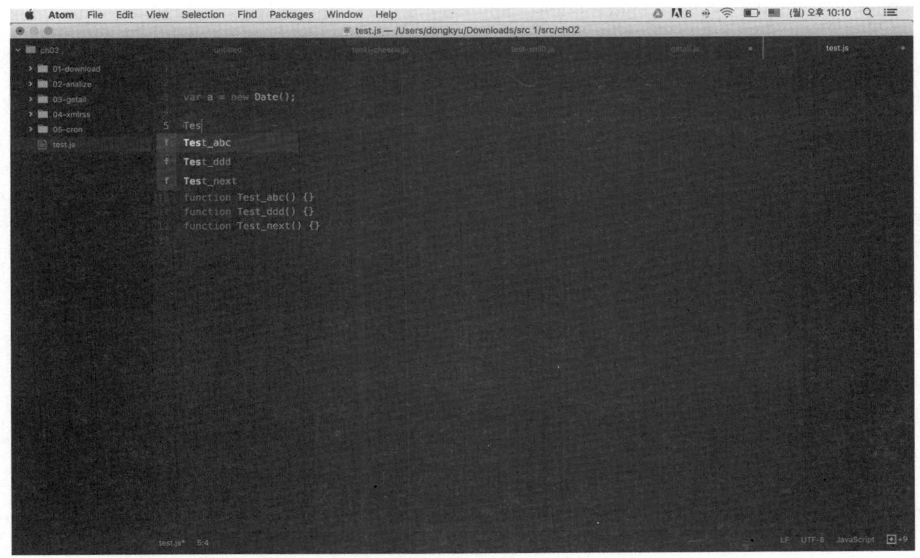

▲ Atom 에디터 – 키워드 강조나 자동완성 기능 지원

Atom에 플러그인 추가

Atom의 패키지(플러그인)는 매우 풍부하며, 원하는 플러그인을 검색한 후 Install 버튼을 클릭하는 것만으로 쉽게 추가할 수 있다. 플러그인을 추가하려면 윈도우에서는 메인 메뉴의 'File ➡ Settings ➡ Install'을 클릭한다. Mac OS X에서는 메뉴의 'Atom ➡ Preference ➡ Install'을 클릭한다.

'minimap' 플러그인을 설치하면 전체 소스의 미리보기를 미니맵을 통해 볼 수 있다. 또한, 'file-icons' 플러그인을 설치하면 트리 뷰 안의 아이콘을 파일의 종류에 따라 바꿀 수 있다. 그 외에도 배색 관련 테마도 패키지로 배포되고 있어서 쉽게 테마를 변경할 수 있다.

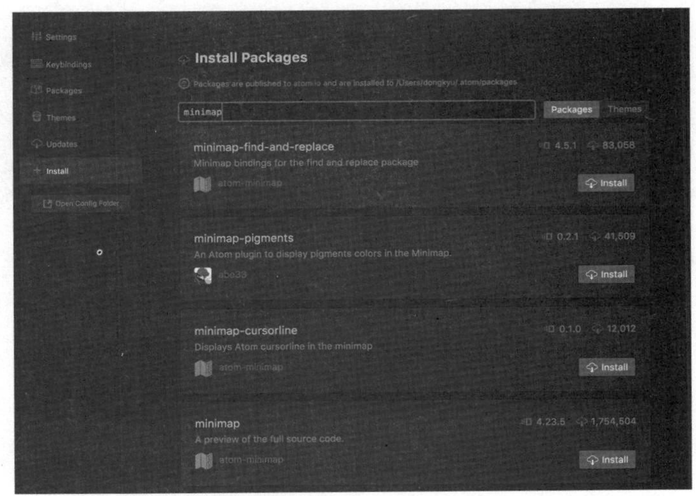

▲ Atom 에디터 – 패키지 검색 화면

Sublime Text — 환상적인 커스터마이징 기능으로 사랑에 빠지게 된다는 화제의 에디터

```
Sublime Text
[URL] http://www.sublimetext.com/
[OS] 윈도우/Mac OS X/리눅스
[라이선스] (유료) 70달러
```

Sublime Text(서브라임 텍스트)는 가볍고 커스터마이즈가 가능하여 인기가 높은 에디터다. 자바스크립트뿐만 아니라 많은 프로그래밍 언어를 지원한다. 블로그의 소개 기사를 보면 웹 개발, 루비 등의 LL 언어(가볍고 빠른 스크립트 언어) 개발로 많이 사용되고 있다고 한다. 자동완성과 각종 프로그램 언어의 키워드 강조 기능 등 프로그래밍에 초점을 둔 텍스트 편집 기능이 매력적이다. 임의의 파일, 심벌, 행을 바로 열 수 있도록 고안되어 있다. 70달러의 유료 텍스트 에디터이지만, 저장할 때 라이선스 구입 메시지가 가끔 표시되는 것 이외에 기능 제한이 없으니 마음껏 사용해 볼 수 있다.

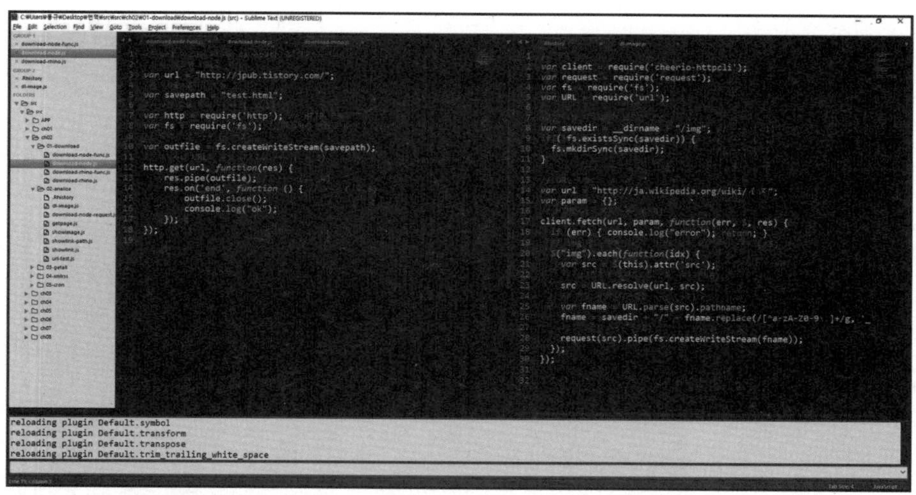

▲ Sublime Text 실행 화면

Sublime Text에 플러그인을 추가

Sublime Text도 패키지를 설치함으로써 여러 기능을 추가할 수 있다. 원고 집필 시점(2015년 6월) 3,039개의 패키지가 준비되어 있다. 그러나 Sublime Text는 기본으로 패키지 설치 기능이 준비되어 있지 않다. 다음의 웹사이트를 열어 커맨드를 복사하고, Sublime Text의 콘솔에 입력해야 한다.

```
Package Control
https://packagecontrol.io/installation
```

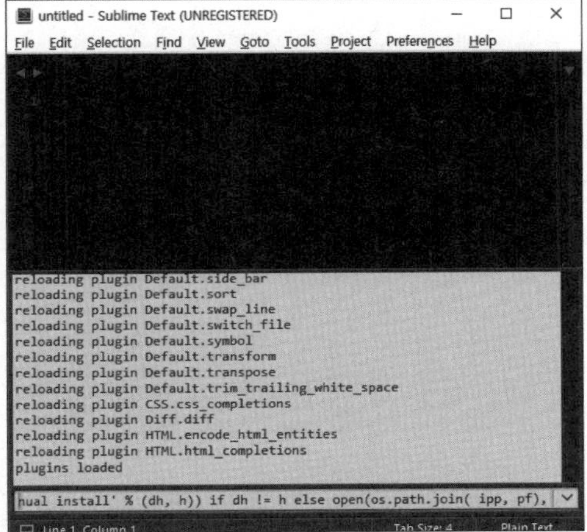

콘솔을 열려면 메뉴에서 View ➡ Show Console을 클릭한다. 예를 들어, 자동완성 기능으로 개발에 유용한 패키지인 SublimeCodeIntel을 설치한다고 하자. 패키지를 설치하는 순서는 다음과 같다.

1. 메뉴에서 'Preferences ➡ Package ➡ Control'을 클릭한다.
2. 'Package Control: Install Package'를 입력하고, Enter 키를 누른다.
3. 그러면 패키지 설치 화면이 나오는데 패키지 이름인 'SublimeCodeIntel'을 입력하여 설치한다.
4. 필요에 따라 에디터를 재시작한다.

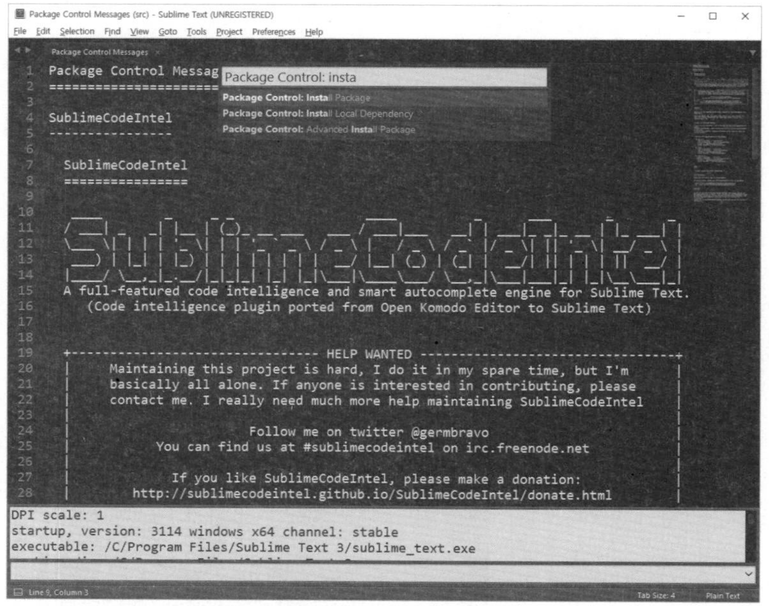

▲ **Sublime Text 패키지 설치**

Sublime Text에는 많은 패키지가 준비되어 있어 간단한 명령 입력으로 기능을 확장할 수 있다.

Brackets — HTML 편집에 특화된 빛나는 에디터

```
Brackets
[URL] http://brackets.io/
[OS] Windows / Mac OS X / Linux
[라이선스] MIT License
```

Brackets(브래킷)은 포토샵, 일러스트레이터로 유명한 어도비의 주도로 개발 중인 오픈 소스 텍스트 에디터다. 웹 개발에 특화된 에디터로서 자바스크립트의 키워드 조회, 코드 완성과 같은 기능을 갖추고 있다. 게다가 라이브 미리보기 기능도 있다. 이는 편집한 HTML 파일을 바로 브라우저에서 확인할 수 있을 뿐만 아니라, 커서를 HTML 코드의 특정 부분으로 이동시키면 브라우저에서 그 부분이 강조되어 매우 편리하다.

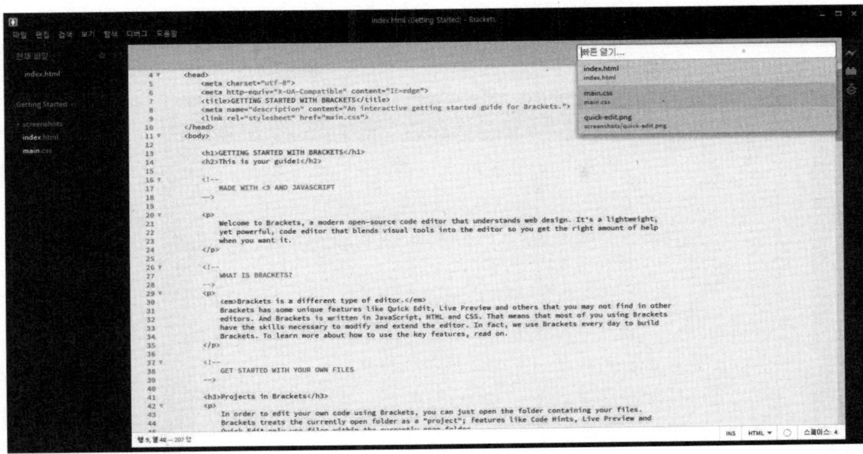

▲ Brackets 화면

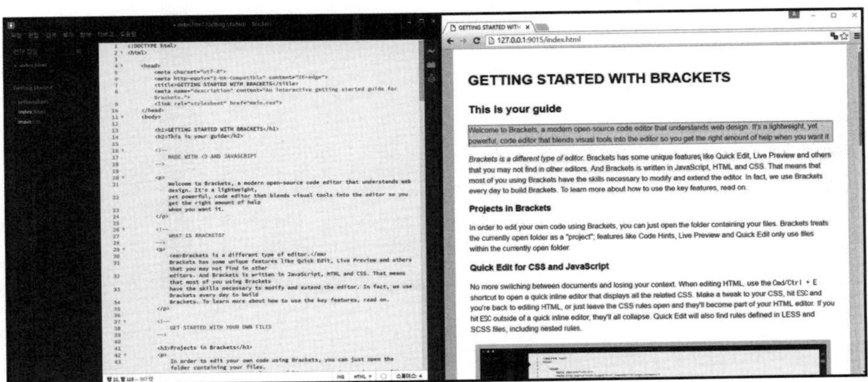

▲ Brackets 라이브 프리뷰 화면

그리고 Adobe Photoshop CC 등에서 사용할 수 있는 Extract 기능을 Brackets에서도 사용할 수 있는 것도 장점 중 하나다. 또한, 역시나 확장 기능 매니저가 있어서 배색 테마를 변경하거나 다양한 기능을 추가할 수 있다.

퀵 편집 — 편리한 인라인 에디터

이 책은 자바스크립트 개발을 주로 다루므로 이 책을 읽는 동안에는 그다지 사용할 일은 없지만, Brackets의 매우 우수한 기능 하나를 소개하고자 한다. 그것은 인라인 에디터다. <h3> 등의 태그에 커서를 둔 상태에서 메뉴의 '네비게이트 ➡ 퀵 편집'을 클릭해 보자. 그러면 다른 파일에 선언한 CSS의 해당 부분(<h3>의 정의)이 팝업 에디터로 표시된다. 이 팝업된 부분을 편집하면 CSS 파일의 내용도 변경된다. 이 외에도 라이브 프리뷰나 퀵 편집 등 Brackets에는

HTML 편집에 특화된 다양한 기능을 갖추고 있다.

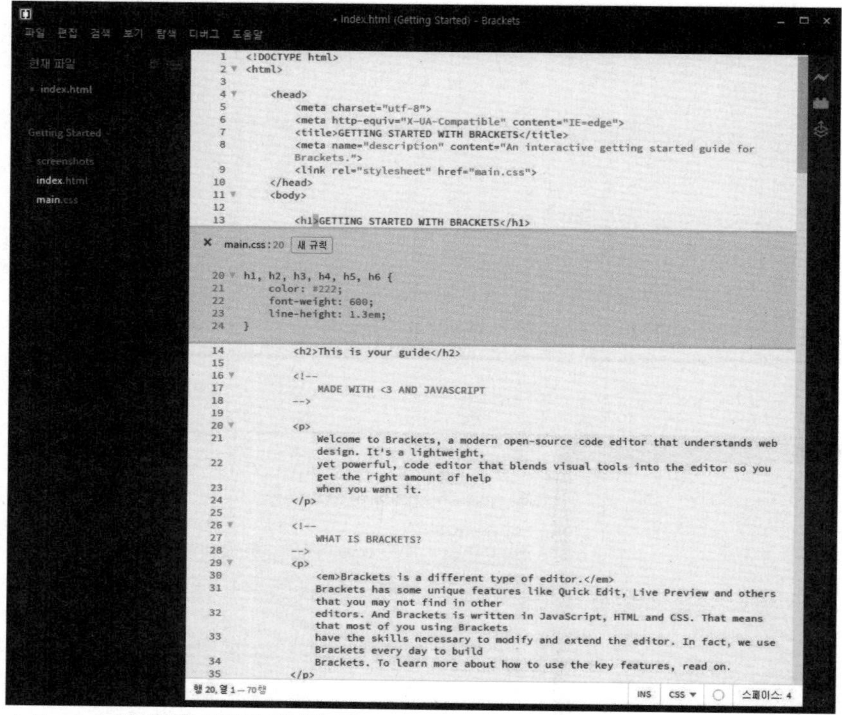

▲ Brackets의 편리한 인라인 에디터 기능

통합 개발 환경에서의 자바스크립트 개발

지금까지 소개한 에디터들 이외에도 PC 자원을 많이 사용하지만 WebStorm(웹스톰), NetBeans(넷빈즈), Eclipse(이클립스)와 같은 통합 개발 환경을 이용하는 방법도 있다. 사실, 지금까지 소개한 텍스트 에디터 이상으로 코드 보완 기능이 뛰어나다. 자바스크립트는 동적 프로그래밍 언어라서 좀처럼 코드 보완이 어렵다. 그러나 지금부터 소개하는 통합 개발 환경은 꽤 훌륭한 자바스크립트 코드 보완 기능을 제공하여 준다.

WebStorm — 자바스크립트 개발에 특화된 개발 환경

WebStorm
[URL] https://www.jetbrains.com/Webstorm/
[OS] Windows / Mac OS X / Linux
[라이선스] 개인 5.9달러/월, 상업용 12.9달러/월 (30일간 무료 사용 가능)

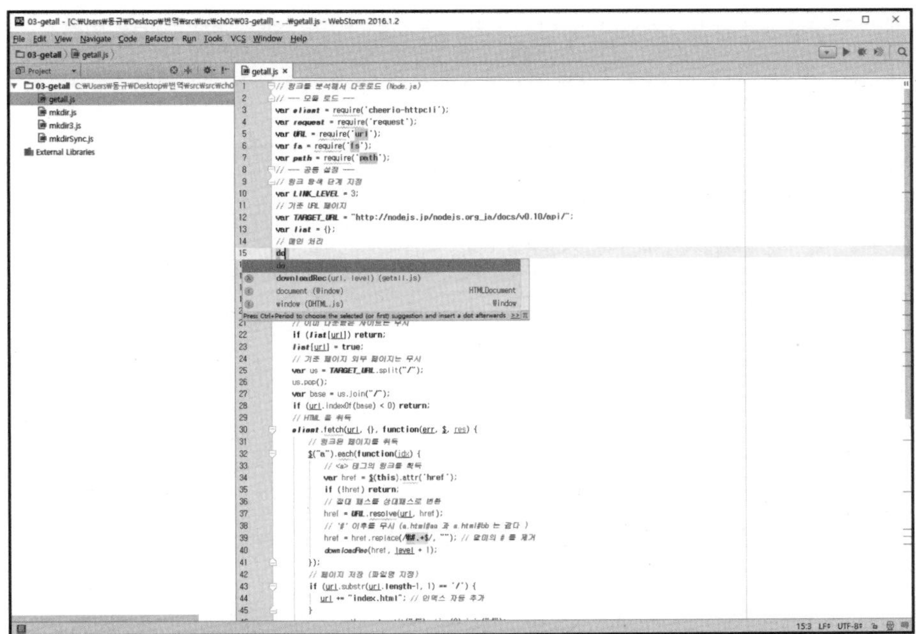

▲ 우수한 자동완성 기능의 WebStorm

WebStorm은 통합 개발 환경인 IntelliJ(인텔리제이)에서 웹 개발에 특화된 기능만을 모은 것으로 자바스크립트 개발에 특화된 개발 환경이다. 이 책에서는 주로 Node.js를 사용하는데 Node.js로 개발할 때 도움이 될 기능을 많이 갖추고 있다. 코드 완성 기능과 디버깅, 성능 프로파일링 등 무척 편리한 기능이 구비되어 있다.

NetBeans — 자바뿐만 아니라 다양한 웹 개발 언어를 지원

```
NetBeans
[URL] https://netbeans.org/
[라이선스] CDDL,GPL2
```

통합 개발 환경 NetBeans(넷빈즈)는 자바 전용 개발 환경으로 널리 알려졌지만, C/C++와 PHP에 특화된 개발 도구로도 사용할 수 있다. 자바스크립트를 개발하려면 NetBeans의 PHP 버전을 선택해서 다운로드한다. 플러그인으로 Node.js를 추가하면 Node.js 프로젝트를 작성할 수 있다.

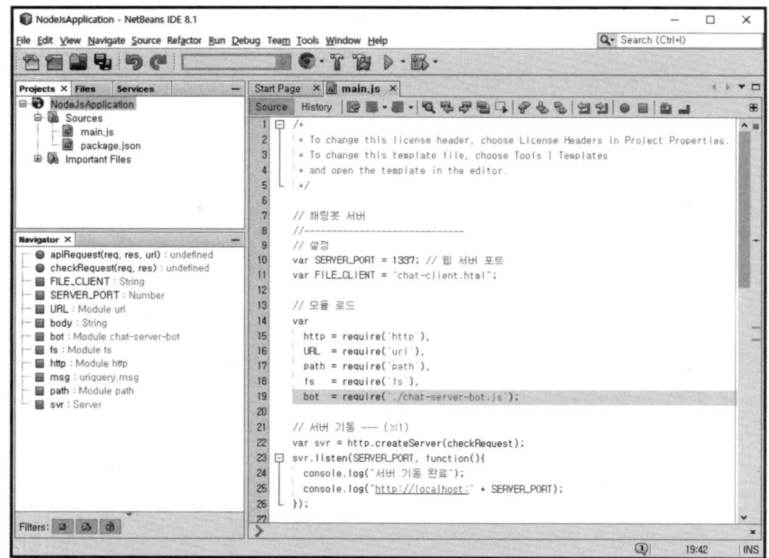

▲ NetBeans에서 Node.js 프로젝트를 만든 화면

이 절의 마무리

- 이 절에서는 자바스크립트를 개발하는 데 도움이 되는, 근래에 주목받는 여러 에디터들을 소개했다.
- 자바스크립트를 개발할 때 이들 에디터를 굳이 사용할 필요는 없다.
- 요즘 나온 에디터들을 검토하여 본인에게 가장 잘 맞는 에디터를 찾는 것은 생산성을 높이는 데 크게 도움이 된다.

웹 데이터 수집

이번 장부터는 실제 프로그램을 작성해 볼 것이다. 웹에는 유익한 데이터가 잔뜩 존재한다. 그러한 데이터를 다운로드하는 방법을 알아볼 것이다. 단순히 데이터를 다운로드하는 것뿐만 아니라 HTML 파일을 파싱하여 링크를 추출하는 방법에 관해서도 알아볼 것이다.

01

웹 페이지 다운로드

이번 절에서는 웹 페이지를 본인의 PC에 다운로드하는 방법을 소개한다. 하나의 페이지를 다운로드하는 것이라면 브라우저의 기능을 사용하면 되므로 특별한 도구가 필요 없다. 그러나 여러 개의 페이지를 다운로드하거나 반복해서 다운로드할 경우에는 프로그램을 만들어 자동화함으로써 수고를 덜 수 있다.

주요 학습 내용	주요 도구와 라이브러리
• 웹 페이지의 다운로드 방법	• Node.js • Rhino/Nashorn

가장 간단한 다운로드 방법

웹 페이지를 다운로드하는 가장 간단한 방법은 무엇일까? 그것은 웹 브라우저에서 현재 보고 있는 페이지를 자신의 PC에 저장하는 것이다.

웹 브라우저의 메뉴에서 '다른 이름으로 저장'을 클릭하면 그만이다. 대부분의 웹 브라우저는 HTML 파일 하나만 내려받지 않고 그 안에 연결된 이미지나 CSS 파일들을 순차적으로 다운로드한다. 따라서 브라우저를 사용하면 하나의 웹 페이지 정도는 순식간에 내려받을 수 있다. 그런데 동일한 기능을 프로그램으로 구현하려면 다소 알아야 할 것이 많다.

Node.js로 다운로드해 보자

그러면 프로그램을 작성해서 웹 페이지를 다운로드해 보자. 여기서는 Node.js를 사용할 것이다. Node.js가 아직 익숙하지 않은 독자들은 우선, 프로그램의 전부를 이해하려고 하지 말고 전반적인 흐름을 파악하도록 한다. 웹 페이지를 다운로드하는 코드는 다음과 같다.

File src/ch02/01-download/download-node.js

```
// url에 있는 파일을 savepath에 다운로드한다

// 다운로드할 URL을 지정
var url = "http://jpub.tistory.com/";
// 저장할 위치를 지정
var savepath = "test.html";

// 사용 모듈 정의 ──※1
var http = require('http'); // HTTP 모듈
var fs = require('fs');      // 파일 처리 관련 모듈

// 출력 지정 ──※2
var outfile = fs.createWriteStream(savepath);

// 비동기로 URL의 파일 다운로드 ──※3
http.get(url, function(res) {
    res.pipe(outfile); // ──※4
    res.on('end', function () { // ──※5
        outfile.close();
        console.log("ok");
    });
});
```

우리는 1장에서 가상 머신 위에 CentOS를 설치하고, Node.js를 실행할 수 있는 환경을 준비하였다. SSH 클라이언트를 열어서 CentOS에 로그인하여 프로그램을 직접 돌려 보자. 윈도우에서 돌리고 싶은 경우에는 명령 프롬프트(Mac OS X의 경우는 터미널)를 열도록 한다.

cd 명령어를 사용해서 코드가 저장된 디렉터리로 이동한다. 그리고 다음 명령어를 실행하면 프로그램이 수행된다.

```
$ node download-node.js
```

그러면 다음과 같은 결과를 볼 수 있다.

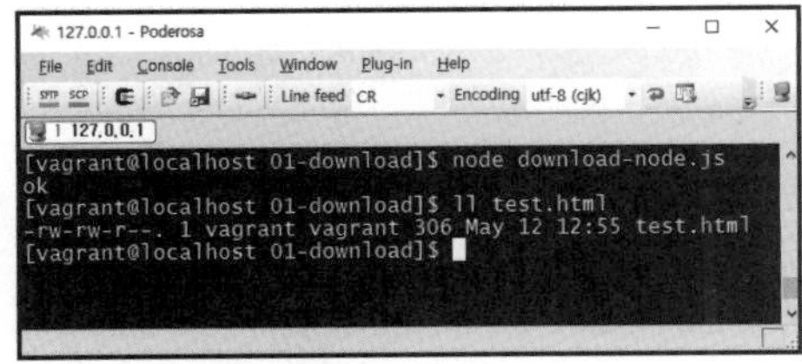

▲ 프로그램 실행 화면

Node.js의 코드는 비동기 스타일로 작성되므로 다소 읽기 어렵지만, 조금씩 익숙해지도록 하자. 프로그램의 각 부분을 살펴보겠다.

우선, ※1에서 프로그램에서 사용하는 모듈을 require를 통해 로드하고 있다. 이처럼 Node.js에서는 require를 사용해서 다양한 외부 모듈을 사용할 수 있도록 선언한다. 여기서는 HTTP 프로토콜 관련 기능을 갖는 'http' 모듈과 파일 관련 기능을 가진 'fs' 모듈을 로드했다.

모듈 확보가 완료되면 fs.createWriteStream() 메소드로 저장할 파일 이름을 지정한다※2. 이어 http.get() 메소드로 URL에 접속한다※3. 그러나 http.get() 메소드의 반환 값이 우리가 획득하려는 데이터인 것은 아니다.

Node.js에서는 시간이 걸리는 처리를 비동기적으로 수행하는 스타일을 사용한다. 즉, 수행이 끝날 때까지 진행을 멈추고 기다리는 대신, 처리가 완료되었을 때 콜백 함수가 호출되는 식이다. 그래서 서버에 요청만 보내고 수행 흐름이 계속된다.

우리가 원하는 데이터는 http.get() 메소드의 두 번째 인자로 지정한 콜백 함수에 전해진다. 콜백 함수의 ※4에서 다운로드한 데이터를 파일에 저장하도록 지정한다. 여기서도 지정만 할 뿐 이 시점에서 저장이 완료되는 것은 아니다. 서버로부터의 response를 받는 데에도 시간이 걸리므로 처리가 완료되었을 때 다시 콜백 함수가 호출된다. 그것이 ※5에 해당한다. 다운로드가 완료되면 end에 지정한 함수가 호출된다.

이처럼 20줄 정도의 프로그램을 쓰면 파일을 다운로드할 수 있다. 다운로드하고 싶은 파일의 수가 많다든가 정기적으로 반복해서 다운로드하고 싶은 경우에 프로그램을 작성하는 것이 편리하다.

코드 리팩토링

앞서 작성한 프로그램은 그대로 사용하기에 다소 불편한 감이 있다. 여기서는 함수를 사용해서 재사용성을 높여 보도록 하겠다.

File src/ch02/01-download/download-node-func.js

```
// 다운로드
download(
  "http://jpub.tistory.com/539",
```

```
    "spring.html",
    function(){ console.log("ok, spring."); });

download(
    "http://jpub.tistory.com/537",
    "angular.html",
    function(){ console.log("ok, angular."); });

// url의 파일을 savepath에 다운로드하는 함수
function download(url, savepath, callback) {
    var http = require('http');
    var fs = require('fs');
    var outfile = fs.createWriteStream(savepath);

    var req = http.get(url, function(res) {
      res.pipe(outfile);
      res.on('end', function () {
        outfile.close();
        callback();
      });
    });
}
```

다음과 같이 프로그램을 실행시켜 보자.

```
$ node download-node-func.js
```

실행 결과는 다음과 같다.

```
[vagrant@localhost 01-download]$ node download-node-func.js
ok, spring.
ok, angular.
[vagrant@localhost 01-download]$ ll *.html
-rw-rw-r--. 1 vagrant vagrant 79750 May 12 13:54 angular.html
-rw-rw-r--. 1 vagrant vagrant 84304 May 12 13:54 spring.html
[vagrant@localhost 01-download]$
```

▲ 프로그램 실행 화면

다운로드하는 부분을 함수로 감쌌을 뿐이므로 이전과 크게 바뀐 것은 없다. Node.js의 코드는 인덴트(들여쓰기)가 깊어지기 쉬워 읽기 쉬운 프로그래밍 언어라고 하기는 어렵다.

Rhino/Narshon으로 다운로드해 보기

여기서는 참고 차원에서 자바로 만들어진 자바스크립트 엔진인 Rhino(혹은 Nashorn)로 프로그램을 만들어 보겠다. 같은 자바스크립트 프로그램이라고는 하지만, Node.js와는 다른 존재다(참고로, 가상 머신의 CentOS에서 Rhino를 사용하려면 오라클의 자바 런타임을 설치한 뒤 yum으로 Rhino를 설치해야 한다).

File src/ch02/01-download/download-rhino.js

```
// url에 있는 파일을 savepath에 다운로드한다
var url = "http://jpub.tistory.com/";
var savepath = "test.html";

// 다운로드
var aUrl = new java.net.URL(url);
var conn = aUrl.openConnection(); // URL에 접속          ※1
var ins = conn.getInputStream();  // 입력 스트림을 획득
var file = new java.io.File(savepath); // 출력 스트림을 획득   ※2
var out = new java.io.FileOutputStream(file);

// 입력 스트림을 읽으면서 출력 스트림에 쓴다 ※3
var b;
while ((b = ins.read()) != -1) {
    out.write(b);
}
out.close(); // 출력 스트림을 닫는다 ※4
ins.close(); // 입력 스트림을 닫는다
```

프로그램을 실행하려면 다음과 같이 입력한다. 변수 url의 웹 페이지를 변수 savepath에 지정한 파일에 저장한다.

```
> rhino download-rhino.js
```

Nashorn에서도 비슷하게 실행할 수 있다. 다음은 Nashorn을 사용하는 경우의 실행 예다.

```
> jjs download-rhino.js
```

위 Rhino(Nashorn) 프로그램의 핵심은 자바 API를 사용한다는 점이다. 자바 API를 그대로 사용할 수 있다는 것이 Rhino와 Nashorn의 장점이다.

자바의 파일이나 네트워크 API는 데이터를 스트림으로 다룬다. 스트림은 데이터를 흐르는 것으로 간주하여 흘러 들어오는 데이터를 입력으로 다루고, 흘러 나가는 데이터를 출력으로 다룬다. 우리가 작성한 프로그램의 경우 스트림의 입력은 웹 서버에서 전송되는 데이터다. 그리고 스트림의 출력은 로컬 파일이다. 이처럼 스트림의 입구와 출구를 지정하면 단숨에 데이터를 읽고 쓴다. 여기까지의 내용을 프로그램을 통해 확인해 보자.

프로그램의 ※1에서는 웹 서버에 접속하여 입력 스트림을 얻는다. 즉, 서버로부터의 데이터를 스트림의 입력으로 받아들인다. ※2에서는 출력 스트림을 얻는다. 즉, PC의 로컬 파일을 출력 스트림의 목적지로 설정한다. ※3에서는 입력 스트림으로 받은 데이터를 출력 스트림에 흘려 보낸다. 마지막으로, ※4에서 각 스트림을 닫는다.

이 절의 마무리

- 자바스크립트로 지정한 URL의 문서를 다운로드하는 방법을 알아봤다.
- Node.js와 Rhino/Nashorn, 두 개의 자바스크립트 엔진을 사용해 봤다.
- 엔진에 따라 완전히 다른 API가 준비되어 있어 프로그램 작성 방법도 달라진다.
- 목적에 맞게 어떤 엔진을 사용할지 결정하는 것이 좋다.

02

HTML 해석(링크와 이미지 추출)

웹 페이지를 다운로드했으면 그 페이지를 해석해야 한다. 즉, HTML의 각 요소를 조사하여 필요한 정보를 추출하는 것이다. 특히, HTML에 링크된 URL이나 이미지 파일 등은 이용 가치가 높다. 여기서는 HTML 문서를 해석하는 방법을 소개한다.

주요 학습 내용	주요 도구와 라이브러리
• npm 사용법 • 다운로드한 HTML 파일 해석 • 링크, 이미지 추출	• Node.js와 npm • cheerio-httpcli 모듈 • request 모듈

스크래핑이란?

웹의 세계에서 흔히 말하는 '스크래핑'은 웹사이트에서 HTML 데이터를 수집하고, 특정 데이터를 추출, 가공하여 저장하는 것을 말한다. 단순히 웹사이트에서 HTML 파일을 다운로드만 하는 것이 아니라 그 HTML 파일의 각 요소들을 분석하는 과정을 포함한다.

cheerio-httpcli 모듈 설치

Node.js를 사용하여 스크래핑할 때 편리한 모듈이 'cheerio-httpcli'다. 이 모듈을 사용하면 파일을 손쉽게 다운로드할 수 있을 뿐 아니라 jQuery(제이쿼리)와 비슷하게 요소를 획득할 수 있다. 또한, 웹 페이지의 문자 코드도 자동으로 판정하여 읽어 준다. 무엇보다도 페이지 안의 데이터를 꺼낼 때 간편하게 지정한 요소를 추출할 수 있는 점이 가장 큰 장점이다. 이를 통해 페이지 안의 링크나 이미지를 쉽게 추출할 수 있다.

얼마나 쉽게 구현할 수 있는지는 잠시 후 살펴보기로 하고, 우선은 Node.js의 패키지 관리자인 'npm'으로 'cheerio-httpcli' 모듈을 설치하도록 하자.[1]

```
$ npm install cheerio-httpcli
```

HTML 파일 다운로드

그러면 'cheerio-httpcli' 모듈을 사용해 보자. 우선은 jpub.tistory.com의 페이지를 내려받아 HTML 문서를 화면에 출력하는 프로그램을 만들어 보자.

File src/ch02/02-analyze/getpage.js

```
// 모듈 로드 ──── ※1
var client = require('cheerio-httpcli');

// 다운로드 ──── ※2
var url = "http://jpub.tistory.com";
var param = {};

client.fetch(url, param, function (err, $, res) {
    // 에러 체크
    if (err) { console.log("Error:", err); return; }

    // 다운로드한 결과를 화면에 출력 ──── ※3
    var body = $.html();
    console.log(body);
});
```

프로그램을 실행하기 위해 다음과 같이 명령어를 입력한다.

```
$ node getpage.js
```

그러면 다음과 같은 결과를 확인할 수 있다.

1 모듈을 설치했는데 에러가 발생하여 프로그램이 잘 동작하지 않는 경우에는 1장의 'Node.js 모듈의 설치' 부분을 확인한다.

```
[vagrant@localhost 02-analize]$ node getpage.js
<!DOCTYPE html PUBLIC "-//W3C//DTD XHTML 1.0 Transitional//EN" "http://www.w3.org/TR/xhtml1/DTD/xhtml1-transitional.dtd">
<html xmlns="http://www.w3.org/1999/xhtml">

<head>

<meta name="robots" content="all">
<meta name="robots" content="index,follow">
<meta http-equiv="Content-Type" content="text/html; charset=utf-8">
<link rel="alternate" type="application/rss+xml" title="제이펍의 참 똑똑한 2비트 책 이야기" href="http://jpub.tistory.com/r
ss">
<link rel="stylesheet" media="screen" type="text/css" href="//s1.daumcdn.net/cfs.tistory/custom/blog/36/361051/skin/style.c
ss?_T_=1394180529">
<link rel="stylesheet" media="print" type="text/css" href="//s1.daumcdn.net/cfs.tistory/custom/blog/36/361051/skin/images/p
rint.css">
<link rel="shortcut icon" href="/favicon.ico">
<title>제이펍의 참 똑똑한 2비트 책 이야기 :: 제이펍의 참 똑똑한 2비트 책 이야기</title>
<link rel="stylesheet" type="text/css" href="//s1.daumcdn.net/cfs.tistory/resource/3979/blog/plugins/A_ShareEntryWithSNS/cs
s/shareEntryWithSNS.css">
<script type="text/javascript" src="//s1.daumcdn.net/cfs.tistory/resource/3979/blog/plugins/A_ShareEntryWithSNS/script/shar
eEntryWithSNS.js"></script>

<style type="text/css">
		#daumSearchBox {
			height: 21px;
			background-image : url(http://i1.daumcdn.net/imgsrc.search/search_all/show/tistory/plugin/bg_search
2_2.gif);
			margin: 5px auto ;
			padding: 0;
		}
		#daumSearchBox input {
			background: none;
			margin : 0;
			padding : 0;
			border : 0;
		}
		#daumSearchBox #daumLogo {
			width: 34px;
			height: 21px;
			float: left;
			margin-right: 5px;
			background-image : url(http://i1.daumcdn.net/img-media/tistory/img/bg_search1_2_2010ci.gif);
		}
		#daumSearchBox #show_q {
			background-color: transparent;
			border: none;
			font: 12px Gulim, Sans-serif;
			color: #555;
			margin-top: 4px;
			margin-right: 15px;
```

▲ 페이지를 다운로드하여 화면에 출력

앞 절에서 request 모듈을 사용한 프로그램보다 더 쉬워졌음을 알 수 있다. fetch() 메소드 하나로 다운로드부터 페이지의 해석까지가 완료되었기 때문이다.

프로그램의 ※1부분에 주목하자. Node.js에서 모듈을 사용하려면 require()로 모듈을 불러들여야 한다. 또, 불러들인 모듈은 원하는 이름의 변수에 대입할 수 있다. 여기서는 모듈 'cheerio-httpcli'을 client라는 이름의 변수에 대입했다.

다운로드(정확히는 웹사이트에서 HTML을 취득)하는 부분이 프로그램 ※2부분이다. fetch() 메소드를 사용한다. 이 메소드의 인자는 URL, 파라미터, 콜백 함수의 순서로 지정한다. 이 콜백 함수는 웹사이트에서 데이터 취득이 완료된 시점에서 실행된다. 콜백 함수의 인자로는 오류 정보(err), 취득한 데이터($), 서버의 응답 정보(res), 이렇게 세 가지가 주어진다.

프로그램 ※3에서 취득한 데이터를 담은 변수 $의 html() 메소드를 호출함으로써 취득한 HTML을 화면에 표시했다.

HTML 파일에서 링크 추출

'cheerio-httpcli' 모듈은 웹에서 HTML을 내려받은 뒤 CSS 선택자를 통해 임의의 요소를 추출하는 데 사용한다. 이번에는 HTML에 링크된 URL 목록을 출력하는 프로그램을 만들어 보자.

아래 화면은 제이펍 출판사의 홈페이지다. 이 페이지에는 제이펍에서 출판한 다수의 서적 및 소식들이 링크되어 있다. 이 페이지에 링크된 URL들을 추출해 보자.

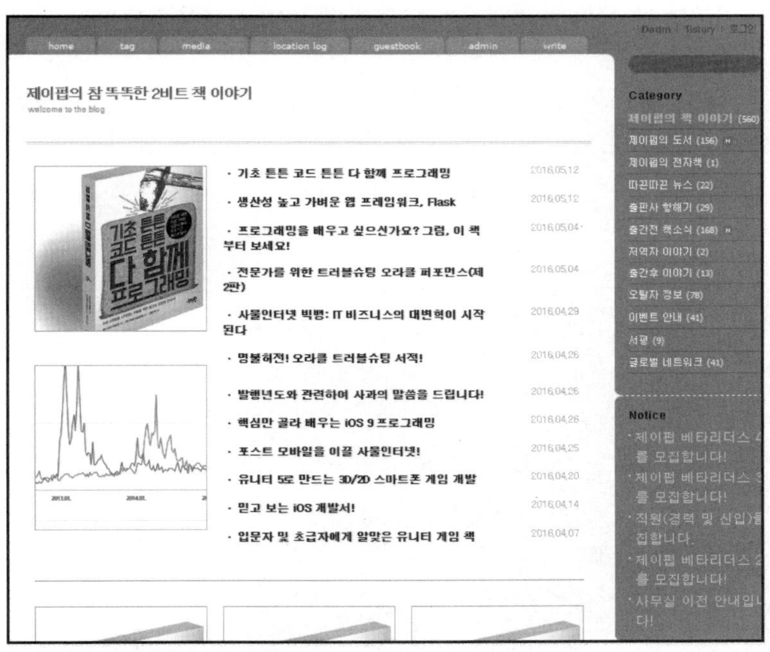

▲ 제이펍 페이지에서 링크 추출

앞서 작성한 프로그램을 수정하여 링크를 추출하는 코드를 추가할 것이다.

File src/ch02/02-analyze/showlink.js

```
// 모듈 로드
var client = require('cheerio-httpcli');

// 다운로드
var url = "http://jpub.tistory.com";
var param = {};
client.fetch(url, param, function(err, $, res) { // ——※1
```

```
    if (err) { console.log("error"); return; }
    // 링크를 추출하여 표시 ──── ※2
    $("a").each(function(idx) {
        var text = $(this).text();
        var href = $(this).attr('href');
        console.log(text+":"+href);
    });
});
```

이 프로그램을 실행시키기 위하여, 콘솔 창에서 다음과 같이 명령어를 입력한다.

```
> node showlink.js
```

```
127.0.0.1 - Poderosa
File Edit Console Tools Window Plug-in Help
Line feed CR  Encoding utf-8 (cjk)  generic
1 127.0.0.1
[vagrant@localhost 02-analize]$ node showlink.js
Home:/
Tag:/tag
Media Log:/media
Location Log:/location
Guestbook:/guestbook
Admin:/admin
Write:/admin/entry/post
제이펍의 참 똑똑한 2비트 책 이야기:/
기초 튼튼 코드 튼튼 다 함께 프로그래밍 :/574
전문가를 위한 트러블슈팅 오라클 퍼포먼스(제2판):/571
사물인터넷 빅뱅: IT 비즈니스의 대변혁이 시작된다:/569
핵심만 골라 배우는 iOS 9 프로그래밍:/566
유니티 5로 만드는 3D/2D 스마트폰 게임 개발:/563
파이썬으로 시작하는 라즈베리 파이 프로그래밍(제2판):/554
다양한 언어로 배우는 정규표현식:/553
인공지능 2: 현대적 접근방식(제3판):/548
인공지능 1: 현대적 접근방식(제3판):/547
사물인터넷을 품은 라즈베리 파이: 사물인터넷 프로그래밍의 모든 것:/546
사물인터넷을 품은 아두이노: 사물인터넷에 필요한 연결의 모든 것:/545
전문가를 위한 오라클 PL/SQL 입문(제3판):/540
스프링 인 액션(제4판):/539
AngularJS 인 액션:/537
퍼펙트 루비 온 레일즈:/531
C#으로 배우는 적응형 코드: 디자인 패턴과 SOLID 원칙 기반의 애자일 코딩:/530
핵심만 골라 배우는 애플 워치 프로그래밍:/527
하이스쿨 아두이노: 아두이노를 활용한 고등학교 과학실험:/526
러닝 스파크: 번개같이 빠른 데이터 분석:/523
테트리스를 만들며 배우는 나의 첫 프로그래밍:/520
그림으로 공부하는 오라클 구조:/518
사물인터넷을 위한 리눅스 프로그래밍 with 라즈베리 파이:/515
실무에 바로 적용하는 Node.js:/514
하스켈로 배우는 함수형 프로그래밍:/511
아트멜 스튜디오와 아두이노로 배우는 ATmega328 프로그래밍:/506
그림으로 공부하는 IT 인프라 구조:/503
핵심만 골라 배우는 안드로이드 스튜디오:/501
그림으로 공부하는 시스템 성능 구조:/498
스위프트 쉽게, 더 쉽게: 상세한 설명과 복습으로 마스터하는:/492
핵심만 골라 배우는 iOS 8 프로그래밍:/487
<PREV:undefined
1:undefined
```

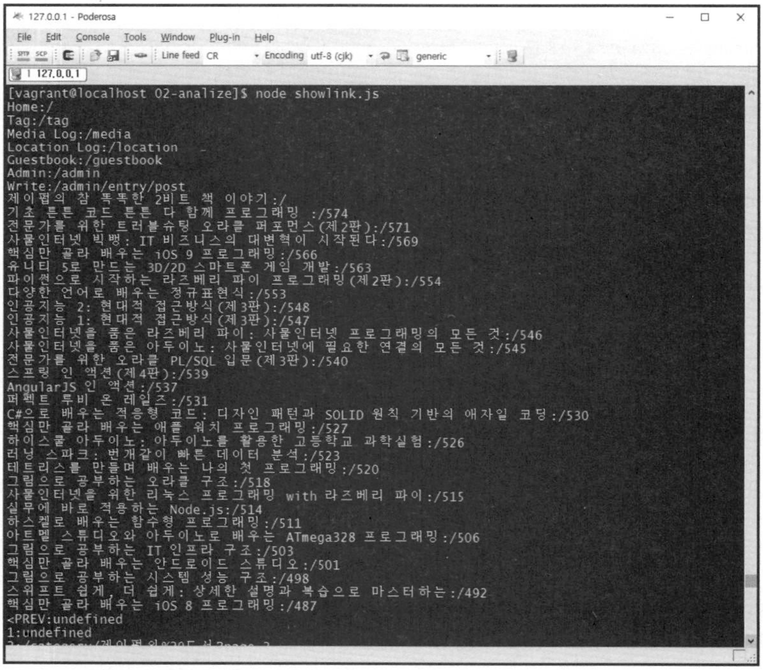

▲ 프로그램을 실행하여 링크 목록을 취득한 화면

프로그램의 ※1부분에서 fetch() 메소드의 콜백 함수를 지정하고 있는데 그 익명 함수의 두 번째 인자로 $를 지정하였다. 이를 통해 jQuery처럼 페이지의 특정 요소를 추출할 수 있게 된다.

※2를 보면 jQuery를 모르는 사람도 어떤 의미인지 쉽게 눈치챌 수 있을 것이다. $("a")라고 쓰면 HTML 문서 내의 모든 <a> 태그를 추출한다. 잠시 후 사용할 $("img")의 경우 모든 <img> 태그를 추출한다. 이어서 each() 메소드를 통해 추출한 각 요소들에 대해 지정한 함수를 수행한다. 그 함수에서는 추출한 각 요소의 텍스트 부분과 href 속성의 값을 콘솔에 출력한다.

상대 URL을 절대 URL로 변경

페이지에서 링크를 추출하는 프로그램을 작성해 봤다. 그런데 추출한 URL(<a> 태그의 href 속성)을 잘 살펴보자. 다음은 실행 결과의 일부분이다.

```
Home:/
Tag:/tag
Media Log:/media
Location Log:/location
Guestbook:/guestbook
Admin:/admin
Write:/admin/entry/post
```

많은 href 속성이 '/admin'이나 '/admin/entry/post'처럼 상대 경로로 되어 있는 것을 알 수 있다. 상대 경로란, 현재 웹 페이지의 위치를 기준으로 기술한 대상 파일의 경로를 말한다. 웹 페이지를 작성할 때에는 일일이 절대 경로를 기술하지 않아도 되므로 편리하지만, 프로그램을 통해 웹 문서를 다운로드할 때에는 문제가 된다. 따라서 Node.js로 상대 경로를 절대 경로로 바꿔 주는 방법을 알아보자.

Node.js의 url이라는 표준 모듈을 사용하면 상대 경로를 절대 경로로 바꿀 수 있다. url 모듈의 resolve 메소드를 사용하면 되는데 기본 URL과 상대 URL을 인자로 주면 절대 경로가 반환된다.

```
[서식] 상대 경로를 절대 경로로 바꾸는 방법
var urlType = require('url');
var res = urlType.resolve(기본 URL, 상대 URL);
```

간단한 예를 통해 사용법을 살펴보자.

File src/ch02/02-analyze/url-test.js

```
// url 모듈 로드
var urlType = require('url');

// 상대 경로를 절대 경로로 변환
var base = "http://kujirahand.com/url/test/index.html";
var u1 = urlType.resolve(base, 'a.html');
console.log("u1 = " + u1);

var u2 = urlType.resolve(base, '../b.html');
console.log("u2 = " + u2);

var u3 = urlType.resolve(base, '/c.html');
console.log("u3 = " + u3);
```

위 프로그램을 실행하면 다음과 같이 절대 경로로 변환된 URL이 출력된다.

```
$ node url-test.js
u1 = http://kujirahand.com/url/test/a.html
u2 = http://kujirahand.com/url/b.html
u3 = http://kujirahand.com/c.html
```

그러면 url 모듈의 resolve() 메소드를 사용해서 앞서 작성한 showlink.js를 개선해 보자. 제이펍 페이지에서 링크를 추출하여 상대 경로가 아닌 절대 경로를 화면에 출력한다.

File src/ch02/02-analyze/showlink-path.js

```
// 모듈 로드
var client = require('cheerio-httpcli');
var urlType = require('url');

// URL과 파라미터
var url = "http://jpub.tistory.com";
var param = {};

// 다운로드
client.fetch(url, param, function(err, $, res) {
  if (err) { console.log("error"); return; }
  // 링크 추출하여 출력
  $("a").each(function(idx) {
    var text = $(this).text();
    var href = $(this).attr('href');
    if (!href) return;
    // 상대 경로를 절대 경로로 변환 ——※1
    var href2 = urlType.resolve(url, href);
    // 결과를 표시
```

```
    console.log(text + ": " + href);
    console.log("  => " + href2 + "\n");
  });
});
```

프로그램을 실행하기 위해 다음과 같이 명령을 입력한다.

```
$ node showlink-path.js
```

실행 결과는 다음과 같다.

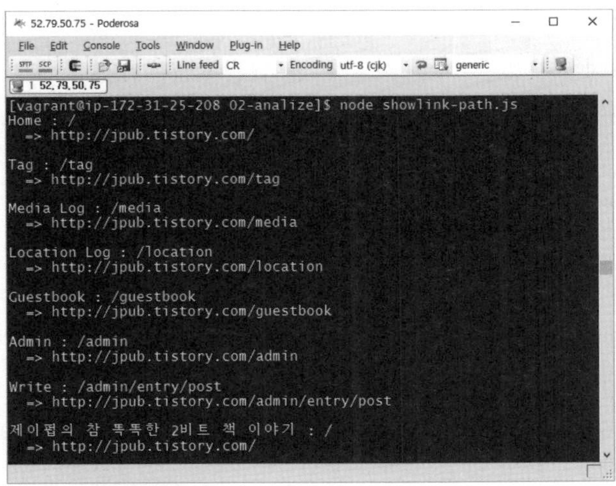

▲ **프로그램 실행 결과**

프로그램은 수정전과 거의 동일하다. 다른 점은 코드상의 ※1부분이다. resolve() 메소드로 상대 경로를 절대 경로로 변환해 주고 있다.

이미지 파일 추출

페이지에서 링크를 추출해 보았으니 이번에는 페이지에 삽입된 이미지 파일의 URL 목록을 추출하는 프로그램을 만들어 보자. 여기서는 위키피디아의 강아지에 관한 페이지에서 이미지를 다운로드하는 프로그램을 만들어 볼 것이다.

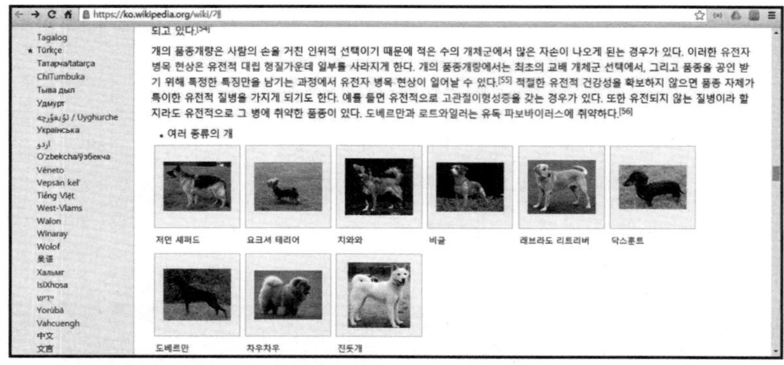

▲ 위키피디아의 강아지 페이지. 여러 장의 이미지가 포함되어 있다.

위키피디아의 강아지에 관한 설명 페이지에는 여러 장의 이미지가 포함되어 있다. 이 이미지들을 전부 다운로드해 보자.

먼저, <img> 태그를 추출하여 src 속성에 지정된 이미지 파일의 경로들을 출력해 주는 프로그램부터 만들어 보겠다. 이 프로그램도 이전의 프로그램을 조금만 수정하면 된다.

File **src/ch02/02-analyze/showimage.js**

```
// 모듈 로드
var client = require('cheerio-httpcli');
var urlType = require('url');

// 다운로드
var url = "https://ko.wikipedia.org/wiki/" + encodeURIComponent("강아지");
var param = {};

client.fetch(url, param, function(err, $, res) {
  if (err) { console.log("error"); return; }

  // 링크를 추출하여 표시
  $("img").each(function(idx) {
    var src = $(this).attr('src');
    src = urlType.resolve(url, src);
    console.log(src);
  });
});
```

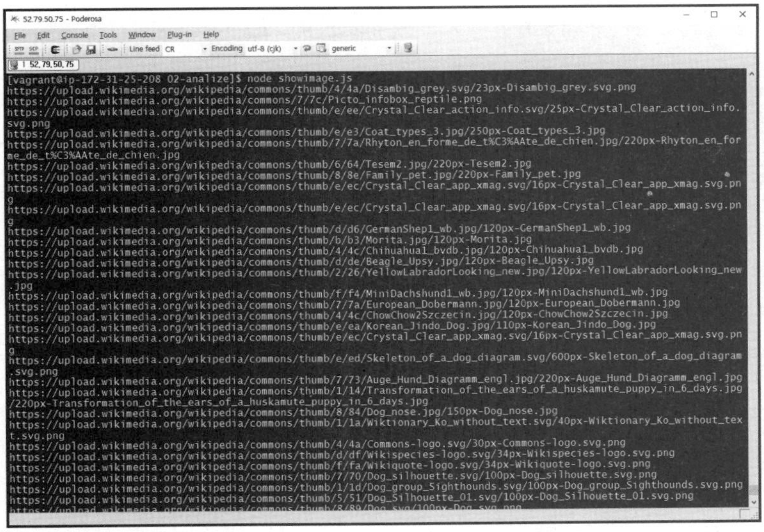
52.79.50.75 - Poderosa
File Edit Console Tools Window Plug-in Help
Line feed CR Encoding utf-8 (cjk) generic
1 52.79.50.75
[vagrant@ip-172-31-25-208 02-analize]$ node showimage.js
https://upload.wikimedia.org/wikipedia/commons/thumb/4/4a/Disambig_grey.svg/23px-Disambig_grey.svg.png
https://upload.wikimedia.org/wikipedia/commons/7/7c/Picto_infobox_reptile.png
https://upload.wikimedia.org/wikipedia/commons/thumb/e/ee/Crystal_Clear_action_info.svg/25px-Crystal_Clear_action_info.svg.png
https://upload.wikimedia.org/wikipedia/commons/thumb/e/e3/Coat_types_3.jpg/250px-Coat_types_3.jpg
https://upload.wikimedia.org/wikipedia/commons/thumb/7/7a/Rhyton_en_forme_de_t%C3%AAte_de_chien.jpg/220px-Rhyton_en_forme_de_t%C3%AAte_de_chien.jpg
https://upload.wikimedia.org/wikipedia/commons/thumb/6/64/Tesem2.jpg/220px-Tesem2.jpg
https://upload.wikimedia.org/wikipedia/commons/thumb/8/8e/Family_pet.jpg/220px-Family_pet.jpg
https://upload.wikimedia.org/wikipedia/commons/thumb/e/ec/Crystal_Clear_app_xmag.svg/16px-Crystal_Clear_app_xmag.svg.png
https://upload.wikimedia.org/wikipedia/commons/thumb/e/ec/Crystal_Clear_app_xmag.svg/16px-Crystal_Clear_app_xmag.svg.png
https://upload.wikimedia.org/wikipedia/commons/thumb/d/d6/GermanShep1_wb.jpg/120px-GermanShep1_wb.jpg
https://upload.wikimedia.org/wikipedia/commons/thumb/b/b3/Morita.jpg/120px-Morita.jpg
https://upload.wikimedia.org/wikipedia/commons/thumb/4/4c/Chihuahua1_bvdb.jpg/120px-Chihuahua1_bvdb.jpg
https://upload.wikimedia.org/wikipedia/commons/thumb/d/de/Beagle_Upsy.jpg/120px-Beagle_Upsy.jpg
https://upload.wikimedia.org/wikipedia/commons/thumb/2/26/YellowLabradorLooking_new.jpg/120px-YellowLabradorLooking_new.jpg
https://upload.wikimedia.org/wikipedia/commons/thumb/f/f4/MiniDachshund1_wb.jpg/120px-MiniDachshund1_wb.jpg
https://upload.wikimedia.org/wikipedia/commons/thumb/7/7a/European_Dobermann.jpg/120px-European_Dobermann.jpg
https://upload.wikimedia.org/wikipedia/commons/thumb/4/4c/ChowChow2Szczecin.jpg/120px-ChowChow2Szczecin.jpg
https://upload.wikimedia.org/wikipedia/commons/thumb/e/ea/Korean_Jindo_Dog.jpg/110px-Korean_Jindo_Dog.jpg
https://upload.wikimedia.org/wikipedia/commons/thumb/e/ec/Crystal_Clear_app_xmag.svg/16px-Crystal_Clear_app_xmag.svg.png
https://upload.wikimedia.org/wikipedia/commons/thumb/e/ed/Skeleton_of_a_dog_diagram.svg/600px-Skeleton_of_a_dog_diagram.svg.png
https://upload.wikimedia.org/wikipedia/commons/thumb/7/73/Auge_Hund_Diagramm_engl.jpg/220px-Auge_Hund_Diagramm_engl.jpg
https://upload.wikimedia.org/wikipedia/commons/thumb/1/14/Transformation_of_the_ears_of_a_huskamute_puppy_in_6_days.jpg/220px-Transformation_of_the_ears_of_a_huskamute_puppy_in_6_days.jpg
https://upload.wikimedia.org/wikipedia/commons/thumb/8/84/Dog_nose.jpg/150px-Dog_nose.jpg
https://upload.wikimedia.org/wikipedia/commons/thumb/1/1a/Wiktionary_Ko_without_text.svg/40px-Wiktionary_Ko_without_text.svg.png
https://upload.wikimedia.org/wikipedia/commons/thumb/4/4a/Commons-logo.svg/30px-Commons-logo.svg.png
https://upload.wikimedia.org/wikipedia/commons/thumb/d/df/Wikispecies-logo.svg/34px-Wikispecies-logo.svg.png
https://upload.wikimedia.org/wikipedia/commons/thumb/f/fa/Wikiquote-logo.svg/34px-Wikiquote-logo.svg.png
https://upload.wikimedia.org/wikipedia/commons/thumb/7/70/Dog_silhouette.svg/100px-Dog_silhouette.svg.png
https://upload.wikimedia.org/wikipedia/commons/thumb/1/1d/Dog_group_Sighthounds.svg/100px-Dog_group_Sighthounds.svg.png
https://upload.wikimedia.org/wikipedia/commons/thumb/5/51/Dog_Silhouette_01.svg/100px-Dog_Silhouette_01.svg.png

▲ img 태그를 추출

전의 프로그램에서 <a> 태그를 <img> 태그로 바꿨을 뿐이니 크게 어렵지 않을 것이다. 하지만 이미지 파일의 URL을 얻은 것으로는 아직 의미가 없다. 다운로드까지 해야 의미가 있다. 이어서 추출한 URL의 이미지 파일을 다운로드하는 프로그램을 만들어 보자.

request 모듈 사용

이미지를 다운로드하는 데 편리한 모듈이 있다. 바로 request 모듈이다. 이 모듈을 사용하면 보다 간결하게 파일 다운로드를 기술할 수 있다. 또한, 리다이렉트 지시가 있으면 자동으로 리다이렉트된 곳에서 파일을 다운로드해 준다. 우선 npm을 사용하여 request 모듈을 설치한다.

```
> npm install request
```

설치가 되었으면 request 모듈을 사용해 보자. 다음은 request 모듈을 사용하여 지정한 URL의 파일을 로컬로 다운로드하는 프로그램이다.

File src/ch02/02-analyze/download-node-request.js

```
// 모듈 로드
var request = require('request');
var fs = require('fs');
```

```
// URL 지정
var url = "http://jpub.tistory.com/";
var savepath = "test.html";

// 다운로드
request(url).pipe(fs.createWriteStream(savepath));
```

모듈을 로드하고 URL을 지정한 후, 마지막 한 줄을 통해 다운로드가 실행된다. 이처럼 request 모듈을 사용하면 매우 쉽게 다운로드를 기술할 수 있다.

링크된 이미지를 전부 다운로드

이번에는 HTML에 연결된 이미지를 전부 다운로드하는 프로그램을 만들어 보자. 다음 프로그램은 위키피디아의 강아지에 관한 페이지에서 <img> 태그를 추출하여 이미지 파일들을 img 폴더에 다운로드한다.

File src/ch02/02-analyze/dl-image.js

```
// 모듈 로드
var client = require('cheerio-httpcli');
var request = require('request');
var fs = require('fs');
var urlType = require('url');

// 저장할 디렉터리가 없으면 생성
var savedir = __dirname + "/img"; // ——※1
if (!fs.existsSync(savedir)) {    // ——※2
  fs.mkdirSync(savedir);          // ——※3
}

// URL 지정
var url = "https://ko.wikipedia.org/wiki/" + encodeURIComponent("강아지");
var param = {};

// HTML 파일 획득 ——※4
client.fetch(url, param, function(err, $, res) {
  if (err) { console.log("error"); return; }
  // img 링크 추출하여 각 링크에 대해 함수 수행 ——※5
  $("img").each(function(idx) {
    var src = $(this).attr('src');
    // 상대 경로를 절대 경로로 변환 ——※6
    src = urlType.resolve(url, src);

    // 저장 파일 이름 결정 ——※7
```

```
    var fname = urlType.parse(src).pathname;
    fname = savedir + "/" + fname.replace(/[^a-zA-Z0-9\.]+/g, '_');

    // 다운로드 ── ※8
    request(src).pipe(fs.createWriteStream(fname));
  });
});
```

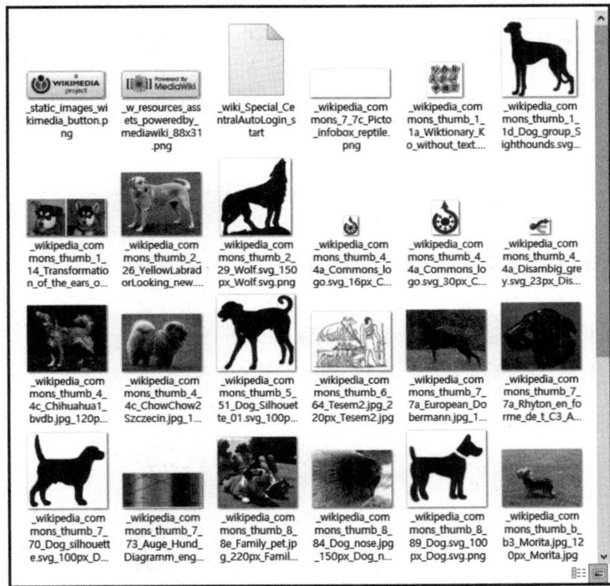

▲ 페이지에 링크된 이미지 파일을 전부 다운로드한 화면

이 프로그램의 몇 가지 중요한 점을 살펴보자. 우선, 위키피디아의 강아지 페이지에는 수많은 이미지 파일이 있다. 따라서 img 디렉터리를 만들어 그곳에 이미지를 다운로드하게 하였다. 이를 위해 먼저 fs.mkdirSync() 메소드를 사용하여 디렉터리를 생성하였다.

프로그램의 ※1에서 ※3까지는 img 디렉터리가 없으면 생성하는 코드다. Node.js에서는 스크립트의 실행 디렉터리가 '__dirname'이라는 변수에 담겨 있다※1. 이 변수를 참조함으로써 쉽게 저장 경로를 지정할 수 있다. 그리고 ※2의 fs.existsSync() 메소드는 파일이나 디렉터리의 존재 여부를 확인하는 메소드다. 디렉터리가 존재하지 않으면 ※3에서 디렉터리를 생성한다.

참고로, fs.exists()과 fs.mkdir()이라는 메소드도 존재하는데 이들 메소드들은 비동기적으로 동작한다. 즉, fs.mkdir() 메소드는 파일이나 디렉터리의 작성이 완료된 시점에서 두 번째 인자로 지정한 콜백 함수가 호출된다. 반면, 우리가 사용한 fs.mkdirSync() 메소드는 이름에서도 알 수 있듯이 디렉터리의 작성이 완료될 때까지 스크립트의 흐름을 멈추고 대기한다.

이후는 이전 코드의 흐름과 유사하다. ※4부분에서 HTML 파일을 취득하고, ※5부분에서 <img> 태그 목록을 취득한다. 이후 취득한 각 요소에 대해서 다운로드 처리를 실행한다. ※6에서는 상대 경로를 절대 경로로 변환하고 있다.

※7에서는 저장할 파일 이름을 정하기 위해 URL에서 경로명을 추출하였다. 그리고 추출한 경로명에서 알파벳과 숫자, 도트 이외의 문자를 "_"로 변환하였다. 마지막으로, ※8에서 request 모듈을 사용하여 다운로드를 수행한다.

이 절의 마무리

- Node.js의 모듈인 cheerio-httpcli와 request를 사용하여 HTML을 파싱하고 다운로드하는 프로그램을 만들어 보았다.
- Node.js에는 풍부한 모듈이 준비되어 있어서 다양한 처리를 쉽게 구현할 수 있다.
- 'cheerio-httpcli' 모듈을 사용하면 HTML 문서에서 임의의 태그를 쉽게 추출할 수 있다.

제2장 | 웹 데이터 수집

03

사이트를 통째로 다운로드

앞 절에서는 HTML 파일을 파싱하여 링크된 이미지를 다운로드하는 프로그램을 만들어 보았다. 여기서는 프로그램을 더욱 개선하여 사이트를 통째로 다운로드하는 프로그램을 만들어 보겠다.

주요 학습 내용	주요 도구와 라이브러리
• 웹사이트를 통째로 다운로드 • 재귀 함수	• Node.js • cheerio-httpcli 모듈

통째로 다운로드하는 이유

사이트를 통째로 다운로드하면 무엇이 좋을까? 무엇보다 사이트가 다운되었거나 기기가 인터넷에 연결되지 않은 오프라인 상태에서도 사이트를 볼 수 있다는 점을 들 수 있다.

또한, 로컬에 HTML을 다운로드해 두면 쉽게 검색을 수행할 수도 있다. 사이트 전체를 데이터베이스에 저장해 놓고 여러 가지 분석을 수행해 보는 것도 재미있을 것이다.

링크를 따라다니며 다운로드하기

그러나 자신이 운영하지 않는 웹 서버에 FTP 등으로 접속해서 파일을 모두 다운로드할 수는 없다. 톱 페이지의 링크 정보를 바탕으로 링크된 HTML을 순회하며 한 페이지씩 내려받아야 한다.

프로그램을 만들어 보자

우선은 3단계까지 링크를 타고 들어가서 HTML 파일을 다운로드하는 프로그램을 만들어 보자. 이때 외부 페이지는 다운로드하지 않도록 도메인 내의 페이지만을 다운로드하도록 할 것이다.

여기서는 Node.js의 한글 문서 페이지를 한 번에 다운로드하는 프로그램을 만들어 보겠다.

코드의 상단(모듈 로드 부분의 하단)에는 공통 설정이 기재되어 있다. 이 중 LINK_LEVEL은 몇 단계까지 링크를 탐색할지 나타내는 변수다. 3이라 지정하였으므로 3단계까지 링크를 타고 들어가서 HTML 파일을 취득한다.

우선, 프로그램을 전체적으로 살펴보자. 주된 처리는 downloadRec() 함수에서 이뤄진다. 이 함수가 HTML 파일을 취득하고 링크를 추출한 후, 다시 링크된 HTML을 취득한다.

File src/ch02/03-getall/getall.js

```
// 링크를 분석해서 다운로드(Node.js)
// --- 모듈 로드 ---
var client = require('cheerio-httpcli');
var request = require('request');
var urlType = require('url');
var fs = require('fs');
var path = require('path');

// --- 공통 설정 ---
// 링크 탐색 단계 지정
var LINK_LEVEL = 3;
// 기준 URL 페이지
var TARGET_URL = "http://nodejs.jp/nodejs.org_ja/docs/v0.10/api/";
var list = {};

// 메인 처리
downloadRec(TARGET_URL, 0);

// 지정 URL을 최대 level 단계까지 다운로드
function downloadRec(url, level) {
    // 최대 level 확인
    if (level >= LINK_LEVEL) return;

    // 이미 다운받은 사이트는 무시
    if (list[url]) return;
    list[url] = true;

    // 외부 페이지는 무시
```

```
    var us = TARGET_URL.split("/");
    us.pop();
    var base = us.join("/");
    if (url.indexOf(base) < 0) return;

    // HTML을 취득
    client.fetch(url, {}, function(err, $, res) {
        // 링크된 페이지를 취득
        $("a").each(function(idx) {
            // <a> 태그의 링크를 획득
            var href = $(this).attr('href');
            if (!href) return;

            // 상대 경로를 절대 경로로 변환
            href = urlType.resolve(url, href);

            // '#' 이후를 무시(a.html#aa와 a.html#bb는 같다)
            href = href.replace(/\#.+$/, ""); // 말미의 #를 제거
            downloadRec(href, level + 1);
        });

        // 페이지 저장(파일명 지정)
        if (url.substr(url.length-1, 1) == '/') {
           url += "index.html"; // 인덱스 자동 추가
        }
        var savepath = url.split("/").slice(2).join("/");
        checkSaveDir(savepath);
        console.log(savepath);
        fs.writeFileSync(savepath, $.html());
    });
}

// 저장할 디렉터리 존재 유무 확인
function checkSaveDir(fname) {
    // 디렉터리 부분만 검출
    var dir = path.dirname(fname);

    // 디렉터리를 재귀적으로 생성
    var dirlist = dir.split("/");
    var p = "";
    for (var i in dirlist) {
        p += dirlist[i] + "/";
        if (!fs.existsSync(p)) {
            fs.mkdirSync(p);
        }
    }
}
```

프로그램을 실행하려면 다음과 같이 커맨드를 실행한다.

```
$ node getall.js
```

그러면 다음과 같이 파일들을 다운로드한다.

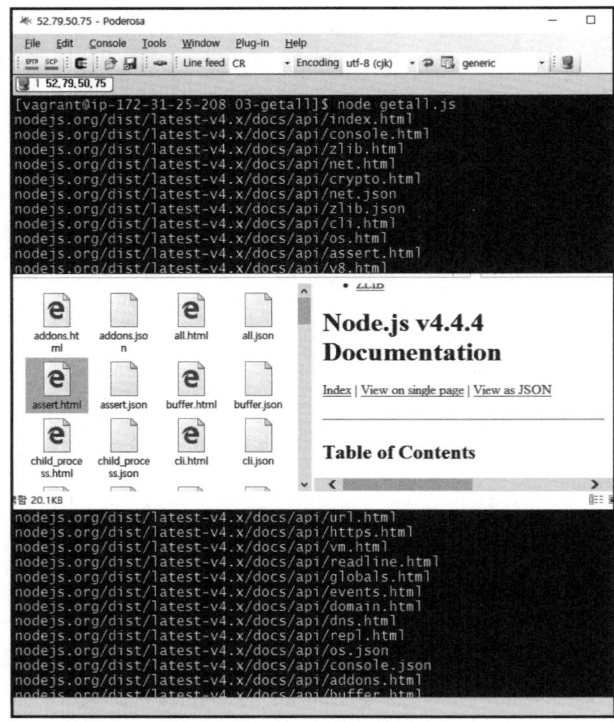

▲ **HTML에 링크된 HTML을 전부 다운로드한 화면**

```
$ node leveldb-book.js
```

코드의 흐름을 살펴보면 하나의 HTML을 취득하고 거기에 연결된 HTML을 취득하고, 다시 거기에서 연결된 HTML을 취득하면서 반복적으로 HTML 파일을 취득하고 있다. 이런 경우가 재귀적 프로그램을 사용할 수 있는 대표적인 예라고 할 수 있다.

재귀 처리란?

재귀 처리란 프로그래밍 기법의 하나로, 어떤 함수에서 그 함수 자신을 호출하는 것을 말한다. 예를 들면, 함수 A가 있다면 함수 A 안에서 함수 A를 호출하는 것을 말한다. 어떤 경우에 재귀 처리를 사용하면 좋을까? 이번 경우처럼 HTML 안에 연결된 HTML, 거기에서 연결된 HTML... 이런 식으로 HTML의 분석 처리에서 다시 HTML의 분석 처리를 호출하게 되는 경우에 사용하면 좋다.

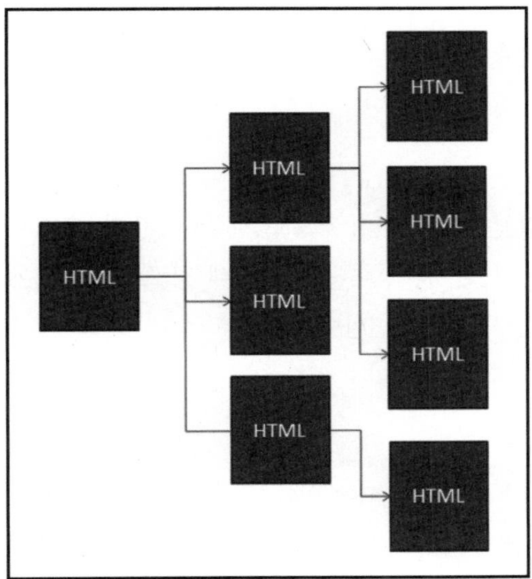

▲ HTML 해석 및 다운로드를 재귀적으로 처리한다.

재귀적 호출을 영어에서는 Recursive call이라고 한다. 그래서 재귀 호출을 하는 함수에는 '_r'나 '_rec'와 같은 접미사를 붙이는 경우가 많다. 예제에서도 재귀적으로 HTML 파일을 해석하며 취득하는 함수를 downloadRec()라고 하였다.

코드가 조금 길기 때문에 함수의 반복 처리 내용을 정리해 보았다.

- 방문 레벨 검사, 최대 레벨을 넘어선 경우 함수를 벗어난다.
- 이미 다운로드한 URL인 경우 함수를 벗어난다.
- URL의 HTML을 취득한다.
- HTML에서 태그를 빼내고, 다음을 되풀이한다.
- 링크 정보(href 속성)를 꺼내서 절대 패스로 변환한다.
- href 속성 값을 인자로, downloadRec() 호출한다.
- HTML을 로컬에 저장한다.

▲ 함수 downloadRec()의 내용

이렇게 보면 그다지 어려운 처리를 하고 있지는 않다. 하지만 재귀 처리를 쓸 때 주의해야 할 점이 있다.

재귀 처리에서는 함수 안에서 그 함수 자신을 호출한다. 따라서 조심하지 않으면 영원토록 함수를 호출할 수가 있다. 이 때문에 함수 호출 레벨을 확인하여 최대 레벨을 초과하면 함수에서 벗어나도록 하였다. 그리고 동일한 URL을 반복 분석하지 않도록 중복 체크를 하고 있다.

상대 경로를 절대 경로로 변경

앞에서도 설명했듯이 HTML에 링크된 파일은 일반적으로 상대 경로로 지정되어 있다. 그래서 링크를 의미하는 태그 <a>로부터 링크 주소를 취득한 후, 상대 경로를 절대 경로로 변환해야 한다. 이번 프로그램에서도 Node.js의 url 모듈을 사용하여 변환했다.

Node.js의 동기 함수와 비동기 함수

Node.js의 네트워크나 파일 처리 등의 함수는 비동기로 구현되어 있다. 비동기 함수를 호출하면 함수의 처리가 완료된 시점에서 콜백 함수가 호출된다.

예를 들어, 폴더를 작성하는 fs.mkdir() 함수를 살펴보자.

```
[서식]
fs.mkdir(path, function() {
  // 여기에 폴더 작성 후의 처리를 기술
});
```

구체적인 사용 예는 다음과 같다.

File src/ch02/03-getall/mkdir.js

```
// 모듈 로드
var fs = require('fs');

// 폴더 생성
console.log("mkdir 실행 ");
fs.mkdir("test", function () {
    console.log("폴더 생성 완료");
});
console.log("mkdir 실행 완료. 결과 대기");
```

이 프로그램을 실행하면 test라는 폴더가 작성되는데 프로그램을 실행한 결과는 다음과 같다.

```
$ node mkdir.js
mkdir 실행
mkdir 실행 완료. 결과 대기
폴더 생성 완료
```

이처럼 fs.mkdir()를 실행해 보면 폴더 작성이 완료되지 않았는데도 바로 다음의 처리가 실행된다. 그리고 폴더의 작성이 완료되면 인자로 지정한 콜백 함수가 실행된다.

그러나 이것이 불편한 경우도 있다. 예를 들어, 폴더 A, A/B, A/B/C와 같이 순서대로 만들고 싶은 경우다.

사실 폴더를 작성하는데 비동기 처리를 쓰는 것은 귀찮은 일이다. 그래서 Node.js에는 동기적으로 처리하는 함수도 준비되어 있다. 동기적으로 처리하는 함수에는 '**Sync()'라는 접미사가 붙는다.

Node.js의 매뉴얼에서 fs.mkdir()을 살펴보면 바로 밑에 fs.mkdirSync()가 있다. 일반적으로 비동기 처리 메소드와 함께 동기적으로 수행하는 메소드도 마련되어 있다. 다음은 fs.mkdirSync() 함수를 사용한 예인데 배치 처리를 기술하는 경우에는 이쪽이 더 간편하다.

File src/ch02/03-getall/mkdirSync.js

```
// 모듈 로드
var fs = require('fs');

// 디렉터리를 동기적으로 생성
console.log("mkdir 실행");
fs.mkdirSync("test-sync");
console.log("mkdir 완료");
```

fs.mkdir() 및 fs.mkdirSync() 메소드는 이미 존재하는 폴더에 관해 생성하려고 하면 에러가 발생한다. 그래서 보통 폴더가 이미 작성되어 있는지 여부를 먼저 확인하고 생성을 한다. 이때 fs.existsSync() 메소드를 사용하면 파일이나 폴더의 존재 여부를 확인할 수 있다.

File src/ch02/03-getall/mkdir3.js

```
// 모듈 로드
var fs = require('fs');

// 폴더를 동기적으로 생성
if (!fs.existsSync("test3")) {
  fs.mkdirSync("test3");
  console.log("test3  생성 완료");
} else {
  console.log("test3이 이미 있으므로 생성 안 함");
}
```

```
$ node mkdir3.js
test3 생성 완료
$ node mkdir3.js
test3이 이미 있으므로 생성 안 함
```

이 절의 마무리

- 사이트를 통째로 다운로드하는 프로그래밍을 살펴봤다.
- 재귀 함수를 사용해서 HTML에 링크된 HTML, 또한 거기에 링크된 HTML을 순차적으로 다운로드하는 프로그램을 작성하였다.

04

XML/RSS 해석

최근에는 많은 웹사이트가 유익한 정보를 XML과 RSS 형식으로 제공하고 있다. XML과 RSS에서 제공되는 정보는 HTML과 달리 디자인 정보를 담고 있지 않으므로 분석도 쉽다. 여기서는 XML과 RSS의 해석 방법에 관해서 소개하겠다.

주요 학습 내용

- XML/RSS 데이터 형식
- XML/RSS 다운로드

주요 도구와 라이브러리

- Node.js
- xml2js 모듈
- cheerio-httpcli 모듈

XML이란?

XML은 Extensible Markup Language의 약어로, 목적에 맞게 사용될 수 있는 범용적인 데이터 형식이다. 기본적으로 텍스트 데이터이며, 각각의 데이터에 태그를 붙임으로써 문서나 데이터를 구조화할 수 있다. XML의 목적은 다른 종류의 시스템 간에, 구조화된 문서와 데이터를 쉽게 공유하는 것이다.

XML은 범용적인 형식이라 XML을 바탕으로 한 다양한 데이터 형식이 존재한다. 예를 들면, 뉴스 사이트의 요약 정보인 RSS나 벡터 그래픽을 다루는 SVG도 XML을 바탕으로 한다. 또한, 엑셀/워드 등 마이크로소프트 오피스의 저장 형식도 여러 XML 파일을 ZIP으로 압축한 것이다. 이처럼 다양하게 XML이 사용되고 있다.

무엇보다 XML은 기계에게나 인간에게도 다루기 편한 데이터 형식이다. 스펙이 공개되었고, XML을 처리하기 위한 많은 도구와 라이브러리가 존재하는 것도 매력적이다.

XML/RSS에 관해서는 이 책의 4장 3절 '데이터 형식의 기초 지식'에서도 다시 다룬다.

XML의 구조 확인

XML의 기본 구조는 요소(element)와 속성(attribute)이다. 다음은 기본적인 요소의 형식이다.

```
<요소 이름 속성="값">내용</요소 이름>
```

그리고 요소는 내부에 자식 요소를 가질 수 있다. 예를 들어, 상품 카탈로그를 나타내는 XML 데이터를 살펴보자.

```
<상품 카탈로그>
  <상품 id="S001">
    <상품명>8GB SD카드</상품명>
    <값>4500원</값>
  </상품>
  <상품 id="S002">
    <상품명>USB마우스</상품명>
    <값>2300원</값>
  </상품>
  <상품 id="S003">
    <상품명>USB키보드</상품명>
    <값>3700원</값>
  </상품>
</상품 카탈로그>
```

이처럼 XML은 트리 구조로 데이터를 표현할 수 있다. 아울러 XML 데이터를 파일에 저장하는 경우에는 XML 선언을 포함할 수 있다. 이때 그 XML 데이터의 문자 부호화 방식(문자 코드)을 지정한다.

```
<?xml version="1.0" encoding="UTF-8"?>
<상품 카탈로그>
...
</상품 카탈로그 >
```

Node.js에서 XML을 다루는 방법

그러면 Node.js에서 XML을 다루는 방법을 알아보자. Node.js에는 XML을 파싱하기 위해 전에 소개한 cheerio-httpcli 모듈을 포함하여 여러 가지 모듈이 존재한다. 여기서는 xml2js 모듈을 소개하겠다. 이 모듈을 사용하면 XML 데이터를 자바스크립트 객체로 변환할 수 있다. npm을 사용하여 xml2js를 설치하도록 한다.

```
$ npm install xml2js
```

모듈의 사용법은 다음과 같다. 먼저, require로 xml2js 모듈의 parseString() 메소드를 가지고 온다. 이어 parseString()의 첫 번째 인자로 XML 데이터를 담은 문자열을 넘겨 호출한다. 그러면 파싱한 결과가 두 번째 인자로 지정한 콜백 함수로 전달된다.

다음 코드는 간단한 XML 데이터를 담은 문자열을 자바스크립트 객체로 변환하는 예다. 자바스크립트 객체의 내용을 확인하기 위해 JSON.stringify() 메소드를 사용했다.

File src/ch02/04-xmlrss/test-xml.js

```
// 모듈 로드
var parseString = require('xml2js').parseString;

// 테스트용 XML 데이터
var xml = "<fruits shop='AAA'>" +
  "<item price='140'>Banana</item>" +
  "<item price='200'>Apple</item>" +
  "</fruits>";
// XML 전달
parseString(xml, function (err, result) {
  // 파싱된 결과에 대한 처리를 여기에 작성
  console.log(JSON.stringify(result));
});
```

프로그램을 실행하려면 다음 명령을 실행한다.

```
$ node test-xml.js
```

실행 결과는 다음과 같다(보기 좋게 개행하였다).

```
{
  "fruits": {
    "$":{"shop":"AAA"},
    "item":[
      {"_":"Banana","$":{"price":"140"}},
      {"_":"Apple","$":{"price":"200"}}
    ]
  }
}
```

이 결과를 보고 이상한 점을 눈치챈 독자도 있을 것이다. XML에는 없는 '$', '_'과 같은 키가 존재하기 때문이다. 이는 XML이 요소, 내용, 속성의 구조로 되어 있어서 JSON과 일대일 대응이 되지 않기 때문이다. 다소 헷갈리지만, 요소의 내용은 '_'이라는 키의 값으로 대입되며, 속성은 '$' 키의 객체로 대입된다.

그러면 좀 더 구체적인 사용 방법을 알아보자. 다음은 XML의 <fruits>의 shop 속성을 표시한 뒤 각 <item> 태그의 값을 출력하는 프로그램이다.

File src/ch02/04-xmlrss/test-xml2.js

```
// 모듈 로드
var parseString = require('xml2js').parseString;

// 테스트용 XML 데이터
var xml = "<fruits shop='AAA'>" +
  "<item price='140'>Banana</item>" +
  "<item price='200'>Apple</item>" +
  "</fruits>";

// XML을 전달
parseString(xml, function (err, result) {
  // console.log(JSON.stringify(result)); // ——※1

  // fruits를 제공하는 가게 이름
  var shop = result.fruits.$.shop;
  console.log("shop=" + shop);

  // furits의 이름과 가격을 표시
  var items = result.fruits.item;
  for (var i in items) {
    var item = items[i];
    console.log("-- name=" + item._);
    console.log(" price=" + item.$.price);
  }
});
```

프로그램을 실행하려면 다음 명령을 실행한다.

```
$ node test-xml2.js
```

실행 결과는 다음과 같다.

```
shop=AAA
-- name=Banana
   price=140
-- name=Apple
   price=200
```

프로그램의 동작을 파악하기 어렵다면 코드에서 ※1의 주석을 해제하여 다시 변환 결과를 확인해 보기 바란다. 다만, 아래의 프로그램을 실행해 보면 알 수 있듯이 요소에 자식 요소가 없을 경우에는 요소 이름에 내용이 바로 대입된다.

File src/ch02/04-xmlrss/test-xml0.js

```
// 모듈 로드
var parseString = require('xml2js').parseString;

// 테스트용 XML 데이터
var xml = "<item>Banana</item>";

// XML을 전달
parseString(xml, function (err, result) {
  console.log(result.item); // 결과: Banana
});
```

그래서 다음과 같은 XML 데이터라면 '_', '$'를 포함하지 않는 오브젝트가 변환된다. 이런 데이터면 XML과 자바스크립트가 거의 일대일로 변환된다.

File src/ch02/04-xmlrss/test-xml3.js

```
// 모듈 로드
var parseString = require('xml2js').parseString;

// 테스트용 XML 데이터
var xml =
```

```
  "<items>" +
  "<item><name>Banana</name><price>130</price></item>" +
  "<item><name>Apple</name><price>300</price></item>" +
  "<item><name>Pear</name><price>250</price></item>" +
  "</items>";

// XML 전달
parseString(xml, function (err, r) {
  console.log(JSON.stringify(r));
  // 각 요소의 표시
  console.log("---");
  console.log(r.items.item[0].name[0]);
  console.log(r.items.item[0].price[0]);
});
```

실행하면 다음과 같은 결과가 된다.

```
{"items":
  {"item":[
    {"name":["Banana"],"price":["130"]},
    {"name":["Apple"],"price":["300"]},
    {"name":["Pear"],"price":["250"]}
  ]}
}
---
Banana
130
```

자바스크립트의 객체로부터 XML을 작성하는 경우

반대로 자바스크립트의 객체를 XML로 변환하는 경우도 알아보자. 여기서는 Builder 클래스를 사용한다.

File src/ch02/04-xmlrss/test-xml-builder.js

```
// 모듈 로드
var xml2js = require('xml2js');

// 자바스크립트 객체
var obj = {
  item: {name:"Banana", price:150}
};
// XML로 변환
```

```
var builder = new xml2js.Builder();
var xml = builder.buildObject(obj);
console.log(xml);
```

실행하면 다음과 같은 결과가 된다.

```
<?xml version="1.0" encoding="UTF-8" standalone="yes"?>
<item>
  <name>Banana</name>
  <price>150</price>
</item>
```

만약, 의도한 XML 결과가 나오지 않는다면 원하는 XML을 먼저 만든 뒤 자바스크립트 객체로 변환하는 과정을 반복하며 익숙해지도록 한다.

다음은 XML 데이터를 자바스크립트 객체로 변환하고, 이어 다시 XML로 변환하는 프로그램이다.

File src/ch02/04-xmlrss/test-xml-builder2.js

```
// 모듈 로드
var xml2js = require('xml2js');
var parseString = xml2js.parseString;
var Builder = xml2js.Builder;

// 테스트용 XML 데이터
var xml = "<fruits shop='AAA'>" +
  "<item price='140'>Banana</item>" +
  "<item price='200'>Apple</item>" +
  "</fruits>";

// XML을 자바스크립트 객체로 변환
parseString(xml, function (err, r) {
  // 변환된 자바 스크립트 객체 출력
  console.log(JSON.stringify(r));

  // 변환된 자바스크립트 객체를 다시 XML로 변환
  var xml = new Builder().buildObject(r);
  console.log(xml);
});
```

COLUMN

폐지된 'E4X'에 관하여

한때 XML을 쉽게 처리하기 위해서 E4X(ECMAScript for XML)라는 사양이 ECMA-357 표준으로 일부 자바스크립트 엔진에 탑재되기도 했었다. 이는 별도의 라이브러리 없이 자바스크립트만으로 XML을 처리할 수 있음을 의미한다. 단순한 구문을 통해 XML 요소에 액세스할 수 있는 인터페이스를 제공했었다. 예를 들면, 다음과 같다.

File src/ch02/04-xmlrss/rhino-e4x.js

```
var fruits = <fruits shop="A Mart">
  <item price="130">Banana</item>
  <item price="200">Apple</item>
  <item price="500">Mango</item>
</fruits>;
print(fruits.@shop);                   // 결과: A Mart
print(fruits.item.(@price == 500));    // 결과: Mango
```

그러나 현재 E4X는 많은 자바스크립트의 구현에서 폐지되었다. 적극적으로 E4X를 지원했던 Firefox도 버전 17에서 디폴트 지원이 중지된 이후, 버전 21에서 완전 폐지되었다. 퇴출 사유는 한정된 장래성, 낮은 관심도, 코드의 복잡성 때문이라고 한다. 필자는 개인적으로 편리하다고 생각한 E4X가 폐지되어 아쉬웠다.
그래도 현재 E4X는 자바스크립트 엔진 Rhino에서 사용할 수 있다(위 코드도 Rhino에서 올바르게 동작한다). 다만, 많은 실행 엔진에서 구현이 안 되어 있으므로 XML을 다루는 것은 개발자의 몫이 되었다.

RSS란?

XML에 이어 RSS에 관해 알아보자. RSS는 뉴스와 블로그 등 각종 웹사이트의 갱신 정보를 요약하여 전송할 때 사용한 데이터 형식이다. RSS에는 몇 가지 포맷이 존재한다. 유명한 것으로 RSS1.0, RSS2.0, Atom이 있고, 각각 널리 사용되고 있다. 다양한 포맷이 있지만, 모두 XML을 바탕으로 하고 있어 그다지 큰 차이는 없다.

기상청의 RSS 읽기

그러면 실제 RSS의 예로서 기상청에서 제공하는 RSS를 알아보자. 현재 기상청에서 RSS로 제공하는 정보는 동네의 시간별 일기예보 및 지역별 중/장기 일기예보다. RSS로 제공되므로 쉽게 기상 예보 정보를 획득할 수 있다.

기상청 기상예보 RSS
http://web.kma.go.kr/weather/lifenindustry/sevice_rss.jsp

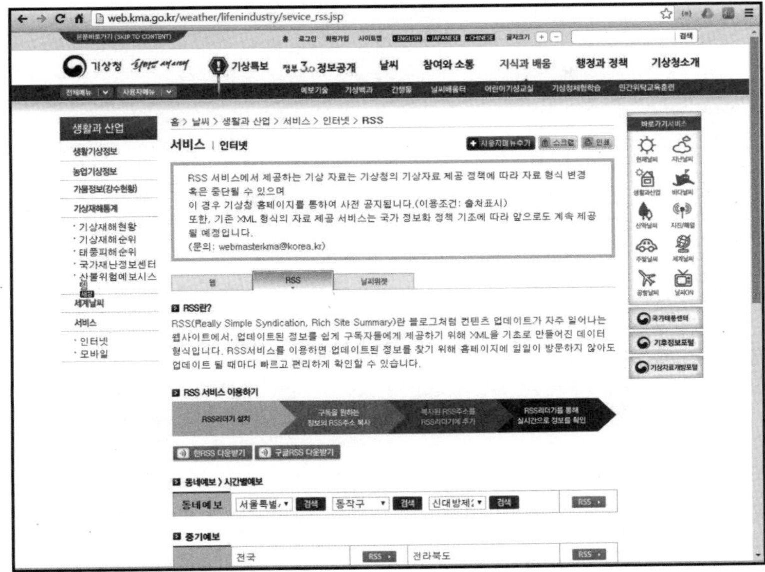

▲ 기상청 기상예보 RSS 페이지

예를 들어, 서울/경기도의 중기예보 RSS 데이터를 살펴보자. 이 RSS 포맷은 RSS2.0이다. 얼핏 보면 구성을 파악하기 어려워 보이지만, 잘 보면 XML로 구조화되어 매우 규칙적으로 데이터가 담겨 있는 것을 알 수 있다. 각 데이터의 의미는 기상청에서 함께 제공하는 RSS 정의를 참고하면 된다.


```
▼<rss version="2.0">
  ▼<channel>
     <title>기상청 육상 중기예보</title>
    ▼<link>
       http://www.kma.go.kr/weather/forecast/mid-term_02.jsp
     </link>
     <description>기상청 날씨 웹서비스</description>
     <language>ko</language>
     <generator>기상청</generator>
     <pubDate>2016년 05월 14일 (토)요일 18:00</pubDate>
    ▼<item>
       <author>기상청</author>
       <category>육상중기예보</category>
       <title>서울,경기도 육상 중기예보 - 2016년 05월 14일 (토)요일 18:00 발표</title>
      ▼<link>
         http://www.kma.go.kr/weather/forecast/mid-term_02.jsp
       </link>
      ▼<guid>
         http://www.kma.go.kr/weather/forecast/mid-term_02.jsp
       </guid>
      ▼<description>
        ▼<header>
           <title>서울,경기도 육상중기예보</title>
           <tm>201605141800</tm>
          ▼<wf>
            ▼<![CDATA[
               이번 예보기간에는 고기압의 영향으로 대체로 맑은 날이 많겠습니다.<br />기온은 평년(최저기온: 11~14도, 최고기온: 21~25도)보다 높겠습니다.<br />강수량은 평년
               (2~6mm)보다 적겠습니다.<br />서해중부해상의 물결은 0.5~2.0m로 일겠습니다.
             ]]>
           </wf>
         </header>
        ▼<body>
          ▼<location wl_ver="3">
             <province>서울 · 인천 · 경기도</province>
             <city>서울</city>
            ▼<data>
               <mode>A02</mode>
               <tmEf>2016-05-17 00:00</tmEf>
               <wf>맑음</wf>
               <tmn>13</tmn>
               <tmx>25</tmx>
               <reliability>높음</reliability>
             </data>
```

▲ 서울/경기도의 중기예보 RSS

주간기상예보 RSS 취득

그러면 RSS를 취득하는 프로그램을 만들어 보자. 다음 프로그램은 서울/경기도의 3일 후부터 일주일간의 기상예보 정보를 표시하는 프로그램이다. 기상청의 RSS를 다운로드하고 파싱하여 주요 정보만 콘솔에 출력한다.

File src/ch02/04-xmlrss/weather.js

```
// 기상청 기상예보 RSS
var RSS = "http://web.kma.go.kr/weather/forecast/mid-term-rss3.jsp?stnId=109";

// 모듈 로드
var parseString = require('xml2js').parseString;
var request = require('request');

// RSS 다운로드 ——※1
request(RSS, function (err, response, body) {
  if (!err && response.statusCode == 200) {
    analyzeRSS(body);
  }
});

// RSS 해석 ——※2
function analyzeRSS(xml) {
  // XML을 JS 오브젝트로 변환
  parseString(xml, function(err, obj) {
    if (err) { console.log(err); return; }

    // 기상 예보 정보 출력 ——※3
    //console.log(JSON.stringify(obj)); // ——※4
    var datas = obj.rss.channel[0].item[0].description[0].body[0].location[0].data;
    var city  = obj.rss.channel[0].item[0].description[0].body[0].location[0].city;

    for (var i in datas) {
      var data = datas[i];
      console.log(city + " " + data.tmEf + " " + data.wf + " " + data.tmn + "~" + data.tmx);
    }
  });
}
```

이 프로그램을 실행하려면 다음 명령을 실행한다.

```
$ node weather.js
```

실행하면 다음과 같은 결과가 된다.

▲ 기상 예보 출력 실행 결과

여기서는 RSS에서 '/rss/channel/item/description/body/location' 경로의 데이터를 꺼내서 표시하였다.

프로그램을 단계별로 살펴보자. ※1에서 RSS를 웹에서 취득하고 있다. request 모듈의 request() 메소드를 사용하였다. RSS를 요청하고 콜백 함수 인자로 넘어온 response의 statusCode가 200이면 정상적으로 데이터를 취득한 것을 의미한다.

데이터를 취득했으면 함수 analyzeRSS()를 호출한다(※2부분). 여기서는 xml2js 모듈의 parseString() 메소드를 사용하여 XML 데이터(즉, 기상청의 기상예보 RSS)를 자바스크립트 객체로 변환했다. ※3에서는 변환한 날씨 정보를 for 구문으로 차례차례 콘솔에 출력하고 있다.

자바스크립트 객체의 내용을 보고 싶으면 ※4처럼 JSON.stringify()로 객체를 JSON으로 변환하여 출력하면 된다. 이때 출력되는 JSON 객체는 사람이 봐서는 구조를 파악하기 쉽지 않다. 그래서 JSON 객체를 보기 좋게 표시해 주는 웹 서비스를 이용하는 것이 좋다.[역주]

XML/RSS 파싱에 cheerio-httpcli를 사용하는 방법

위 프로그램에서는 xml2js 모듈을 사용하여 XML/RSS를 파싱했지만, 사실 'cheerio-httpcli' 모듈을 사용해도 쉽게 프로그램을 작성할 수 있다. 동일한 프로그램을 'cheerio-httpcli'를 써서 구현해 보겠다.

역주 구글에서 'json beautifier'로 검색하면 찾을 수 있다. Sublime Text의 플러그인도 유용하다.

File src/ch02/04-xmlrss/weather-cheerio.js

```
// 기상청 기상예보 RSS(cheerio 이용) for Node.js

// 기상 RSS
var RSS = "http://web.kma.go.kr/weather/forecast/mid-term-rss3.jsp?stnId=109";

// 모듈 로드
var client = require('cheerio-httpcli');

// RSS 다운로드
client.fetch(RSS, {}, function(err, $, res) {
  if (err) { console.log("error"); return; }
    // 필요한 항목을 추출해서 표시 ——※1
    var city = $("location:nth-child(1) > city").text();
    $("location:nth-child(1) > data").each(function(idx) {

      var tmEf = $(this).find('tmEf').text();
      var wf = $(this).find('wf').text();
      var tmn = $(this).find('tmn').text();
      var tmx = $(this).find('tmx').text();

      console.log(city + " " + tmEf + " " + wf + " " + tmn +"~" + tmx);
  });
});
```

프로그램을 실행하려면 다음 명령을 실행한다.

```
$ node weather-cheerio.js
```

실행하면 다음과 같은 결과가 된다.

```
[vagrant@localhost 04-xmlrss]$ node tenki-cheerio.js
서울 2016-05-17 00:00 맑음 13~25
서울 2016-05-17 12:00 맑음 13~25
서울 2016-05-18 00:00 맑음 14~27
서울 2016-05-18 12:00 구름조금 14~27
서울 2016-05-19 00:00 구름많음 15~28
서울 2016-05-19 12:00 구름많음 15~28
서울 2016-05-20 00:00 구름조금 17~29
서울 2016-05-20 12:00 구름조금 17~29
서울 2016-05-21 00:00 구름조금 17~29
서울 2016-05-21 12:00 구름조금 17~29
서울 2016-05-22 00:00 구름많음 18~28
서울 2016-05-23 00:00 구름조금 18~27
서울 2016-05-24 00:00 구름많음 17~25
```

▲ cheerio-httpcli를 이용한 RSS 해석 및 출력 화면

코드의 ※1 부분에 주목하자. RSS의 전체 경로를 지정하지 않고, 'location:nth-child(1) > city' 처럼 CSS 선택자를 지정하고 있다. cheerio-httpcli 모듈을 사용하면 CSS 쿼리를 사용하여 원하는 부분의 정보를 쉽게 추출할 수 있어 더욱 편리하게 프로그램을 작성할 수 있다.

이 절의 마무리

- 이번 절에서는 XML과 RSS의 소개와 Node.js로 파싱하는 방법에 관해 알아봤다.
- 많은 웹 서비스가 적극적으로 RSS를 제공하고 있으므로 잘 활용하도록 한다.

05

정기적으로 다운로드

웹상의 데이터를 정기적으로 수집하고 싶은 경우가 있다. 그래서 여기서는 정기적으로 프로그램을 실행하는 방법을 소개한다. 정기적인 처리 실행 방법은 운영체제에 따라 다르다. Mac OS X과 리눅스, 윈도우의 경우로 나누어 알아보자.

주요 학습 내용	주요 도구와 라이브러리
• cron 사용법 • 윈도우에서 작업 스케줄러 사용법	• cron • 작업 스케줄러

정기적인 처리를 수행

웹에서 공개되는 데이터 중에는 정기적으로 데이터가 갱신되는 경우가 많다. 주가와 환율 같은 금융 데이터, 또는 먼저 소개한 일기 예보도 정기적으로 갱신되는 경우에 해당한다.

이럴 때 사용하고 싶은 것이 정기적으로 처리를 실행하는 스케줄러다. Mac OS X이나 리눅스에는 cron이라는 데몬 프로세스가 있다. cron을 사용하면 스크립트를 원하는 시점에 자동으로 실행할 수 있다. 비슷하게 윈도우에는 작업 스케줄러라는 것이 있다. 이번 절에서는 정기적으로 처리를 해주는 이들 스케줄러들의 사용법을 알아보자.

정기적인 실행을 위한 힌트

작업 스케줄러나 cron을 이용하여 정기적으로 수행하면 좋은 작업들에는 어떤 것들이 있을까? 정기적으로 수행되어야 하는 처리를 크게 분류해 보면 다음과 같다.

1. 데이터 수집과 같은 애플리케이션의 정기적인 처리
2. 로그, 백업 등 시스템과 관련된 정기적인 처리
3. 시스템이 제대로 동작하고 있는지 정기적으로 감시하는 처리

이 책에서 다루는 정기적인 데이터 수집은 1에 해당한다. 그 외에도 데이터베이스를 집계하는 것과 같이 애플리케이션이 원활하게 동작하기 위해서 정기적으로 처리를 실행하기도 한다. 시스템을 가볍게 만들기 위해서 정기적으로 로그 파일을 옮기거나 필요한 데이터를 백업하는 경우는 2에 해당한다. 그리고 3과 같이 시스템이 제대로 동작하고 있는지 정기적으로 확인하는 경우도 많이 있다. 이 경우, 시스템에 장애가 있으면 관리자에게 메일로 통지하고 해당 시스템을 재시작하는 등의 조치를 취한다.

환율의 변동을 확인하는 API 사용

여기서 만들 샘플 프로그램에서는 '환율 확인 API'라는 웹 API를 사용하여 환율 정보를 취득한다.

```
쿠지라 외화 환율 확인 API
http://api.aoikujira.com/kawase/
```

이는 필자가 취미로 공개하고 있는 API로, 정기적인 수행의 설명에 적절하여 활용하고자 한다(단, 이 API는 실제 FX 환율 트레이드에 사용되기에는 적절하지 않다. 갱신 빈도도 낮아 하루에 몇 차례 갱신될 뿐이므로 학습용으로만 사용하기 바란다).

다음과 같은 URL에 접속하면 JSON 형식과 XML 형식으로 조회 시점의 환율을 얻을 수 있다.

```
JSON 형식의 환율
http://api.aoikujira.com/kawase/get.php?code=USD&amp;format=json

XML 형식의 환율
http://api.aoikujira.com/kawase/get.php?code=USD&amp;format=xml
```

위 API를 호출하면 미국 달러(USD)를 기반으로 한 값이 반환된다. API의 인자를 바꿈으로써 기본 통화를 변경할 수 있다. 'code=USD' 부분을 'code=MYR'로 바꾸면 말레이시아 링깃(RM)

으로 바뀌고, 'code=CNY'으로 바꾸면 중국 위안화가 기본 통화로 변경된다.

그러면 프로그램을 만들어 보자. 매일 프로그램이 실행될 것을 고려하여 날짜를 포함한 파일 이름에 1달러가 몇 원인지 환율 정보를 기록하는 프로그램을 만들 것이다.

File src/ch02/05-cron/kawase-usd_krw.js

```
// 환율 정보 취득 for Node.js

// 환율 API URL
var API = "http://api.aoikujira.com/kawase/get.php?code=USD&format=json";
// 모듈 로드
var request = require('request');
var fs = require('fs');

// 웹 API 요청
request(API, function(err, response, body) {
  // HTTP 에러 체크
  if (err || response.statusCode != 200) {
    console.log("ERROR", err); return;
  }

  // JSON을 JS 객체로 변환
  var r = JSON.parse(body);
  var krw = r["KRW"];

  // 환율을 파일에 저장(파일명에는 날짜 표기)
  var t = new Date();
  var fname = "USD_KRW_" +
      t.getFullYear() + "-" + (t.getMonth()+1) +
      "-" + t.getDay() + ".txt";
  var text = "1usd=" + krw + "krw";
  console.log(text);
  fs.writeFile(fname, text);
});
```

이 프로그램을 실행하면, 'USD_KRW_2015-4-2.txt'와 같은 텍스트 파일에 '1usd=1176.85239krw'와 같은 값이 기록된다. 환율은 오르락내리락하므로 매일 정기적으로 자동 실행되도록 하면 유용할 것이다.

그러면 정기적으로 프로그램이 실행되도록 하는 방법을 알아보자. 리눅스와 Mac OS X에서 설정하는 방법과 윈도우에서 설정하는 방법으로 나누어 소개하겠다.

리눅스/Mac OS X의 경우

CentOS를 포함한 리눅스와 Mac OS X의 경우는 cron을 사용한다. Mac OS X을 포함한 유닉스 계열의 OS에는 대부분 cron이 표준으로 설치되어 있다. cron을 사용하려면 지정된 설정 파일에 지정된 형식으로 실행 간격을 기술하면 된다. 텍스트 파일에 설정을 기술한다는 UNIX계 OS의 전통을 따르고 있으므로 사람에 따라서는 어렵게 느껴질 수도 있겠다.

필요에 따라 nano 에디터를 설치

cron을 설정하려면 터미널에서 crontab이라는 명령을 수행하여 편집한다. 기본적으로 vi 에디터가 실행된다. 그러나 vi는 조작 체계가 독특하여 낯선 사람에게는 스트레스일 수도 있다.

vi를 쓴 적이 없는 독자는 nano를 설치하여 파일을 편집하는 것이 좋다. CentOS에서 nano를 설치하려면 다음과 같이 명령을 실행한다.

```
$ sudo yum install nano
```

다음으로, cron을 편집할 때 nano가 실행되도록 설정해야 한다. 이 설정을 실시하는 데도 nano를 사용한다. 커맨드 라인에서 다음 명령을 실행하여 홈 디렉터리에 있는 설정 파일 .bash_profile을 편집하도록 한다.

```
$ nano ~/.bash_profile
```

nano가 실행되면 파일의 말미에 다음 내용을 추가한다. 편집이 끝나면 Control+x 키를 눌러 에디터를 닫는다. 파일을 저장할지 물으면 y키로 저장한다고 하고, 파일 이름을 확인한 후 [Enter] 키를 눌러 파일 편집을 종료한다.

```
# cron의 편집에 nano를 이용
export EDITOR=nano
```

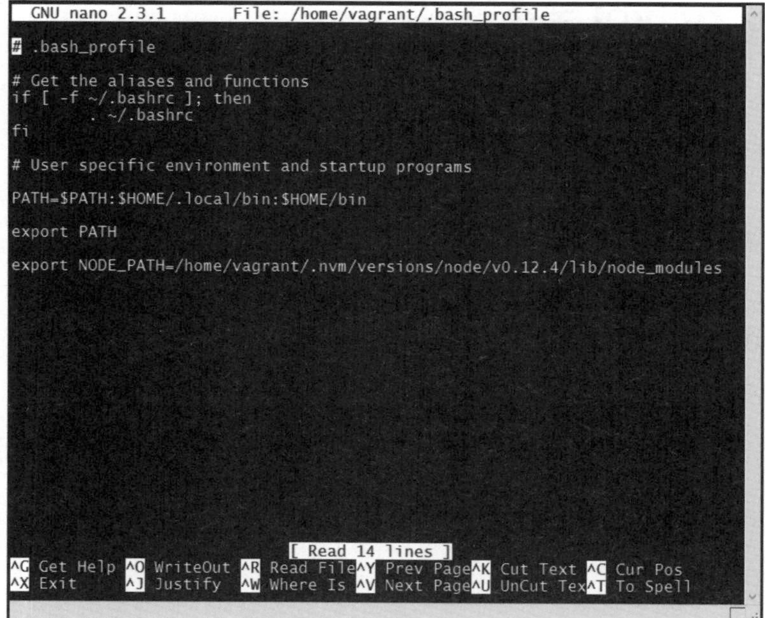

GNU nano 2.3.1 File: /home/vagrant/.bash_profile
# .bash_profile
# Get the aliases and functions
if [-f ~/.bashrc]; then
. ~/.bashrc
fi
# User specific environment and startup programs
PATH=$PATH:$HOME/.local/bin:$HOME/bin
export PATH
export NODE_PATH=/home/vagrant/.nvm/versions/node/v0.12.4/lib/node_modules
[Read 14 lines]
^G Get Help ^O WriteOut ^R Read File ^Y Prev Page ^K Cut Text ^C Cur Pos
^X Exit ^J Justify ^W Where Is ^V Next Page ^U UnCut Text ^T To Spell

▲ **nano로 .bash_profile을 편집하는 화면**

'~./bash_profile'를 편집 후 로그인을 다시하거나 'source ~/.bash_profile' 명령을 실행하면 설정이 반영된다.

cron 설정을 위한 crontab

준비가 되면 crontab 명령어로 cron 설정을 실시한다. crontab을 실행할 때는 '-e' 옵션을 주도록 한다. 그러면 cron 설정 화면이 열린다. 처음 'crontab -e'을 실행하면 아무런 스케줄 설정이 없는 상태일 것이다.

```
$ crontab -e
```

예를 들어, 매일 아침 7시에 앞서 작성한 'kawase-usd_krw.js'가 실행하도록 설정해 보자.

```
0 7 * * * /usr/bin/node /path/to/kawase-usd_krw.js
```
[1]

1 프로그램의 경로는 본인의 환경에 맞게 기입하도록 한다.

위와 같이 작성하고 저장한 후 에디터를 종료하도록 한다. nano 에디터를 사용한 경우에는 Ctrl+x 키를 누른다. 저장 여부를 물으면 y키를 누르고 [Enter]키를 입력한다. 이것으로 매일 아침 7시에 환율 정보를 수집하게 된다.

환경 변수에 주의

cron 수행 시는 환경 변수가 최소한으로 설정되어 있다. 그래서 명령어를 찾을 수 없거나, Node.js의 모듈을 찾을 수 없다는 문제가 발생할 수 있다. 이를 위해 crontab 설정 파일의 서두에 환경 변수를 설정해 주어야 한다.

```
PATH=/usr/local/bin:/usr/bin/:/bin
NODE_PATH=/usr/lib/node_modules/

0 7 * * * node /path/to/kawase-usd_krw.js
```

다만, crontab 서두에 환경 변수를 설정할 때는 우변에 환경 변수를 사용할 수 없다는 점에 주의한다.

```
# crontab에서는 환경 변수를 우변에서 사용할 수 없다
# 잘못된 설정
PATH=/usr/local/bin:$PATH

# 올바른 설정
PATH=/usr/local/bin:/usr/bin:/bin
```

혹은, 각 행에서 개별 환경 변수를 설정할 수도 있다.

```
0 7 * * * export NODE_PATH=/usr/lib/node_modules/ && /usr/bin/node /path/to/
kawase-usd_jpy.js
```

작업 디렉터리에 주의

cron이 수행될 때의 작업 디렉터리는 사용자의 홈 디렉터리가 된다. 그래서 로그를 저장하거나 할 때에는 전체 경로를 지정하거나 작업 디렉터리를 변경해 줘야 한다.

우리가 작성한 프로그램을 cron에 등록하면 환율 정보가 사용자의 홈 디렉터리에 저장된다. 만약, 실행 스크립트와 같은 디렉터리에 로그 파일이 저장되기 원한다면 다음과 같이 작성한 셸 스크립트를 cron에 등록하면 된다.

File src/ch02/05-cron/kawase.sh

```
# !/bin/sh

# PATH 설정
PATH=/usr/local/bin:/usr/bin:/bin
NODE_PATH=/usr/lib/node_modules

# 현재 디렉터리를 스크립트의 경로로 변경
cd `dirname $0`
# node 프로그램 실행
node kawase-usd_krw.js
```

위의 셸 스크립트를 cron에 등록하려면 crontab으로 다음과 같이 기술한다.

```
0 7 * * * /path/to/kawase.sh
```

crontab 다양한 설정 방법

이제 crontab에서 스케줄을 설정하는 방법에 관해 살펴보자. 기본적으로 다음과 같은 형식으로 기술한다.

```
분 시 일 월 요일 실행 명령
```

각 필드에 설정할 수 있는 수치는 다음과 같다.

필드	수치
분	0-59
시	0-23
일	1-31
월	1-12
요일	0-7 (0혹은 7이 일요일)

또한, 다음과 같이 여러 값들을 지정할 수도 있다.

이름	이용 예	설명
리스트	0,10,30	0,10,30이라는 각 값을 지정
범위	1-5	1,2,3,4,5라는 범위를 지정
간격	*/10	10,20,30이라는 10 간격을 지정
와일드카드	*	와일드 카드를 지정

이를 바탕으로 구체적인 설정 예를 살펴보자.

다음은 Mac OS X에서 매시 0분이 되면 "Hello"라고 인사하도록 설정한 예다.

```
0 * * * * say "Hello"
```

그리고 다음은 매일 아침 8시30에 "Good morning"이라고 인사하도록 설정한 예다.

```
30 8 * * * say "Good morning"
```

또한, 다음과 같이 하면 매월 20일 18시 32분에 "Use money with care"라는 주의를 주게 된다.

```
32 18 20 * * say "Use money with care"
```

다음과 같이 특정 일시를 지정하여 매년 5월 6일 7시 8분에 "Have a nice day"라고 인사를 하게 할 수도 있다.

```
08 07 06 05 * say "Have a nice day"
```

다음은 매주 월요일 아침 7시 50분에 "쓰레기 버리는 날이야"라고 가르쳐 주도록 설정한 예다.

```
50 07 * * 1 say "쓰레기 버리는 날이야"
```

한편, 중국어에서는 월요일을 星期一, 화요일을 星期二, 수요일을 星期三...으로 세는데 Cron에서 요일을 지정할 때에도 비슷하게 수치로 지정하도록 되어 있다. 수치와 요일은 다음과 같이 대응된다.

요일	수치
월요일	1
화요일	2
수요일	3
목요일	4
금요일	5
토요일	6
일요일	7 혹은 0

참고로, 월말에만 처리를 하고 싶은 경우에는 crontab의 지정만으로는 불가능하지만, test 명령과 조합하면 된다.

```
50 23 28-31 * * /usr/bin/test $( date -d '+1 day' +%d ) -eq 1 && 실행을 원하는 명령어
```

cron 실행 시 표준 출력이나 오류 출력이 있을 때 메일로 통지해 주는데 이를 원치 않는 경우에는 crontab의 첫머리에서, MAILTO에 빈 값을 설정해 주면 된다.

```
MAILTO=""
```

윈도우의 경우

윈도우의 경우 GUI가 준비되어 있어, 화면의 지시에 따라 실행 스케줄을 설정할 수 있다.

윈도우7에서는 윈도우의 [시작] 버튼에서 [제어판 ➡ 시스템 및 보안 ➡ 관리 도구 ➡ 작업 스케줄러]를 클릭한다. 윈도우8/8.1에서는 윈도우 키를 누르면서 'X' 키를 누르고, 표시된 목록에서 제어판을 클릭한다. 그리고 [시스템 및 보안 ➡ 관리 도구 ➡ 작업 스케줄러]를 선택하여 클릭한다. 이때 관리자 암호 입력이 필요한 경우도 있다.

신규 작업 만들기

윈도우의 작업 스케줄러에서는 정기적으로 실행하는 처리를 '작업'이라고 부르며, 작업을 작성함으로써 정기적인 실행을 설정할 수 있다. 새로운 작업을 작성하려면 먼저 작업 스케줄러의 좌측 트리에서 [작업 스케줄러 (로컬)] 폴더를 클릭한다. 이어 오른쪽의 작업 패널에서 '작업 만들기'를 클릭한다. 그러면 작업 만들기 마법사가 실행된다.

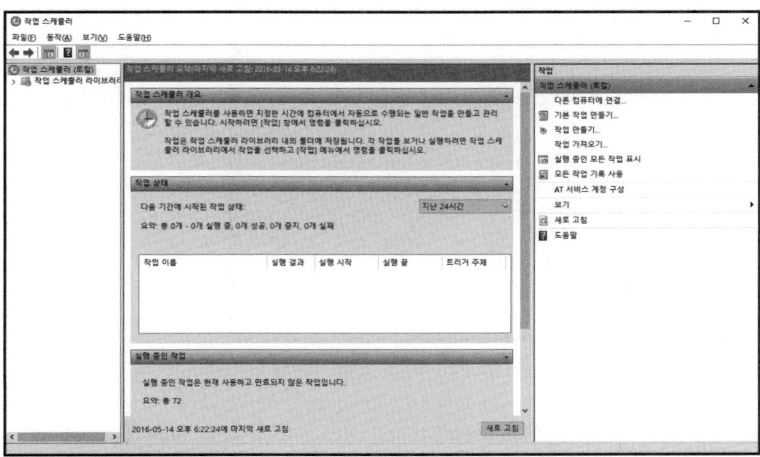

▲ 작업 스케줄러 실행 화면

우선은 '일반' 탭에서 작업의 이름을 '환율 취득'과 같이 입력한다.

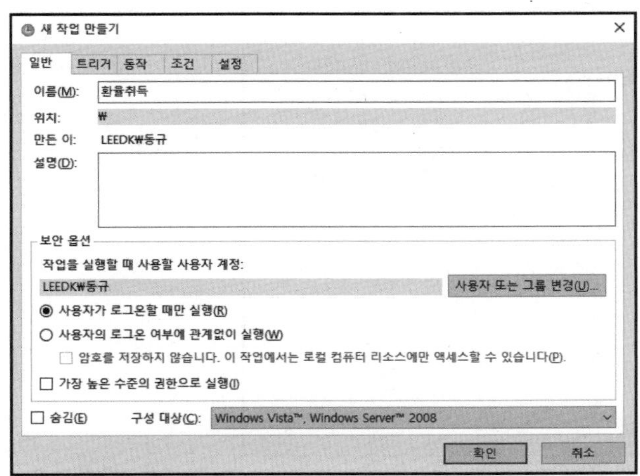

▲ 일반 탭 설정

이어 트리거를 지정한다. '트리거' 탭에서 '새로 만들기' 버튼을 클릭한다. 그러면 '새 트리거 만들기' 대화 상자가 나온다. 여기서 다음 그림과 같이 작업 시작은 '예약 상태', 설정은 '매일', 시작은 지정 날 '7:00:00', 간격을 '1일마다'로 한다. 그리고 고급 설정의 '사용'에 체크한다.

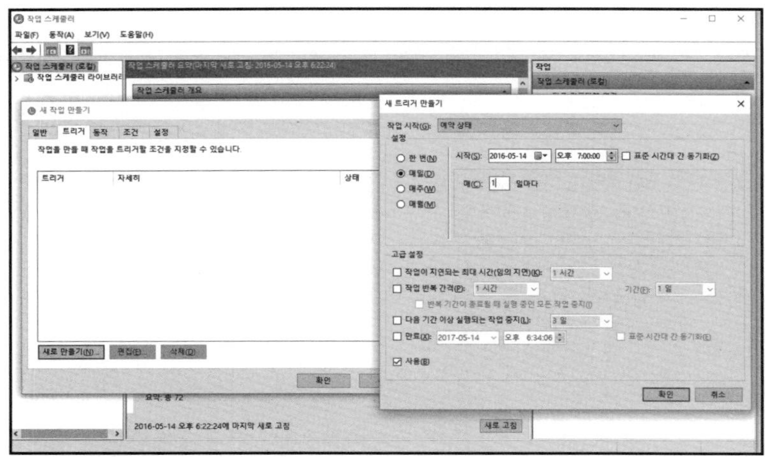

▲ 작업 작성 항목 설정

이어서 동작 탭을 열어 실행할 스크립트를 등록한다. '새로 만들기' 버튼을 클릭하면 '새 동작 만들기' 대화 상자가 표시된다. 여기서 동작을 '프로그램 시작'으로 하고 프로그램/스크립트에 정기적으로 수행할 배치 파일이나 프로그램을 지정한다.

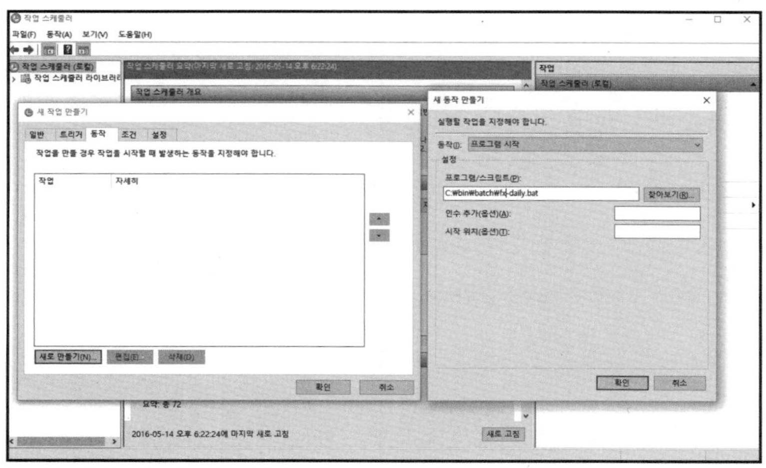

▲ 동작 항목 설정

여기서 지정할 배치 파일 'Fx-daily.bat'의 내용은 다음과 같다.

```
rem 실행 디렉터리를 지정
cd"C:\sampledir\06-cron\"

rem Node와 프로그램의 경로를 지정
"C:\Program Files\nodejs\node.exe"kawase-usd_jpy.js
```

배치 파일을 시험 삼아 실행해 보려면 배치 파일의 맨 밑에 PAUSE라고 쓴 뒤 더블 클릭하여 실행해 본다. 실행에 실패하면 에러 메시지가 표시되므로 제대로 실행되는지 확인해 본다. 시험을 마친 후, 작업 스케줄러에 등록할 때는 PAUSE를 지우는 것을 잊지 않도록 한다.

그리고 최근의 윈도우에서는 네트워크 드라이브 경로상의 배치 파일을 실행할 수 없게 되었다. 이 경우는 배치 파일이 아닌 WSH로 실행 스크립트를 쓰거나 스크립트를 로컬 드라이브에 복사해서 설정하도록 한다.

이 절의 마무리

- 이 절에서는 '작업 스케줄러'나 'cron'을 사용하여 정기적으로 데이터를 수집하는 방법을 소개했다.
- 환율 수집 프로그램을 주기적으로 수행하면 유용하다.
- 여기서는 환율 정보를 수집하여 파일로 저장했지만, 이를 발전시켜 데이터베이스에 저장하여 장기적인 관점에서 외환 매매를 위한 예측에 사용할 수도 있다.

제 3 장

로그인이 필요한 웹사이트 크롤링

이전 장에서는 간단한 웹 콘텐츠 수집 및 파싱 방법에 관해 알아봤다. 이번 장에서는 더 나아가 웹사이트의 스크린샷(화면 캡처)을 찍거나 로그인이 필요한 웹사이트에서 데이터를 수집하는 방법을 알아본다.

01

PhantomJS와 CasperJS

웹 자동화에서 항상 언급되는 도구가 있다. 바로 PhantomJS(팬텀제이에스)와 CasperJS(캐스퍼제이에스)다. 이번 절에서는 각각의 설치 방법과 기본적인 사용법을 소개한다. 이들 도구는 강력한 웹 스크래핑 도구다.

주요 학습 내용	주요 도구와 라이브러리
• PhantomJS와 CasperJS에 관하여	• PhantomJS • CasperJS

PhantomJS와 CasperJS에 관하여

여러 페이지를 이동하거나 로그인 후의 데이터를 취득할 때는 전용 도구를 이용하는 것이 가장 좋다. PhantomJS와 CasperJS는 폼에 값을 설정하거나 특정 버튼을 클릭하는 것과 같은 웹 브라우저의 UI 자동화 작업을 지원하는 강력한 도구다.

각각의 역할을 설명하자면 PhantomJS가 화면이 없는 브라우저이고, CasperJS는 PhantomJS를 쉽게 사용하기 위한 라이브러리다.

도구 이름	설명
PhantomJS	커맨드 라인으로 사용할 수 있는 브라우저
CasperJS	PhantomjS를 쉽게 사용하기 위한 라이브러리

PhantomJS에 관하여

PhantomJS는 커맨드 라인에서 쓸 수 있는 웹 브라우저다. 렌더링 엔진으로 웹킷(WebKit)이 채용되었다. 웹킷은 애플의 웹 브라우저인 사파리에서 사용하는 렌더링 엔진이다. 또한, 현재는 구글의 크롬이 블링크(Blink)라는 렌더링 엔진을 사용하지만 원래는 웹킷을 사용하고 있었다. 블링크도 웹킷에서 분기한 것이다. 이 밖에 PhantomJS의 자바스크립트 엔진은 JavaScriptCore가 사용되고 있어 이 점도 사파리와 동일하다. PhantomJS를 이용하면 커맨드 라인으로 브라우저를 조작하고, 브라우저 안의 데이터를 취득하거나 스크린샷을 찍을 수 있다. 웹사이트에서 데이터를 스크래핑하거나 UI 테스트 자동화 등에 활용할 수 있다.

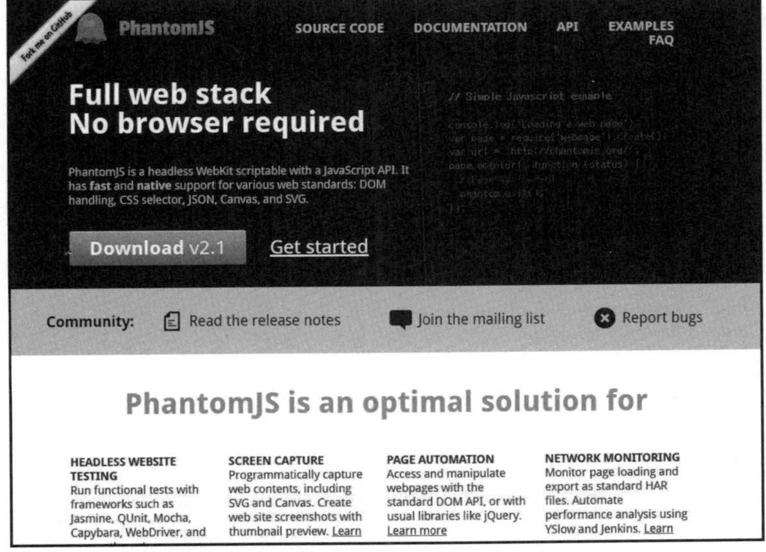

▲ PhantomJS의 웹사이트

```
PhantomJS의 웹사이트
[URL]http://phantomjs.org/
```

CasperJS에 관하여

CasperJS는 PhantomJS를 보다 쉽게 사용하기 위한 라이브러리다. 그래서 CasperJS를 사용하려면 PhantomJS가 설치되어 있어야 한다. 또한, 이 책에서는 다루지 않지만, PhantomJS뿐만 아니라 파이어폭스의 렌더링 엔진인 게코(Gecko)를 기반으로 한 SlimerJS를 사용하는 것도 좋은 대안이 될 수 있다.

```
CasperJS의 웹사이트
[URL] http://casperjs.org/
```

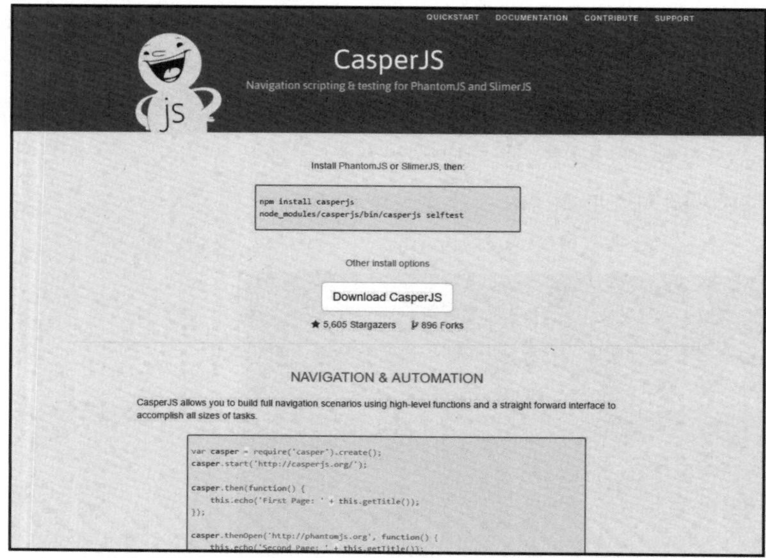

▲ **CasperJS의 웹사이트**

PhantomJS와 CasperJS 설치

그러면 PhantomJS와 CasperJS를 설치하도록 하자. 설치는 Node.js 패키지 관리 도구인 npm을 사용할 수 있다. 윈도우와 Mac OS X에서는 다음과 같이 명령을 실행하면 PhantomJS와 CasperJS가 설치된다.

```
# PhantomJS 설치
$ npm install -g phantomjs
# CasperJS 설치
$ npm install -g casperjs
```

그런데 CentOS6에서는 위 명령어를 실행하기 전에 freetype과 fontconfig를 설치해야 한다. 다음 명령어를 실행하여 이들을 먼저 설치하도록 한다.

```
$ sudo yum install freetype
$ sudo yum install fontconfig
```

PhantomJS와 CasperJS의 설치가 완료되면 다음 명령을 실행하도록 한다. PhantomJS(본체)의 버전 번호를 표시할 것이다(PhantomJS의 본체 버전과 npm으로 설치되는 모듈의 버전은 다를 수 있다).

```
$ phantomjs -v
1.9.8
```

예제 프로그램이 동작하지 않는 경우

필자의 원고 집필 시점에서 npm으로 설치한 PhantomJS의 버전은 1.9.17(본체 버전은 1.9.8)이고, CasperJS는 1.1.0-beta3이다. 만약, 설치에 실패하거나 새 버전에서 책의 예제 프로그램이 동작하지 않을 경우에는 다음과 같이 버전을 지정하여 설치하도록 한다.

```
# 특정 버전을 지정하여 설치하는 경우
$ npm install -g phantomjs@1.9.17
$ npm install -g casperjs@1.1.0-beta3
```

npm으로 설치된 모듈의 버전을 알아보려면 npm list 명령을 사용한다. 글로벌로 설치된 모듈에 대해서는 옵션 '-g'를 붙인다.

```
# phantomjs의 버전 확인
$ npm list -g phantomjs
$ npm list -g casperjs
```

간단한 예제 프로그램

그러면 PhantomJS와 CasperJS를 사용하여 웹사이트에 접속해서 그 사이트의 제목을 표시하는 간단한 프로그램을 만들어 보자. 코드는 다음과 같다.

File src/ch03/01-phantomjs/getTitle.js

```
// 웹사이트의 타이틀을 표시하는 프로그램
var TARGET_URL = "http://jpub.tistory.com";

// CaperJS 객체 생성 ──── ※1
var casper = require('casper').create();

// 웹사이트 열기 ──── ※2
casper.start(TARGET_URL, function() {
  // 타이틀 출력 ──── ※3
  this.echo(casper.getTitle());
});

// 처리 수행 ──── ※4
casper.run();
```

프로그램을 실행하려면 다음과 같이 명령을 입력한다.

```
$ casperjs getTitle.js
```

실행하면 jpub.tistory.com에 접속하여 페이지의 타이틀을 획득하여 콘솔에 출력한다. 코드를 살펴보자. ※1에서는 CasperJS의 객체를 생성한다. CasperJS를 이용하기 위해서는 우선 require('casper')에 이어지는 create() 메소드로 CasperJS의 객체를 생성해야 한다.

※2에서는 방문할 웹 페이지를 start() 메소드의 인자로 지정하고 있다. 그러나 이 시점에서 CasperJS가 실행되는 것은 아니다. 실제로 브라우저가 동작하기 시작하는 것은 ※4에서 run() 메소드가 호출될 때다. start() 메소드는 방문할 URL을 지정하고 페이지가 로드되었을 때 수행되어야 할 콜백 함수를 지정할 뿐이다.

※3은 페이지가 로드된 후 실행되는 처리로써 현재 접속한 사이트의 제목을 취득하고 출력한다.

CasperJS의 런타임 정보에 관해 더 자세히 알고 싶은 경우에는 실행 시 '-verbose'나 '-log-level=debug'를 인자로 주도록 한다. 그러면 자세한 디버깅 정보가 색상과 함께 표시된다.

```
[vagrant@localhost 01-phantomjs]$ casperjs getTitle.js --verbose --log-level=debug
[info] [phantom] Starting...
[info] [phantom] Running suite: 2 steps
[debug] [phantom] opening url: http://jpub.tistory.com/, HTTP GET
[debug] [phantom] Navigation requested: url=http://jpub.tistory.com/, type=Other, willNavigate=true, isMain
Frame=true
[debug] [phantom] url changed to "http://jpub.tistory.com/"
[debug] [phantom] Successfully injected Casper client-side utilities
[info] [phantom] Step anonymous 2/2 http://jpub.tistory.com/ (HTTP 200)
제이펍의 참 똑똑한 2비트 책 이야기 :: 제이펍의 참 똑똑한 2비트 책 이야기
[info] [phantom] Step anonymous 2/2: done in 675ms.
[info] [phantom] Done 2 steps in 695ms
[debug] [phantom] Navigation requested: url=about:blank, type=Other, willNavigate=true, isMainFrame=true
[debug] [phantom] url changed to "about:blank"
[vagrant@localhost 01-phantomjs]$
```

▲ debug 실행 화면

화면 캡처 프로그램

그러면 좀 더 재미있는 예제로 웹사이트의 화면을 캡처하는 프로그램을 만들어 보자. 다음은 제이펍 출판사의 웹 페이지를 캡처하는 프로그램이다.

File src/ch03/01-phantomjs/screenshot.js

```
// CasperJS 화면 캡처 프로그램

// Casper 객체 생성 ——※1
var casper = require('casper').create();

// 개시 ——※2
casper.start();

// 페이지 열기 ——※3
casper.open('http://jpub.tistory.com');

// 스크린샷 수행 ——※4
casper.then(function() {
  casper.capture("screenshot.png");
});

// 실행 ——※5
casper.run();
```

프로그램을 실행하려면 다음과 같이 입력한다.

```
$ casperjs screenshot.js
```

프로그램을 실행하면 다음과 같은 이미지 파일이 만들어진다. 매우 간결한 코드로 쉽게 화면을 캡처할 수 있다는 것을 알 수 있다.

▲ **CasperJS로 스크린샷 캡처**

코드를 살펴보자. ※1에서 CasperJS의 객체를 생성한다. ※2를 통해 CasperJS의 처리가 시작되는데 이전 프로그램에서도 설명했듯이 실제 브라우저가 동작하기 시작하는 것은 ※5의 run() 메소드에서다. 그래서 start() 메소드는 이어지는 코드가 CasperJS에 의해 자동으로 처리됨을 선언하는 것과 같다고 생각하면 된다. ※3에서는 open() 메소드로 지정한 URL을 연다. 이어 ※4에서는 then() 메소드로 페이지를 로드한 뒤 어떤 처리를 할지 기술한다. then() 메소드의 인자로는 처리를 기술한 함수 객체를 지정한다. 마지막으로, ※5를 통해 실제 처리가 시작된다.[1]

1 리눅스에서 화면 캡처 시 한글이 깨지는 경우 c:\Windows\Fonts의 폰트 파일들을 /usr/share/fonts/window에 복사하도록 한다.

플리커 이미지 검색 결과 캡처하기

이어서 이미지 공유 사이트인 플리커(Flickr)에서 고양이 사진을 검색한 결과를 스크린샷으로 저장하는 프로그램을 만들어 보자.

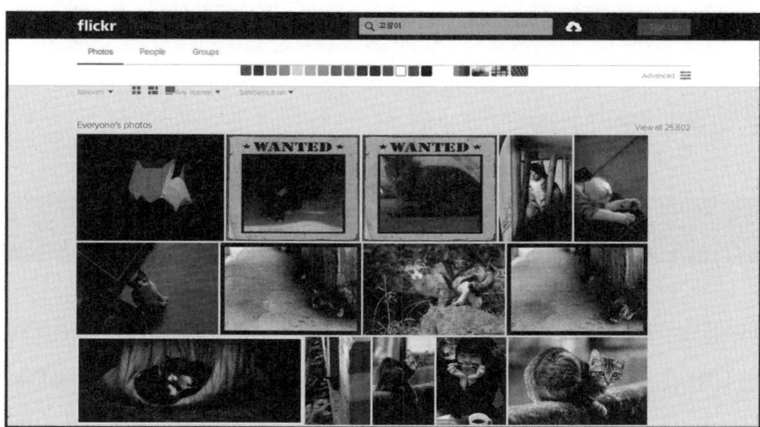

▲ 고양이 사진을 검색한 결과를 캡처한 화면

여기서는 브라우저에서 플리커 사이트에 접속하여 '고양이'를 검색할 때와 동일한 URL 경로와 파라미터를 사용한다.

File src/ch03/01-phantomjs/flickrShot.js

```
// 플리커 검색 결과를 캡처 for CasperJS
// CasperJS 객체 생성
var casper = require('casper').create();

// CasperJS 처리 개시 ——※1
casper.start();

// 화면 사이트 설정 ——※2
casper.viewport(1400, 800);

// UserAgent 설정
casper.userAgent('User-Agent: Mozilla/5.0 (Windows NT 6.1; WOW64) AppleWebKit/537.36
(KHTML, like Gecko) Chrome/37.0.2062.120 Safari/537.36');

// 플리커에서 고양이로 검색 ——※3
var text = encodeURIComponent("고양이");
casper.open('https://www.flickr.com/search/?text=' + text);

// 화면 캡처 ——※4
```

```
casper.then(function(){
  this.capture('flickr-cat.png',{
    top:0, left:0, width: 1400, height: 800
  });
});

// 실행 개시
casper.run();
```

프로그램을 실행하려면 다음과 같이 입력한다.

```
$ casperjs flickrShot.js
```

코드를 살펴보자. CasperJS의 객체를 생성하고, ※1에서 start() 메소드를 호출한다. start() 메소드의 첫 번째 인자에 URL을 주면 해당 웹 페이지를 열게 되는데 인자를 주지 않은 경우는 CasperJS가 빈 페이지를 준비하게 된다. 그 뒤 open() 메소드를 사용하여 웹 페이지를 열게 된다.

브라우저의 화면 크기는 ※2에서처럼 viewport() 메소드로 지정할 수 있다.

그리고 ※3에서 플리커의 웹사이트를 여는데 고양이에 관한 검색 결과를 요청하는 파라미터를 추가하였다. 이후 ※4의 then() 메소드에서 사이트를 연 뒤의 처리, 즉 화면 캡처를 기술하였다. capture() 메소드에 캡처할 범위를 인자로 넘겨 지정한 영역을 캡처하도록 하였다.

CasperJS의 흐름

이처럼 CasperJS는 start() 메소드와 run() 메소드 사이에 순서대로 실행하고자 하는 처리를 then() 메소드를 사용하여 지정하는 식으로 작성하면 된다. CasperJS에서도 비동기 처리가 기본이다. 그러나 then() 메소드를 사용하면 then 메소드 안에 정의한 내용의 수행이 완료되기 전에 그 다음 then 메소드로 넘어가지 않으므로 동기적인 함수 수행을 쉽게 기술할 수 있다.

```
//---------------------------------
// CasperJS의 기본 흐름
//---------------------------------
```

```
// CasperJS 객체 생성
var casper = require('casper').create();

// 개시
casper.start();

// URL 열기
casper.open(URL);

// URL에 대해 일련의 처리를 수행
casper.then(function() { ... });
casper.then(function() { ... });
.
.
.

// 처리를 실행
casper.run()
```

아이폰용 웹사이트 화면 캡처

아이폰(iPhone)에서의 화면을 캡처하고 싶은 경우도 있을 수 있는데 여기서는 사용자 에이전트(UserAgent)를 아이폰으로 설정하여 모바일 전용 웹사이트를 캡처해 보도록 하겠다.

사용자 에이전트란, 웹사이트에 접속할 때 사용하는 프로그램을 말한다. 즉, 어떤 웹 브라우저를 사용하는가를 뜻한다. 이 사용자 에이전트에 값을 설정함으로써 모바일 전용 페이지로 접속할 수 있다. 다음과 같이 데스크톱용 페이지와 다른 디자인이 적용된 것을 알 수 있다.

▲ 아이폰용 웹 페이지를 캡처한 화면

프로그램은 다음과 같다.

File src/ch03/01-phantomjs/iphoneShot.js

```
// 아이폰인 척하고 웹사이트 캡처 for CasperJS

var TARGET_URL = "http://jpub.tistory.com";

// Casper 생성
var casper = require('casper').create();
casper.start();

// 아이폰인 척하기 ——※1
casper.userAgent('Mozilla/5.0 (iPhone; CPU iPhone OS 7_0 like Mac OS X)
AppleWebKit/537.51.1 (KHTML, like Gecko) Version/7.0 Mobile/11A465 Safari/9537.53');

// 화면 사이즈 지정 ——※2
casper.viewport(750, 1334);

casper.open(TARGET_URL);

// 화면 캡처
casper.then(function(){
  this.capture('screenshot.png');
});
// 실행
casper.run();
```

여기서의 포인트는 ※1이다. 사용자 에이전트를 아이폰으로 설정하고 있다. 그리고 ※2에서는 화면 크기를 지정하고 있다.

인자로 지정한 페이지를 캡처하는 도구 작성

이처럼 CasperJS를 사용하면 쉽게 웹사이트를 캡처할 수 있다. 이번에는 커맨드 라인에서 인자로 넘겨준 URL의 스크린샷을 찍는 프로그램을 만들어 보겠다.

CasperJS에서는 실행 시 지정한 인자가 casper.cli.args에 배열 형식으로 들어간다. 이 점을 이용하여 작성한 코드는 다음과 같다.

File src/ch03/01-phantomjs/shot-tool.js

```
// 커맨드 라인 인자로 지정한 웹 페이지를 캡처 for CasperJS

var casper = require('casper').create();
var utils = require('utils');

// 인자 얻기
var args = casper.cli.args;
if (args.length < 1) {
  // 사용법 표시
  casper.echo("USES:");
  casper.echo("shot-tool URL [savepath]");
  casper.exit();
}
var savepath = "screenshot.png";
var url = args[0];
if (args.length >= 2) {
  savepath = args[1];
}

// CasperJS 처리 개시
casper.start();
casper.viewport(1024, 768);
casper.open(url);
casper.then(function(){
  this.capture(savepath, {
    top:0, left:0, width:1024, height:768
  });
});
casper.run();
```

이 프로그램을 사용해서 특정 웹사이트를 캡처하려면 다음과 같이 입력하면 된다.

```
$ casperjs shot-tool.js http://google.com
```

그러면 인자로 넘긴 웹 페이지의 화면이 캡처되어 screenshot.png 파일이 생성된다. 리눅스(CentOS)나 Mac OS X에서는 다음과 같이 셸 스크립트를 만들어서 더 쉽게 사용할 수 있다.

File src/ch03/01-phantomjs/shot-tool.sh

```
#!/bin/sh
SCRIPT_DIR=`dirname $0`
/usr/local/bin/casperjs $SCRIPT_DIR/shot-tool.js $*
```

사용 예는 다음과 같다.

```
$ shot-tool http://google.com
```

예제 프로그램에서는 웹 브라우저의 화면을 1024×768 픽셀로 고정했는데 화면 크기나 사용자 에이전트를 옵션으로 지정하게 하는 것과 같은 개선의 여지가 있다. 독자들의 입맛에 맞게 편리한 도구로 개선해 보기를 바란다.

이 절의 마무리

- **PhantomJS와 CasperJS의 설치법부터 사용법까지 알아봤다.**
- **이들 도구를 사용하면 일련의 웹 스크래핑 관련 처리를 쉽게 기술할 수 있다.**

02

로그인 후의 데이터를 다운로드

웹사이트 중에는 로그인을 해야 데이터를 볼 수 있는 경우가 많다. 그러한 데이터를 자동으로 수집할 수 있으면 매우 편리할 것이다. 여기서는 로그인을 동반하여 데이터를 수집하는 방법에 관해 알아보겠다.

주요 학습 내용	주요 도구와 라이브러리
• PhantomJS로 로그인하는 방법	• PhantomJS/CaperJS

로그인이 필요한 경우

요즘의 웹사이트는 대부분 로그인을 요구한다. SNS를 비롯해 온라인 마켓, 회원전용 사이트 등은 로그인해야 데이터를 읽고 쓸 수 있다. 여기서는 앞 절에 이어 PhantomJS와 CasperJS를 사용하여 회원 전용 사이트에 로그인하는 방법을 소개한다. 또한, CasperJS의 편리한 메소드에 관해서도 소개한다.

티스토리에 로그인하기

티스토리(Tistory)는 대한민국의 서비스형 블로그다. 많은 사람들이 티스토리를 통해 블로그를 운영하고 있다. 여기서는 티스토리의 관리 페이지에 로그인하여 새로운 댓글을 확인하는 프로그램을 작성하고자 한다. 티스토리 관리 페이지의 URL은 다음과 같다.

```
티스토리 관리 페이지 주소
http://본인블로그주소/admin/center/
```

로그인하지 않은 상황에서 위 관리 페이지에 접속하면 다음과 같이 로그인 화면이 뜬다.

▲ 티스토리 로그인 화면

여기서 소스를 분석하기 위해 개발자 도구를 열도록 한다. 크롬에서는 F12를 누르면 된다.

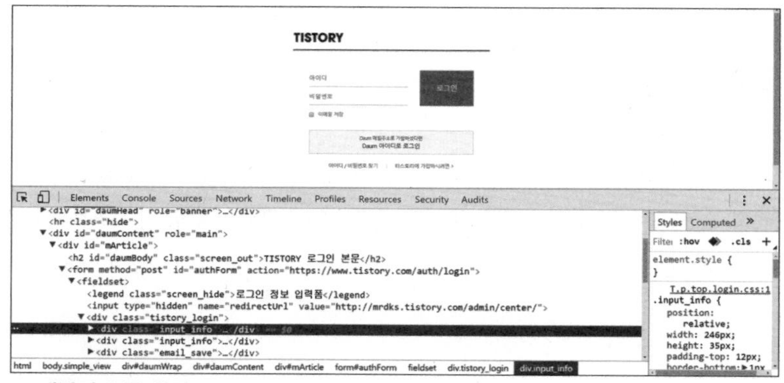

▲ 개발자 도구 화면

이 페이지의 구조를 조사해 보니 다음과 같은 구조라는 것을 알 수 있다.

- form 태그의 ID는 authForm
- 아이디 입력 창의 name은 loginId
- 비밀번호 입력 창의 name은 password

위 내용은 티스토리에 의해 언제든지 변경될 수 있다. 따라서 프로그램을 돌려보는 시점에서 다시 확인해야 한다. 웹 브라우저의 개발자 도구 사용법은 다음 절에서 자세히 다룰 것이다.

Casperjs에는 Form 태그에 값을 입력하여 전송할 수 있는 인터페이스가 존재한다. 바로 fill() 함수다.

```
Casper.fill(CSS 선택자, 값 객체, [, Submit 여부])

· CSS 선택자: Form의 CSS 선택자
· 값 객체: name과 value 속성을 지정
· Submit 여부: true일 경우, 전송까지 수행
```

티스토리의 경우 로그인을 수행하기 위해 다음과 같은 코드를 작성하면 된다.

```
Casper.fill("#authForm", {loginid: "ID", password:"password"}, true);
```

앞서 개발자 도구로 조사한 form 태그 속 ID와 name 값들이 사용된 것을 알 수 있다. 위 내용을 바탕으로 티스토리에 로그인하여 새로운 댓글을 출력하는 프로그램을 완성시켜 보자.

File src/ch03/02-login/login.js

```
var casper = require('casper').create({verbose: true, logLevel: "debug"});

// URL 및 로그인 정보 변수 ——※1
var url = "http://본인 티스토리 블로그 주소/admin/center/";
var id = "";
var password = "";

casper.start();

casper.open(url);

// Form Submit ——※2
casper.then(function() {
   casper.fill("#authForm",
     {
       loginId: id,
       password:password
     }, true);
});

// 로그인 후 수행 ——※3
casper.then(function(){
       var getComment = function(){
       // 페이지 내의 document 객체 사용 ——※5
```

```
                return document.querySelector("#blogInfo > ul > li:nth-child(3) >
span.day").innerText;
        };
       console.log("새 댓글 수: " + this.evaluate(getComment));// evaluate() 메소드 ——※4
});

casper.then(function(){
        var getGuestBook = function(){
              return document.querySelector("#blogInfo > ul > li:nth-child(4) >
span.day").innerText;
        };
        console.log("새 방명록 수: " + this.evaluate(getGuestBook));
});

casper.run();
```

프로그램을 실행하면 다음과 같은 결과를 출력한다.

```
새 댓글 수: 0
새 방명록 수: 1
```

코드의 ※1에서 접속 URL과 로그인 정보를 변수로 지정하였다. ※2에서는 이 코드의 핵심인 fill() 메소드를 사용하여 로그인을 수행한다. ※3에는 로그인 후 수행할 일을 기재하였는데 ※4에서처럼 evaluate() 메소드에 getComment라는, 바로 그 위에서 정의한 함수를 인자로 넘겨주고 있다. evaluate()라는 메소드는 웹 페이지 내에서 임의의 자바스크립트 코드를 수행하기 위해 사용한다. evaluate() 메소드의 사용법은 다음과 같다.

```
페이지 내에서 임의의 자바스크립트 코드 수행
casper.evaluate(함수 [, 파라미터1[, 파라미터2[, …]]])

· 함수: 페이지 내에서 수행하고 싶은 자바스크립트 함수 객체
· 파라미터: 함수에 넘기고 싶은 파라미터
```

evaluate() 메소드에 넘긴 자바스크립트 함수에서는 ※5에서처럼 document 객체를 사용하고 있는데 이 말은 HTML 내의 document 객체를 사용할 수 있다는 것을 뜻한다. 이를 통해 로드한 웹 페이지의 DOM 요소를 접근할 수 있다. 위 프로그램에서는 document.querySelector()에 CSS 선택자를 지정하여 원하는 HTML의 요소를 추출하고 있다.

마우스 클릭

casper.mouseEvent() 메소드를 사용하면 로딩한 페이지에서 마우스를 이동하거나 클릭을 하는 이벤트를 발생시킬 수 있다.

```
특정 DOM 요소에 대해 마우스 이벤트를 수행
casper.mouseEvent(타입, 선택자)
・ 타입: mouseup, mousedown, click, mousemove, mouseover, mouseout 등의 마우스 이벤트
・ 선택자: 이벤트를 적용할 요소를 CSS 선택자로 지정
```

이를테면 로그인한 후 특정 페이지로 이동하고 싶을 때 이 함수를 사용하면 된다. 티스토리 관리 페이지에 로그인하고, 글관리 ➡ 글 목록 페이지로 이동하고 싶으면 해당 요소의 CSS 선택자를 조사하여 mouseEvent를 주면 된다.

앞서 작성한 로그인하는 프로그램에 기능을 더해 페이지 내의 요소를 클릭하고 캡처하는 프로그램을 만들어 보겠다.

File src/ch03/02-login/login-click.js

```
var casper = require('casper').create({verbose: true, logLevel: "debug"});

// URL 및 로그인 정보 변수 ——— ※1
var url = "http://본인 티스토리 블로그 주소/admin/center/";
var id = "";
var password = "";

casper.start();

casper.open(url);

// 로그인
casper.then(function() {
   casper.fill( "#authForm",
     {
       loginId: id,
       password:password
     }, true);
});

// 마우스 클릭
casper.then(function(){
   // 선택자에 해당하는 요소 확인 후 클릭
   var path = "#blogInfo > ul > li:nth-child(2) > span.txt > a";
   if (casper.exists(path)) {
```

```
      casper.mouseEvent('click', path);
    }
    casper.wait(3000);
  });

casper.then(function(){
  casper.capture('capture.png', {
    top:0, left:0, width:1024, height:768
  });
});

casper.run();
```

위 코드에서는 casper.mouseEvent() 메소드를 사용해서 특정 DOM의 요소에 마우스 이벤트를 발생시켰다. 이때 casper.exists()를 통해 해당 DOM 요소가 있는지부터 체크하였다.

이 절의 마무리

- CasperJS를 사용하여 로그인이 필요한 사이트에서 데이터를 추출하는 방법을 소개했다.
- CasperJS를 사용하면 웹사이트를 자유자재로 조작할 수 있다.
- CasperJS에는 이외에도 다양한 기능이 존재한다. CasperJS의 기본과 응용법을 익혔으면 CasperJS의 API 매뉴얼이 크게 도움이 될 것이다.

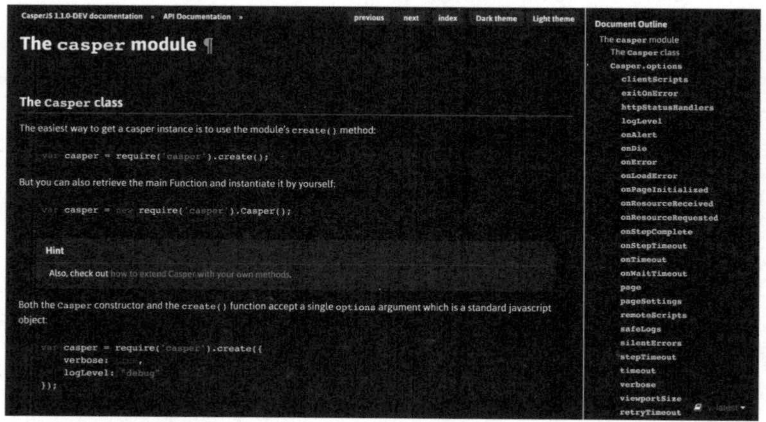

▲ CasperJS API 매뉴얼

03

DOM 파싱 방법과 CSS 선택자

지금까지 웹사이트에 접속하여 데이터를 추출하고 브라우저 동작을 자동화하는 방법을 알아보았다. 웹 페이지에서 데이터를 추출할 때는 DOM의 특정 요소를 선택자로 취득하는 작업이 늘 수반된다. 여기서는 DOM을 파싱하는 방법에 관해 자세히 알아보도록 하자.

주요 학습 내용	주요 도구와 라이브러리
• HTML의 구조를 파악하는 방법	• 웹 브라우저의 개발자 도구

웹 브라우저의 개발자 도구 사용법

HTML의 구조를 파악하기 위한 가장 좋은 방법은 웹 브라우저에 있는 개발자 도구를 사용하는 것이다. 구글 크롬에서 웹 페이지를 열고, 임의의 위치에서 마우스 오른쪽 버튼을 클릭하고 '검사'를 누르면 개발자 도구가 열린다.

▲ 크롬에서 개발자 도구를 열기

개발자 도구의 왼쪽에 있는 화살표 아이콘을 클릭한 후 페이지상에서 조사하고 싶은 요소를 클릭하면 해당 DOM 요소가 포커스된다.

예를 들어, 제이펍 출판사의 웹 블로그 제목에 대한 링크를 조사해 보고 싶은 경우에는 화살표 아이콘을 클릭한 후 블로그 제목 링크를 클릭하면 개발자 도구에 자세한 정보가 표시된다.

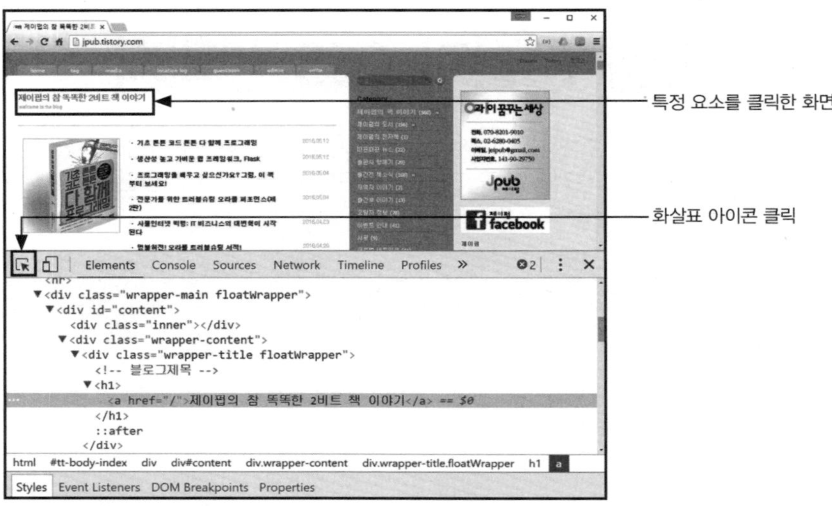

▲ 조사 대상 아이콘 클릭

여기서는 블로그 제목이 <div class="wrapper-title floatWrapper"> 아래에 <h1> 밑에 <a> 태그 안에 있다는 것을 확인할 수 있다. 그러면 다음과 같이 자바스크립트로 이 <a> 태그를 얻을 수 있다.

```
var a = document.querySelector("div.wrapper-title.floatWrapper > h1 > a");
```

CSS 선택자 쿼리

document.querySelector() 메소드의 사용법은 다음과 같다.

```
[서식] 특정 DOM 요소를 반환
document.querySelector(선택자)
```

이 함수는 인자로 넘겨주는 CSS 선택자에 해당하는 문서의 첫 요소를 반환한다. 만약, 해당하는 요소가 없을 경우에는 null이 반환된다. 여기서의 키 포인트는 인자로 넘겨주는 것이 CSS 선택자라는 것이다.

예를 들면, <div id="hoge">라는 요소를 취득하려면 '#hoge'라는 CSS 선택자를 넘겨주면 요소를 얻을 수 있다. 또한, <div class="fuga">의 경우에는 '. Fuga'라는 CSS 선택자를 넘겨주면 된다.

그런데 id 속성이 부여된 요소는 HTML에서 일반적으로 한 개이지만, class 속성이 부여된 요소는 여러 개가 될 수 있다. 이처럼 복수개의 요소를 취득할 때는 document.querySelectorAll() 메소드를 사용한다.

```
[서식] 특정 DOM 요소 리스트를 반환
document.querySelectorAll(선택자)
```

사용법은 querySelector()와 같지만, 복수개의 요소들이 반환된다. a 태그를 모두 얻어서 그 URL을 출력하려면 다음과 같이 코드를 작성하면 된다.

```
// 요소 목록을 열거
var a_list = document.querySelectorAll("a");
// 요소 목록을 순회하며 URL을 출력
for (var i = 0; i < a_list.length; i++) {
  var a = a_list[i];
  console.log(a.href);
}
```

크롬의 개발자 도구에서 Console 탭을 열면 그 페이지 내에서 임의의 스크립트를 실행해 볼 수 있다. 위 프로그램을 실행해 보면 페이지 내에 링크된 모든 URL이 출력된다.

▲ 콘솔 탭에서 스크립트 실행

CSS 선택자 지정 방법

웹사이트를 스크래핑하기 위해서는 CSS 선택자를 잘 만들 수 있어야 한다. 세련된 CSS 선택자를 사용함으로써 원하는 요소를 한 번에 획득할 수 있다.

여기서는 CSS 선택자에 관해 조금 자세히 알아보도록 하자. CSS 선택자로 지정할 수 있는 서식은 다음과 같다.

▼ 선택자 기본 서식

서식	설명
*	모든 요소
태그명	태그명이 일치하는 요소 예 p
.클래스명	클래스 속성 값이 일치하는 요소
#id명	id 속성의 값이 일치하는 요소

▼ 선택자끼리의 관계를 지정하는 서식

서식	설명
선택자, 선택자	열거된 복수의 선택자 예 h1, h2
선택자 선택자	하위 계층의 후손 요소 예 div h1
선택자 > 선택자	바로 아래 계층의 자식 요소 예 div>h1
선택자 A + 선택자 B	같은 계층에 선택자 A 바로 뒤에 있는 선택자 B 한 개 예 h1+h2
선택자 A ~ 선택자 B	같은 계층에 선택자 A 바로 뒤에 있는 선택자 B 모두 예 p~ul

▼ 선택자의 속성에 따른 지정 서식

서식	설명
요소[att]	특정 속성을 가지는 요소를 선택
요소[att='val']	att 속성의 값이 val인 요소, val값이 전체 일치해야 함
요소[att~='val']	att 속성의 값에 val을 단어로(스페이스로 구분) 포함하는 요소
요소[att|='val']	att 속성의 값이 val이거나 val로 시작하고 뒤에 하이픈(-)이 있는 모든 요소
요소[att^='val']	att 속성의 값이 val로 시작하는 요소
요소[att$='val']	att 속성의 값이 val로 끝나는 요소
요소[att*='val']	att 속성의 값에 val을 포함하는 요소

▼ 위치나 상태를 지정하는 서식

서식	설명
:root	Document의 루트 요소
:nth-child(n)	동위 요소 중 n 번째 위치한 요소
:nth-last-child(n)	동위 요소 중 뒤에서 n 번째 위치한 요소
태그:nth-of-type(n)	동위 요소 중 지정한 태그 중 n 번째 요소
:first-child	동위 요소 중 첫 번째 요소
:last-child	동위 요소 중 마지막 요소
태그:first-of-type	동위 요소 중 지정한 태그 중 첫 번째 요소
태그:last-of-type	동위 요소 중 지정한 태그 중 마지막 요소
:only-child	동위 요소 없이 한 개의 요소만 있을 때 해당 요소
태그:only-of-type	동위 요소 중 지정한 태그가 하나만 있을 때 해당 요소
:empty	내용이 빈 요소

▼ 위치나 상태를 지정하는 서식(계속)

서식	설명
:lang(code)	특정 언어 code로 된 요소
:not(s)	s 이외의 요소
:enabled	활성화된 UI 요소
:disabled	비활성화된 UI 요소
:checked	체크된 UI 요소

이처럼 매우 풍부한 기술이 가능하다.

CSS 선택자 실전편

그러면 실제 HTML 코드에서 특정 요소를 추출하는 연습을 해보자. 예를 들어, 다음과 같은 HTML 문서가 있다고 하자.

File src/ch03/03-dom/test-id.html

```
<ul id="bible">
  <li id="ge">Genesis</li>
  <li id="ex">Exodus</li>
  <li id="le">Leviticus</li>
  <li id="nu">Numbers</li>
  <li id="de">Deuteronomy</li>
</ul>
```

이 HTML 문서에서 <li id="nu">Numbers</li> 요소를 꺼내고 싶다면 어떤 CSS 쿼리를 사용하면 될까?

```
document.querySelector("#nu")
document.querySelector("#bible #nu")
document.querySelector("#bible > #nu")
document.querySelector("li[id='nu']")
document.querySelector("#bible li:nth-child(4)")
```

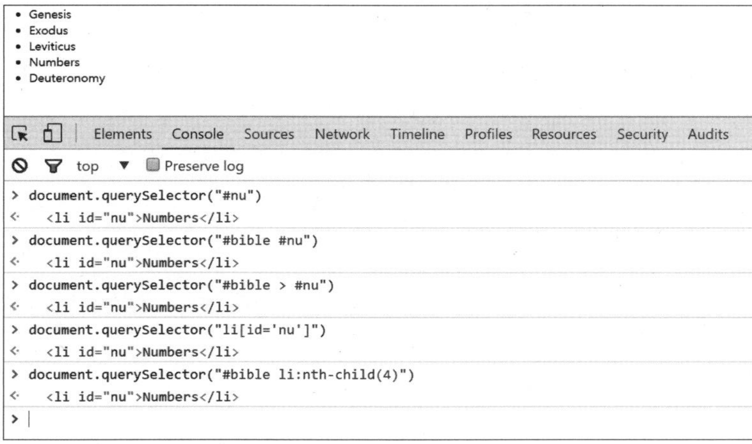

▲ 다양한 선택자로 요소를 획득할 수 있다.

우선, id 속성이라면 다른 요소와 겹칠 일이 없으므로 '#nu'가 가장 간단한 지정 방법이 될 것이다. 부모 요소와 함께 '#bible #nu'나 '#bible>#nu'와 같이 지정하면 보다 확실하게 요소를 지정할 수 있다. 두 선택자의 차이는 '#bible>#nu'의 경우 #bible 바로 밑에 있는 요소 중에서 #nu인 요소를 뜻하는데 '#bible #nu'의 경우는 #bible 바로 밑뿐 아니라 몇 단계 밑에 있는 #nu도 해당된다. 'li[id='nu']'는 <li> 요소 중 id가 nu인 것이므로 'li#nu'와 같은 뜻이다. 그리고 '#bible li:nth-child(4)'이란, #bible 밑에 네 번째 <li> 태그를 뜻한다.

CSS 선택자 퀴즈

다음과 같은 HTML 문서에 대해 생각해 보자.

File src/ch03/03-dom/test-attr.html

```
<div id="main-goods" role="page">
  <h1>과일이나 야채</h1>
  <ul id="fr-list">
    <li data-sp="j" class="red green">사과</li>
    <li class="purple">포도</li>
    <li class="yellow">레몬</li>
    <li class="yellow">오렌지</li>
  </ul>
  <ul id="ve-list">
    <li data-sp="b" class="white green">무</li>
    <li data-sp="j" class="green">아보카도</li>
    <li class="red green">당근</li>
    <li data-sp="b" class="white">연근</li>
  </ul>
</div>
```

여기서 '아보카도'를 빼내고 싶으면 어떤 선택자를 쓰면 될까? 답을 보기 전에 충분히 생각해 보기 바란다. 밑의 코드에서는 길이가 길어지므로 'document.querySelector() 메소드' 대신 '$()'으로 짧게 줄여 썼다.

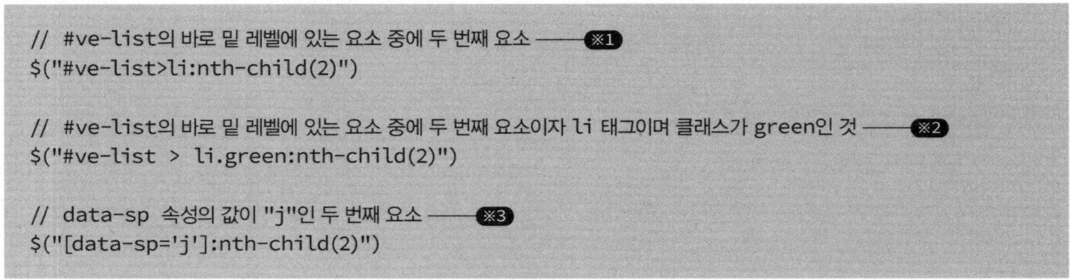

```
// #ve-list의 바로 밑 레벨에 있는 요소 중에 두 번째 요소 ——※1
$("#ve-list>li:nth-child(2)")

// #ve-list의 바로 밑 레벨에 있는 요소 중에 두 번째 요소이자 li 태그이며 클래스가 green인 것 ——※2
$("#ve-list > li.green:nth-child(2)")

// data-sp 속성의 값이 "j"인 두 번째 요소 ——※3
$("[data-sp='j']:nth-child(2)")
```

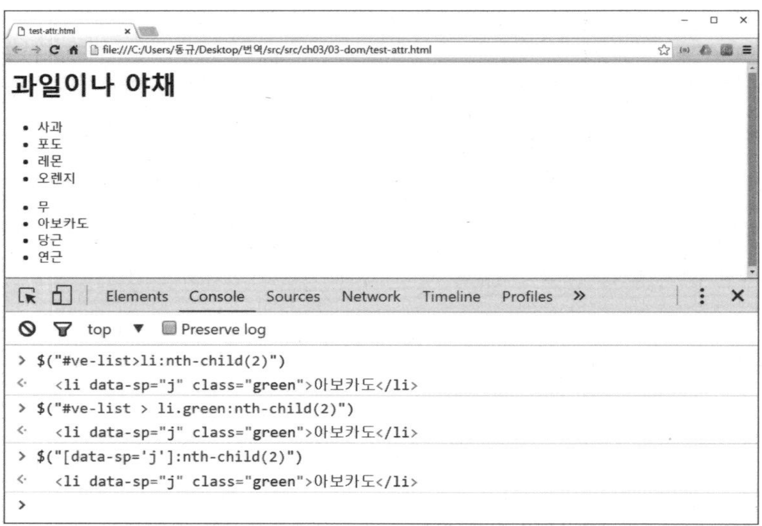

▲ 아보카도 요소를 추출한 모습

부모 요소에 id가 붙어 있으므로 #ve-list 한 단계 아래의 요소 중 두 번째에 있는 li 태그를 지정하는 ※1번 방법이 가장 직관적이다. 그리고 클래스 이름이 green이라는 점을 이용해서 #ve-list 한 단계 아래의 요소 중 두 번째에 있고, 클래스 이름이 green인 <li> 태그를 지정하는 ※2번 방법도 일리가 있다. 그리고 data-sp라는 속성 값에 주목하여 data-sp의 값이 j인 두 번째 요소를 지정하는 ※3번 방법도 생각해 볼 수 있다.

사실, 크롬의 개발자 도구를 사용하면 쉽게 원하는 요소의 CSS 선택자를 얻을 수 있다. 개발자 도구를 열고, 원하는 요소를 선택한 뒤 콘텍스트 메뉴의 'Copy Selector'를 선택하면 정확한 CSS 선택자가 클립보드에 복사된다. 앞서 다뤘던 문제에서의 '아보카도'를 개발자 도구에서 확인해 보니 '#ve-list>li:nth-child(2)'로 확인되었다.

이 절의 마무리

- 이번 절에서는 DOM의 구조를 확인하는 방법과 CSS 선택자에 관해 알아보았다.
- 웹 브라우저의 개발자 도구를 통해서 임의의 요소를 재빨리 파악할 수 있는지 없는지가 스크래핑의 명암을 가른다.
- CSS 선택자 문법을 확실하게 마스터해 두도록 한다.

04

Electron으로 데스크톱 애플리케이션 작성

스크린샷을 찍는 것을 포함한 웹 페이지에 대한 고도의 조작을 수행하는 데 Electron(일렉트론)을 사용할 수도 있다. Electron을 사용하면 웹 개발 언어로 데스크톱 애플리케이션을 쉽게 만들 수 있다. 이번 절에서는 PhantomJS/CasperJS만큼 유용한 브라우저 자동화 도구인 Electron을 사용해서 애플리케이션을 만드는 방법에 관해 소개하겠다.

주요 학습 내용	주요 도구와 라이브러리
• Electron에 관하여 • 설치법과 기본적인 프로그래밍 방법	• Electron

Electron이란?

Electron(과거에는 Atom-shell)은 GitHub에서 공개하고 있는 차세대 텍스트 에디터 'Atom'에서 사용하고 있는 라이브러리다. Electron을 사용하면 자바스크립트로 크로스 플랫폼 데스크톱 애플리케이션을 만들 수 있다.

쉽게 말하면 '웹 브라우저 안에 Node.JS를 넣은 것'이라고 할 수 있다. 실제로 Electron은 웹 브라우저인 Chromium[1]과 Node.js를 조합해서 만들었다. 그래서 Node.js의 기능과 웹 브라우저의 기능을 모두 이용할 수 있다.

Electron의 능력은 Atom 에디터를 직접 사용해 본 사람이라면 납득이 갈 것이다(Atom 에디터는 1장에서도 소개하였다). Atom 에디터는 웹 브라우저의 기능을 베이스로 만들어졌으므로 CSS

1 크로미움(Chromium)은 오픈 소스 웹 브라우저다. 구글 크롬은 이 소스 코드를 바탕으로 개발되었다.

를 다루는 디자이너에게도 유용한 도구다.

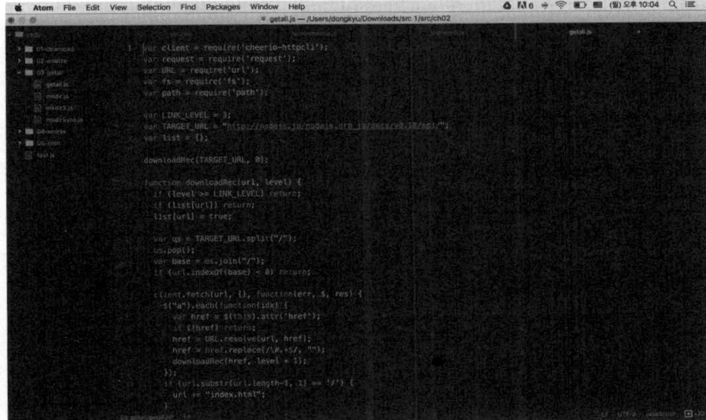

▲ GitHub의 Atom 에디터

▲ Electron의 웹사이트

```
Electron(과거: Atom-shell)
[URL] http://electron.atom.io/
[URL] (GitHub) https://github.com/atom/electron
```

유사 라이브러리 NW.js

유사 라이브러리로 NW.js(이전에는 node-Webkit)도 있다. 이것도 Chromium에 Node.js(io.js)를 조합한 것이다.

```
NW.js
[URL] http://nwjs.io/
```

Electron의 장점과 단점

Electron의 최대 장점은 웹 기술(HTML5/자바스크립트/CSS)을 이용하여 네이티브 애플리케이션을 쉽게 만들 수 있다는 것이다. Node.js의 API나 모듈을 그대로 사용할 수 있다는 것도 큰 장점이다.

다만, 웹 브라우저인 Chromium을 그대로 포함해야 하므로 배포 사이즈가 커져서 아무리 간단한 앱이라도 수십~수백 MB의 저장 공간이 필요하다.

자바스크립트로 렌더링되는 페이지도 OK

그런데 이 책에서 Electron을 소개하는 이유가 데스크톱 애플리케이션을 만드는 방법을 소개하기 위함이 아니다. 최근에는 모든 내용이 자바스크립트로 렌더링되는 웹 페이지가 늘고 있다. 그래서 단순히 HTML을 다운로드하면 내용이 텅 비어 있는 경우도 많다.

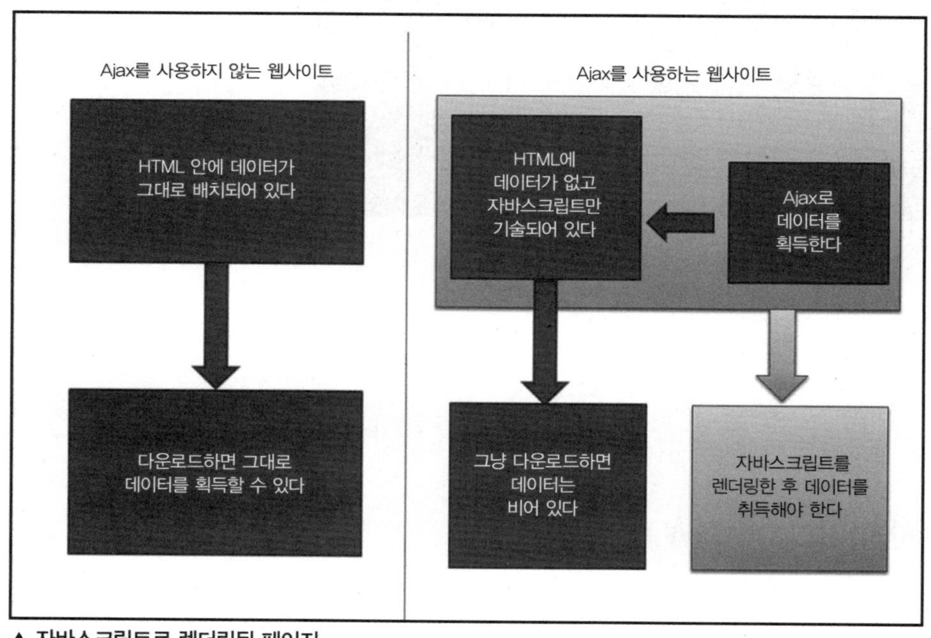

▲ 자바스크립트로 렌더링된 페이지

Electron을 사용하면 자바스크립트에 의한 렌더링을 한 후 콘텐츠를 추출할 수 있다. 이것이 Electron의 큰 장점이라 할 수 있다.

Electron 설치 방법

Node.js의 npm을 사용하여 Electron을 설치할 수 있다. 이때 지금까지 우리가 실습해 온 가상 머신의 CentOS의 경우 바탕 화면(X Window)을 설치해야 하는데 간단하지 않으므로 여기서는 가상 머신을 쓰지 않고 Mac OS X이나 윈도우를 쓰도록 하겠다.

```
$ npm install electron-prebuilt -g
```

또는 GitHub 페이지에서 바이너리를 직접 다운로드할 수도 있다.

```
https://github.com/Atom/electron/releases
```

Electron으로 간단한 애플리케이션을 만드는 순서

먼저, Electron으로 간단한 프로그램을 만드는 순서를 소개하겠다. Electron 프로그램을 만들기 위해서는 앱 설정 파일과 메인 프로그램, 이 두 개의 파일을 준비해야 한다. 그리고 두 파일을 하나의 디렉터리에 배치한다. 윈도우에서는 이렇게 준비한 디렉터리를 Electron 실행 파일에 드래그 앤드 드롭하는 것으로 실행할 수 있다.

순서 1: 애플리케이션에 필요한 파일 준비

그러면 실제로 만들어 보자. 우선, easy-app이라는 디렉터리를 작성한다. 다른 이름으로 해도 괜찮다. 그리고 그 디렉터리 안에 설정 파일을 작성한다. package.json이라는 이름으로 다음과 같은 내용의 텍스트 파일(JSON 파일)을 만들도록 한다.

File src/ch03/04-atom-shell/easy-app/package.json

```
{
  "name"    : "easy-app",
  "version": "0.1.0",
  "main"    : "main.js"
}
```

그리고 같은 easy-app 디렉터리 안에 메인 프로그램을 작성한다. 파일 이름은 main.js로 한다.

File src/ch03/04-atom-shell/easy-app/main.js

```
// 위키피디아 페이지를 방문하는 Electron 예제
var TARGET_URL = "https://ko.wikipedia.org/";

// 필요 모듈 로드
var electron = require('electron');
var app = electron.app;
var BrowserWindow = electron.BrowserWindow;

// 준비가 된 시점에 호출되는 이벤트
app.on('ready', function() {
    // 메인 윈도우 생성
    win = new BrowserWindow({
        width: 800,
        height: 600
    });
    // 지정 URL 로드
    win.loadURL(TARGET_URL);
});
```

▲ easy-app 프로젝트 파일들

순서 2: Electron을 파라미터와 함께 실행

이것으로 준비가 완료되었다. 바로 실행해 보자. npm으로 설치했다면 electron 명령어를 이용하여 다음과 같이 프로그램을 실행할 수 있다.

```
$ electron /path/to/easy-app/
```

윈도우의 경우 Electron의 실행 파일인 atom.exe을 test-app 폴더에 드래그 앤드 드롭하는 것으로 실행할 수 있다. 또한, Electron 명령을 실행하면 다음과 같은 창이 표시되는데 거기에 앱의 디렉터리를 드래그 앤드 드롭하여 실행할 수도 있다.

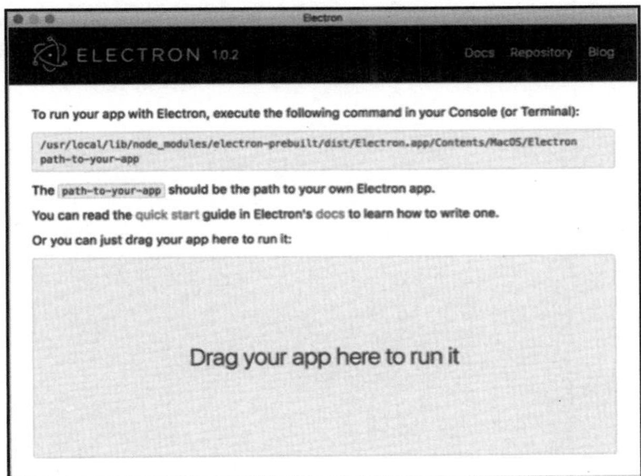

▲ atom.exe 실행 화면

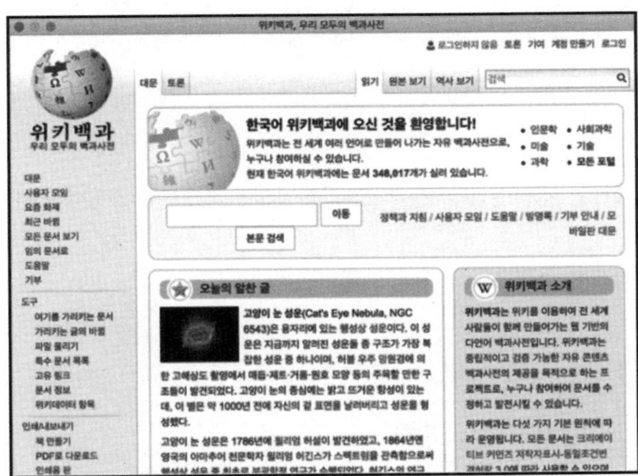

▲ easy-app을 실행한 화면

직접 준비한 HTML을 Electron에 표시

Electron에서는 외부의 웹사이트를 표시할 수 있을 뿐 아니라 스스로 마련한 HTML 파일을 표시할 수도 있다. 이번에는 다음과 같이 파일들을 준비한다.

```
test-app/
  |-- package.json
  |-- main.js
  |-- index.html
```

▲ test-app을 위한 프로젝트 파일들

먼저, 전체 설정을 package.json에 기술한다.

File src/ch03/04-atom-shell/test-app/package.json

```
{
  "name"    : "test-app",
  "version" : "0.1.0",
  "main"    : "main.js"
}
```

이어 메인 프로그램인 main.js를 작성한다. 메인 윈도우를 디스플레이하고 시스템 이벤트에 대한 처리를 다루는 코드가 포함되었다.

File src/ch03/04-atom-shell/test-app/main.js

```
// 필요 모듈 로드
var electron = require('electron');
var app = electron.app;
var BrowserWindow = electron.BrowserWindow;

// 준비가 된 시점에 호출되는 이벤트 ——— ※1
app.on('ready', function() {
    // 메인 윈도우 생성
    win = new BrowserWindow({
```

```
        width: 800,
        height: 600
    });
    // 지정 URL 로드
    win.loadURL('file://' + __dirname + '/index.html'); // ※2
    win.on('closed', function() {
        win = null;
    });
});
```

이번에는 코드에 관해 살펴보자. 여기서 주목하고 싶은 부분은 메인 윈도우와 관련된 ※1이다. 앱의 준비가 완료된 시점에서 호출되는 시스템 이벤트 'ready'의 이벤트 핸들러에서 메인 윈도우를 생성한다.

그리고 ※2에서 'index.html'을 로드하도록 지정하였다. 이에 따라 앱을 실행하면 윈도우가 준비되는 대로 index.html이 표시된다.

그러면 메인 창에 표시할 index.html을 작성하자. 이 HTML은 일반 HTML이다. 그러나 자세히 보면 일반 HTML 내의 자바스크립트에서는 사용할 수 없는 process 객체가 이용되고 있는 것을 알 수 있다.

File src/ch03/04-atom-shell/test-app/index.html

```
<!DOCTYPE html>
<html><head>
<meta charset="UTF-8">
<title>Test App</title>
<script>
  window.onload = function () {
    var info = document.getElementById("info");
      info.innerHTML =
        "Node ver." + process.version + "<br>" +
        "atom ver." + process.versions['electron'];
  };
</script>
</head>
<body>
  <h1>test app</h1>
  <p id="info"></p>
</body>
</html>
```

프로그램을 실행해 보자. npm으로 Electron을 설치한 경우에는 electron 명령어를 사용하여 다음과 같이 실행하면 된다.

```
$ electron test-app
```

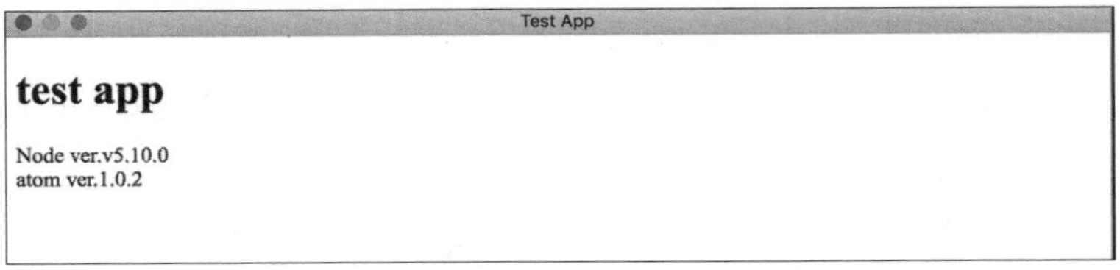

Test App

test app

Node ver.v5.10.0
atom ver.1.0.2

▲ test-app을 실행한 화면

메인 프로세스와 렌더링 프로세스 간의 통신

여기까지 Electron으로 앱을 만드는 기본적인 방법을 살펴봤다. 다시 한 번 Electron의 실행 흐름을 정리해 보자. Electron은 package.json에 적힌 메인 프로그램(자바스크립트)을 실행한다. 그리고 메인 프로그램에서는 브라우저 화면을 만들고, HTML 파일을 읽어들인다.

[Electron의 기본적인 흐름]

1. Electron 시작
2. 설정 파일(package.json)에 따라 메인 프로그램(자바스크립트)을 실행
3. 메인 프로그램에서 브라우저 창을 생성
4. 브라우저 창에 임의의 HTML을 로드

그런데 앱이 시작되면 HTML 파일 안에서도 자바스크립트가 실행된다. 그러면 메인 프로그램과 브라우저 안에서 실행되는 자바스크립트, 두 개의 자바스크립트 프로그램이 실행된다. 이 두 개의 프로그램이 다른 프로세스(콘텍스트)에서 실행된다는 점이 중요하다. Electron에서는 전자의 메인 프로그램을 메인 프로세스라고 하고, HTML에서 실행되는 후자의 프로그램을 렌더링 프로세스라고 한다.

왜 프로세스가 두 개로 나뉘었을까? 통상의 웹 브라우저에서는 보안을 위해 샌드 박스 내에서 HTML이 실행된다. 그래서 파일 같은 로컬 리소스에 접근할 수 없다.

이는 Electron에서도 마찬가지인데 HTML을 실행하는 렌더링 프로세스에서는 위험한 조작을 할 수 없다. 그러나 메인 프로세스에서는 Node.js의 API를 자유롭게 사용할 수 있다. 그래서 렌더링 프로세스가 메인 프로세스에게 필요한 처리를 의뢰함으로써 지금까지 웹 브라우저에서는 수행할 수 없었던 각종 처리를 할 수 있다. 이를 위해 메인 프로세스와 렌더링 프로세스 간의 통신을 위한 IPC 모듈이 제공되고 있다.

그러면 렌더링 프로세스에서 메인 프로세스에게 값을 두 개 보내면 메인 프로세스가 곱셈을 한 후, 결과를 돌려보내는 간단한 프로그램을 만들어 보자.

동기적인 IPC 통신

IPC 통신에는 동기적 통신과 비동기적 통신의 두 가지 방법이 있다. 동기적 통신이 비교적 간단하므로 먼저 설명하겠다.

먼저, 브라우저 측의 렌더링 프로세스의 코드를 살펴보자. sendSync() 메소드를 사용하여 메인 프로세스 측에 값을 송신한다. mul-sync라는 채널에 a와 b, 이렇게 두 개의 값을 자바스크립트 객체로 송신한다. 이때 송신하는 값은 문자열이거나 자바스크립트 객체여도 괜찮다.

```
<!-- 브라우저 측(렌더링 프로세스) -->
<script>
// IPC 모듈 로드
var electron = require('electron');
var ipc = electron.ipcRenderer;

// 동기적으로 메인 프로세스에 값을 두 개 송신하고 결과를 수신
var res = ipc.sendSync('mul-sync', {a:30, b:2});
alert("res=" + res);
</script>
```

다음으로, 메인 프로세스 쪽을 살펴보자. 메인 프로세스 쪽에서는 ipc.on(채널 이름,...)에서 이벤트 핸들러를 설정하여 통신을 대기한다. 여기서는 'mul-sync'라는 채널 메시지를 받았을 때에 처리하는 이벤트 핸들러를 정의했다. event 인자의 returnValue 속성에 반환 값을 대입함으로써 렌더링 프로세스 측에 값을 전달하게 된다.

```
// IPC 모듈 로드
var electron = require('electron');
var ipc = electron.ipcMain;

// 동기적으로 메시지 수신
ipc.on('mul-sync', function(event, arg) {
  console.log(arg); // 콘솔 출력
  event.returnValue = arg.a * arg.b;
});
```

비동기적인 IPC 통신

비동기적 통신도 동기적인 방법과 거의 같다. 다만 비동기적 통신에서는 보내면 즉시 값을 돌려받는 식이 아니라 처리가 완료된 시점에 결과를 받는다. 우선은 브라우저 측 렌더링 프로세스의 처리를 살펴보자.

비동기 통신에서는 send() 메소드를 사용한다. 곧바로 메인 프로세스의 결과를 얻을 수 없으므로 ipc.on(채널 이름,...)으로 이벤트 핸들러를 설정하여 메인 프로세스에서 결과가 송신되기를 기다리도록 한다.

```
// IPC 모듈 로드
var electron = require('electron');
var ipc = electron.ipcRenderer;

// 메인 프로세스에 인자 송신
ipc.send('mul-async', {a:30, b:2});
// 비동기 통신의 결과를 받았을 때
ipc.on('mul-async-reply', function(arg) {
  alert("res=" + arg);
});
```

이어 메인 프로세스 측의 프로그램이다. 이곳에서는 메시지를 수신하면 계산을 하고, 그 결과를 send() 메소드로 반환한다.

```
// IPC 모듈 로드
var electron = require('electron');
var ipc = electron.ipcMain;

// 메시지 수신 이벤트
ipc.on('mul-async', function(event, arg) {
```

```
    console.log(arg); // 콘솔 출력
    // 렌더링 프로세스에 답신
    var result = arg.a * arg.b;
    event.sender.send('mul-async-reply', result);
});
```

IPC 통신을 수행하는 실제 프로그램

그러면 실제 프로그램을 만들어 확인해 보자. 앞서 설명한 곱셈을 실시하는 프로그램을 만들 것이며, 프로젝트의 파일 구성은 다음과 같다.

```
ipc-app/
  | -- pakcage.json
  | -- main.js
  | -- index.html
```

▲ ipc-app의 파일 구성

우선, 메인 프로세스의 코드다.

File src/ch03/04-Atom-shell/ipc-app/main.js

```
// 모듈 로드
var electron = require('electron');
var app = electron.app;
var BrowserWindow = electron.BrowserWindow;
var ipc = electron.ipcMain;

// 메인 윈도우 실행
var mainWindow = null;
app.on('ready', function(){
  mainWindow = new BrowserWindow({width:800, height:600});
  mainWindow.loadURL('file://' + __dirname + '/index.html');
  mainWindow.on('closed', function(){
    mainWindow = null;
  });
});
```

```
// 동기적 메시지 수신
ipc.on('mul-sync', function(event, arg) {
  console.log(arg); // 콘솔 출력
  event.returnValue = arg.a * arg.b;
});

// 비동기적 메시지 수신
ipc.on('mul-async', function(event, arg) {
  console.log(arg); // 콘솔 출력
  // 렌더링 프로세스에 반환
  var result = arg.a * arg.b;
  event.sender.send('mul-async-reply', result);
})
```

다음으로, 렌더링 프로세스의 코드다.

File src/ch03/04-atom-shell/ipc-app/index.html

```
<!DOCTYPE html>
<html><head>
<meta charset="UTF-8">
<title>IPC Test</title>
<script>

// 모듈 로드
var electron = require('electron');
// IPC 통신 수행
var ipc = electron.ipcRenderer;
var info;

window.onload = function () {
  info = document.getElementById('info');
  testSync();
  testASync();
};

// 동기적 송신 수행
function testSync() {
  // 메인 프로세스에 인자를 송신하여 결과를 획득
  var res = ipc.sendSync('mul-sync', {a:30, b:2});
  msg("sync result=" + res);
}

// 비동기적 송신 수행
function testASync() {
  // 메인 프로세스에 인자를 송신
  ipc.send('mul-async', {a:30, b:2});
  // 비동기 통신으로 결과를 받았을 때
```

```
  ipc.on('mul-async-reply', function(evt, arg) {
    msg("async result=" + arg);
  });
}

function msg(msg) {
  info.innerHTML += msg + "<br>";
}
</script>
</head><body>
  <h1>IPC TEST</h1>
  <p id="info"></p>
</body></html>
```

그러면 프로그램을 실행해 보자.

```
$ electron ipc-app
```

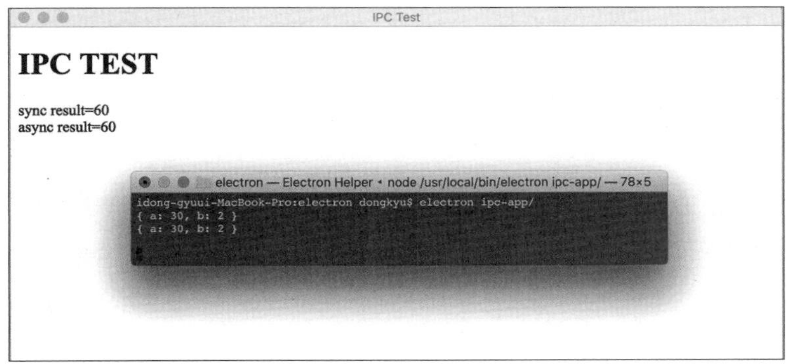

▲ ipc-app 실행 화면

이 절의 마무리

- 이 절에서는 기본적인 Electron의 사용법을 소개했다.
- 프로그램의 구조를 소개하기 위해 단순한 샘플을 소개하였으나, Electron을 사용하면 쉽게 크로스 플랫폼 데스크톱 애플리케이션을 만들 수 있다.

05

Electron으로 스크린 캡처

앞 절에서는 Electron의 기본적인 사항을 소개하였다. 이번 절에서는 Electron을 활용하여 웹사이트의 스크린샷을 찍는 애플리케이션을 만들어 보겠다.

주요 학습 내용	주요 도구와 라이브러리
• 웹 페이지의 스크린샷을 찍는 방법	• Electron

스크린샷을 찍는 제일 빠른 방법

웹사이트의 스크린샷을 찍는 방법은 여러 가지가 있다. 단지 현재 보는 화면만 필요하다면 웹페이지를 방문한 후 캡처 전용 소프트웨어나 OS 명령어를 이용하여 스크린샷을 찍으면 된다. 그러나 프로그램으로 스크린샷을 찍을 수 있으면 프로그램을 테스트하거나 정기적으로 스크린샷을 남길 수 있다.

여기서는 Electron을 이용해서 화면을 캡처해 볼 것이다. 그러나 더 간단한 방법은 이 장의 앞부분에서 소개한 PhantomJS/CaspserJS를 사용하는 방법이다. 그쪽도 참고하도록 한다.

Electron으로 스크린샷을 찍는 방법

그러면 먼저 스크린샷을 찍기 위한 방법을 알아보자. Electron에서는 화면 캡처를 위한 BrowserWindow.capturePage()라는 메소드가 준비되어 있다. 이를 이용하여 브라우저 화면을 캡처할 수 있다.

```
// 브라우저 윈도우 생성
win = new BrowserWindow();
// ...
// 브라우저 화면을 캡처
win.capturePage(function(img) {
  var png = img.toPng();
  fs.writeFileSync('screenshot.png', png);
});
```

capturePage() 메소드의 인자에 캡처가 완료했을 때 호출되는 콜백 함수를 지정한다. 그 콜백 함수에서는 인자로 넘어온 캡처 데이터를 PNG 형식으로 변환한 다음 파일에 저장한다.

그러나 웹사이트가 로드되지 않은 상태에서 캡처를 하지 않도록 주의해야 한다. Electron에서는 웹 브라우저가 페이지를 로드 완료했을 때 'did-finish-load' 이벤트가 발생한다. 이 이벤트를 이용해서 페이지가 전부 로드된 후 스크린샷을 찍도록 하는 것이 좋다.

```
// 브라우저 윈도우 생성
var win = new BrowserWindow({width:1024, height:800})
// 지정 페이지 로드
loadURL(TARGET_URL);
// 페이지 로드가 완료되면 캡처를 실행
win.webContents.on('did-finish-load',captureFunc);
```

스크린샷을 찍는 프로그램

그러면 실제 프로그램을 만들어 보자. Electron 프로그램을 만들기 위해 다음과 같은 구조로 파일을 준비한다.

```
screenshot-app
  | -- package.json
  | -- main.js
```

Electron의 설정 파일인 package.json에는 메인 프로그램으로 main.js를 지정한다.

File src/ch03/05-screenshot/screenshot-app/package.json

```
{
  "name": "screenshot-app",
```

```
  "version": "0.1.0",
  "main": "main.js"
}
```

메인 프로그램에서는 페이지 로드가 완료한 시점(did-finish-load 이벤트)에서 캡처를 수행한다.

File **src/ch03/05-screenshot/screenshot-app/main.js**

```
// 변수 선언
var TARGET_URL = "https://atom.io"; // 대상 웹사이트

// 모듈 로드
var electron = require('electron');
var app = electron.app;
var BrowserWindow = electron.BrowserWindow;
var fs = require('fs');

// 메인 윈도우 실행
var win = null;
app.on('ready', function(){
  win = new BrowserWindow({width:1024, height:800});
  loadURL(TARGET_URL);
  // 페이지 로드가 완료되면 캡처 수행
  win.webContents.on('did-finish-load',captureFunc);
});

// 캡처 처리
function captureFunc() {
  win.capturePage(function(img) {
    fs.writeFileSync('screenshot.png', img.toPng());
  });
}
```

프로그램을 실행하면 다음과 같이 스크린샷이 보존된다.

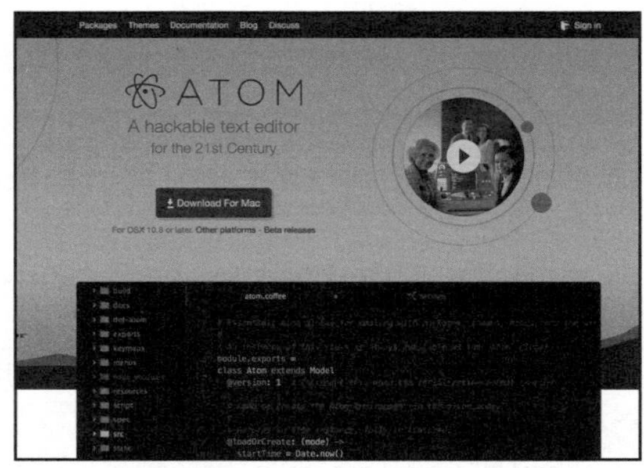

▲ **프로그램 실행 화면**

매일 오후 네이버 금융 페이지를 캡처하여 저장

2장에서 소개한 cron과 조합하면 정기적으로 주가 정보를 캡처하여 저장할 수도 있다. 여기서는 네이버 금융 페이지를 정기적으로 캡처하여 저장하는 프로그램을 만들어 볼 것이다. 다음과 같은 이미지를 정기적으로 저장하게 된다.

▲ 네이버 금융 페이지를 정기적으로 저장

프로그램은 전과 거의 같지만, 차이를 확인하기 위해 전체를 살펴보자.

File src/ch03/05-screenshot/finance-capture-app/main.js

```
// 네이버 금융 페이지
var TARGET_URL = "http://finance.naver.com";

// 모듈 로드
var electron = require('electron');
var app = electron.app;
var BrowserWindow = electron.BrowserWindow;
var fs = require('fs');

// 메인 윈도우 실행
var win = null;
app.on('ready', function(){
  win = new BrowserWindow({width:800, height:800});
  win.loadURL(TARGET_URL);
  // 페이지 로드가 완료되면 캡처
  win.webContents.on('did-finish-load', captureFunc);
```

```
});

// 캡처 처리 함수
function captureFunc() {
  // 날짜를 파일 이름에 붙여서 파일에 저장 ——※1
  var t = new Date();
  var fname = "finance-" + t.getFullYear() +
    "-" + (1 + t.getMonth()) +
    "-" + t.getDate() + ".png";

  win.capturePage(function(img) {
    fs.writeFileSync(fname, img.toPng());
    app.quit(); // 애플리케이션 자동 종료
  });
}
```

코드를 살펴보면 첫 번째 줄에서 URL을 지정했고, ※1에서 스크린샷의 파일 이름에 날짜가 들어가게 하였다. 또한, 정기적으로 실행할 때를 위해 캡처가 완료되면 프로그램이 자동으로 종료되도록 app.quit() 메소드를 호출하였다.

추가적으로, cron 환경에서도 Electron이 실행될 수 있도록 환경 변수를 설정한 배치 파일을 만들도록 한다. 그리고 'crontab -e'를 수행하여 원하는 시점에 배치 파일이 수행되도록 설정한다. 다음은 매일 오후 3시 45분에 수행하도록 설정한 예다.

```
45 15 * * * /path/to/finance-capture-app-cron.sh
```

이처럼 사이트의 그래프나 이미지를 정기적으로 캡처하여 저장할 수 있다.

미세한 조정을 위해 딜레이 주기

그런데 웹사이트에 따라서는 정상적으로 캡처가 되지 않는 경우도 있다. did-finish-load 이벤트가 발생했는데 아직 화면이 완전히 그려지지 못한 경우도 있기 때문이다. 그럴 때에는 did-finish-load 이벤트 핸들러에서 촬영하기 전에 약간의 대기 시간을 주는 것이 좋다.

다음은 1초의 딜레이를 준 후 캡처하도록 프로그램을 개량한 것이다. 구글에서 고양이 이미지를 검색한 화면을 캡처한다. 딜레이를 주는 것은 자바스크립트에서 자주 사용하는 setTimeout() 메소드를 사용한다.

```
setTimeout(function() {
  //
  // 여기서 화면 캡처를 수행
  //
}, 2000);
```

그러면 실제 프로그램을 만들어 보자. 이 프로그램은 이전의 프로젝트 구성과 거의 같아서 메인 자바스크립트만을 소개하겠다.

File src/ch03/05-screenshot/delayshot-app/main.js

```
// 촬영 전 대기 시간
var DELAY_TIME = 1000 * 1; // 1초

// 구글에서 이미지 검색
var WORD = "고양이";
var TARGET_URL = "https://www.google.co.kr/search" +
      "?source=lnms&tbm=isch&q=" +
      encodeURIComponent(WORD);

// 모듈 로드
var electron = require('electron');
var app = electron.app;
var BrowserWindow = electron.BrowserWindow;
var fs = require('fs');

// 메인 윈도우 실행
var win = null;
app.on('ready', function(){
  win = new BrowserWindow({width:1024, height:800});
  win.loadURL(TARGET_URL);
  // 페이지 로드가 완료되면 캡처 함수를 호출
  win.webContents.on('did-finish-load', captureFunc);
});

// 캡처 처리 ——※1
function captureFunc() {
  // 딜레이를 준다
  setTimeout(function () {
    // 적절한 이름으로 저장한다.
    var fname = "cat-" + (new Date()).getTime() + ".png";
    win.capturePage(function(img) {
      fs.writeFileSync(fname, img.toPng());
      app.quit(); // 앱 자동 종료
    });
  }, DELAY_TIME);
}
```

▲ 딜레이를 줘서 캡처 성공률을 높인다.

※1의 함수 captureFunc()에 주목한다. setTimeout() 메소드로 일정 시간의 딜레이를 주고 있다.

캡처할 범위를 지정

capturePage() 메소드에 캡처할 화면의 영역을 지정할 수 있다.

```
[서식]
BrowserWindow.capturePage([rect, ]callback)
```

rect 객체에 캡처할 영역을 지정한다.

▼ capturePage()

파라미터	설명
X	좌표 X (좌측 상단이 원점)
Y	좌표 Y (좌측 상단이 원점)
width	영역의 폭
height	영역의 높이

웹사이트의 로고나 불필요한 공백 영역이 있는 경우 캡처 영역을 지정하면 필요한 영역만을 캡처할 수 있다.

이 절의 마무리

- Electron을 사용하여 웹사이트의 화면을 캡처하는 방법을 알아봤다.
- 웹사이트에서 데이터를 추출하는 것보다 화면 그대로를 캡처하는 편이 좋은 경우도 있다.
- 다음은 캡처 프로그램을 작성할 때의 주요 포인트들이다.
    - 캡처하는 타이밍에 주의한다.
    - 웹사이트의 로드가 완료될 때까지 기다린다.
    - 캡처가 완료되면 프로세스를 종료시킨다.
    - did-finish-load 이벤트에서 딜레이를 주어 확실히 렌더링이 끝날 때까지 기다린다

제 4 장

데이터 처리 및 저장

지금까지 웹상의 다양한 데이터를 추출하는 방법에 관해 알아봤다. 이번 장에서는 수집한 데이터를 저장하는 방법에 관해 생각해 본다. 어떤 데이터 형식이 있고, 어떻게 저장하는지에 관해 알아보겠다.

제4장 | 데이터 처리 및 저장

01

문자 코드와 호환

웹에는 영어와 한글뿐 아니라 다양한 언어의 데이터가 유통되고 있다. 또한, 각 언어의 데이터를 표기하는 방법도 다양하다. 여기서는 문자 코드의 문제에 관해 생각해 본다.

주요 학습 내용

- 문자 코드에 관하여
- 문자 코드의 호환

주요 도구와 라이브러리

- Node.js
- iconv-lite 모듈
- Rhino
- iconv 모듈
- jschardet 모듈

문자 코드란?

컴퓨터에서는 문자를 표시하기 위해 각 문자에 대응하는 고유 번호를 이용한다. 이때 문자에 할당된 번호를 문자 코드라고 한다. 그리고 문자를 어떻게 다룰지를 정한 문자 코드 체계를 문자 코드표라고 한다. 예를 들면, ASCII 코드에서는 'A'는 65라는 값으로 대응되고, 'B'는 66이라는 값으로 대응된다. 웹 브라우저 위에 표시되는 많은 글들이 사실은 숫자의 나열이며, 컴퓨터가 그 숫자의 나열을 문자로 인식하여 표시하는 것이다.

문자 코드가 어려운 이유

알파벳과 숫자만 있다면 1바이트로도 충분히 모든 문자를 표현할 수 있다. 1바이트는 8비트이므로 0에서 255까지 총 256개의 문자를 표현할 수 있다. 알파벳의 대소문자, 그리고 숫자와 기호까지 전부 256개의 문자로 충분히 표현할 수 있다.

하지만 한글이나 일본어, 중국어 등의 경우에는 문자의 수가 많아 2바이트(0부터 65535)를 사용하지 않고는 모든 문자를 표현할 수 없다. 이들 언어의 문자를 컴퓨터상에서 다루기 위해 다양한 방법이 고안되어 사용되어 왔다.

영어 위주로 발전한 컴퓨터에서 한글을 다루기 위한 긴 역사가 있다. 현재는 KS X 1001 코드에 기반을 둔 EUC-KR과 CP949, 그리고 유니코드 등의 문자 코드 체계가 존재한다. 비슷하게 일본어도 JIS 코드, Shift_JIS 코드, EUC 코드 등 여러 코드가 사용되었는데 여기서 문제가 되는 것이 바로 문자 코드 간의 호환이다. 문자 코드의 인식에 실패하거나 문자 코드 간의 변환이 잘못되면 이른바 '깨진다'로 불리는 현상이 발생한다.

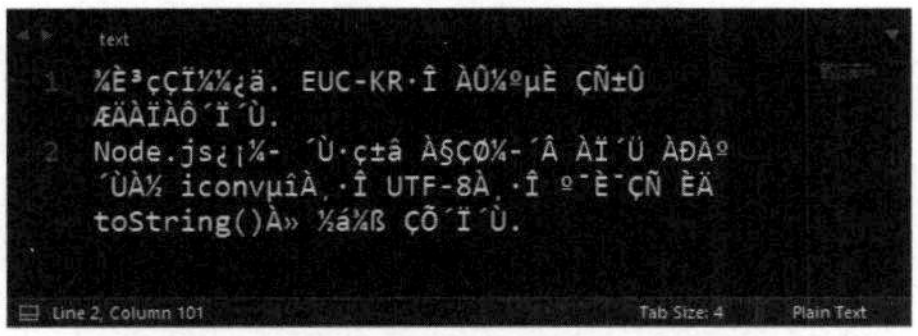
text
¼È³çÇÏ¼¼¿ä. EUC-KR·Î ÀÛ¼ºµÈ ÇÑ±Û
ÆÄÀÏÀÔ´Ï´Ù.
Node.js¿¡¼ ´Ù·ç±â À§ÇØ¼´Â ÀÏ´Ü ÀÐÀº
´ÙÀ½ iconvµîÀ¸·Î UTF-8À¸·Î º¯È¯ÇÑ ÈÄ
toString()À» ½á¾ß ÇÕ´Ï´Ù.
Line 2, Column 101
Tab Size: 4
Plain Text
▲ 문자 코드 판정에 실패하면 문자가 깨져서 표시된다.

현재의 주류, 유니코드

이제는 전 세계에서 컴퓨터가 사용되고 있다. 그래서 많은 언어의 문자를 다루어야 하고, 다른 언어를 동시에 표시해야 하는 요구 사항도 존재한다. 그래서 만들어진 것이 세계에서 사용되는 모든 문자를 공통의 문자 집합에 정의한 문자 코드 체계인 유니코드(Unicode)다. 각국에서 사용되는 문자 집합을 전부 망라하여 수록하였다. 이미 유니코드는 윈도우, Mac OS X, 유닉스 계열의 OS 등 많은 운영체제와 프로그래밍 언어에 사용되고 있다.

문자 집합과 문자 부호화 스킴

유니코드에는 각 문자에 대한 코드 번호를 정의한 문자 집합과 그것을 어떻게 바이트 값으로 표시할지에 관한 문자 부호화 스킴(Character Encoding Scheme)이 정의되어 있다.

문자 집합은 같아도 부호화 방식이 다를 수도 있다. 유니코드를 예로 들면 유니코드를 2바이트(16비트)로 표현한 것이 UTF-16이고, 1바이트(8비트)로 표현한 것이 UTF-8이다.

그래서 둘 다 유니코드의 문자 집합을 사용하고 있지만, 다른 부호화 방식을 사용하므로 텍스트를 바이너리로 봤을 때는 다르게 보인다. 그래도 같은 문자 집합을 사용하고 있으면 상호 간에 변환이 쉽다.

자바스크립트의 문자 코드

자바스크립트에서는 내부적으로 UTF-16을 사용한다. HTML의 문자 코드가 EUC-KR이라 해도 변환되어 UTF-16이 사용된다. 그래서 이 점을 의식하여 프로그램을 만들어야 한다.

최근에는 많은 웹사이트에서 UTF-8을 사용하고 있다. HTML5의 표준 문자 코드로 UTF-8이 채택된 것에도 영향을 받았을 것이다. 그러나 여전히 EUC-KR을 사용하는 웹사이트도 있다. 이렇게 혼재하는 데이터를 자바스크립트에서 취급하기 위해서는 문자 코드를 정확히 판정하고, 필요에 따라 변환해야 한다.

Node.js의 경우

Node.js에서는 파일에 쓸 때 UTF-8을 기본으로 사용한다. 간단한 예로 fs모듈을 사용하여 UTF-8의 텍스트 파일을 읽고 쓰는 프로그램을 만들어 보자.

File src/ch04/01-charset/fs-readwrite.js

```
// 파일 읽고 쓰기 for Node.js
var fs = require('fs');

// UTF-8의 파일을 읽기
var txt = fs.readFileSync("sample-utf8.txt", "utf-8");
console.log(txt);

// UTF-8으로 파일 쓰기
fs.writeFileSync("test.txt", txt);
```

프로그램을 실행하려면 다음 명령을 실행한다.

```
$ node fs-readwrite.j
```

```
[vagrant@localhost 01-charset]$ node fs-readwrite.js
안녕하세요. UTF-8으로 작성된 한글 파일입니다.

[vagrant@localhost 01-charset]$ █
```

▲ UTF-8로 인코딩된 텍스트를 읽고 쓰는 프로그램 실행 예

파일을 동기적으로 읽는 fs.readFileSync() 메소드와 동기적으로 쓰는 fs.writeFileSync() 메소드를 사용하였다. 읽고 쓰기를 할 때 옵션으로 문자 인코딩을 지정할 수 있다. 파일에 쓰기를 할 때는 명시적으로 utf-8을 지정하지 않아도 기본으로 utf-8으로 데이터가 작성된다. 그러나 읽을 때 UTF-8을 지정하지 않으면 정상적인 결과를 얻을 수 없다. 이 경우 읽은 데이터를 텍스트 데이터로 인식하지 못한다.

```
// UTF-8 텍스트를 읽을 때 문자 코드를 지정하지 않은 경우
var txt = fs.readFileSync("sample-utf8.txt");
console.log(txt);
```

console.log()로 출력해 보면 다음과 같이 출력된다. 읽은 데이터가 Buffer 객체로 인식되었다.

```
<Buffer e9 8a 80 e6 b2 b3 e9 89 84 e9 81 93 e3 81 ae e5 a4 9c 0d 0a e5 ae ae
e6 b2 a2 e8 b3 a2 e6 b2 bb 0d 0a 0d 0a e4 b8 80 e3 80 81 e5 8d 88 e5 90 8e
e3 81 94 ...>
```

아쉽게도 fs.readFileSync() 메소드는 문자 코드 EUC-KR를 지원하지 않는다. 실행 인자의 옵션으로 EUC-KR를 지정하면 지원하지 않는 문자 코드라는 내용의 메시지가 표시된다. 그러면 어떻게 하면 Node.js에서 EUC-KR의 텍스트를 다룰 수 있을까?

Node.js에서 문자 코드 변환

Node.js의 표준 상태에서는 EUC-KR 등의 문자 코드를 다룰 수 없으므로 외부 모듈을 설치해야 한다. 문자 코드 변환에는 iconv라는 라이브러리가 널리 쓰이는데 Node.js에도 iconv 모듈이 존재한다. 또한, 문자 코드의 자동 판정용 모듈 jschardet도 있다. 여기서는 이 두 개의 라이브러리를 사용해 볼 것이다. 다음과 같이 npm을 사용하여 iconv와 jschardet을 설치하도록 한다.

```
npm install iconv
npm install jschardet
```

이 모듈을 사용하여 EUC-KR로 쓰인 텍스트 파일을 읽고, UTF-8로 저장하는 프로그램은 다음과 같다.

File src/ch04/01-charset/read-sjis.js

```
// EUC-KR를 읽어서 UTF-8으로 저장 for Node.js

var fs = require('fs');
var Iconv = require('iconv').Iconv;

// EUC-KR에서 UTF-8로 변환하는 객체
var euckr_utf8 = new Iconv('euc-kr', 'utf-8');
// EUC-KR로 인코딩된 파일 읽기
var buf = fs.readFileSync('sample-euckr.txt');

var buf2 = euckr_utf8.convert(buf); // EUC-KR를 UTF-8로 변환
var txt = buf2.toString('utf-8');   // 버퍼를 문자열로 변환
console.log(txt);

// UTF-8으로 파일 저장
fs.writeFileSync('test.txt', txt, 'utf-8');
```

프로그램을 실행하려면 다음 명령을 실행한다.

```
$ node read-euckr.js
```

```
[vagrant@localhost 01-charset]$ node read-euckr.js
안녕하세요. EUC-KR로 작성된 한글 파일입니다.
Node.js에서 다루기 위해서는 일단 읽은 다음 iconv등으로 UTF-8으로 변환한 후 toString()을 써야 합니다.
[vagrant@localhost 01-charset]$
```

▲ **EUC-KR의 텍스트를 읽는 프로그램**

iconv 모듈은 많은 문자 코드 간의 변환을 지원한다. 지원하는 한글 문자 코드의 경우는 다음과 같다.

```
EUC-KR, CP949, ISO-2022-KR, JOHAB
```

Iconv 객체를 생성할 때 어떤 코드 간의 변환을 수행할지 지정한다. 예를 들어, EUC-KR를 UTF-8로 변환한다면 다음과 같이 객체를 생성한다.

```
var euckr_utf8 = new Iconv('euc-kr', 'utf-8');
```

이 객체의 convert() 메소드를 호출하여 문자 코드를 변환한다. 다만, iconv 모듈은 Buffer 객체 속의 데이터를 변환할 뿐이다. 이를 자바스크립트에서 문자열로 사용하려면 toString() 메소드를 호출하여 문자열로 변환해야 한다.

```
// 문자 코드 변환
var buf2 = sjis_utf8.convert(buf);
// 버퍼를 문자열로 변환
var text = buf2.toString('utf-8');
```

문자 코드를 모르는 텍스트를 읽는 경우

이번에는 텍스트 파일이 어떤 인코딩인지 모르는 경우를 고려해 보자. 이 경우 우선 jschardet 모듈을 사용하여 사용된 문자 코드를 판정해야 한다.

File src/ch04/01-charset/read-unknown.js

```
// 문자 코드를 모르는 경우 for Node.js

var fs = require('fs');
var Iconv = require('iconv').Iconv;
var jschardet = require('jschardet');

// 문자 코드를 모르는 파일 읽기
var buf = fs.readFileSync('sample-unknown.txt');

// 문자 코드 판정 수행
var det = jschardet.detect(buf);
console.log(det);

// Iconv로 utf-8로 변환하는 객체 생성
var iconv = new Iconv(det.encoding, "utf-8");
var buf2 = iconv.convert(buf); // UTF-8로 변환
var txt = buf2.toString('utf-8'); // 버퍼를 문자열로 변환
console.log(txt);
```

프로그램을 실행하려면 jschardet과 iconv 모듈을 설치한 후 다음 명령을 실행한다.

```
$ node read-unknown.js
```

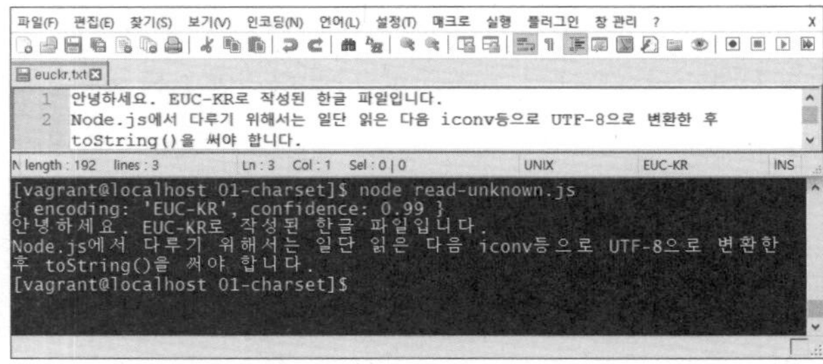

▲ 문자 코드를 판정하여 읽는 프로그램

문자 코드를 판정하려면 jschardet.detect() 메소드를 사용한다.

```
var det = jschardet.detect(buf);
console.log(det);
```

실행 결과로 객체가 반환되는데 그 안에는 다음과 같이 판정한 문자 코드의 이름과 그 신뢰도가 담겨 있다.

```
{
  encoding: 'EUC-KR',
  confidence: 0.99
}
```

결과로 받은 객체의 인코딩 정보를 Iconv 객체를 생성할 때 인자로 주어, 주어진 텍스트를 UTF-8로 변환하여 문자열로 다룰 수 있게 된다.

```
// 문자 코드 판정
var det = jschardet.detect(buf);

// UTF-8으로 변환
var iconv = new Iconv(det.encoding, "utf-8");
var buf2 = iconv.convert(buf);

// 버퍼를 문자열로 변환
var txt = buf2.toString('utf-8');
```

iconv-lite를 사용한 문자 코드 변환

iconv 모듈은 기능이 안정되어 있어 여러 프로젝트에서 사용되고 있지만, 버전에 따라 설치가 잘 되지 않는 문제가 보고되었다. 그래서 여기서는 순수한 자바스크립트로 구현된 문자 코드 변환 모듈인 iconv-lite를 사용해 보고자 한다.

iconv만큼 많은 문자 코드를 지원하지는 않지만, CP932, CP936, CP949, CP950, GB2313, GBK, GB18030, Big5, Shift_JIS, EUC-JP 등을 지원한다. 한국어, 일본어, 중국어 등 아시아권의 언어를 지원한다. 자바스크립트로만 구현되어 있어 변환 속도가 걱정될 수 있지만, 그다지 느리지 않고 오히려 iconv보다도 빠르다고도 한다. iconv-lite는 다음과 같이 설치한다.

```
$ npm install iconv-lite
```

사용법은 다음과 같다. encode()로 Node.js의 문자열을 지정한 문자 코드로 변환하고, decode()로 지정한 문자 코드를 기반으로 Node.js의 문자열로 변환한다.

File src/ch04/01-charset/iconv-lite-test.js

```
// iconv-lite 예제 for Node.js
var iconv = require('iconv-lite');
var fs = require('fs');

// 텍스트를 EUC-KR로 작성
var str = "안녕하세요";
var fname = "iconv-lite-test-euckr.txt";

// EUC-KR로 변환
var buf = iconv.encode(str, "euc-kr");

// 저장
fs.writeFileSync(fname, buf, "binary");

// EUC-KR의 텍스트를 읽어서 표시
var bin = fs.readFileSync(fname, "binary");

// EUC-KR의 바이너리를 UTF-8로 변환
var txt = iconv.decode(bin, "euc-kr");
console.log(txt);
```

Rhino를 사용하는 경우

자바 런타임(JRE)에서 실행되는 자바스크립트 실행 엔진인 Rhino/Nashorn을 사용하는 경우는 어떻게 될까? Rhino에서는 각종 문자 코드를 지원하는 자바 API를 사용하여 파일을 읽을 수 있다. Rhino를 사용하여 이번 절에서 읽었던 텍스트 파일을 읽는 코드를 작성하면 다음과 같다.

File src/ch04/01-charset/rhino-read.js

```
// Rhino로 텍스트 파일 읽기

// UTF-8
var txt;
txt = readFile("sample-utf8.txt", "utf-8");
print(txt);

// EUC-KR
txt = readFile("sample-unknown.txt", "euc-kr");
print(txt);
```

Rhino에 마련된 readFile() 메소드의 인자에 파일 이름과 문자 코드를 넘겨주어 문자 코드에 맞게 텍스트를 읽을 수 있다.

이 절의 마무리

- 이번 절에서는 웹상에 있는 다양한 문자 코드와 다루는 방법을 알아보았다.
- 예제를 통해 여러 가지 문자 코드로 된 텍스트 파일을 읽고 쓰는 법을 소개했다.
- 문자 코드 간의 변환 방법에 관해 알아보았다.

02

정규 표현식을 사용한 데이터 변환

문자열의 추출이나 치환과 같은 작업에서 빼놓을 수 없는 것이 정규 표현식이다. 스크래핑한 데이터를 사용하기 좋은 형태로 변환할 때 정규 표현식을 사용하면 스마트하게 할 수 있다. 여기서는 정규 표현식을 사용하는 방법을 소개하겠다.

주요 학습 내용	주요 도구와 라이브러리
• 정규 표현식에 관하여	• Node.js • 브라우저의 개발자 도구 콘솔

정규 표현식이란?

정규 표현식(regular expression)이란, 문자열의 패턴을 표현하는 표기 방법으로 문자열의 검색과 치환에 유용하다. 문자열의 패턴을 메타 문자(미리 약속된 특별기호)를 조합하여 표현함으로써 문자를 검색하거나 치환할 수 있다. 대부분의 프로그래밍 언어에서 정규 표현식을 지원하며, 자바스크립트에도 표준 기능으로 탑재되어 있다.

정규 표현식은 씹으면 씹을수록 맛이 나는 오징어처럼 쓰면 쓸수록 그 유용함을 깨닫게 된다. 또한, 문자열을 효과적으로 다루기 위해 반드시 터득해야 되는 기술 중 하나다. 그러면 정규 표현식의 기본 문법과 자바스크립트에서의 사용법을 알아보자.

자바스크립트에서의 정규 표현식 사용법

자바스크립트에서는 소스 코드 중에 '/패턴/'으로 정규 표현식 객체를 생성할 수 있다. 이를 정규 표현식 리터럴이라고 한다.

```
var re = /value=\d+/;
```

혹은 RegExp 객체를 생성하여 사용할 수도 있다.

```
var re = new RegExp("value=\d+");
```

정규 표현식 리터럴을 사용하면 스크립트가 로드되는 시점에서 정규 표현식이 컴파일되므로 성능에 유리하다. 한편, RegExp 객체를 사용하면 문자열 변수로 정규 표현식 패턴을 지정할 수 있어 동적으로 정규 표현식을 다룰 수 있게 된다.

정규 표현식 메소드

자바스크립트에는 정규 표현식과 관련하여 다음과 같은 메소드가 준비되어 있다.

▼ 자바스크립트의 정규 표현식 메소드 일람

메소드	설명
exec	문자열 중에서 일치하는 부분을 검색하여 결과를 배열로 반환한다. 검색에 실패한 경우 null을 반환한다. RegExp의 메소드
test	문자열 중에서 일치하는 부분이 있는지를 테스트한다. true/false 중 하나를 반환한다. RegExp의 메소드
match	문자열 중에서 일치하는 것을 검색하여 결과를 배열로 반환한다. 일치하는 패턴이 없는 경우 null을 반환한다. String의 메소드
search	문자열 중에서 일치하는 것이 있는지를 테스트한다. 일치하는 인덱스를 반환하거나 일치하는 부분이 없으면 -1을 반환한다. String의 메소드
replace	문자열 중에서 일치하는 것을 찾아서 다른 문자열로 치환한다.
split	문자열을 정규 표현식으로 분할하여 부분 문자열의 배열을 반환한다.

기능이 비슷해 보이는 메소드들이 있는데 다음과 같이 용도에 따라 나눠 생각하면 된다. 어떤 문자열 안에 정규 표현식 패턴이 있는지 확인만 하고 싶을 때는 test() 또는 search()를 사용한다. 더 자세한 정보를 알고 싶을 때에는 exec() 혹은 match()를 사용한다.

구체적인 예를 살펴보자. RegExp.exec() 메소드는 대상 문자열을 인자로 받아 정규 표현식에 해당하는 문자열과 그것이 몇 번째 문자에 나타나는지 인덱스 정보를 배열로 반환한다.

Node.js에는 커맨드 라인에서 대화식으로 실행할 수 있는 REPL 기능이 탑재되어 있어 쉽게 테스트해 볼 수 있다. REPL을 실행하려면 파라미터 없이 Node.js를 실행하면 된다.

그러면 커맨드 라인에서 Node.js의 REPL을 수행하여 간단한 계산을 해보자.

```
$ node
> 3 + 5
8
```

간단한 덧셈이지만, 이를 통해 REPL의 동작을 파악할 수 있을 것이다. 그러면 이제 REPL에서 정규 표현식을 테스트해 보자. 참고로, Node.js는 구글 크롬의 V8 엔진을 채용하였으므로 크롬의 개발자 도구에 있는 콘솔 화면에서 실행하는 것과 같은 결과가 나온다. Node.js의 REPL과 크롬의 콘솔 중 편한 곳에서 테스트를 진행하도록 한다.

RegExp.exec() 메소드

RegExp.exec() 메소드는 정규 표현식에 해당하는 문자열을 검색하여 패턴이 존재하면 문자열의 배열을 반환함과 동시에 RegExp 객체의 속성을 업데이트하고, 일치하는 패턴이 없으면 null을 반환한다.

결과로 반환되는 배열에는 정규 표현식에 일치하는 문자열이 첫 번째 요소에 담겨 있고, 이어서 정규 표현식 중 괄호로 묶인 부분에 해당하는 부분 문자열이 차례로 담겨 있다. 또한, 이 배열에는 속성으로 정규식에 해당하는 문자열의 인덱스 정보와 입력받은 문자열 값을 포함하고 있다. 다음 프로그램을 통해 실제 동작을 확인해 보자.

```
// 정규 표현으로 수치 + 영소문자 패턴
var re = /([0-9]+)([a-z]+)/g; // ——※1
// 대상 문자열
```

```
var str = "111jpy,8usd,xxx"; // ——※2

// 1회째 실행 ——※3
console.log( re.exec(str) );
// 2회째 실행
console.log( re.exec(str) );
// 3회째 실행
console.log( re.exec(str) );
```

※1에서는 정규 표현식 객체를 리터럴로 만들어서 변수 re에 대입하고 있다. ※2에서는 정규 표현식으로 확인하고 싶은 대상 문자열을 변수 str에 대입하고 있다. 그리고 ※3 이후에서는 반복적으로 RegExp.exec() 메소드를 호출하여 정규식에 일치하는 패턴을 차례로 확인하고 있다. ※1에서 지정한 정규 표현식 패턴은 한 개 이상의 숫자에 이은 한 개 이상의 소문자 조합을 뜻한다. 괄호가 두 번 사용되었는데 각각 부분 패턴을 뜻한다. 다음은 REPL에서 수행한 결과다.

```
...
> // 1회째 실행
> console.log( re.exec(str) );
[ '111jpy', '111', 'jpy', index: 0, input: '111jpy,8usd,xxx' ]

> // 2회째 실행
> console.log( re.exec(str) );
[ '8usd', '8', 'usd', index: 7, input: '111jpy,8usd,xxx' ]

> // 3회째 실행
> console.log( re.exec(str) );
null
```

정규 표현식에 g 플래그를 지정하면 문자열 안에 일치하는 모든 패턴을 포함하게 된다. 예제에서는 exec()를 여러 번 호출하며 일치하는 패턴을 차례로 출력하고 있다. 그런데 exec() 메소드는 test()나 search()에 비해 실행 속도가 느리므로 패턴의 존재 여부만을 확인하고 싶은 경우에는 사용이 권장되지 않는다.

RegExp.test() 메소드

인자로 주어진 문자열에 정규 표현식에 해당하는 문자열 패턴이 있는지 여부를 조사한다. 결과로 true나 false의 boolean 값을 반환한다. 예제를 통해 확인해 보자.

```
// 우편번호 nnn-nnnn 패턴
var re = /^\d{3}-\d{4}$/;

// 정규식 패턴에 일치하는지 확인
re.test("123-1234");  // ——— ※1
re.test("12-1234");   // ——— ※2
re.test("440-0011");  // ——— ※3
re.test("aaa-bbbb");  // ——— ※4
```

REPL의 결과를 발췌하면 다음과 같다.

```
> re.test("123-1234");
true
> re.test("12-1234");
false
> re.test("440-0011");
true
> re.test("aaa-bbbb");
false
```

※1과 ※3이 우편번호의 패턴에 일치한다. ※2가 false인 이유는 숫자의 자릿수가 부족하기 때문이고, ※4는 숫자가 아닌 알파벳으로 구성되어 있기 때문이다.

String.match() 메소드

String 객체에 준비된 match() 메소드는 인자로 전달받은 정규 표현식 패턴을 조사한다. 정규 표현식에 g 플래그를 포함하지 않은 경우는 RegExp.exec() 메소드와 같은 결과를 반환하지만, g 플래그를 포함한 경우에는 일치하는 부분을 모두 포함한 배열을 반환한다. 일치하는 패턴이 없으면 null을 반환한다. g 플래그 여부에 따른 결과의 차이를 유념해서 보도록 한다.

```
// 대상 문자열
var str="v=20, n=40, c=30";

// 숫자 패턴 검색
str.match(/[0-9]+/);

// 모든 숫자 패턴을 검색
str.match(/[0-9]+/g);

// 변수=숫자의 조합을 검색
str.match(/\w+=\d+/g);
```

REPL로 수행한 결과는 다음과 같다.

```
> str.match(/[0-9]+/);
[ '20',
 index: 2,
 input: 'v=20,n=40,c=30' ]

> str.match(/[0-9]+/g);
[ '20', '40', '30' ]

> str.match(/\w+=\d+/g);
[ 'v=20', 'n=40', 'c=30' ]
```

String.search() 메소드

대상 문자열에 정규 표현식에 해당하는 패턴이 있는지 확인할 때 사용한다. 정규 표현식에 해당하는 패턴이 발견되면 발견된 인덱스를 돌려주고, 없으면 -1를 반환한다. 예제를 살펴보자.

```
var str = "zip:999-9999, mail:a@example.com";

// 우편번호 검색
str.search(/\d{3}-\d{4}/);

// 이메일 검색
str.search(/\w+\@\w+\.\w+/);

// URL 검색
str.search(/https?:\/\//);
```

다음은 REPL의 실행 결과다.

```
// 우편번호 검색
> str.search(/\d{3}-\d{4}/);
4

// 이메일 형태 검색
> str.search(/\w+\@\w+\.\w+/);
19

// URL 형태 검색
> str.search(/https?:\/\//);
-1
```

String.replace() 메소드

다음으로, 정규 표현식으로 치환을 수행하는 replace() 메소드에 대해서 살펴보자. 두 가지 형태의 사용법이 있다.

```
[서식1] 정규 표현식을 이용한 치환
str.replace(정규 표현식, 치환될 문자열)
```

실제 코드를 통해 사용법을 파악하자.

```
// 대상 문자열
var str = "Today 10per OFF";

// 숫자를 30으로 치환
str.replace(/\d+/, "30");

// 숫자와 이어지는 영문 소문자까지 치환
str.replace(/\d+[a-z]+/, "500yen");

// 알파벳을 전부 지우고 숫자만을 남긴다.
str.replace(/[a-zA-Z]+/g, "");
```

REPL 실행 결과다.

```
> // 숫자를 30으로 치환
> str.replace(/\d+/, "30");
'Today 30per OFF'

> // 숫자와 이어지는 영문 소문자까지 치환
> str.replace(/\d+[a-z]+/, "500yen");
'Today 500yen OFF'

> // 알파벳을 전부 지우고 숫자만을 남긴다.
> str.replace(/[a-zA-Z]+/g, "");
' 10 '
```

치환될 문자열 내에 특수한 치환 패턴을 포함할 수 있다.

▼ 치환될 문자열에 사용되는 특수 기호

패턴	설명
$$	문자 '$'를 삽입한다
$&	매치된 부분 문자열을 삽입한다
$`	매치된 부분 문자열 직전의 문자열을 삽입한다
$'	매치된 부분 문자열 직후의 문자열을 삽입한다
$1$2$3…	괄호로 묶인 부분 문자열을 삽입한다

예제 프로그램으로 실제 동작을 확인해 보자.

```
// 대상 문자열
var str = "tel:045-111-222";

// 첫 번째 매치를 괄호로 묶는다
str.replace(/(\d+)-(\d+)-(\d)/, "($1)-$2-$3");
```

REPL에서의 실행 결과다.

```
> str.replace(/(\d+)-(\d+)-(\d)/, "($1)-$2-$3");
'tel:(045)-111-222'
```

다음으로, 콜백 함수를 사용하는 replace() 메소드의 사용법을 알아보자.

```
[서식2] 콜백 함수를 사용하여 치환
str.replace(정규 표현식, 치환 함수)
```

문자열 str 안의 정규 표현식에 일치하는 문자열에 대해 치환 함수가 수행된다. 그러면 수행된 치환 함수의 반환 값으로 치환된다. 직접 프로그램으로 확인해 보자. 다음은 영어 단어의 소문자를 대문자로 치환하는 예다.

```
// 대상 문자열
var str = "piano GUITAR";

// 대문자를 소문자로 치환
```

```
str.replace(/[a-z]+/g, function(v) {
    return v.toUpperCase();
});
```

위 프로그램을 실행하면 'PIANO GUITAR'라고 표시된다. 또한, 다음은 텍스트 중에서 숫자를 찾아 세금에 해당하는 값에 8%를 더한 값으로 치환하는 프로그램이다.

```
// 대상 문자열
var str = "price: 100 won";

// 금액에 해당하는 문자열을 찾아서, 세금 8%를 더하여 치환
str.replace(/\d+/, function(v) {
    v = parseInt(v);
    return Math.ceil(1.08 * v);
});
```

프로그램을 실행하면 'price:108won'으로 표시된다. 이처럼 콜백 함수를 사용하면 단순한 치환이 아닌 복잡한 치환까지도 자유롭게 프로그래밍할 수 있다.

이 절의 마무리

- 이 절에서는 데이터를 변환하는 데 도움이 되는 정규 표현식에 관해 설명하였다.
- 정규 표현식이 아직 익숙하지 않다면 REPL로 여러 정규 표현식을 테스트해 보면서 완전히 터득하도록 한다.

03

데이터 형식의 기초

웹상에는 다양한 데이터가 공개되어 있는데 사용되는 데이터의 형식도 매우 다양하다. 여기서는 다양한 데이터 포맷을 소개하고, 자바스크립트에서 다루는 방법에 관해 알아볼 것이다.

주요 학습 내용	주요 도구와 라이브러리
• 데이터 포맷에 관하여	• JSON/JSON5/CSON/XML/RSS/YAML/INI/CTV/TSV

웹에 있는 데이터 형식

'웹에 공개된 데이터가 전부 JSON 형식이면 좋겠다!' 많은 자바스크립트 프로그래머가 이렇게 생각할 것이다. JSON 형식은 자바스크립트 객체의 리터럴 표현 방식인데 가독성이 좋고 자바스크립트로 다루기 쉽다는 특징이 있다. 그러나 아쉽게도 웹상에 데이터를 공개하는 모든 사람이 자바스크립트 프로그래머인 것은 아니다.

데이터 형식에도 여러 유행이 있어 왔다. 한때, XML이 유행했을 무렵에는 모두가 XML로 데이터를 공개했고, 자바스크립트가 유행하자 많은 사람이 JSON으로 데이터를 공개하기 시작했다. 이어 Ruby on Rails가 유행하기 시작하자 그 설정 파일 형식인 YAML이 많이 쓰이게 되었다. 앞으로도 새로운 데이터 형식이 생겨날 것이다.

데이터를 만든 사람은 데이터의 종류와 목적에 따라 포맷을 선택하였을 것이다. 그러나 단순히 만들 당시의 유행이나 편의에 따라 선택했을 수도 있다.

다행히 유명한 데이터 형식은 처리를 위한 라이브러리도 존재하므로 새로운 데이터 형식을 마냥 두려워할 필요는 없다. 지금부터 다양한 데이터 형식과 자바스크립트로 처리하는 방법을 알아보자.

JSON 형식이란?

먼저, 자바스크립트에서 가장 다루기 쉬운 데이터 형식인 JSON 형식을 살펴보자. JSON 형식은 텍스트로 만든 데이터다. 따라서 텍스트 에디터로 편집할 수 있다. 그리고 자바스크립트에서 객체를 만들 때 사용하는 객체 리터럴 형식으로 사용된다. 자세한 스펙은 다음 페이지에 공개되어 있다.

```
json.org > JSON에 대한 소개
http://json.org/json-ko.html
```

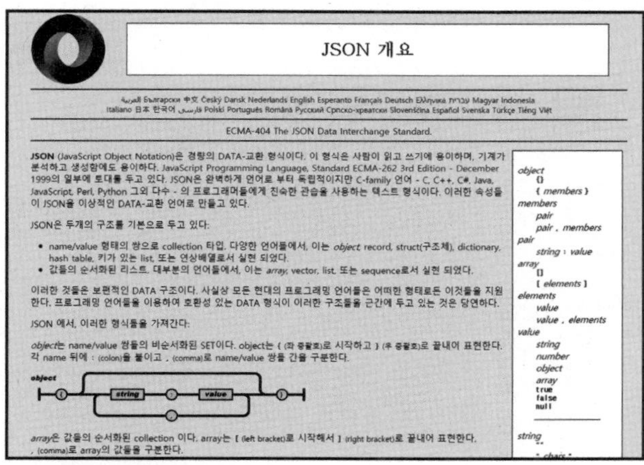

▲ JSON 설명 페이지

JSON은 많은 웹 API의 출력 형식으로 사용되고 있다. 또한, 프로그램의 설정 파일 형식으로도 많이 사용되고 있다. JSON으로 데이터를 기술하는 방법은 다음과 같다.

JSON 형식에서 배열은 [n1, n2, n3, n4, ...]와 같이 표시한다. 객체이면 {key1:value1, key2:value2, key3:value3...}와 같이 나타낸다. 이를 조합하면 복잡한 데이터를 표현할 수 있다. 우선, 배열 데이터의 예다. 수치 데이터의 경우 숫자를 쉼표로 구분하여 기술하면 된다.

```
[31,20,55,90,34]
```

문자열 데이터는 따옴표("...")로 감싸서 기술한다.

```
["apple", "banana", "tomato"]
```

객체는 다음과 같이 기술한다. 자바스크립트의 객체 리터럴과의 차이점은 반드시 키를 따옴표로 감싸야 한다는 점이다.

```
{
  "id": 1004,
  "name": "Tomato",
  "price": 3400,
  "memo": "Fresh & sweet"
}
```

그리고 객체 속에 배열을 넣을 수 있고, 배열 속에 객체를 넣을 수 있다.

```
{
  "group": "vegetable",
  "items": [
    {"name":"Tomato", "price":300},
    {"name":"Banana", "price":170},
    {"name":"Apple", "price":210},
  ]
}
```

자바스크립트로 JSON을 다루는 것은 간단하다. JSON 형식의 데이터를 eval() 메소드로 평가하면 자바스크립트 객체로 다룰 수 있다. 하지만 보안 관점에서 JSON 데이터를 eval()로 평가하는 것은 권장되지 않는다. 대신 JSON.parse()라는 전용 메소드가 준비되어 있다. 여기서는 다음과 같이 과일의 이름과 가격을 담은 JSON 데이터를 준비했다.

File **src/ch04/03-data-format/test.json**

```
{
  "title": "Fruits Database",
```

```
  "version": 2.13,
  "items": [
    {"name":"Tomato", "price":300},
    {"name":"Banana", "price":170},
    {"name":"Apple", "price":210},
    {"name":"strawberry", "price":520},
    {"name":"persimmon", "price":490},
    {"name":"kiwi", "price":320}
  ]
}
```

이를 Node.js로 읽고, 과일 이름과 가격을 표시해 보자.

File **src/ch04/03-data-format/json-read.js**

```
// JSON 데이터 읽기 for Node.js
var fs = require('fs');

// JSON 파일 읽기
var json = fs.readFileSync("test.json", "utf-8");

// JS 객체로 변환
var obj = JSON.parse(json);

// 아이템 일람을 출력
var items = obj.items;
for (var i in items) {
  var item = items[i];
  var name = item.name;
  var price = item.price;
  console.log(name, price);
}
```

다음과 같이 입력하여 프로그램을 실행한다.

```
$ node json-read.js
Tomato 300
Banana 170
Apple 210
strawberry 520
persimmon 490
kiwi 320
```

```
[vagrant@localhost 03-data-format] $ node json-read.js
Tomato 300
Banana 170
Apple 210
strawberry 520
persimmon 490
kiwi 320
```

▲ JSON 데이터 읽기

마지막으로, 자바스크립트의 JSON 객체 사용법을 소개하겠다.

```
[서식] JSON을 다루는 법
// JSON 데이터를 자바스크립트 객체로 변환
var obj = JSON.parse(text);

// 자바스크립트 객체를 JSON 데이터로 변환
var text = JSON.stringify(obj);
```

이처럼 자바스크립트로 JSON 데이터를 다루는 것은 매우 간단하다. 자바스크립트의 객체와 1:1 구조이므로 다른 고민을 하지 않아도 된다.

JSON의 개량판, JSON5 형식

앞 절에서 소개한 대로 JSON은 자바스크립트에서 다루기 매우 편리한 데이터 형식이다. 하지만 단점도 존재한다. 다음과 같은 것들이 단점으로 많이 거론된다.

- 데이터 안에 주석을 입력할 수 없다.
- 객체의 키를 따옴표로 감싸야 한다.
- 데이터 끝에 쉼표를 쓰면 파싱 에러가 발생한다.

이러한 결점을 개선한 것이 JSON5 형식이다. 기본적으로는 JSON과 같지만, 다음과 같이 기술할 수 있다.

```
// "JSON5의 데이터 기술 예"
// 이렇게 주석을 사용할 수 있다
{
  // 키 값을 따옴표로 감싸지 않아도 된다
  key: "value",
```

```
  // 복수행의 문자열은 \로 구분하여 표기 가능
  multi_line: "This is a pen.\
This is a eraser.\
This is a bookmark.",

  /*
   * 이렇게 주석의 범위를 표시할 수도 있다.
   */
  // 16진수도 기술 가능
  hex_data_sample: 0xC0FFEE,

  // 소수점의 0을 생략 가능
  half_sample: .5,

  // 명시적으로 +/-을 기술 가능
  delta: +94,

  // Inifinity나 NaN도 기술 가능
  value_a: Infinity,
  value_b: NaN,

  // 배열 마지막 요소에 쉼표가 있어도 OK
  items: [
    "hoge",
    "bar",
    "foo", // <--- 배열 마지막 요소의 쉼표!
  ], // <---
}
```

이렇게 기술한 JSON5 데이터를 JSON과 거의 동일하게 자바스크립트 객체로 변환할 수 있다.

JSON5를 다루는 모듈을 npm으로 설치한다.

```
$ npm install json5
```

라이브러리를 설치하면 다음과 같이 Node.js로 JSON5 데이터를 다룰 수 있다. JSON을 다룰 때와 매우 유사하다.

```
// 모듈 로드
var JSON5 = require('json5');

// JSON5 이용
var obj = JSON5.parse('[1,2,3,]');
var str = JSON5.stringify(obj);
```

CSON 형식

JSON 형식이 자바스크립트 객체를 기반으로 하는 데이터 형식이라면 CSON 형식은 커피스크립트(CoffeeScript) 객체를 기반으로 하는 데이터 형식이다. 커피스크립트는 자바스크립트로 변환되어 실행되므로 자바스크립트의 자식과도 같은 것이다. 따라서 CSON은 JSON을 더 간단하게 한 것이라 말할 수 있다. 다음의 구체적인 예를 살펴보면 앞서 소개한 JSON5보다 더 간결하게 고안된 것임을 알 수 있을 것이다.

```
{
  # 배열
  items: [
    'banana'
    'tomato'
    'kiwi'
  ]

  # 객체
  dog:
    name: 'taro'
    age: 30

  # 복수행의 텍스트 데이터도 표현 가능
  memo: '''
    His name is Taro.
    Taro is 4 years old.
    He is my friend.
    '''
}
```

CSON을 다루기 위한 라이브러리가 공개되어 있어 npm을 사용하여 설치할 수 있다.

```
$ npm install cson
```

JSON 객체와 동일한 이름의 메소드가 정의되어 있다.

```
// 모듈 로드
var CSON = require('cson');

// CSON 이용
var obj = CSON.parse( cson_str );
var str = CSON.stringify(obj);
```

그러면 CSON 데이터를 읽는 프로그램을 작성해 보자. 앞서 사용한 JSON 데이터와 동일한 데이터의 CSON 파일을 준비하였다.

File src/ch04/03-data-format/test.cson

```
title: "Fruits Database"
version: 2.13
items: [
  {
    name: "Tomato"
    price: 300
  }
  {
    name: "Banana"
    price: 170
  }
  {
    name: "Apple"
    price: 210
  }
  {
    name: "strawberry"
    price: 520
  }
  {
    name: "persimmon"
    price: 490
  }
  {
    name: "kiwi"
    price: 320
  }
]
```

다음은 CSON을 읽어 내용을 출력하는 프로그램이다.

File src/ch04/03-data-format/cson-read.js

```
// CSON 데이터 읽기 for Node.js
var CSON = require('cson');
var fs = require('fs');

// CSON 파일 읽기
var cson = fs.readFileSync('test.cson', 'utf-8');

// CSON을 JS 객체로 파싱
var obj = CSON.parse(cson);
```

```
// 내용을 출력
for (var i in obj.items) {
  var it = obj.items[i];
  console.log(it.name, it.price);
}
// JS 객체를 CSON으로 변환
var cson_out = CSON.stringify(obj);
console.log(cson_out);
```

다음 명령어를 입력하여 프로그램을 실행시킨다.

```
$ node read-cson.js
```

CSON을 설치하면 JSON에서 CSON으로 변환하거나 CSON에서 JSON으로 변환할 수 있는 명령어를 커맨드 라인에서도 사용할 수 있게 된다. 예를 들면, 우리가 사용한 CSON 데이터 파일 test.cson을 JSON으로 변환하기 위해 커맨드 라인에서 다음과 같이 명령어를 입력하면 된다.

```
$ cson2json test.cson > output.json
```

XML/RSS 형식

XML과 RSS에 관해서는 2장에서 다뤘지만, 여기서는 다른 각도에서 다시 살펴보려 한다. 2장에서 다루었듯이 XML 형식은 이진 데이터가 아니라 텍스트 데이터다. 따라서 텍스트 에디터를 사용하여 편집할 수 있다. 태그를 사용해서 데이터를 구조적으로 마크업할 수 있으며, 태그 안에 태그를 두는 계층 구조가 가능하다. 다음은 XML의 기본 구조다.

```
<요소 이름 속성="속성 값">내용</요소 이름>
```

데이터의 내용을 임의의 <요소> 태그로 표현한다. 여기서 요소의 이름은 원하는 이름으로 지정할 수 있다. 또한, 하나의 요소에 속성을 사용하여 복수개의 값을 지정할 수 있다.

```
<상품 id="S001" 가격="4500">SD카드</상품>
```

그리고 요소들을 묶어 그룹화할 수 있고, 계층화할 수 있다.

```
<상품그룹 type="전자 기기">
  <상품 id="S001"가격="4500">SD카드</상품>
  <상품 id="S002"값="3200">마우스</상품>
</상품그룹>
```

이러한 XML 형식의 데이터를 다루기 위해서 2장에서는 XML을 자바스크립트 객체로 변환하는 xml2js라는 모듈을 사용했었다. 이번에는 cheerio 모듈을 사용해 볼 건데 자바스크립트 라이브러리로 유명한 jQuery와 비슷한 방식으로 요소에 접근할 수 있다.

뉴스 RSS 파싱

여기서는 iMBC에서 공개하고 있는 뉴스 RSS를 읽어들이는 프로그램을 만들어 보겠다.

```
iMBC RSS 서비스
http://imnews.imbc.com/rss/

전체 뉴스 RSS
http://imnews.imbc.com/rss/news/news_00.xml
```

위 URL의 XML 파일을 로컬에 저장한다. 'news_00.xml'이라는 이름을 그대로 저장한다. 그리고 이번 프로그램에서 사용할 'cheerio' 모듈을 설치한다. 커맨드 라인에서 다음 명령을 입력하여 설치한다.

```
$ npm install cheerio
```

이번 프로그램에서는 RSS 파일을 읽어서 뉴스 타이틀과 내용을 출력할 것이다. 다음이 프로그램의 코드다.

File src/ch04/03-data-format/xml-read.js

```
// 뉴스 RSS 읽기 for Node.js

// 모듈 로드
var fs = require('fs');
var cheerio = require('cheerio');

// XML 파일 읽기 ──── ※1
var xml = fs.readFileSync("news_00.xml", "utf-8");

// XML 파일 파싱 ──── ※2
$ = cheerio.load(xml, {xmlMode: true});

// 각 뉴스 아이템 순회 ──── ※3
$("item").each(function(i, el){
  // 타이틀과 설명을 취득하여 출력 ──── ※4
  var title = $(this).children('title').text();
  var desc = $(this).children('description').text();
  console.log(title);
  console.log(desc);
  console.log("-------------------------");
});
```

프로그램을 실행하려면 다음 명령어를 입력한다.

```
$ node xml-read.js
```

```
$ node read-xml.js
 40m 크레인 '쾅' 인천~부천 전철 차질, 퇴근길 '감옥'

대형 크레인이 선로를 덮쳐 경인국철(서울지하철 1호선) 인천~부천역 구간의 열차 운행이 중단되면서 16일 퇴근길 시민이 큰 불편을 겪었습니다. 퇴근 시간 서울역과 강남역의 인천행 ...

-------------------------
 [프로야구] KIA, 한화에 역전승 '전날 패배 설욕'

KIA 타이거즈가 한화 이글스에 극적인 역전승을 거두며 전날 패배를 설욕했다. KIA는 16일 광주-KIA 챔피언스필드에서 열린 2015 타이어뱅크 KBO리그 홈 경기에서 4-3으...

-------------------------
 [프로야구] 우규민 '7이닝 무실점' LG, 넥센 제압

LG 트윈스가 우규민의 7이닝 무실점 호투에 힘입어 넥센 히어로즈를 꺾고 2연승을 달렸다. LG는 16일 서울 목동구장에서 열린 프로야구 2015 타이어뱅크 KBO리그 방문경기에서...

-------------------------
 심야에 우산으로 가린 채 상가털이 6명 검거

부산 기장경찰서는 밤늦은 시간에 상습적으로 식당에 침입해 금품을 털어온 혐의로 19살 이모 군 등 6명을 불구속 입건했습니다. 이 군 등은 지난 6월 29일부터 한달 간 부산 기장...
```

▲ iMBC 뉴스 RSS를 파싱하여 출력

cheerio 모듈을 사용하면 특정 CSS 선택자에 부합하는 요소를 쉽게 꺼낼 수 있다. 우선, 포인트가 되는 것은 cheerio 모듈에 XML을 로드하는 부분이다. 이번에는 웹사이트가 아니라

파일이므로 프로그램의 ※1에서 fs.readFileSync() 메소드로 텍스트 데이터를 읽어서 ※2의 cheerio.load() 메소드로 XML을 로드하고 있다. 파싱이 완료되면 ※3과 같이 $("선택자")로 임의의 요소에 접근할 수 있다.

여기서는 <item> 태그의 일람을 취득하여 each() 메소드를 사용하여 각 <item> 태그를 처리하고 있다. ※4에서처럼 each() 메소드 안에서는 각 요소를 this나 콜백 인자 el을 통해 접근할 수 있다. 그리고 $(this). children("선택자")로 그 하위 요소에 접근할 수 있다.

YAML 형식

YAML은 들여쓰기를 사용하여 계층 구조를 표현하는 것이 특징인 데이터 형식이다. 텍스트 데이터이므로 텍스트 에디터를 사용하여 편집할 수 있다. XML보다 간단하고, 앞서 설명한 JSON과 다소 비슷하다. 들여쓰기로 계층 구조를 기술하지만, 탭은 사용할 수 없고 오직 스페이스만 사용할 수 있다.

YAML의 기본은 배열, 해시, 스칼라(문자열·수치, boolean 등)이다. 배열을 표현하기 위해서는 행 첫머리에 하이픈(-)을 붙인다. 하이픈의 뒤에는 스페이스가 필요하다.

```
- banana
- kiwi
- mango
```

이때 스페이스로 들여쓰기하면 배열 속의 배열을 표현할 수 있다. 다만 들여쓰기 직전에 다음과 같이 빈 요소를 넣어 준다.

```
- Yellow
-
  - Banana
  - Orange
- Red
-
  - Apple
  - Strawberry
```

다음으로, YAML의 해시(hash)는 자바스크립트의 객체에 해당하는 것이다. '키:값' 형식으로 기술한다.

```
name: Taro
age: 4
color: brown
```

여기서도 들여쓰기로 계층 구조를 표현할 수 있다.

```
name: Taro
property:
  age: 4
  color: brown
```

배열과 해시를 조합하여 복잡한 데이터를 표현할 수 있다.

```
- name: Taro
  color: brown
  age: 4
  favorites:
    - Banana
    - Miso soup
- name: Mike
  color: white
  age: 8
  favorites:
    - Orange
    - Candy
- name: Kuro
  color: black
  age: 3
  favorites:
    - Banana
    - Mango
```

게다가 YAML에는 flow style이 마련되어 있어 이를 이용하면 JSON과 마찬가지로 배열을 [n1, n2, n3...]로 표현하고, 해시를 {key1:value1, key2:value2 ...}처럼 표현할 수 있다. 다만, 쉼표(,)나 콜론(:) 후에는 공백을 넣어야 한다.

```
- name: Taro
  favorites: ["Banana", "Miso soup"]
- name: Mike
  favorites: ["Orange", "Candy"]
```

```
- name: Kuro
  favorites: ["Banana", "Mango"]
```

YAML에는 주석을 넣을 수 있다. 주석은 #으로 시작한다.

```
# YAML에 주석을 달 수 있다.
# 열대 과일이 좋다.
- Banana
- Mango
```

또한, 복수행의 문자열을 지정할 수도 있다.

```
multi-line: |
  I like Banana.
  I like Mango.
  I like Orange.
```

그리고 YAML에서는 앵커와 에일리어싱을 사용할 수 있다. 예를 들어, &name과 같이 값을 정의하면 *name으로 참조할 수 있다. &name이 앵커이고 *name이 에일리어스다.

다음, YAML 데이터의 예를 살펴보자. 먼저, 색을 정의하고 이후 정의한 색을 참조하고 있다.

```
# 색 정의
color_define:
  - &color1 #FF0000
  - &color2 #00FF00
  - &color3 #00FFFF

# 색 설정을 기술
frame_color:
  title: *color1
  logo: *color2
```

```
article_color:
  title: *color2
  back: *color3
```

예를 들면, 위 'frame_color.title'은 앵커 'color1'을 참조해서 실제로는 '#FF0000'을 지정하는 것과 같다. 값의 의미를 파악하기 쉽고 재활용할 수 있어 매우 편리한 구조다.

Node.js로 YAML 형식 다루기

그러면 자바스크립트로 YAML 데이터를 다루어 보자. 역시 npm으로 YAML을 다루는 모듈을 설치한다.

```
$ npm install js-yaml
```

샘플 YAML 데이터는 다음과 같다. 앵커와 에일리어스의 기능을 사용하여 과일의 가격을 동전 개수로 지정하였다.

File src/ch04/03-data-format/test.yml

```
title: Fruits Database
version: 3.2
price-define:
  - &one-coin 100
  - &two-coin 200
  - &three-coin 300
items:
  - name: Tomato
    price: *three-coin
  - name: Banana
    price: *two-coin
  - name: Apple
    price: *two-coin
  - name: Kiwi
    price: *three-coin
```

다음은 샘플 데이터를 읽고 과일과 가격을 표시하는 프로그램이다.

File src/ch04/03-data-format/yaml-read.js

```
// YAML 데이터 읽기 for Node.js
var yaml = require('js-yaml');
var fs = require('fs');

// YAML 데이터 읽기
var txt = fs.readFileSync('test.yml', 'utf-8');

// 자바스크립트 객체로 변환
var obj = yaml.safeLoad(txt);

// 과일 가격 표시
for (var i in obj.items) {
  var it = obj.items[i];
  console.log(it.name, it.price);
}
```

프로그램을 실행하려면 다음 명령어를 입력한다.

```
$ node yaml-read.js
```

```
[vagrant@localhost 03-data-format]$ node yaml-read.js
Tomato 300
Banana 200
Apple 200
Kiwi 300
[vagrant@localhost 03-data-format]$
```

▲ YAML 데이터 읽는 프로그램

프로그램 자체에 그리 어려운 부분은 없다. YAML 데이터를 파싱하기 위해 js-yaml 모듈의 safeLoad() 메소드를 사용했다. js-yaml 모듈에는 load() 메소드도 있지만, 안전하게 데이터를 가져오려면 safeLoad() 메소드를 사용할 것이 권장되고 있다.

INI 파일 형식

INI 파일 형식이 웹에 배포되는 경우는 많지 않지만, 지금도 설정 파일을 기술하는 데 자주 쓰인다. 이 형식은 단순한 텍스트 파일 형식이며, 한때는 설정 파일의 표준이라는 이야기도 있었다. 주로 윈도우에서 사용되고 있지만, PHP의 설정 파일 등에도 INI 파일 형식이 쓰인다.

기본적인 구조는 다음과 같이 단순하다. 설정 이름과 실제 값이 'name=value' 형식으로 기술된다.

```
name1=value1
name2=value2
name3=value3
```

아울러 각 설정 값을 분류하기 위한 섹션이 있다. 섹션은 [섹션 이름]과 같이 기술한다.

```
[section1]
name1=value1
name2=value2

[section2]
name3=value3
name4=value4
```

그리고 세미콜론(;)으로 주석을 달 수도 있다. 이처럼 아주 간단한 형식 덕분에 널리 사용되고 있다.

Node.js로 INI 파일을 다루는 방법

Node.js에서 INI 파일을 다루기 위해서는 npm으로 ini 모듈을 설치한다.

```
$ npm install ini
```

JSON 객체와 비슷하게 INI 데이터를 자바스크립트 객체로 변환하는 ini.parse() 메소드와 자바스크립트 객체를 ini 데이터로 변환하는 ini.stringify() 메소드가 준비되어 있다. 실제 데이터와 예제 프로그램을 통해 살펴보자. 샘플 데이터는 다음과 같다.

File src/ch04/03-data-format/test.ini

```
; Fruits Database
; version 1.2

[Banana]
price=300
color=yellow

[Apple]
```

```
price=300
color=red

[Mango]
price=320
color=yellow

[Strawberry]
price=430
color=red
```

그리고 앞의 INI 파일을 읽는 프로그램은 다음과 같다.

File src/ch04/03-data-format/ini-read.js

```
// INI 파일 읽기 for Node.js

var fs  = require('fs'),
    ini = require('ini');

// 여기서는 INI 파일을 UTF-8으로 가정하고 읽는다
var txt = fs.readFileSync('test.ini', 'utf-8');

// JS 오브젝트로 변환
var obj = ini.parse(txt);

// 내용 표시
for (var name in obj) {
  var it = obj[name];
  console.log(name, it.price, it.color);
}
```

프로그램을 실행하려면 다음 명령을 입력한다.

```
$ node ini-read.js
```

```
dongkyu — bash — 56×10
[centos 03-data-format]node ini-read.js
Banana 300 yellow
Apple 300 red
Mango 320 yellow
Strawberry 430 red
[centos 03-data-format]
```

▲ INI파일을 읽는 프로그램

위 프로그램을 보면 알 수 있듯이 INI 파일의 섹션이 자바스크립트 객체의 키에 매핑된다. 예를 들면, 다음과 같은 INI 파일을 연다고 하자.

```
[section1]
name1=value1
name2=value2
[section2]
name3=value3
```

그러면 다음과 같은 JS 객체로 매핑된다.

```
{
  "section1":{
    "name1":"value1"
    "name2":"value2"
  },
  "section2":{
    "name3":"value3"
  }
}
```

CSV/TSV 파일 형식

웹에 공개된 데이터에서 XML 이상으로 많이 사용되는 형식이 바로 CSV/TSV 파일 형식이다. 그 이유는 포맷이 매우 단순하고 많은 사람들이 엑셀을 사용하며, 많은 데이터베이스에서 CSV(Comma-Separated Values) 형식의 변환을 지원하기 때문이다. CSV 데이터는 쉼표 구분 데이터라고도 불린다. 그것은 각 필드가 쉼표로 구분이 되는 데이터이기 때문이다. CSV 파일은 텍스트 파일이므로 텍스트 에디터로 쉽게 편집할 수 있다.

다양한 스프레드시트와 주소록, 데이터베이스가 데이터 교환용 포맷으로 CSV 형식을 지원한다. 그렇지만 CSV 파일의 구현은 애플리케이션마다 약간의 차이가 있는데 이로 인해 데이터가 깨지는 사태도 발생한다. CSV의 사양을 규정한 RFC 4180도 있다. 유사 포맷으로 쉼표가 아닌 탭으로 필드를 분할한 TSV(Tab-Separated Values)와 공백문자로 필드를 구분한 SSV(Space-Separated Values)도 많이 사용되고 있다.

그러면 CSV 파일의 구조를 살펴보자. CSV 파일은 하나 이상의 레코드를 가진다. 각 레코드는 개행(CRLF, 즉 U+000D U+000A)으로 구분된다.

```
레코드 1
레코드 2
레코드 3
...
```

레코드는 쉼표(,)로 구분되는 하나 이상의 필드로 구성되며, 모든 레코드는 동일한 필드 수를 가진다. 그리고 파일의 선두 레코드는 헤더일 수 있다.

```
ID, 상품명, 가격
1000, 비누, 300
1001, 장갑, 150
1002, 마스크, 230
```

각 필드는 다음과 같이 큰따옴표("...")로 둘러싸여 있어도 된다(그렇지 않아도 된다).

```
"1000","비누","300"
"1001","장갑","150"
"1002","마스크","230
```

	A	B	C	D
1	1000	비누	300	
2	1001	장갑	150	
3	1002	마스크	230	
4				

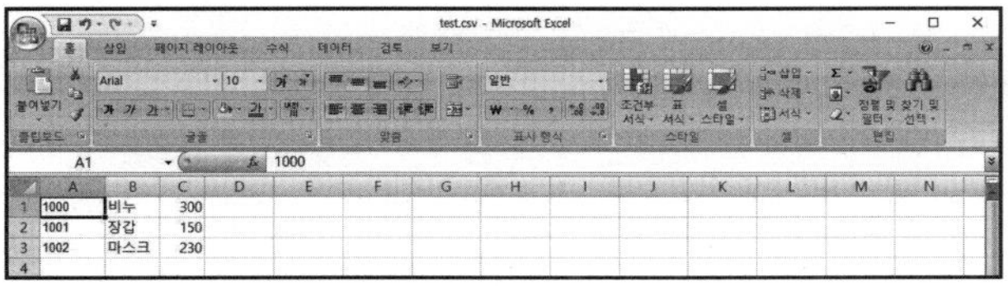

▲ **엑셀에서 CSV 파일을 연 화면**

다만, 필드 안에 큰따옴표나 쉼표, 개행을 포함하는 경우에는 반드시 큰따옴표로 감싸야 한다. 이때 필드 안에 큰따옴표를 사용할 경우에는 이중으로 표시한다. 예를 들면, "aa""bb"처럼 쓴다.

```
"상품 번호","상품명","금액"
"1101","특별 서비스
비누 반값","150"
"1102","언제보다 세 배 ""맛있는"" 물","300"
```

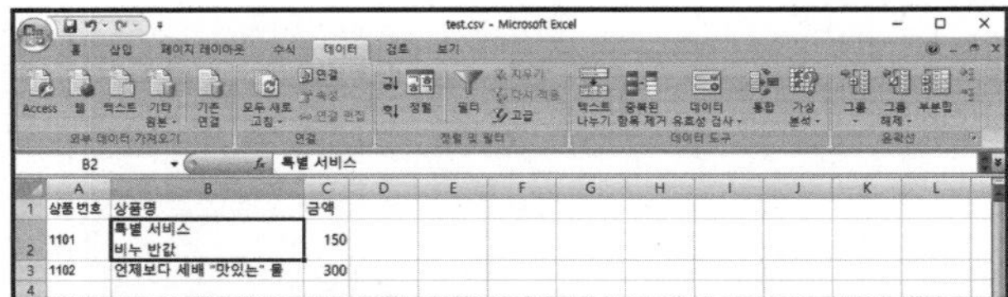

▲ CSV 파일을 엑셀로 연 화면

Node.js로 CSV 파일을 다루는 방법

그러면 Node.js로 CSV 파일을 다루는 방법을 알아보자. 여기서는 EUC-KR로 인코딩된 경우를 고려하여 UTF-8로 변환하는 코드를 넣을 것이다. CSV 파일을 다루는 csv 모듈과 문자 코드를 변환하는 iconv 모듈이 필요하다.

```
$ npm install comma-separated-values
$ npm install iconv
```

다음과 같은 데이터를 'test.csv'라는 이름으로 EUC-KR로 저장한다.

```
상품명, 가격, 설명
바나나, 180, 고급 바나나
딸기, 450, 맛있는 딸기
파인애플, 390, 단맛이 강한 파인애플
귤(한 상자), 1200, 당도 높은 귤
```

다음이 test.csv를 읽는 프로그램이다.

File src/ch04/03-data-format/csv-read.js

```
// CSV 파일 읽기 for Node.js

var fs = require('fs');
var CSV = require('comma-separated-values');
var Iconv = require('iconv').Iconv;

// EUC-KR을 UTF-8으로 변환하는 객체 생성 ——— ※1
var iconv = new Iconv('EUC-KR', 'UTF-8');
// 파일 읽기
var buf = fs.readFileSync("test.csv");
```

```
var txt = iconv.convert(buf).toString("utf-8");

// CSV 파일 파싱 ——※2
var csv = new CSV(txt, {header:false});
var records = csv.parse();

// 첫 행은 헤더이므로 skip ——※3
records.shift();

// 결과 출력 ——※4
for (var i = 0; i < records.length; i++) {
  var fs = records[i];
  var name = fs[0];
  var price = fs[1];
  var memo = fs[2];
  console.log(name, price, memo);
}
```

프로그램을 실행하려면 다음 명령을 입력한다.

```
$ node csv-read.js
```

```
[vagrant@localhost 03-data-format]$ node csv-read.js
바나나 180 고급 바나나
딸기 450 맛있는 딸기
파인애플 390 단맛이 강한 파이앤플
귤(한 상자) 1200 당도 높은 귤
[vagrant@localhost 03-data-format]$
```

▲ CSV 파일을 읽는 Node.js 프로그램

먼저, 프로그램의 흐름을 파악해 보자. 우선, ※1에서 CSV 파일의 내용을 메모리로 읽는다. CSV 파일의 문자 코드가 EUC-KR일 때를 가정하여 문자 코드 변환을 수행한다. 이어 ※2에서 CSV 파일의 파싱을 실시한다. 파싱 결과는 2차원 배열로 반환된다. ※3에서는 배열의 첫 줄(헤더)을 넘어간다. 그리고 ※4에서 결과를 콘솔에 출력한다.

몇 가지 더 짚고 넘어가겠다. ※1에서는 EUC-KR로 저장된 파일을 읽기 위해 iconv 모듈을 사용하여 UTF-8로 변환했다. 그리고 comma-separated-values 모듈의 객체를 생성할 때 옵션을 지정할 수 있다. 여기서는 {header:false}라는 옵션을 지정하고 있다. 이 옵션을 지정하면 결과를 2차원 배열로 반환한다. 만약 {header:true} 옵션을 지정하면 객체의 배열을 반환하게 된다.

```
var CSV=require('comma-separated-values');
//
var txt="...";// CSV 텍스트 데이터
//
var csv=new CSV(txt,{header:false});
var records=csv.parse();
```

프로그램을 조금 수정하여 header 옵션에 따른 차이점을 확인해 보자.

File src/ch04/03-data-format/csv-read2.js

```
// CSV 파일 읽기 for Node.js

var fs = require('fs');
var CSV = require('comma-separated-values');

// CSV 데이터
var txt = "id,name,price\r\n" +
  "1001,Banana,300\r\n" +
  "1002,Apple,230\r\n";

// CSV 파일 파싱
var csv = new CSV(txt, {header:true});
var records = csv.parse();

// 콘솔 출력
console.log(records);
```

프로그램을 실행하면 다음과 같이 출력된다. 2차원 배열이 아니라 객체의 배열이 반환되었음을 알 수 있다.

```
[
  { id: 1001, 'name': 'Banana', 'price': 300 },
  { id: 1002, 'name': 'Apple', 'price': 230 }
]
```

그 외의 형식

지금까지 소개한 데이터 형식 이외에 웹상에서 자주 보이는 형식으로 마이크로소프트의 워드/엑셀과 PDF가 있다. 각각 전용 프로그램을 사용하여 확인하는 경우가 많으므로 여기서는 다루지 않았다. 그러나 Node.js에는 엑셀을 읽는 officegen이나 PDF를 작성할 수 있는 PDFKit과 같은 모듈들이 있으니 참고하도록 한다.

이 절의 마무리

- 웹에 공개된 다양한 데이터 형식에 관해 알아봤다.
- 각각의 데이터 형식을 Node.js로 다루는 방법을 소개했다.

04

커피스크립트

최근 자바스크립트를 논할 때 피할 수 없는 주제가 바로 커피스크립트(CoffeeScript)다. 남과 차별화된 자바스크립트 개발자가 되기 위해서는 반드시 커피스크립트를 알아야 한다. 여기서는 그 기본이 되는 내용을 살펴볼 것이다.

주요 학습 내용	주요 도구와 라이브러리
• 커피스크립트란? • 커피스크립트 코드를 읽을 수 있게 되기	• CoffeeScript

왜 커피스크립트인가?

프로그래밍 실력을 키우기 위한 좋은 방법은 자신의 생각대로 프로그램을 바꿔 보는 것이다. 이 책에 나온 예제 프로그램들을 본인의 아이디어를 반영하여 새롭게 만들어 보는 것이 좋다. 그러기 위해서는 적지 않게 웹 검색을 하게 될 것이다.

지금까지 프로그램을 이리저리 바꿔 보며 인터넷을 검색해 본 독자라면 Node.js와 PhantomJS/CasperJS, Electron(구 atom-shell) 등의 키워드로 검색했을 때 자바스크립트와 비슷한 프로그래밍 언어가 있음을 알게 되었을 것이다. 그것이 바로 커피스크립트다.

이제는 많은 개발자가 커피스크립트를 사용하여 자바스크립트를 작성하고 있다. 커피스크립트는 실행할 때 자바스크립트로 변환되어 실행된다. 즉, 커피스크립트로 코드를 쓰면 결과적으로는 자바스크립트로 코드를 쓴 것이 된다. 게다가 커피스크립트는 자바스크립트보다 간결하고, 가독성이 뛰어나다. 자바스크립트와 비교해도 성능의 저하 없이 보다 짧은 코드로 프로그램을 작성할 수 있어 많은 개발자가 커피스크립트를 애용한다.

```
커피스크립트-(컴파일)->자바스크립트->(실행)
```

그런데 커피스크립트라고 하면 왠지 자바스크립트보다 어려울 것 같고, 새로운 언어를 배워야 한다는 부담감도 느낄지 모르겠다. 그러나 커피스크립트는 자바스크립트와 전혀 다른 동떨어진 언어가 아니다. 여기서는 코드를 보고 이해할 수 있을 정도를 목표로 커피스크립트의 기본을 소개하고자 한다. 자바스크립트와 많이 다르지 않으므로 크게 어렵지 않을 것이다.

커피스크립트 설치

커피스크립트는 npm을 이용하여 설치할 수 있다. 다음 명령을 실행하여 설치한다.

```
$ sudo npm install -g coffee-script
```

프로그램 실행 방법

간단한 프로그램을 만들어서 그 실행 방법을 확인해 보자. 다음은 1부터 10까지 더하는 프로그램이다.

File src/ch04/04-coffee/test-sum.coffee

```
v = 0
for i in [1..10]
  v += i
console.log(v)
```

실행하려면 다음 명령을 실행한다.

```
$ coffee test-sum.coffee
```

또한, 명시적으로 자바스크립트로 변환하려면 다음과 같이 옵션을 준다. 그러면 같은 디렉터리 안에 'test-sum.js'가 생성된다.

```
$ coffee -c test-sum.coffee
```

흥미롭게도 다음과 같은 자바스크립트로 컴파일되었다.

File src/ch04/04-coffee/test-sum.js

```
// Generated by CoffeeScript 1.9.2
(function() {
  var i, j, v;

  v = 0;

  for (i = j = 1; j <= 10; i = ++j) {
    v += i;
  }

  console.log(v)

}).call(this);
```

커피스크립트의 기본 문법

그러면 커피스크립트의 기본 문법을 확인하자. 우선, 문장 끝에 세미콜론(;)이 필요 없다.

```
console.log "Hello"
```

다만, 여러 문장을 하나의 행에 쓰고자 할 때는 세미콜론을 사용하여 글을 구분해야 한다.

```
console.log "Hello"; console.log "World"
```

위의 예를 보아도 알겠지만, 함수나 메소드의 인자를 지정할 때 괄호(...)가 필요 없다. 다음은 함수를 두 개 나란히 사용하는 예다.

```
console.log Math.floor 3.15
```

위의 기술은 다음과 같이 기술한 것과 같은 의미다. 그래서 결과로 3이 표시된다.

```
console.log( Math.floor(3.15) )
```

괄호는 쓰지 않아도 되지만, 인자의 대응 관계가 불분명하게 되는 경우에는 명시적으로 괄호로 감싸는 것이 좋다.

주석 처리

커피스크립트에서는 두 종류의 주석이 있다. 한 줄을 주석 처리하는 '#xxx' 형식과 여러 줄을 주석 처리하는 '###...###' 형식이다.

```
# 한 줄 주석 처리

###
여러 줄
주석 처리
###
```

한 줄 주석 처리는 컴파일 시에 삭제되고, 여러 줄 주석 처리는 생성된 자바스크립트에 그대로 남아 있게 된다. 따라서 파일의 선두에 라이선스 정보를 기재하고 싶은 경우에는 여러 줄 주석 처리를 사용하는 것이 좋다.

```
###
xx를 oo하는 프로그램
작성자:xxx(xxx@****. org)
Released under the MIT License
###
```

제어 구문은 들여쓰기로 레벨을 명시

커피스크립트에도 자바스크립트와 같이 if/switch/for/while 등의 제어 구문이 있다. 다만, 자바스크립트와 달리 들여쓰기로 블록을 표현한다.

File src/ch04/04-coffee/indent.coffee

```
name = "Joseph"
if name.length > 1
  console.log "Hello, #{name}!"
else
  console.log "empty name"
```

변수 선언

자바스크립트에서는 변수를 선언할 때 var 키워드를 사용해야 하는데 커피스크립트에서는 필요 없다. 값을 처음 할당한 곳에서 변수가 생성되고, 범위가 결정된다.

```
hoge = 30;
```

이를 자바스크립트로 컴파일하면 다음과 같다.

```
var hoge;
hoge = 30;
```

문자열

문자열 리터럴은 큰따옴표("...") 혹은 작은따옴표('...')로 감싸서 표현한다. 큰따옴표로 둘러싼 문자열에는 그 안에 변수를 넣을 수 있다.

File src/ch04/04-coffee/str.coffee

```
#변수 선언
name = "John"
age = 24
console.log "나는 #{name}이라고 합니다."
console.log "올해로 #{age}살입니다."
```

위의 프로그램을 실행하면 문자열 안의 '#{변수}'의 내용이 다음과 같이 표시된다.

```
$coffee str.coffee
나는 John이라고 합니다.
올해로 24살입니다.
```

여러 라인에 걸쳐 문자열을 정의하는 데 편리한 heredoc도 준비되어 있다. 안에서 변수를 사용할 수 있는 """..."""과 사용할 수 없는 '...' 두 종류가 있다.

File **src/ch04/04-coffee/str-hdoc.coffee**

```
eye = "눈"
message = """
  몸의 등불은 #{eye}이다.
    만약 #{eye}이 밝다면
      당신의 몸 전체도 밝을 것이다.
  """
console.log message
```

위 프로그램을 실행하면 다음과 같이 출력된다.

```
$coffee str-hdoc.coffee
몸의 등불은 눈이다.
  만약 눈이 밝다면
    당신의 몸 전체도 밝을 것이다.
```

위 결과를 보면 알 수 있듯이 heredoc의 각 라인 시작 부분의 공백이 적절히 처리되었다. 또한, 문자열 중의 #{변수명}에 변수의 값이 표시되었다.

참과 거짓

자바스크립트에서는 boolean 값으로 true와 false를 사용할 수 있었다. 커피스크립트에서는 이외에도 on과 off, yes와 no를 사용할 수 있다. 의미는 true, false와 같지만, 문맥에 따라 적절히 사용하면 프로그램의 가독성이 높아질 것이다.

배열

배열과 객체를 사용할 때 자바스크립트에서와 같이 배열은 [...], 객체는 {...}로 표현할 수 있다. 다만, 배열의 요소 구분자로 ','뿐만 아니라 개행도 사용할 수 있다. 또한, 마지막 요소가 쉼표로 끝나지 않아도 에러가 되지 않는다.

```
fruits=[
  "Orange"
  "Banana"
  "Apple"
]

info={
  id:"Ba32103"
  price:300
  origin:"Okinawa"
};

oslist=["윈도우","OS X","리눅스",]
```

YAML과 동일하게 계층적으로 들여 써서 중첩 객체를 표현할 수 있다.

File src/ch04/04-coffee/like-yaml.coffee

```
fruits =
  Orange:
    price: 200
    origin: "Shizuoka"
  Banana:
    price: 240
    origin: "Okinawa"
  Apple:
    price: 400
    origin: "Aomori"

console.log JSON.stringify fruits
```

JSON으로 표현하면 다음과 같이 된다.

```
{
  "Orange":{"price":200,"origin":"Shizuoka"},
  "Banana":{"price":240,"origin":"Okinawa"},
```

```
  "Apple":{"price":400,"origin":"Aomori"}
}
```

연산자

자바스크립트와 비슷하지만, 다음과 같은 연산자가 추가적으로 존재한다.

▼ 커피스크립트에서 사용할 수 있는 연산자

커피스크립트	자바스크립트	예
is	===	a is "hoge"
isnt	!==	a isnt "hoge"
not	!	not true
and	&&	a and b
or	||	a or b

여기서 조심해야 하는 점이 커피스크립트의 비교 연산자 ==가 자바스크립트의 ===로 변환된다는 점이다. 자바스크립트의 ===는 엄밀한 비교를 의미하여 변수의 값뿐만 아니라 타입도 일치해야 true가 된다. 커피스크립트도 대화식 인터프리터인 REPL이 준비되어 있으므로 REPL로 결과를 확인해 보자.

```
$ coffee
coffee> 3 == "3" # ——※1
false
coffee> 3 == 3
true
coffee> "0xFF" == 255 # ——※2
false
coffee> parseInt("0xFF") == 255
true
```

예를 들면, ※1에서 자바스크립트에서는 (3=="3")라고 적으면 true가 되는데 커피스크립트에서는 false다. 마찬가지로 자바스크립트에서("0xff"==255)는 true가 되지만, 커피스크립트에서는 false다.

범위 비교

자바스크립트에서는 '10<=x && x<=30'과 같이 기술하곤 한다. 이는 10 이상 30 이하를 뜻한다. 커피스크립트에서는 이를 '10<=x<=30'이라고 쓸 수 있다. 둘을 비교해 보면 커피스크립트가 훨씬 직감적으로 기술할 수 있음을 알 수 있다.

변수의 존재 체크

변수가 정의되었는지 여부를 조사하는 데 '?' 연산자를 사용할 수 있다. 이는 변수가 정의되었고 null이 아닌지 확인한다.

```
obj={name:"fuga", age:30}
console.log obj.name?     # 결과→ true
console.log obj.weight?   # 결과→ false
```

이 '?' 연산자를 사용하여 변수가 정의되지 않은 경우 기본 값을 할당할 수 있다.

```
value = sval ? 100
```

함수와 메소드를 호출하는 경우에도 존재 연산자를 사용할 수 있다. 예를 들어, 함수가 존재하는 경우에만 함수를 실행하거나 객체가 존재하는 경우에만 그 속성에 접근하는 경우다.

```
# 함수가 존재하면 실행
console.log func?()

# 객체 obj가 존재하는 경우만 price에 액세스
console.log obj?.price
```

커피스크립트에서는 '?'이 존재 연산자로 쓰이고 있어 자바스크립트에서처럼 조건 연산자로 사용할 수 없다.

연속하는 수치의 표현 — 범위 연산자 '..'

범위 연산자 'n..m'을 통해 수치 배열을 간편하게 생성할 수 있다. 예를 들어, 1부터 10의 값을 생성하는 경우에는 다음과 같이 기술할 수 있다.

```
range=[1..10];
```

또한, 범위 연산자에는 'n...m'(점이 세 개)도 있는데 이 경우 끝 값이 제외된다. 예를 들면, [1...10]이라고 쓴 경우 1부터 9까지의 값을 지정한 [1..9]와 같아진다.

제어 구문

다음으로, 커피스크립트의 제어 구문을 하나씩 확인해 보자. 커피스크립트의 제어 구문 블록은 들여쓰기로 표현한다.

if..else..

들여쓰기를 써서 조건 분기를 간단히 기술할 수 있다. If 구문은 다음과 같이 사용한다.

File src/ch04/04-coffee/if.coffee

```
age = 18
if age < 20
  console.log "소년"
else if age < 30
  console.log "청년"
else if age < 50
  console.log "중년"
else
   console.log "노년"
```

그리고 후치 형식의 if도 사용할 수 있다. 이 경우 조건식이 참일 때 앞서 기술한 문장이 실행된다.

File src/ch04/04-coffee/if2.coffee

```
x = 50
console.log "30" if x is 30
console.log "50" if x is 50
console.log "70" if x is 70
```

위 프로그램을 실행해 보자. x가 50이므로 if x is 50에 앞서 기술한 문장이 실행된다.

```
$ coffee if2.coffee
50
```

if..then..else

또한, 한 라인에서 if 구문을 사용할 때에는 if .. then .. else ..와 같이 then을 사용하여 자바스크립트의 삼항 연산자처럼 쓸 수 있다.

File src/ch04/04-coffee/if3.coffee

```
age = 12
price = if age > 12 then 500 else 250
console.log "#{age}살은, #{price}원입니다."
```

```
$coffee if3.coffee
12살은 250원입니다.
```

unless

if 구문은 조건식이 true일 때 블록을 실행하는 반면, unless 구문은 조건식이 false인 경우에 블록을 실행한다.

```
v = 20
unless v is 15
  console.log "#{v} != 15"
```

switch..when..else

식의 값에 따라 처리를 분기하는 것이 switch 구문이다. 자바스크립트의 switch와 다른 점은 case 대신 when을 사용하고, default 대신 else를 사용한다는 점이다. when에는 쉼표로 하나 이상의 값을 지정할 수 있다. 조건의 실행 블록을 빠져나가기 위한 break는 불필요하고, 다음 when에서 자동으로 빠져나간다.

File src/ch04/04-coffee/switch.coffee

```
star=5
switch star
  when 1
    console.log "저가 호텔"
  when 2
    console.log "조금 저렴한 호텔"
  when 3
    console.log "보통의 호텔"
  when 4
    console.log "좋은 호텔"
  when 5
    console.log "호화 호텔"
  else
    console.log "판정 불가능"
```

while/until

조건식이 true인 동안 반복해서 블록을 실행하는 것이 while 구문이다. 이에 반해 조건식이 false인 동안 반복하는 것이 until 구문이다.

File src/ch04/04-coffee/while.coffee

```
i = 1
while i <= 5
  console.log i
  i++

console.log "---"

until i < 0
  console.log i
  i--
```

```
$ coffee while.coffee
1
2
3
4
5
---
6
5
4
3
2
1
0
```

for..in/for..of

배열에서 값을 차례로 꺼내서 특정 처리를 반복하는 것이 for..in 구문이다. 그리고 객체에서 값을 차례로 꺼내서 반복 처리하는 것이 for..of 구문이다. 우선, 배열의 각 요소를 표시하는 for.. in 구문 사용 예를 살펴보자.

File src/ch04/04-coffee/for.coffee

```
fruits=["Banana","Mango","Apple","Orange"]
for name in fruits
  console.log "I like #{name}."
```

실행하면 다음과 같다.

```
$coffee for.coffee
I like Banana.
I like Mango.
I like Apple.
I like Orange.
```

자바스크립트의 for..in 구문에서는 반복자의 변수에 요소의 인덱스가 대입되는 데 반해 커피스크립트에서는 요소 자체가 대입되므로 편리하다. 요소의 인덱스 번호가 필요한 경우에는 'for value, index in 배열'과 같은 형식으로 기술하면 된다.

File src/ch04/04-coffee/for2.coffee

```
fruits=["Banana", "Mango", "Apple", "Orange"]
for name, index in fruits
  console.log "#{index}: #{name}"
```

프로그램을 실행해 보자.

```
$coffee for2.coffee
0: Banana
1: Mango
2: Apple
3: Orange
```

다음으로, 객체의 각 키, 값 요소에 대해 반복 처리를 하는 for..of 구문의 사용 예를 살펴보자.

File src/ch04/04-coffee/for_of.coffee

```
mail_info = {
  subject: "안녕하세요."
  from: "test@example.com"
  body: "오랜만입니다. 건강하시죠?"
}

for key, value of mail_info
  console.log "#{key}: #{value}"
```

프로그램을 실행해 보자.

```
$coffee for_of.coffee
subject: 안녕하세요.
from: test@example.com
body: 오랜만입니다. 건강하시죠?
```

함수 작성

함수는 다음 형식을 따른다. return을 기술할 필요 없이 마지막 식이 반환 값이 된다.

```
(인자 1, 인자 2, ...) -> 식
```

그러면 간단하게 곱셈을 실시하는 함수를 정의해 보겠다. 다음을 실행하면 2×3으로 6이 표시된다.

File src/ch04/04-coffee/func.coffee

```
multiply=(a, b)->
  a * b

console.log multiply 2, 3
```

이어서 제곱을 계산하는 ×2와 네제곱을 계산하는 ×4라는 함수다.

File src/ch04/04-coffee/func2.coffee

```
x2=(num)->num*num
x4=(num)->num*num*num*num

console.log( x2(3) + x4(2) )
```

3의 제곱인 9와 2의 네제곱인 16을 더하여 25가 출력된다. 그런데 인자가 없는 함수인 프로시저를 작성하는 경우에는 (인자) 부분을 생략할 수 있다. 그러나 함수를 호출할 때는 함수 이름 뒤에 ()가 필요하다. 또한, 반환 값이 없는 경우에는 return문만을 기술하면 된다.

```
# 인자가 없는 함수를 정의
func = ->
  console.log"hello"
  #반환 값이 없는 함수
  return

# 인자가 없는 함수를 호출
func()
```

인자의 기본값

함수를 정의할 때 인자의 기본 값을 지정할 수 있다.

File src/ch04/04-coffee/func-def.coffee

```
# 문자열을 delimiter로 나눠서 반환
splitStr = (str, delimiter = ",") ->
  str.split(delimiter)

# delimiter를 생략
s1 = "1,2,3"
console.log splitStr(s1)

# 명시적으로 delimiter 지정
s2 = "a:b:c"
console.log splitStr(s2, ":")
```

```
$coffee func-def.coffee
[ '1','2','3' ]
[ 'a','b','c' ]
```

가변 길이 인자

함수를 정의할 때 인자의 끝에 '...'를 기술하면 가변 인자를 지정할 수 있다. 가변 길이 인자는 배열의 형태로 취급된다.

File src/ch04/04-coffee/func-va.coffee

```
sum = (args...) ->
  total = 0
  for arg in args
    total += arg
  total

console.log sum 1,2,3
console.log sum 3,4,5
```

위 프로그램을 실행해 보자.

```
$coffee func-va.coffee
6
12
```

무명 함수(익명 함수)

무명 함수도 마찬가지로 '(인자)->'의 형식으로 기술할 수 있다. 다음은 정기적으로 콜백 함수를 실행하는 setInterval() 함수의 사용 예다. 1초마다 무명 함수의 형태로 지정한 콜백 함수가 실행된다.

File src/ch04/04-coffee/func-nameless.coffee

```
counter = 5
setInterval ->
  console.log counter
  counter--
  if counter is 0
    process.exit()
,1000
```

실행하면 1초에 한 번씩 숫자가 출력된다.

```
$coffee func-nameless.coffee
5
4
3
2
1
```

객체지향

자바스크립트도 객체지향 언어이지만, 프로토타입 기반이라 약간 낯설다. 커피스크립트에서는 일반적인 객체지향 언어처럼 클래스를 정의할 수 있다. 이것은 커피스크립트의 큰 장점 중 하나다.

클래스 정의

클래스를 정의하는 예를 살펴보자. Animal 클래스를 정의하고, 인스턴스를 만들어 보겠다. 클래스의 메소드 정의에서 프로퍼티를 참조하고 싶은 경우에는 '@변수명'과 같이 기술한다.

File src/ch04/04-coffee/class.coffee

```
# Animal 클래스 정의
class Animal
  # 프로퍼티 정의
  atype: "Animal"

  # 생성자 정의
  constructor: (@name) ->
    # name 프로퍼티는 자동으로 생성

  # 메소드 정의
  print: ->
    console.log "이름은 #{@name}, 종류는 #{@atype}입니다."

# 인스턴스 생성
taro = new Animal "Taro"
taro.print()
```

```
$ coffee class.coffee
이름은 Taro, 종류는 Animal입니다.
```

상속

그러면 Animal을 상속받는 Dog 클래스, Cat 클래스를 정의해 보자.

File src/ch04/04-coffee/class2.coffee

```
# Animal 클래스 정의
class Animal
  # 프로퍼티 정의
  atype: "Animal"

  # 생성자 정의
  constructor: (@name) ->
    #name프로퍼티는 자동으로 생성

  # 메소드 정의
  print: ->
    console.log "이름은 #{@name}, 종류는 #{@atype}입니다."

class Dog extends Animal
  atype: "Dog"
  print: ->
    console.log "멍멍"
```

```
    super()

class Cat extends Animal
  atype: "Cat"
  print: ->
    console.log "야옹"
    super()

# 인스턴스 생성
jiro = new Dog "Jiro"
jiro.print()

mike = new Cat "Mike"
mike.print()
```

위 프로그램을 실행해 보자.

```
$coffee class2.coffee
멍멍
이름은 Jiro, 종류는 Dog입니다.
야옹
이름은 Mike, 종류는 Cat입니다.
```

정적 멤버

정적인 클래스 메소드나 속성을 정의하려면 '@속성'처럼 이름 앞에 '@'을 기술한다.

File src/ch04/04-coffee/class-static.coffee

```
class Calc
  # 정적 프로퍼티
  @pi: 3.1415
  # 정적 메소드
  @mul: (a, b) -> a * b
  @div: (a, b) -> a / d
  @mod: (a, b) -> a % b

console.log Calc.pi
console.log Calc.mul 2,3
```

이 프로그램을 실행해 보자.

```
$coffee class-static.coffee
3.1415
6
```

멤버를 동적으로 추가

커피스크립트에서는 기존 클래스에 동적으로 멤버를 추가할 수 있다. '클래스 이름::멤버=값'과 같이 추가하면 된다.

```
Animal::food = "Pet food"
```

참고로, 커피스크립트의 '@'는 자기 자신을 의미하는 키워드이며, 자바스크립트의 this와 같다.

이 절의 마무리

- 이 절에서는 커피스크립트의 기본적인 구문을 두루 소개했다.
- 커피스크립트는 최종적으로 자바스크립트로 변환된다. 따라서 다소 의미를 파악하기 어려운 코드는 자바스크립트로 변환하여 확인할 수 있다.
- 커피스크립트가 높게 평가되는 이유 중 하나는 컴파일 후의 소스 코드가 보기 쉽다는 점이다.
- 커피스크립트를 통해 오히려 자바스크립트 문법의 이해를 넓힐 수도 있다.

05

데이터베이스 사용법

3절에서는 여러 데이터 형식에 관해 살펴봤었다. 여기서는 데이터베이스를 다뤄 보고자 한다. 자바스크립트에서 사용할 수 있는 데이터베이스에는 어떤 것이 있을까?

주요 학습 내용	주요 도구와 라이브러리
• 데이터베이스에 관하여 • 데이터베이스의 사용법	• Node.js • SQLite(관계형 데이터베이스) • LevelDB(Key-Value형 데이터베이스)

왜 데이터베이스를 사용하는가?

모든 일은 전문가에게 맡기는 것이 좋다. 데이터를 저장하는 데에도 전용 프로그램을 사용하는 것이 가장 좋다. 웹에서 각종 데이터를 다운로드한 시점에서 잘 정리하여 저장하고 싶을 때는 데이터베이스를 사용하는 것이 가장 좋다.

관계형 데이터 모델과 NoSQL

현재의 주류는 관계형 데이터 모델을 채용한 데이터베이스다. 이러한 데이터베이스는 데이터를 복수의 표로 관리하고, 표 간에는 관계(relation)라 불리는 구조로 상호 연결할 수 있다. 많은 관계 데이터베이스에서 SQL이라 불리는 질의 언어를 통해 데이터베이스를 조작하고 검색할 수 있다. 유명한 것으로는 Oracle Database, Microsoft SQL Server, MySQL, PostgreSQL, DB2, FileMaker, H2 Database 등이 있다.

이에 반해 관계 데이터 모델을 사용하지 않는 데이터베이스 모델을 NoSQL이라고 한다. 이러한 데이터 스토어의 특징은 고정된 스키마에 얽매이지 않는다는 것과 관계 모델의 결합 조작을 사용하지 않는 점 등이 있다. 키와 값을 조합하여 그것을 입출력하는 단순한 Key-Value형 데이터베이스도 있다. 이를 KVS(Key-Value Store)로 줄여 부르기도 한다.

NoSQL이 사용되는 상황은 관계 모델을 필요로 하지 않는 데이터를 다룰 때나 대량의 데이터를 다룰 때다. 용도는 다양한데 수백만 key-value쌍을 저장하거나 수백만의 구조적 데이터를 저장하는 경우 등에 사용된다. 이러한 구조는 대규모 데이터를 통계적으로 해석하거나 계속 증가하는 정보를 실시간으로 해석하기에 용이하다.

유명한 것으로는 구글의 BigTable, Amazon DynamoDB 등이 있다. 또한, 오픈 소스로는 MongoDB, Redis, Apache HBase, Apache Cassandra 등이 있다.

관계형 데이터베이스 SQLite3 사용

Node.js에는 MySQL이나 Oracle, PostgreSQL과 같은 유명한 관계형 데이터베이스를 위한 라이브러리가 갖춰져 있어 매우 편리하게 사용할 수 있다. 이 책에서는 데이터베이스를 설치하는 수고를 덜 수 있고, 손쉽게 사용할 수 있는 임베디드 데이터베이스 SQLite의 사용법을 소개하고자 한다. Node.js에서 SQLite를 사용하려면 npm으로 sqlite3 모듈을 설치한다.

```
$ npm install sqlite3
```

데이터베이스 생성 후 데이터를 삽입하고 조회하는 간단한 샘플 프로그램을 만들어 보자.

File src/ch04/05-db/sqlite-test.js

```
// 모듈 로드
var sqlite3 = require('sqlite3').verbose();
// 로컬 DB 열기
var db = new sqlite3.Database('test.sqlite');

db.serialize(function () {
  // SQL을 실행하여 테이블 생성 ——— ※1
  db.run('CREATE TABLE IF NOT EXISTS items(name, value)');

  // PreparedStatement로 데이터 삽입
```

```
  var stmt = db.prepare('INSERT INTO items VALUES(?,?)');
  stmt.run(["Banana", 300]);
  stmt.run(["Apple", 150]);
  stmt.run(["Mango", 250]);
  stmt.finalize();

   // 데이터 조회
  db.each("SELECT * FROM items", function (err, row) {
    console.log(row.name + ":" + row.value);
  });
});
db.close();
```

프로그램을 실행해 본다.

```
$node sqlite-test.js
Banana:300
Apple:150
Mango:250
```

SQLite3의 기본 기능을 사용하는 샘플은 이 정도면 충분하다. 지금부터의 설명은 SQL을 어느 정도 알고 있다는 가정하에 진행하겠다. 먼저, SQLite3 모듈을 로드하여 데이터베이스를 연다. serialize() 메소드의 내부에 테이블 작성이나 데이터 삽입, 추출 등의 조작을 기술하고, 마지막으로 close() 메소드로 데이터베이스를 닫는다.

db.run() 메소드는 SQL을 실행한다. db.prepare() 메소드를 사용하면 PreparedStatement를 사용할 수 있는데 이는 SQL을 미리 컴파일하고 부분적으로 데이터를 넣어 실행한다. SQL을 컴파일하므로 처리 속도가 빠르며, 삽입하려는 데이터에 포함된 특수 기호를 자동으로 Escape 처리해 주므로 보안상으로도 안심하고 사용할 수 있는 편리한 기능이다. 이어 db.each() 메소드를 사용하여 SQL 실행 결과로 얻은 데이터베이스의 데이터를 레코드별로 처리하고 있다. 콜백 함수의 인자로 각 레코드가 넘어온다.

추가적으로, ※1에서 SQL의 'CREATE TABLE'을 실행하고 있다. 이는 테이블을 새로 작성하는 명령인데 이미 같은 이름의 테이블이 존재하면 에러가 된다. 만약, 프로그램을 여러 번 실행하고 싶은 경우에는 'CREATE TABLE IF NOT EXISTS'를 사용한다. 이 SQL은 테이블이 없을 때에만 테이블을 만든다.

웹으로부터 다운로드하여 SQLite에 저장

여기까지 SQLite의 기본적인 사용법을 익혔으니 좀 더 실전에 가까운 프로그램을 만들어 보자. 2장에서 알아본 웹 데이터 수집 방법을 활용해 보고자 한다. 여기서는 제이펍 출판사에서 출간한 책을 수집하여 SQLite에 저장하는 프로그램을 만들어 보겠다.

```
제이펍 출판사에서 출간한 책 리스트
http://jpub.tistory.com/category/제이펍의 도서
```

일단은 책의 리스트를 스크래핑하여 콘솔에 출력하는 프로그램과 해당 내용을 데이터베이스에 저장하는 프로그램으로 나누어 단계적으로 설명을 진행하겠다. 먼저, 콘솔에 출력하는 프로그램의 코드를 살펴보자.

File src/ch04/05-db/print-jpub-books.js

```
//
// 제이펍 출판 도서 출력 for Node.js
//
// 변수 선언

var BASE_URL = "http://jpub.tistory.com/category/" + encodeURIComponent("제이펍의 도서");
var PAGE_NUM = 6; // page 최댓값 ——※1
// 모듈 로드
var client = require('cheerio-httpcli');
var fs = require('fs');
var urlType = require('url');

// 출판 책 목록 저장 변수
var booklist = [];

scrape(1); // ——※2

function scrape(page) {
  if (page > PAGE_NUM) { // ——※3
    print();
    return;
  }

  var VISIT_URL = BASE_URL + "?page=" + page;
  // 사이트 방문
  client.fetch(VISIT_URL, function (err, $, res) {
    if (err) { console.log("DL error"); return; }
    // 책 리스트 추출
    var tr = $("#searchList > ol > li > span.list > a");
```

```
    if (!tr) {
      console.log("페이지 형식 에러"); return;
    }

    // 책 리스트 순회
    for (var i = 0; i < tr.length; i++) {
      var book = tr.eq(i).text();
      booklist.push(book);
    }
    scrape(page+1); // ──※4

  });
}

function print() {// ──※5
  for (var i in booklist) {
    console.log(booklist[i]);
  }
}
```

이 프로그램을 실행하려면 다음 명령을 입력한다.

```
$ node print-jpub-books.js
```

```
[vagrant@localhost 05-db]$ node print-jpub-books.js
Flask 기반의 파이썬 웹 프로그래밍
기초 튼튼 코드 튼튼 다 함께 프로그래밍
전문가를 위한 트러블슈팅 오라클 퍼포먼스(제2판)
사물인터넷 빅뱅: IT 비즈니스의 대변혁이 시작된다
핵심만 골라 배우는 iOS 9 프로그래밍
유니티 5로 만드는 3D/2D 스마트폰 게임 개발
파이썬으로 시작하는 라즈베리 파이 프로그래밍(제2판)
다양한 언어로 배우는 정규표현식
인공지능 2: 현대적 접근방식(제3판)
인공지능 1: 현대적 접근방식(제3판)
사물인터넷을 품은 라즈베리 파이: 사물인터넷 프로그래밍의 모든 것
사물인터넷을 품은 아두이노: 사물인터넷에 필요한 연결의 모든 것
전문가를 위한 오라클 PL/SQL 입문(제3판)
스프링 인 액션(제4판)
AngularJS 인 액션
퍼펙트 루비 온 레일즈
C#으로 배우는 적응형 코드: 디자인 패턴과 SOLID 원칙 기반의 애자일 코딩
핵심만 골라 배우는 애플 워치 프로그래밍
하이스쿨 아두이노: 아두이노를 활용한 고등학교 과학실험
러닝 스파크: 번개같이 빠른 데이터 분석
테트리스를 만들며 배우는 나의 첫 프로그래밍
그림으로 공부하는 오라클 구조
사물인터넷을 위한 리눅스 프로그래밍 with 라즈베리 파이
실무에 바로 적용하는 Node.js
하스켈로 배우는 함수형 프로그래밍
아트멜 스튜디오와 아두이노로 배우는 ATmega328 프로그래밍
그림으로 공부하는 IT 인프라 구조
핵심만 골라 배우는 안드로이드 스튜디오
그림으로 공부하는 시스템 성능 구조
스위프트 쉽게, 더 쉽게: 상세한 설명과 복습으로 마스터하는
핵심만 골라 배우는 iOS 8 프로그래밍
실리콘밸리 견문록: 창조와 혁신의 현장을 가다
퍼펙트 루비
```

▲ 실행 화면

제이펍 출판사의 출간 책 리스트는 집필 시점에서 6개의 페이지로 구성되어 있다. 그래서 ※1에서 최댓값을 6으로 하고, ※3에서 1페이지부터 시작해서 6페이지까지 차례로 방문하여 출판 책 리스트를 얻어오고 있다. ※4에서 재귀적으로 함수를 호출하고 있으므로 ※3에서 종료 조건을 지정하고 있다. 출간 책의 리스트는 전역 변수 booklist에 저장되고, ※5의 print 함수에서 출력된다.

SQLite에 작품을 저장

그러면 이번에는 출판 책 리스트를 데이터베이스에 저장해 보자. 획득한 책의 제목을 데이터베이스에 넣는 것은 너무 단순한 일이므로 단어 단위로 쪼개서 저장한 후 가장 많이 사용된 단어를 순서대로 출력해 보자.

File src/ch04/05-db/sqlite-book.js

```
// 제이펍 출판 도서 목록을 DB에 넣고 조회하기 for Node.js

// 경로 지정
var DB_PATH = __dirname + "/jpub.sqlite";

// 모듈 로드
var sqlite3 = require('sqlite3').verbose();

// 데이터베이스 연결
var db = new sqlite3.Database(DB_PATH);

// 변수 선언
var BASE_URL = "http://jpub.tistory.com/category/" + encodeURIComponent("제이펍의 도서");
var PAGE_NUM = 6; // page 최댓값

// 모듈 로드
var client = require('cheerio-httpcli');
var fs = require('fs');
var urlType = require('url');

// 출판 책 목록 저장 변수
var booklist = [];

scrape(1);

function scrape(page) {
  if (page > PAGE_NUM) {
    dbinsert();
    return;
  }
```

```
  var VISIT_URL = BASE_URL + "?page=" + page;

  // 사이트 방문
  client.fetch(VISIT_URL, function (err, $, res) {
    if (err) { console.log("DL error"); return; }
    // 책 리스트 추출
    var tr = $("#searchList > ol > li > span.list > a");
    if (!tr) {
      console.log("페이지 형식 에러"); return;
    }

    // 책 리스트 순회
    for (var i = 0; i < tr.length; i++) {
      var book = tr.eq(i).text();
      booklist.push(book);
    }
    scrape(page+1);
  });
}

function dbinsert() {  // ——— ※1
  // db에 데이터 넣기
  db.serialize(function(){
    // SQL 실행하여 table 생성
    db.run("CREATE TABLE IF NOT EXISTS book(" +
      "id INTEGER PRIMARY KEY, " +
      "token TEXT)");

    var ins_stmt = db.prepare(
      'INSERT INTO book (token)' +
      'VALUES(?)');

    booklist.forEach(function(value, index, array) {
      var words = value.split(" ");// 단어별로 분할 ——— ※2

      for (var i in words) {
        ins_stmt.run(words[i]);// 분할된 단어를 DB에 삽입
      }

    });
    ins_stmt.finalize();

    // 제목에 사용된 단어 통계 ——— ※3
    console.log("집계 결과");
    db.each("SELECT token, COUNT(token) as cnt "
      + "FROM book GROUP BY token having cnt > 3 "
      + "ORDER BY cnt DESC",
      function (err, row){
        console.log(row.cnt + "회:" + row.token);
      }
    );
  });
};
```

다음과 같이 프로그램을 실행한다.

```
$ node sqlite-book.js
```

```
[vagrant@localhost 05-db]$ node sqlite-book.js
집계 결과
32회 :배우는
28회 :프로그래밍
18회 :위한
15회 :웹
14회 :개발
12회 :안드로이드
11회 :게임
9회 :골라
9회 :더
9회 :핵심만
8회 :모든
7회 :데이터
7회 :애플리케이션
7회 :예제로
7회 :오라클
```

▲ 실행 화면

IT 서적들이니만큼 프로그래밍이나 개발과 같은 단어들이 많이 사용된 것을 알 수 있다. 프로그램의 흐름을 알아보자. ※1의 dbinsert ()에서 책 정보를 DB에 삽입한다. ※2에서 책 제목을 단어별로 분할하여 각 단어를 DB에 삽입하고 있다. 그리고 ※3에서는 단어별로 GROUP BY를 하여 출현 횟수를 계산하여 정렬하여 출력하고 있다. SQL을 사용하면 이러한 집계를 간편하게 기술할 수 있다.

NoSQL LevelDB를 사용

이번에는 관계형 데이터베이스 모델을 사용하지 않는 LevelDB를 사용해 보고자 한다. LevelDB는 Key-Value 형식의 데이터 스토어 중의 하나로 구글에서 개발하였다. C++로 만들어졌지만, 많은 프로그래밍 언어로 사용할 수 있다. 참고로, HTML5의 사양 중 IndexedDB라는 것이 있는데 웹 브라우저 구글 크롬에서 IndexedDB를 구현하기 위해 LevelDB를 만들었다고 한다. LevelDB는 임베디드용으로 사용할 수 있는 데이터베이스로 매우 쉽게 다룰 수 있다. 그러면 즉시 사용해 보도록 하자. 다음과 같이 모듈을 설치한다.

```
$ npm install level
```

LevelDB는 Key-Value형의 데이터베이스이므로 기본적인 사용법은 간단하다.

File src/ch04/05-db/leveldb-test.js

```
// LevelDB 사용 예제 for Node.js

// 모듈 로드와 DB 오픈 ──── ※1
var levelup = require('level');
var db = levelup('./testdb');

// 값 저장 ──── ※2
db.put('Apple', 'red', function(err) {
    if (err) {
        console.log('Error', err);
        return;
    }
    testGet();
});

// 값 읽기 ──── ※3
function testGet() {
    db.get('Apple', function(err, value) {
        if (err) {
            console.log('Error', err);
            return;
        }
        console.log('Apple=' + value);
        testBatch();
    });
}

// 일괄 저장 ──── ※4
function testBatch() {
    db.batch()
        .put('Mango', 'yellow')
        .put('Banana', 'yellow')
        .put('Kiwi', 'green')
        .write(function() {
            testGet2();
        });
}

// Banana 값 읽기
function testGet2() {
    db.get('Banana', function(err, value) {
        if (err) {
            console.log('Error', err);
            return;
        }
        console.log('Banana=' + value);
    });
}
```

다음과 같이 프로그램을 실행한다.

```
$ node leveldb-test.js
Apple=red
Banana=yellow
```

※1에서 모듈을 로드하고, levelup() 메소드로 데이터베이스를 연다. 그리고 ※2에서처럼 put() 메소드를 실행하면 값을 저장할 수 있다. ※3에서는 값을 가져온다. 기본적인 사용법은 다음과 같다.

```
[서식] 값 저장
db.put(key, value, function(err){...})
```

```
[서식] 값 읽기
db.get(key, function(err, value){...})
```

역시나 Node.js답게 값이 즉시 반영되는 것이 아니라 메소드가 완료된 시점에서 콜백 함수가 호출되는 구조로 되어 있다.

※4에서는 값을 일괄 저장하고 있다. db.batch() 메소드의 뒤에 write() 메소드까지 메소드 체인을 이용하여 연속으로 값을 저장한다. 이때 사용할 수 있는 메소드는 값을 저장하는 put() 외에 키를 삭제하는 del()도 있다.

LevelDB에서 검색하는 법

그런데 LevelDB 같은 KVS(Key-Value Store)에서는 어떻게 임의의 데이터를 검색할 수 있을까? 좀 더 상세한 LevelDB 사용법도 확인해 봐야겠다. 다음은 LevelDB로 검색을 수행하는 예다.

File src/ch04/05-db/leveldb-test2.js

```
// levelDB 사용 예제 for Node.js

var levelup = require('level');
// 데이터베이스 열기 (데이터는 JSON) ——※1
var opt = { valueEncoding:'json' };
```

```
var db = levelup('./testdb2', opt);

// 일괄로 값 저장 ——※2
db.batch()
  .put('fruits!apple', {
    name: 'Apple',
    price: 300,
    color: 'red'})
  .put('fruits!orange', {
    name: 'Orange',
    price: 180,
    color: 'orange'})
  .put('fruits!banana', {
    name: 'Banana',
    price: 200,
    color: 'yellow'})
  .put('fruits!kiwi', {
    name: 'Kiwi',
    price: 220,
    color: 'green'})
  .put('snack!poteto', {
    name: 'Poteto-Snack',
    price: 340,
    color: 'brown'
  })
  .put('snack!choco', {
    name: 'Choco-Snack',
    price: 220,
    color: 'black'
  })
  .write(testKeys);

// 키 목록 획득 ——※3
function testKeys() {
  console.log("keys:")
  db.createKeyStream()
    .on('data', function (key) {
      console.log(" - " + key);
    })
    .on('end', testKeyValues);
}

// 키 값 쌍을 획득 ——※4
function testKeyValues() {
  console.log("\nkey-value-list:");
  db.createReadStream()
    .on('data', function (data) {
      var key = data.key;
      var o = data.value;
      console.log("+ key=" + data.key);
      console.log("| color=" + o.color);
      console.log("| price=" + o.price);
```

```
    })
    .on('end', testSearch);
}

// 검색 수행 ──── ※5
function testSearch() {
  console.log('\nrange-search:');
  var opt = {
    start: "fruits!",
    end: "fruits!\xFF"
  };
  db.createReadStream(opt)
    .on('data', function (data) {
      console.log("+ key=" + data.key);
    })
    .on('end', function () {

      console.log('ok')
    });
}
```

다음과 같이 프로그램을 실행해 본다.

```
$ node leveldb-test2.js
keys:
 - fruits!apple
 - fruits!banana
 - fruits!kiwi
 - fruits!orange
 - snack!choco
 - snack!poteto

key-value-list:
+ key=fruits!apple
| color=red
| price=300
+ key=fruits!banana
| color=yellow
| price=200
+ key=fruits!kiwi
| color=green
| price=220
+ key=fruits!orange
| color=orange
| price=180
+ key=snack!choco
| color=black
| price=220
+ key=snack!poteto
```

```
| color=brown
| price=340

range-search:
+ key=fruits!apple
+ key=fruits!banana
+ key=fruits!kiwi
+ key=fruits!orange
ok
```

그러면 프로그램의 코드를 살펴보자. ※1에서 {valueEncoding:'json'}라는 옵션과 함께 데이터베이스를 연다. 이는 Key-Value의 Value를 항상 JSON으로 저장하는 것을 의미하다. 즉, 값으로 자바스크립트 객체를 저장하고, 읽고 쓰도록 한다는 것이다. 그리고 ※2에서는 실제로 자바스크립트 객체를 저장하고 있다.

이어서 ※3에서는 키 목록을 얻어오고 있다. db.createKeyStream() 메소드를 사용하면 키의 일람을 data 이벤트로 하나씩 취득할 수 있다.

※4에서는 키와 값의 목록을 얻어오고 있다. 여기서 사용하고 있는 것은 createReadStream() 메소드다. 이 메소드를 사용하면 key와 value를 포함한 객체를 한꺼번에 취득할 수 있다.

또한, ※5를 보면 알겠지만, createReadStream() 메소드의 인자로 옵션을 주어 키를 검색할 수 있다. 여기서는 'fruits!'에서 'fruits!\FF'까지의 키를 추출하고 있다. 즉, 'fruits!'로 시작하는 키를 모두 검색하게 된다. 만약, 이 검색 조건을 다음과 같이하면 어떻게 될까?

```
var opt={
  start:"snack!",
  end:"snack!\xFF"
};
```

이 경우는 'snack!'으로 시작하는 데이터를 검색하게 된다. LevelDB에서는 특정 키에 일치하는 데이터를 꺼낼 수 있을 뿐 아니라 이처럼 임의의 범위의 데이터를 꺼낼 수도 있다.

데이터를 LevelDB에 보관

LevelDB의 사용법을 알아봤다. 그러면 제이펍(JPUB)의 서적 데이터를 LevelDB에 저장해 보자. 먼저, 어떻게 '키-값' 형식으로 DB에 저장할지를 고민해 봐야 한다. 여기서는 책의 제목에 나오는 단어를 키로 하고, 해당 키가 나타나는 책 제목들을 배열로 해서 값으로 저장하도록 하겠다. 그러면 단어를 통해 쉽게 그 단어가 포함된 책을 검색할 수 있을 것이다. 그러면 위에서 작성한 프로그램을 수정하여 LevelDB에 저장하고 검색하는 프로그램을 만들어 보자.

File src/ch04/05-db/leveldb-book.js

```
// 제이펍 출판 서적 데이터 LevelDB에 저장 for Node.js

// 경로 지정
var DB_DIR = __dirname + "/leveldb-JPUB";

var levelup = require('level');

// 데이터베이스 연결
var db = levelup(DB_DIR);

// 변수 선언
var BASE_URL = "http://jpub.tistory.com/category/" + encodeURIComponent("제이펍의 도서");
var PAGE_NUM = 6; // page 최댓값

// 모듈 로드
var client = require('cheerio-httpcli');
var fs = require('fs');
var URL = require('url');

// 출판 책 목록 저장 변수
var booklist = [];

scrape(1);

function scrape(page) {
  if (page > PAGE_NUM) {
    dbinsert();
    return;
  }

  var VISIT_URL = BASE_URL + "?page=" + page;

  // 사이트 방문
  client.fetch(VISIT_URL, function (err, $, res) {
    if (err) { console.log("DL error"); return; }
    // 책 리스트 추출
    var tr = $("#searchList > ol > li > span.list > a");
    if (!tr) {
      console.log("페이지 형식 에러"); return;
```

```
    }

    // 책 리스트 순회
    for (var i = 0; i < tr.length; i++) {
      var book = tr.eq(i).text();
      booklist.push(book);
    }
    scrape(page+1);
  });
}

function dbinsert() {  // ―― ※1
    var books = {};
    console.log("dbinsert");
    booklist.forEach(function(value, index, array) {
      var words = value.split(" ");// 단어별로 분할 ―― ※2

      for (var i in words) {
        var word = words[i];
        var titles = books[word];

        if (titles == undefined) {
          books[word] = [];
        }
        books[word].push(value);
      }
    });

    console.log("put");
    for (var key in books) {// 키:단어 값:책 제목 배열 DB에 저장 ―― ※3
      var titles = books[key];
      if (key != null && key != "") {
          db.put(key, titles.join("\n"));
      }
    }

    search();
};

function search() {// 키:단어 값:책 제목 배열 DB에 저장 ―― ※4
    console.log("search");
    var opt={
      start:'프로그래밍',
      end:'프로그래밍\uFFFF'
    };

    db.createReadStream(opt)
      .on("data", function(data){
          console.log(data.key + ">>" + data.value + "\n");
      });
}
```

프로그램을 실행하려면 다음 명령을 입력한다.

```
$ node leveldb-book.js
```

그러면 프로그램을 살펴보자. ※1의 dbinsert()에서 키-값을 조합해서 LevelDB에 저장하고 있다. 그리고 ※2에서는 책 제목 배열을 순회하면서 각 제목을 단어별로 분할하여 각 단어를 키로 하고, 해당 단어가 나타나는 제목들의 배열을 값으로 하는 books라는 자바스크립트 객체를 만들고 있다. ※3에서 books 객체의 각 키와 값을 순회하면서 LevelDB에 저장하고 있다.

※4는 키워드 검색을 수행하는 함수다. '프로그래밍'이 들어간 책 제목을 검색한다. db.createReadStream() 메소드의 옵션으로 OPT 객체를 지정하고 있다.

여기에서 주의가 필요한데 키가 알파벳일 때는 다음과 같이 기술하면 되지만, 한국어의 경우에는 동작하지 않는다.

```
var opt={
  start:"key:",
  end:"key:\xFF"
};
```

한국어 키를 사용하는 경우에는 유니코드이므로 '\uXXXX' 형식으로 마지막 문자를 지정해야 한다. 그래서 코드에서는 다음과 같이 지정하고 있다.

```
var opt={
  start:"프로그래밍",
  end:"프로그래밍\uFFFF"
};
```

참고로, 위 옵션은 다음과 같이 gte(great than equal)와 lte(less than equal)를 사용한 것과 동일하며, 공식 문서에서는 gte와 lte의 사용을 권장하고 있다.

```
var opt={
  gte:"프로그래밍",
  lte:"프로그래밍\uFFFF"
};
```

이 절의 마무리

- 이번 절에서는 데이터베이스의 사용법에 관해 알아봤다.
- 임베디드 데이터베이스 엔진인 SQLite와 LevelDB를 다뤄 보았다.
- 제이펍의 출판 서적명을 각 데이터베이스에 저장해 봄으로써 각 데이터베이스의 실제 사용법을 비교해 볼 수 있었다.
- 어떤 데이터베이스를 사용하더라도 한 번 데이터베이스에 저장하면 원하는 데이터를 쉽게 꺼낼 수 있어 편리하다.

06

리포트 자동 생성

웹에서 데이터를 수집하여 데이터베이스에 저장하는 방법을 알아봤다. 저장한 데이터를 분석하여 리포트로 출력하면 더 의미가 있을 것이다. 이번 절에서는 다양한 리포트 자동 생성 방법에 관해 알아본다.

주요 학습 내용

- 리포트 생성
- PDF 형식
- 출력 형식 선택 기준
- MS 엑셀 형식

주요 도구와 라이브러리

- Node.js
- PDFKit
- ApachePOI
- PhantomJS
- officegen

리포트 자동 생성

웹에서 수집한 데이터를 그대로 리포트로 출력하는 경우는 드물다. 그보다는 수집한 데이터를 분석, 집계한 후 리포트로 출력하는 경우가 많을 것이다. 데이터의 분석 및 집계에 관해서는 책의 뒷부분에서 다룰 예정이니 여기서는 어떤 보고서를 출력할 수 있는지 출력 형식이나 라이브러리를 소개하고자 한다.

리포트를 출력하는 목적을 명확히 하자

무엇 때문에 리포트를 만드는가? 리포트를 쓰는 목적은 내 생각과 의견을 자신 혹은 다른 누군가에게 정리하여 전달하기 위해서다. 스스로 정리하고 싶거나 누군가에게 전하고 싶은 것을 리포트로 만든다.

물론, 완성도 높은 리포트를 자바스크립트 프로그램으로만 생성하기는 어렵다. 프로그램으로 보고서를 자동 생성하는 경우는 미리 정해진 규칙에 맞춰 데이터를 출력하거나 참고 자료용으로 사용하는 경우가 많을 것이다. 따라서 리포트를 자동 생성하려면 누구에게 무엇을 전하고 싶은지를 명확히 해야 한다.

출력 형식

여기서는 리포트를 누구를 위해 만드는지에 초점을 맞추어 생각해 보겠다.

리포트를 웹에 공개하는 경우

웹에 공개할 예정이라면 HTML과 PDF 형식을 많이 사용한다. 또한, 엑셀과 워드 형식으로 배포하는 경우도 많다. 이들 형식은 웹 브라우저에서 일단 다운로드해야 볼 수 있는 점이 다소 불편하지만, 엑셀과 워드는 대부분의 사람들이 가진 애플리케이션이기도 하다.

이 외에도 특정 목적을 가지고 배포되는 데이터 형식이 있다. 예를 들어, 디자인 사이트에서는 어도비 일러스트레이터(Adobe Illustrator) 파일을 배포하거나 건축 사이트에서는 CAD 파일을 배포한다. 이 책에서는 다루지 않지만, 최근 어도비 일러스트레이터와 CAD에는 매크로를 통해 보고서를 자동 생성할 수 있는 기능이 탑재되었다. 그리고 최근의 소프트웨어에 들어가 있는 매크로 언어는 자바스크립트를 채용하고 있는 경우가 많다. 웹에 공개하는 리포트 형식을 정리해 보면 다음과 같다.

▼ 웹에 공개하는 리포트

파일 형식	특징
HTML 형식	웹 브라우저에서 본다
PDF 형식	웹 브라우저 안에 뷰어가 열린다
엑셀/워드 형식	다운로드하고 로컬에서 본다
전문 분야의 파일	전문 소프트웨어용으로 해당 분야의 사람이 다운로드하여 본다

본인을 위한 리포트 출력의 경우

이번에는 본인을 위해 보고서를 출력하는 경우를 생각해 보자. 본인용이라면 형식이나 출력 품질에서 자유로울 수 있다. 분석, 집계 결과를 본인이 쉽게 알 수 있는 정도면 충분하다. 그래서 가장 간단하게는 텍스트 파일을 사용해도 문제 없을 것이고, 텍스트 데이터에 간단하게 제목, 단락을 붙여서 HTML 파일을 만드는 것도 어렵지 않으므로 권할 만하다.

또한, 본인을 위한 것이라면 CSV 형식도 괜찮다. CSV 형식은 텍스트 데이터를 쉼표와 개행으로 구분한 데이터 형식으로 쉽게 만들 수 있다는 장점이 있다. 또한, CSV 파일을 엑셀과 같은 스프레드시트 앱에서 읽으면 풍부한 기능으로 재사용될 수 있다.

CSV 형식 이외에 XML 형식도 사용할 만하다. 많은 웹 브라우저는 XML 형식의 데이터를 보기 좋게 태그 계층으로 나눠서 출력하는 기능을 갖추고 있다.

또한, HTML을 사용하는 것과 비슷한 작업으로 WIKI 및 Markdown 형식을 사용할 수도 있다. 이들 형식은 쉽게 HTML 및 PDF 등의 형식으로 변환될 수 있다.

▼ 본인을 위한 리포트

포맷	특징
텍스트 형식	수고가 들지 않는다
HTML 형식	태그를 통해 보기 좋게 리포트 작성 가능
CSV 형식	엑셀과 같은 스프레드시트 앱에서 조회 가능
XML 형식	웹 브라우저에서 보기 좋게 출력 가능
WIKI 기법/Markdown 형식	간편하게 HTML과 PDF로 출력 가능

리포트를 인쇄하는 경우

여러 분야에서 디지털화가 진행되고 있지만, 여전히 종이에 자료를 인쇄하는 경우가 많다. 관청에 제출해야 되거나 직장 상사가 종이로 읽고 싶어 하는 경우도 있을 것이다. 이런 경우에는 용지 사이즈나 페이지 장수를 고려한 데이터 형식을 사용해야 한다. 따라서 PDF나 엑셀/워드 형식이 유리하다.

또한, 이 경우에는 템플릿을 많이 사용한다. 준비된 템플릿에 데이터만 적용하는 식으로 쉽게 고품질의 리포트를 작성할 수 있다.

▼ 인쇄용 리포트

포맷	특징
PDF 형식	프린터에 의존하지 않는 형식으로 출력
워드/엑셀 형식	보기 좋게 인쇄 가능

PDF 작성

PDF 형식은 보고서 작성의 유력한 후보다. PDF로 작성하면 PC와 태블릿, 스마트폰 등 많은 환경에서 디자인이 깨지는 것을 걱정하지 않아도 된다. 원래 PDF는 'Portable Document Format'의 약어로, 어도비(Adobe) 사가 개발한 전자 문서 포맷이다. 특정 환경에 좌우되지 않고 모든 환경에서 비슷한 형태의 글과 이미지를 볼 수 있는 특성을 갖고 있다. 2008년 7월에는 국제 표준화 기구에 의해서 ISO 32000-1로 표준화되었다.

어도비리더(AdobeReader)를 비롯한 많은 PDF 뷰어가 존재하다. 웹 브라우저와 친화성이 좋아 웹 페이지처럼 브라우저에서도 볼 수 있다.

간단히 PDF를 만드는 방법

자동은 아니지만, 가장 쉽게 PDF를 만드는 방법은 마이크로소프트 오피스의 PDF 출력 기능을 이용하는 것이다. 메뉴의 '다른 이름으로 저장'에서 'PDF 또는 XPS'를 선택함으로써 PDF 형식으로 저장할 수 있다.

PhantomJS로 HTML을 PDF로 저장하는 방법

먼저, 직접 PDF를 만드는 것이 아니라 원천 데이터를 PDF로 변환하는 방법을 알아보자. PhantomJS/CapserJS를 이용하면 HTML 파일을 PDF로 변환할 수 있다. 방법은 3장에서 설명한 화면 스크린샷을 찍는 방법과 같지만, 인쇄 관련 설정 코드가 추가된다.

다음은 제이펍 출판사의 블로그 페이지를 PDF로 만드는 프로그램이다.

File src/ch04/06-output/html2pdf.js

```
// HTML을 PDF로 출력 for CasperJS

// 제이펍 페이지
var url = "http://jpub.tistory.com/";
var savepath = "test.pdf";

// CasperJS 오브젝트 생성
var casper = require('casper').create();
casper.start();
// 페이지 설정 ──※1
casper.page.paperSize = {
  width: '8.5in',
```

```
    height: '11in',
    orientation: "portrait",
    margin: '1cm'
  };
  casper.open(url);
  casper.then(function () {
    casper.capture(savepath);
  });
  casper.run();
```

프로그램을 실행하려면 다음과 같이 명령을 입력한다.

```
$ casperjs html2pdf.js
```

그러면 다음과 같이 예쁘게 렌더링된 PDF가 생성된다.

▲ **HTML을 PDF로 출력한 모습**

스크린샷으로 만든 PDF이므로 문자의 개별 선택이 불가능하지만, 다양한 단말에서 예쁘게 볼 수 있는 것이 장점이다. 프로그램의 핵심은 ※1부분이다. casper 객체를 생성하고 casper.start() 메소드를 실행한 후 casper.page.paperSize 속성을 설정한다. 페이지의 크기 설정이나 페이지의 방향과 용지의 마진을 설정할 수 있다.

또한, CasperJS를 사용하면 인쇄용 CSS 설정을 적용할 수 있다. 이 경우 스크린샷을 찍기 전에 다음과 같은 자바스크립트 코드를 넣는다.

```
// CSS 적용
casper.then(function(){
  casper.evaluate(function(){
    var els=document.querySelectorAll('h4');
    for(var i=0;i<els.length;i++){
      var e=els[i];
      e.style.backgroundColor="red".
      e.style.color="white";
    }
  });
});
```

PDFKit을 이용해서 출력

PDFKit라고 하는 라이브러리가 Node.js용으로 공개되어 있어 PDF를 처음부터 만들 수도 있다. npm을 사용하여 다음과 같이 설치하도록 한다.

```
$ npm install pdfkit
```

어떤 식으로 PDF 파일을 만들 수 있는지 샘플을 통해 확인해 보자.

File src/ch04/06-output/pdfkit-test.js

```
// PDFKit 사용 테스트 for Node.js

// 모듈 로드
var PDFDocument = require('pdfkit');
var fs = require('fs');
```

```
// 도큐먼트 생성 ※1
var doc = new PDFDocument();

// 출력 파일 설정 ※2
doc.pipe(fs.createWriteStream('output.pdf'));

// 폰트 지정 ※3
doc.font('H2GTRE.TTF');

// 문자 표시 ※4
doc.fontSize(30)
   .text('Hello~!!' , 90, 100);
doc.fontSize(20)
   .text("안녕하세요 \n",100,180);

// 도형 그리기 ※5
doc.save()
   .moveTo(80, 80)
   .lineTo(250, 80)
   .lineTo(250, 150)
   .lineTo(80, 150)
   .lineTo(80, 80)
   .stroke('#0000FF');

// 페이지 추가 ※6
doc.addPage();

// 도형 그리기
doc.save()
   .moveTo(100, 150)
   .lineTo(100, 250)
   .lineTo(200, 250)
   .fill('#FF0000');

// 종료 ※7
doc.end();
```

프로그램을 실행하려면 다음 명령어를 입력한다.

```
$ node pdfkit-test.js
```

그러면 output.PDF 파일이 생성된다.

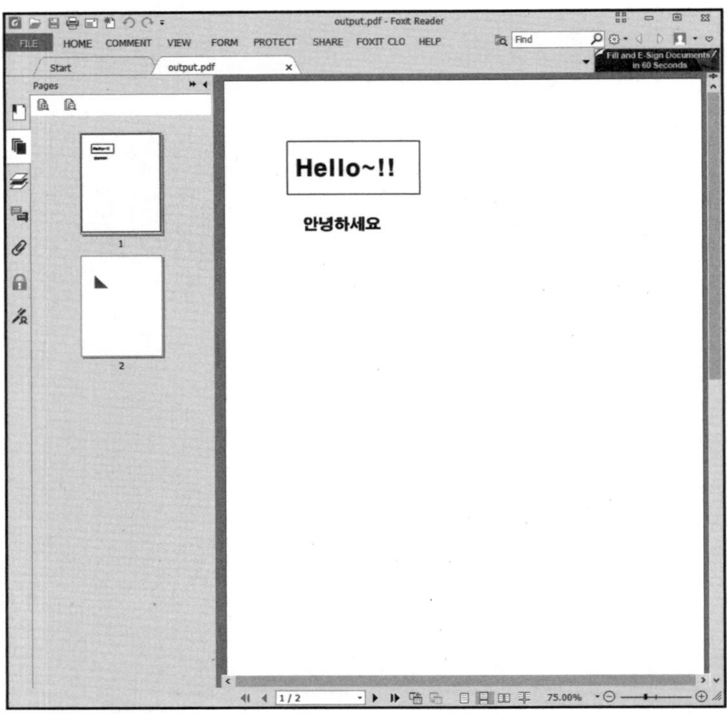

▲ **PDF 파일 생성**

PDF를 굉장히 쉽게 작성할 수 있다는 점에 놀랐을지도 모르겠다. 앞서 PhantomJS를 사용했을 때에는 작성한 PDF 안에 있는 문자를 선택할 수 없었지만 PDFKit을 쓰면 문자를 선택하고 클립보드에 복사할 수도 있다.

그러면 코드를 살펴보자. 필요한 모듈을 읽어들인 후 실시하는 것은 세 가지다. 우선, ※1에서 new PDFDocument()를 통해 도큐먼트를 생성한다. 그리고 ※2에서 출력 파일을 지정하고, ※3에서는 한글 폰트를 지정한다. 이것으로 준비는 끝났다.

문자를 표시하려면 ※4에서처럼 doc.fontSize()로 폰트 크기를 지정하고, doc.text()로 출력할 텍스트와 표시 위치를 지정하면 된다. 화면의 왼쪽 위 좌표가 (0, 0)이고, 밑으로 내려갈수록 수치가 높아진다. 개행을 포함한 문장을 출력할 수 있으며, 텍스트의 길이가 긴 경우에는 자동으로 줄을 바꾸어 주니 안심하고 장문을 사용해도 된다.

※5에서는 도형을 그리고 있다. 이 경우 doc.save()에 이어 moveTo(), lineTo() 메소드를 사용하여 좌표를 지정하고, 마지막으로 stroke() 메소드로 임의의 색으로 선을 그을 수 있다. 각 메소드의 의미는 다음과 같다.

▼ PDFKit의 도형을 그리는 메소드들

메소드	의미
moveTo(x, y)	도형의 시작 좌표를 지정한다
lineTo(x, y)	이전 좌표에서 (x, y)로 선을 긋는다
stroke(color)	지정한 좌표들에 선을 긋는다
fill(color)	지정한 좌표들을 칠한다

PDF에 새로운 페이지를 추가할 경우에는 ※6에서처럼 doc.addPage()를 사용한다. 마지막에는 ※7에서처럼 doc.end() 메소드를 호출해야 한다.

PDFKit으로 그래프 그리기

위에서는 문자를 그리거나 간단한 도형을 그리는 방법을 알아봤다. 이번에는 데이터에 근거하여 PDF에 막대 그래프를 그려 보자. 다음과 같은 그래프를 그려 볼 것이다.

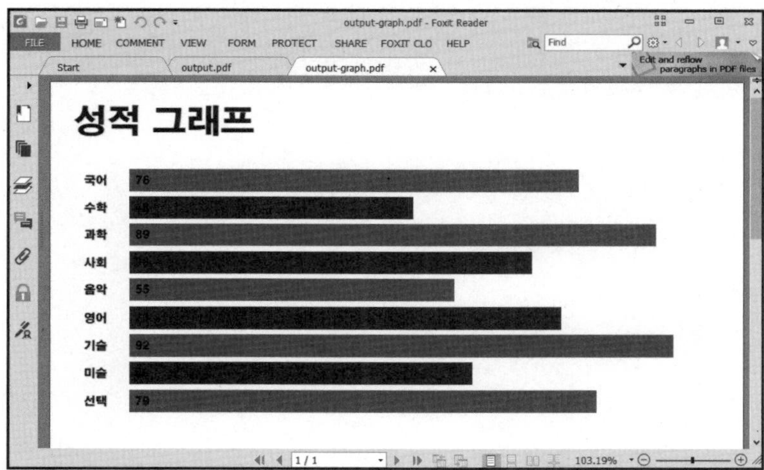

▲ PDFkit으로 그래프 그리기

그래프를 그리는 프로그램은 다음과 같다.

File src/ch04/06-output/pdfkit-graph.js

```
// PDFKit으로 그래프 그리기 for Node.js

// 모듈 로드
```

```
var PDFDocument = require('pdfkit');
var fs = require('fs');

// 그래프 데이터
var data = [
  { label: '국어', value: 76 },
  { label: '수학', value: 48 },
  { label: '과학', value: 89 },
  { label: '사회', value: 68 },
  { label: '음악', value: 55 },
  { label: '영어', value: 73 },
  { label: '기술', value: 92 },
  { label: '미술', value: 58 },
  { label: '선택', value: 79 }
];

// 도큐먼트 생성 ——— ※1
var doc = new PDFDocument();
var page_w = doc.page.width;
var page_h = doc.page.height;

// 출력 파일 설정 ——— ※2
doc.pipe(fs.createWriteStream('output-graph.pdf'));

// 폰트 설정 ——— ※3
doc.font('H2GTRE.TTF');

// 타이틀 표시 ——— ※4
doc.fontSize(30)
   .text('성적 그래프', 20, 20);

// 그래프 그리기 ——— ※5
var margin = 20;
var g_w = page_w - margin * 2 - 50;
var g_x = margin + 50;
var y = 80;
var wpx = g_w / 100;
for (var i = 0; i < data.length; i++) {
  var value = data[i].value;
  var label = data[i].label;
  doc.save()
     .rect(g_x, y, wpx * value, 20)
     .fill( (i % 2) ? 'blue':'red');
  doc.fontSize(10)
     .fillColor("black")
     .text(label, 30, y + 5)
     .text(value, g_x + 5, y + 5);
  y += 20 + 5;
}

// 편집 종료 ——— ※6
doc.end();
```

프로그램을 실행하려면 커맨드 라인에서 다음 명령을 입력한다.

```
$ node pdfkit-graph.js
```

주요 사항은 다음과 같다. ※1에서 PDFDocument 객체를 생성한다. 페이지 크기는 PDF Document.page 객체에 설정되어 있어 page.width와 page.height를 조사하면 알 수 있다. ※2에서 출력 파일 이름을 지정하고, ※3에서는 폰트를 설정하였다. ※4에서 제목을 표시하고, ※5에서 그래프를 그린다.

여기서는 doc.rect() 메소드를 사용하여 각 값의 막대 그래프를 그리고 있다. 그 외에도 여러 가지 도형을 그릴 수 있는 메소드가 준비되어 있다.

메소드 이름	설명
rect(x, y, width, height)	직사각형 그리기
roundRect(x, y, width, height, conerRadius)	모퉁이가 둥근 사각형 그리기
ellipse(cx, cy, radiusX, radiusY)	타원 그리기
circle(cx, cy, radius)	원 그리기
polygon(points...)	다각형 그리기
path(pathData)	SVG의 path 지정하여 그리기

다각형을 그리는 polygon() 메소드는 다음과 같이 사용한다.

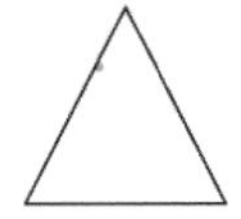

▲ 다각형 그리기

```
doc.polygon(
  [150, 50], [100, 150], [200, 150]);
doc.stroke();
```

PDFKit 관련 정보

여기서 소개한 것 이외에도 PDFKit에는 도형에 그라데이션을 넣어 그리거나 직접 이미지를 넣는 등 다양한 기능이 있다. 더 자세한 정보는 PDFKit의 웹사이트에 API가 정리되어 있다.

```
PDFKit
http://pdfkit.org
```

엑셀 형식으로 작성

많은 사람들이 마이크로소프트 엑셀 파일 형식을 선호한다. 이는 직장이나 학교에서 사용할 기회가 많아 익숙한 파일 형식이기 때문이다. 엑셀 형식이면 데이터를 집계하거나 인쇄하기에 편리하다.

Node.js + Officegen 사용법

그러나 엑셀 파일은 기본적으로 엑셀 또는 엑셀 호환 오피스 도구를 사용하지 않고는 작성할 수 없다. 엑셀 형식은 그리 단순한 데이터 포맷이 아니지만, Node.js용 라이브러리 officegen이 있다. 이를 이용하면 엑셀이 설치되지 않은 환경에서도 엑셀 파일을 작성할 수 있다. 또한, 워드 형식도 출력할 수 있다. officegen은 npm을 사용하여 설치할 수 있다.

```
$ npm install officegen
```

다음은 신규 시트(sheet)에 데이터를 쓰는 프로그램이다. 매우 직관적인 사용법임을 알 수 있을 것이다.

File src/ch04/06-output/officegen-test.js

```
// 엑셀 파일 생성 테스트 for Node.js

// 모듈 로드
var fs = require('fs');
```

```
var officegen = require('officegen');
var xlsx = officegen('xlsx');

// 신규 시트 생성
var sheet = xlsx.makeNewSheet();
sheet.name = "test";

// 직접 데이터 쓰기
sheet.data[0] = ["상품명", "가격", "특징"];
sheet.data[1] = ["사과", 340];
sheet.data[2] = ["귤", 980];
sheet.data[3] = ["바나나", 280];

// 셀명을 지정하여 쓰기
sheet.setCell('C2', '신선');
sheet.setCell('C3', '제주도산');

// 파일에 쓰기
var strm = fs.createWriteStream('test.xlsx');
xlsx.generate(strm);
```

프로그램을 실행하면 다음과 같이 엑셀 파일이 생성된다.

	A	B	C	D	E	F	G
1	상품명	가격	특징				
2	사과	340	신선				
3	귤	980	제주도산				
4	바나나	280					
5							
6							

▲ 엑셀 파일 생성

Rhino와 Apache POI 사용법

officegen을 사용하여 엑셀을 매우 쉽게 작성할 수 있었다. 대신에 복잡한 작업을 하기에는 제공되는 기능이 제한적이다. 신규 시트를 작성하고 거기에 값을 쓸 수 있는 정도다.

좀 더 복잡한 작업을 자바스크립트로 수행하고 싶은 경우에는 자바 라이브러리의 힘을 빌리는 것이 좋다. 여기서는 자바 라이브러리인 Apache POI를 사용해 본다. Rhino/JavaScript에서는 자바의 라이브러리를 사용할 수 있다. Apache POI는 자바 라이브러리로, 마이크로소프트의 엑셀과 워드 파일을 자바에서 조작하기 위한 라이브러리다. Apache POI을 사용하면 엑셀과 워드가 설치되지 않은 PC에서도 엑셀/워드 파일을 읽고 쓸 수 있다. Apache POI는 다음 URL에서 다운로드할 수 있다.

```
Apache POI
http://poi.apache.org/
```

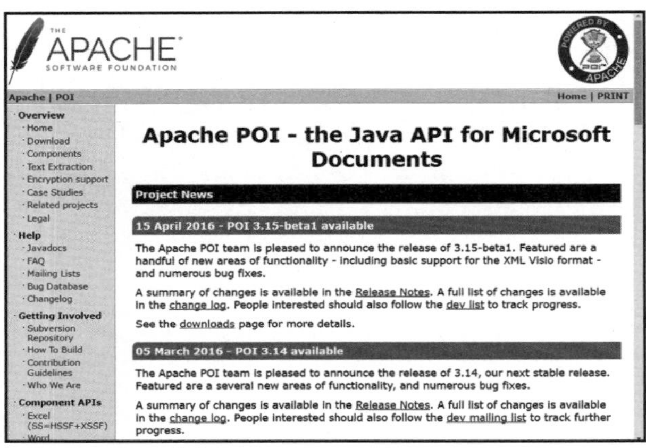

▲ Apache POI 페이지

메뉴의 'download'에서 POI의 Binary Distribution을 다운로드한다. 그리고 Rhino의 본체(js.jar)와 같은 폴더에 POI에서 사용하는 라이브러리(*. jar)를 전부 복사해 놓는다. 여기서는 원고 집필 시점의 최신 안정판 3.14 버전을 사용하겠다. 다음은 샘플 코드다.

File **src/ch04/06-output/poi-test.js**

```
// 엑셀 파일 작성 for Rhino + Apache POI

// 엑셀에 기재할 데이터
var list = [
  ["상품명", "가격"],
  ["바나나", 210],
  ["귤", 980],
  ["고구마", 80]
];

// Java 클래스 선언
var XSSFWorkbook = org.apache.poi.xssf.usermodel.XSSFWorkbook;
```

```
var XSSFCellStyle = org.apache.poi.xssf.usermodel.XSSFCellStyle;
var FileOutputStream = java.io.FileOutputStream;

// 워크북 생성
var wb = new XSSFWorkbook();
// 워크시트 작성
var sheet = wb.createSheet("sheet-test");

// 셀 스타일 작성
var style_u = wb.createCellStyle();
style_u.setBorderBottom(XSSFCellStyle.BORDER_THIN);
var style_head = wb.createCellStyle();
style_head.setBorderBottom(XSSFCellStyle.BORDER_DOUBLE);

// 셀에 값 설정
for (var i = 0; i < list.length; i++) {
  var row = sheet.createRow(i);

  var c1 = row.createCell(0);
  var c2 = row.createCell(1);

  c1.setCellValue(list[i][0]);
  c2.setCellValue(list[i][1]);

  var style = (i == 0) ? style_head: style_u;
  c1.setCellStyle(style);
  c2.setCellStyle(style);
}

// 파일 쓰기
var out = new FileOutputStream("test.xlsx");
wb.write(out);
```

이 프로그램을 실행하면 다음과 같이 셀에 값을 기재한 뒤 셀 테두리에 선을 긋는다.

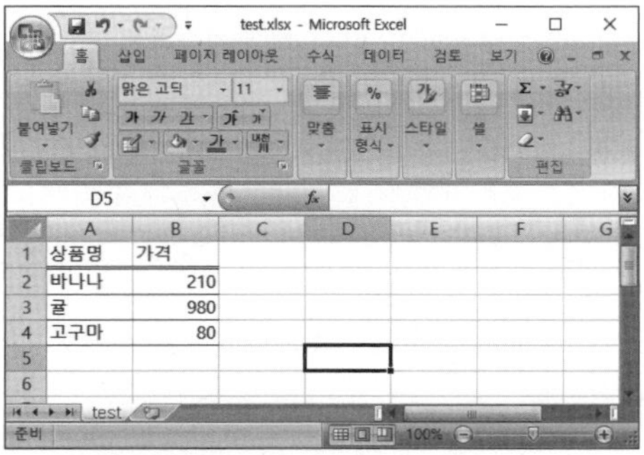

▲ 셀에 데이터를 쓰고 선을 긋기

이 프로그램을 실행하는 방법에 관해 알아보자. Apache POI는 다양한 라이브러리에 의존하고 있어 매우 복잡한 구조로 되어 있다. 그래서 JAR 파일을 한 폴더에 정리한 후 그것을 이용하도록 Rhino 실행 시 클래스 패스에 JAR 파일을 지정해야 한다.

예를 들어, 윈도우에서는 JAR 파일을 lib 폴더에 정리한 후 다음과 같은 명령을 실행한다. 매우 복잡해 보인다. 그러나 POI의 다운로드 파일에 포함된 JAR 파일을 전부 클래스 패스에 열거했을 뿐이다.

```
java ^
-cp ./lib/js.jar;./lib/commons-codec-1.9.jar;^
./lib/commons-logging-1.1.3.jar;./lib/junit-4.12.jar;^
./lib/log4j-1.2.17.jar;./lib/poi-3.12-20150511.jar;^
./lib/poi-examples-3.12-20150511.jar;^
./lib/poi-excelant-3.12-20150511.jar;^
./lib/poi-ooxml-3.12-20150511.jar;^
./lib/poi-ooxml-schemas-3.12-20150511.jar;^
./lib/poi-scratchpad-3.12-20150511.jar;^
./lib/xmlbeans-2.6.0.jar ^
  org.mozilla.javascript.tools.shell.Main poi-test.js %*
pause
```

Mac OS X이나 리눅스의 경우, 패스의 구분자는 ';'이 아니라 ':'이다. Apache POI는 굉장히 많은 기능을 담고 있다. 여기서는 개요를 소개한 정도로 끝맺도록 하겠다.

그 외의 방법

이 책에서는 다루지 않지만, 윈도우에 엑셀이 설치되어 있는 환경이라면 WSH/JScript를 사용하여 COM에서 엑셀을 원격 조작하는 방법도 있다. 이 방법은 윈도우에 엑셀이 설치되어 있어야만 한다는 단점이 있지만, 엑셀로 할 수 있는 것은 대부분 할 수 있어 충분히 매력적이다.

웹 API로 획득한 값을 엑셀에 쓰기

그러면 여기서는 웹 API로 얻은 데이터를 엑셀에 쓰는 프로그램을 소개하겠다. 가장 쉽게 사용할 수 있는 Node.js+officegen의 조합을 사용하겠다.

```
기상청 도시 코드
http://www.kma.go.kr/DFSROOT/POINT/DATA/top.json.txt
```

위 주소로 요청하면 JSON 형식으로 도시 코드를 얻을 수 있는데 이를 엑셀에 저장하는 프로그램을 만들어 보겠다.

File **src/ch04/06-output/kma-city-excel.js**

```
// KMA 도시 정보를 엑셀로 저장 for Node.js

var urlType = "http://www.kma.go.kr/DFSROOT/POINT/DATA/top.json.txt";

// 모듈 로드
var fs = require('fs');
var officegen = require('officegen');
var xlsx = officegen('xlsx');
var request = require('request');

// 도시 정보 요청
request(urlType, function(err, res, body){
  if (err) throw err;
  var list = JSON.parse(body);
  exportToExcel(list);
  console.log(list);
});

function exportToExcel(list) {
  // 신규 시트 작성
  var sheet = xlsx.makeNewSheet();
  sheet.name = "도시 정보";

  // 직접 데이터 작성
  sheet.data[0] = [
    "도시명","코드"
  ];
  for (var i = 0; i < list.length; i++) {
    var r = list[i];
    sheet.data[i + 1] = [r.code, r.value];
  }
  // 파일 쓰기
  var strm = fs.createWriteStream('kma_city_codes.xlsx');
  xlsx.generate(strm);
  console.log("ok");
}
```

프로그램을 실행하려면 다음 명령을 입력한다.

```
$ node kma-city-excel.js
```

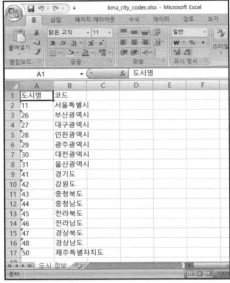

도시명	코드
11	서울특별시
26	부산광역시
27	대구광역시
28	인천광역시
29	광주광역시
30	대전광역시
31	울산광역시
41	경기도
42	강원도
43	충청북도
44	충청남도
45	전라북도
46	전라남도
47	경상북도
48	경상남도
50	제주특별자치도

▲ 프로그램 실행 화면

코드를 살펴보자. 이 프로그램에서는 request() 메소드를 사용하여 웹상의 데이터를 가져온다. 데이터는 JSON 형식으로 되어 있으므로, JSON.parse() 메소드를 사용하여 자바스크립트 객체로 변환한다. 그리고 엑셀에 데이터를 쓴다. 여기서는 생성한 시트를 나타내는 배열 변수 sheet.data에 데이터를 쓰고 있다.

이처럼 Node.js와 officegen을 사용하면 간편하게 엑셀 형식으로 데이터를 출력할 수 있다. 그러나 고도의 작업을 처리하기에는 기능이 제한적이므로 자바의 라이브러리인 Apache POI를 사용하기 위해 Rhino의 사용을 고려해 볼 수 있다. 리포트 출력에 필요한 기능을 먼저 생각해 보고, 어떤 기술을 사용할지 선택하도록 한다.

이 절의 마무리

- 리포트 출력 형식을 정할 때는 누구를 위해 어떤 목적으로 만드는지를 분명히 하여 최적의 형식을 결정한다.
- PDF로 파일을 출력하기 위해서는 PhantomJS나 PDFKit 등의 라이브러리를 사용하면 된다.
- Office 파일 형식으로 출력하기 위해서는 Officegen과 Apache POI 등의 라이브러리를 사용하면 된다.

제 5 장

한글 형태소 분석

이번 장에서는 한글 문장을 다루는 방법을 소개한다. 특히, 형태소 분석기를 이용하여 문장을 형태소 단위로 분리하고, 품사를 판정하는 방법과 이를 활용하는 프로그램의 예를 소개하고자 한다. 한글 텍스트 데이터를 분석하고 활용하는 기초적인 내용과 사용법을 익힐 수 있을 것이다.

01

형태소 분석에 관하여

텍스트 데이터를 활용하고자 할 때에 떼어 낼 수 없는 기술이 바로 형태소 분석이다. 여기서는 형태소 분석이란 무엇이며 어디에 활용할 수 있는지를 설명하고, 구체적인 이용 방법을 소개한다.

주요 학습 내용	주요 도구와 라이브러리
• 형태소 분석에 관하여	• mecab-ko

형태소 분석이란?

형태소 분석(morphological analysis)은 자연어 처리의 기초 기술 중 하나다. 간단히 말하면 '자연어로 쓰인 텍스트를 최소 의미를 가지는 단어별로 나누어 각각의 품사를 판별하는 작업'이다. 다음은 mecab-ko라는 형태소 분석기를 사용하여 한글 문장을 분석한 예다.

원문:

```
일과 결혼은 인생을 좌우하는 소중한 일이다.
```

분석 결과:

```
일      NNG,*,T,일,*,*,*,*
과      JC,*,F,과,*,*,*,*
결혼    NNG,*,T,결혼,*,*,*,*
은      JX,*,T,은,*,*,*,*
```

```
인생      NNG,*,T,인생,*,*,*,*
을        JKO,*,T,을,*,*,*,*
좌우      NNG,*,F,좌우,*,*,*,*
하        XSV,*,F,하,*,*,*,*
는        ETM,*,T,는,*,*,*,*
소중      XR,*,T,소중,*,*,*,*
한        XSA+ETM,*,T,한,Inflect,XSA,ETM,하/XSA/*+/ETM/*
일        NNG,*,T,일,*,*,*,*
이        VCP,*,F,이,*,*,*,*
다        EF,*,F,다,*,*,*,*
.         SF,*,*,*,*,*,*,*
```

이처럼 문장을 최소 의미 단위인 형태소로 분할한다. 이 작업은 어떻게 이뤄지는 것일까? 필요한 것은 문법 규칙과 단어 사전이다. 형태소 분석에서는 먼저 사전에서 단어가 속한 품사를 찾는다. 그리고 문장 안의 품사를 나열하여 문법적으로 올바른 나열을 찾게 된다. 가장 올바른 품사열을 고르는 방법으로는 규칙 기반과 통계 모델 기반의 두 가지 방법이 있다.

규칙 기반에서는 문법 규칙에 기반을 두고 해석한다. 이에 반해 통계 모델 기반에서는 대량의 자연어 문장 데이터로부터 출현 빈도를 조사하고, 빈도가 높은 쪽을 선택한다. 이때 모든 단어의 조합을 조사하는 것은 불가능하므로 품사의 조합만을 바탕으로 한다. 현재 주류는 후자로 통계 모델 기반의 분석 방법을 많이 사용한다.

어디에 활용할 수 있는가?

형태소 분석을 어디에 활용할 수 있을까? 구체적인 활용 예로는 구글과 같은 검색 엔진, 음성 인식, 텍스트 마이닝, 뉴스 기사 추천, 메일의 중요도 판정과 같은 문장 자동 분류 등에 활용되고 있다.

형태소 분석을 이용하는 방법

여기서는 형태소 분석의 구체적인 내부 원리를 깊이 있게 설명하는 대신 어떤 형태소 분석기가 있는지와 오픈 소스 한국어 형태소 분석기인 mecab-ko를 사용하는 방법을 다루고자 한다. 다음은 한글 형태소 분석기들이다.

```
mecab-ko
https://bitbucket.org/eunjeon/mecab-ko
```

```
한나눔
http://kldp.net/projects/hannanum
```

```
꼬꼬마 형태소 분석기
http://kkma.snu.ac.kr/
```

```
루씬 한글분석기 (아리랑)
http://cafe.naver.com/korlucene
```

```
KoNLPy: Korean NLP in Python
http://konlpy.org/
```

```
KLT: Korean Language Technology
http://nlp.kookmin.ac.kr/HAM/kor/
```

```
초고속 한국어 형태소 분석기 MACH
http://cs.sungshin.ac.kr/~shim/demo/mach.html
```

```
KOMORAN 2.0 - 자바 기반의 한국어 형태소 분석기
http://www.shineware.co.kr/?page_id=835
```

mecab-ko의 설치

mecab-ko는 일본어 형태소 분석기인 MeCab을 기반으로 개발된 한국어 형태소 분석기다. 은전한닢 프로젝트에 의해 개발되었으며, 모체인 MeCab에서 최소한의 변경으로 한국어의 특성에 맞는 기능이 추가되었다. mecab-ko는 MeCab의 라이선스를 따르는 무료 소프트웨어이며, GPL/LGPL/BSD 라이선스를 따른다. 홈페이지는 다음과 같다.

```
은전한닢 프로젝트
http://eunjeon.blogspot.kr/
```

mecab-ko는 현재 리눅스만 지원하며, 설치 방법은 다음과 같다. 최신 버전을 웹 페이지에서 확인하여 진행하도록 한다.

```
$ wget https://bitbucket.org/eunjeon/mecab-ko/downloads/mecab-0.996-ko-0.9.2.tar.gz
$ tar xvzf mecab-0.996-ko-0.9.2.tar.gz
$ cd mecab-0.996-ko-0.9.2
$ ./configure
$ make
$ make check
$ sudo make install
```

이어서 사전 데이터를 설치한다.

```
$wget https://bitbucket.org/eunjeon/mecab-ko-dic/downloads/mecab-ko-
dic-2.0.1-20150920.tar.gz
$ tar xvzf mecab-ko-dic-2.0.1-20150920.tar.gz
$ cd mecab-ko-dic-2.0.1-20150920
$ ./configure
$ make
$ sudo make install
```

실행 테스트

설치 후 다음과 같이 실행해 본다.

```
> mecab
아버지가방에들어가신다
아버지  NNG,*,F,아버지,*,*,*,*
가      JKS,*,F,가,*,*,*,*
방      NNG,*,T,방,*,*,*,*
에      JKB,*,F,에,*,*,*,*
들어가  VV,*,F,들어가,*,*,*,*
신다    EP+EC,*,F,신다,Inflect,EP,EC,시/EP/*+ㄴ다/EC/*
EOS
```

```
[centos@localhost ~]$ mecab
아버지가방에들어가신다
아버지	NNG,*,F,아버지,*,*,*,*
가	JKS,*,F,가,*,*,*,*
방	NNG,*,T,방,*,*,*,*
에	JKB,*,F,에,*,*,*,*
들어가	VV,*,F,들어가,*,*,*,*
신다	EP+EC,*,F,신다,Inflect,EP,EC,시/EP/*+ㄴ다/EC/*
EOS
```

▲ **mecab-ko 실행 결과**

이 절의 마무리

- 형태소 분석에 관해 소개하고 mecab-ko를 설치하였다.
- 간단한 예를 통해 형태소 분석의 동작을 파악하였다.

02

특정 품사의 단어들을 추출

이전 절에서는 형태소 분석에 관해 간단히 소개했다. 이번 절에서는 Node.js로 mecab-ko를 사용하는 프로그램을 만들어 본다. 형태소 분석을 통해 문장에서 특정 품사에 해당하는 단어들을 추출하는 프로그램을 만들어 보겠다.

주요 학습 내용	주요 도구와 라이브러리
• mecab-ko를 Node.js에서 사용 • 모듈 작성법	• mecab-ko • Node.js

Node.js에서 mecab-ko를 사용하는 방법

먼저, Node.js에서 mecab-ko를 사용하는 방법을 소개하겠다. 외부 프로세스로 mecab을 실행하고 결과를 읽어들이는 방법을 사용한다.

File src/ch05/02-mecab/mecab-test.js

```
// mecab-kor를 Node.js에서 사용

// 모듈 로드
var fs = require('fs');
var execSync = require('child_process').execSync;

// 형태소 분석할 텍스트
var srcText = "찾아라. 그러면 발견할 것이다.\n";

parse(srcText, function(result) {
  for (var i in result) {
    var word = result[i][0];
```

```
    var pos = result[i][1];
    if (word == "EOS") continue;
    console.log(word+":"+pos);
  }
});

// 형태소 분석 실행 함수 ——※1
function parse(text, callback) {
  // 형태소 분석할 문장을 임시 파일에 저장 ——※2
  fs.writeFileSync('TMP_INPUT_FILE', text, "UTF-8");

  // 명령어 구성
  var cmd = [
    'mecab',
    'TMP_INPUT_FILE',
    '--output=TMP_OUTPUT_FILE'
  ].join(" ");

  // 명령어 실행 ——※3
  var opt = { encoding: 'UTF-8' };
  var res = [];
  try {
    execSync(cmd, opt); ——※4
    res = fs.readFileSync("TMP_OUTPUT_FILE", 'UTF-8');
  }
  catch(e) { console.log(e); }

  res = res.replace(/\r/g, "");
  res = res.replace(/\s+$/, "");
  var lines = res.split("\n");

  var res = lines.map(function(line) {
        return line.replace('\t', ',').split(',');
  });

  callback(res);
}
```

프로그램을 실행하려면 다음과 같이 입력한다.

```
$ node mecab-test.js
```

그러면 다음과 같은 결과가 표시된다.

```
찾:VV
아라:EF
```

```
.:SF
그러면:MAJ
발견:NNG
할:XSV+ETM
것:NNB
이:VCP
다:EF
.:SF
```

※1의 parse() 함수가 형태소 분석을 실시하는 함수다. mecab을 외부 프로세스로 실행하고, 그 결과를 읽어들인다. ※4에서 execSync() 메소드를 사용하여 외부 커맨드인 mecab을 실행한다. 이때 mecab 명령의 실행 인자를 다음과 같이 주어 파일 입력과 출력을 지정하였다.

```
$ mecab TMP_INPUT_FILE --output=TMP_FILE_OUT
```

형태소 분석 결과는 --output 옵션으로 지정한 TMP_FILE_OUT에 기록이 되며, 이 파일을 읽어서 형태소와 품사 정보만 추출하여 2차원 배열로 만들어 콜백 함수에 넘겨준다.

다음은 형태소의 품사로 출력되는 약어에 관한 정보다. 자주 사용되는 품사만을 선별하였고, 전체 내용은 은전한닢 프로젝트 페이지에서 찾을 수 있다.

대부류	태그	설명
체언	NNG	일반 명사
	NNP	고유 명사
	NNB	의존 명사
	NP	대명사
용언	VV	동사
	VA	형용사
	VCP	긍정 지정사
수식언	MAJ	접속 부사
접미사	XSV	동사 파생 접미사
어말어미	EF	종결 어미
	ETM	관형형 전성 어미
부호	SF	마침표, 물음표, 느낌표

프로그램을 정리하여 형태소 분석 모듈 작성

이번 기회에 Node.js에서 모듈을 작성하는 법을 알아보고, 이를 응용하여 문장 안의 특정 품사에 해당하는 단어만을 반환하는 모듈을 작성해 보자. Node.js에서 모듈을 만들려면 module.exports 객체에 작성하면 된다. 예를 들어, 다음과 같이 간단히 덧셈을 수행하는 myadd 모듈을 생각해 보자. 이 프로그램을 myadd.js라는 이름으로 저장한다.

File src/ch05/02-mecab/myadd.js

```
// 덧셈 모듈

module.exports=function(a, b){
  return a+b;
};
```

그리고 이 모듈을 사용하는 프로그램에서는 다음과 같이 기술한다. 단, npm을 사용하여 설치한 것이 아니므로 모듈을 로드할 때 './'과 같이 경로를 명시해야 한다.

File src/ch05/05-mecab/myadd-test.js

```
// myadd 모듈 사용 예

// 모듈 로드
var myadd=require('./myadd.js');

// 모듈 사용
console.log(myadd(4, 5));
console.log(myadd(1, 3));
```

프로그램을 실행해 보면 기대했던 결과를 확인할 수 있다.

```
$ node myadd-test.js
9
4
```

만약, 하나의 모듈에 여러 개의 메소드를 정의하고 싶으면 다음과 같이 한다. 두 개의 수를 더하는 myadd2() 메소드와 세 개의 수를 더하는 myadd3() 메소드를 정의하였다.

File src/ch05/02-mecab/myadd2.js

```
// 하나의 모듈에 여러 개의 덧셈 메소드를 정의

module.exports.myadd2=function(a, b){
  return a+b;
};

module.exports.myadd3=function(a, b, c){
  return a+b+c;
};
```

File src/ch05/02-mecab/myadd2-test.js

```
// 모듈 사용 테스트

var myadd2=require('./myadd2.js').myadd2;
var myadd3=require('./myadd2.js').myadd3;

console.log(myadd2(3, 5));
console.log(myadd3(3, 5, 7));
```

생각보다 모듈을 작성하는 것은 어렵지 않다.

mecab-ko 모듈 작성

모듈 작성 요령이 파악되었을 것이다. 그러면 mecab-ko에 대한 모듈을 만들어 보자.

File src/ch05/02-mecab/mecab-mod.js

```
// MeCab 사용 모듈
module.exports = function () {
  // 외부 모듈 도입
  var execSync = require('child_process').execSync;
  var fs = require('fs');

  // 형태소 분석 실행 함수
  this.parse = function (text, callback) {
    text += "\n";

    // 원문을 임시 파일에 저장
    fs.writeFileSync('TMP_INPUT_FILE', text, "UTF-8");

    // 명령어 구성
    var cmd = [
      'mecab',
```

```
      'TMP_INPUT_FILE',
      '--output=TMP_OUTPUT_FILE'
    ].join(" ");

    // 명령어 실행
    var opt = { encoding: 'UTF-8' };
    var res = [];
    try {
      execSync(cmd, opt);
      res = fs.readFileSync('TMP_OUTPUT_FILE', 'UTF-8');
    }
    catch(e) { console.log(e); }

    res = res.replace(/\r/g, "");
    res = res.replace(/\s+$/, "");
    var lines = res.split("\n");

    var res = lines.map(function(line) {
        return line.replace('\t', ',').split(',');
    });

    callback(res);
  };
};
```

모듈을 사용하는 프로그램은 다음과 같다.

File **src/ch05/02-mecab/mecab-mod-test.js**

```
// mecab-mod.js 테스트 프로그램

var Mecab = require('./mecab-mod.js');
var mecab = new Mecab();

var text = "아버지가방에들어가신다";
mecab.parse(text, function(items) {
  for (var i in items) {
    var k = items[i];
    if (k == "EOS") continue;
    console.log(k[0] + ":" + k[1]);
  }
});
```

커맨드 라인에서 다음과 같이 프로그램을 실행해 본다.

```
$node mecab-mod-test.js
아버지:NNG
가:JKS
방:NNG
에:JKB
들어가:VV
신다:EP+E
```

형태소와 품사가 화면에 표시된다.

특정 품사의 단어들을 추출하는 프로그램

그러면 방금 작성한 mecab 모듈을 이용하여 특정 품사의 단어들만을 추출하는 프로그램을 만들어 보자. 인자로 입력 텍스트 파일과 추출하고자 하는 품사를 받아들이도록 한다.

File src/ch05/02-mecab/pos-extractor.js

```
// 특정 품사 단어 추출 for Node.js
// 모듈 도입
var fs = require('fs');
var Mecab = require('./mecab-mod.js');
var mecab = new Mecab();

// 실행 인자 조사 ——※1
var args = process.argv;
args.shift(); // 실행 인자 목록에서 'node' 제거
args.shift(); // 실행 인자 목록에서 스크립트 이름 제거

// 실행 인자가 없으면 프로그램 사용법을 출력 ——※2
if (args.length != 2) {
  console.log("[USAGE] pos-words.js 입력 텍스트 품사");
  process.exit();
}

// 입력 파일 읽기 ——※3
var inputfile = args.shift();
var txt = fs.readFileSync(inputfile, "utf-8");

// 타깃 품사
var targetPos = args.shift();
// 형태소 분석 ——※4
mecab.parse(txt, function (items) {
  for (var i in items) {
    var k = items[i];
    var word = k[0];
```

```
    var pos = k[1];
    if (k == "EOS") continue;
    // 타깃 품사와 같은 경우에만 출력
    if (pos == targetPos) {// 품사 확인 ──※5
      console.log(word);
    }
  }
});
```

프로그램을 테스트해 보자. 먼저, 다음과 같이 텍스트 파일 test.txt를 준비한다. 파일은 UTF-8로 저장하도록 한다.

File src/ch05/02-mecab/test.txt

```
이 프로그램은 형태소 분석을 통해 문장을 의미를 가지는 최소 단위로 분할한다.
그리고 각 형태소의 품사 정보를 얻을 수 있다.
```

일반 명사만을 추출하기 위해 NNG를 실행 인자로 넣어서 다음과 같이 실행해 보자.

```
$node furigana.js test.txt NNG
프로그램
형태소
분석
문장
의미
최소
단위
분할
형태소
품사
정보
```

코드를 살펴보자. ※1에서는 실행 인자를 처리하고 있다. 예를 들어, 'node furigana.js test.txt NNG'와 같이 실행했다면 process.argv의 내용은 다음와 같다. 즉, 요소 [0]이 node, 요소 [1]이 스크립트의 절대 경로, 요소 [2] 이후가 실행 인자가 된다.

```
//process.argv
[
  "node",
  __dirname+"/furigana.js",//절대 경로
  "test.txt",
  "NNG"
]
```

※2에서는 실행 인자의 개수를 확인하여 두 개가 아닐 경우 사용법을 출력하고 종료한다. ※3에서 입력 파일을 읽고, ※4에서 mecab-ko를 실행한다. 마지막으로, ※5에서는 우리가 원하는 품사인지 확인한 후 출력하고 있다.

이 절의 마무리

- 이번 절에서는 Node.js에서 mecab-ko를 사용하는 방법을 소개했다.
- 모듈화를 통해 다른 프로그램에서도 사용하기 쉽게 되었다.
- 이후의 절에서는 이 모듈을 여러 프로그램에서 사용할 것이다.

03

마르코프 체인을 이용한 문서 요약

이번 절에서는 형태소 분석의 진일보한 활용 예로서 마르코프 체인(Markov chain)을 이용하여 두고 문서를 요약하는 방법에 관해 살펴본다. 문학 작품의 요약에 도전해 볼 것이다.

주요 학습 내용	주요 도구와 라이브러리
• 마르코프 체인	• mecab-ko • Node.js

마르코프 체인을 이용한 문서 요약

마르코프 체인은 확률 과정의 하나다. 러시아 수학자 마르코프에 의해 연구된 것으로 물리학이나 통계학의 기본적인 모델로 활용되고 있다. 여기서는 어려운 내용은 제외하고, 마르코프 체인에 기반을 둔 문서 요약에 도전해 보겠다.

마르코프 성질(Markov property)이란, 다음 상태가 과거의 상태에 의존하지 않고 현재 상태에 의해서만 정해지는 성질을 말한다. 마르코프 성질이 존재하는 모델이 {q0, q1, q2, q3, ..., q(n-1)}로 n개의 상태를 취한다고 생각해 보자. 현재의 상태가 qi일 때, 다음 상태 qj로 전이할 확률은 다음 상태와 현재의 상태만으로 기술할 수 있는데 이를 P(qj| qi)라고 한다. 마찬가지로, 상태 전이를 순서대로 나열한 {a0, a1, a2,... a(m-1)}의 생성 확률은 $\prod_{i=1}^{m-1} P(ai \mid a(i-1))$이 된다.

이러한 원리에 기반을 두고 간단하게 재미있는 문장 생성기를 만들 수 있다. 최근에는 기계적으로 문장을 생성하고, 그것을 트위터에 자동으로 발신하는 프로그램이 많이 제작되고 있다. 문장을 생성하는 방법을 정리해 보면 다음과 같다.

1. 글의 각 문장을 형태소 단위로 분리한다.
2. 형태소의 전후 관계를 사전에 등록한다.
3. 작성한 사전을 이용해서 무작위로 작문한다.

사전을 구성할 때는 형태소의 앞뒤 결합을 등록한다. 예를 들어, '그의 고양이는 귀엽다'라는 문장의 경우, '그 | 의 | 고양이 | 는 | 귀엽다'와 같이 문장을 분할한다. 그리고 이렇게 분할된 형태소들의 전후관계를 바탕으로 세 개의 요소를 하나로 묶어 사전에 등록한다. 즉, 다음과 같다.

```
그 | 의 | 고양이
의 | 고양이 | 는
고양이 | 는 | 귀엽다
```

마찬가지로, '그 호텔의 아침 식사는 맛있다'라는 문장은 다음과 같이 등록한다.

```
그 | 호텔 | 의
호텔 | 의 | 아침 식사
의 | 아침식사 | 는
아침식사 | 는 | 맛있다
```

이런 사전을 바탕으로 같은 조합을 가진 형태소와 형태소를 연결하여 임의로 조합하면 문장이 완성된다. 단, 의미를 고려하여 문장을 만들지 않으므로 경우에 따라서는 엉터리 문장이 만들어질 수 있다.

마르코프 체인의 구현

그러면 이제 마르코프 체인을 이용한 프로그램을 작성해 보자. 여기서는 사전 데이터를 저장하기 위해 자바스크립트 객체를 이용한다. 즉, 형태소 조합 사전을 메모리상에 올려서 관리한다. 그래서 사이즈가 큰 글을 읽게 되면 메모리 부족으로 에러가 발생할 수 있다. 하지만 그만큼 프로그램 자체는 간결하다. 형태소 분석을 수행하여 사전에 등록하고, 만들어진 사전을 바탕으로 문장을 생성한다.

실제 프로그램은 다음과 같다. 이 프로그램에서는 앞 절에서 작성한 mecab-ko의 모듈 mecab-mod.js를 사용한다. sample.txt에 기술한 텍스트 파일을 읽고 요약한 내용을 화면에 표시한다.

File src/ch05/03-markov/markov.js

```
// 마르코프 체인으로 문장을 요약
var SENTENCE_COUNT = 3; // 세 개의 문장을 생성
var Mecab = require('./mecab-mod.js');
var mecab = new Mecab();
var fs = require('fs');

// 샘플 텍스트 읽기
var text = fs.readFileSync("sample.txt", "utf-8");

// 형태소 분석하여 문장 생성 ——※1
mecab.parse(text, function(items) {
  var dic = makeDic(items);
  console.log(dic); ——※2
  makeSentence(dic);
});

// 마르코프 체인을 위한 사전 작성 ——※3
function makeDic(items) {
  var words = ["@"];
  var dic = {};
  for (var i in items) {
    var item = items[i];
    var word = item[0];// 하나의 형태소
    if (word == "" || word == "EOS") continue;
    words.push(word);
    if (words.length < 3) continue;
    if (words.length > 3) {
        words.splice(0, 1);// 배열의 0번째에서 한 개의 아이템 삭제
    }
    setWord3(dic, words);// 세 개의 형태소 묶음을 사전에 등록

    if (word == ".") {
      words = ["@"];// 문장의 시작은 [@, 형태소1, 형태소2] 형태로 등록
      continue;
    }
  }

  return dic;
}

function setWord3(dic, words3) {
  var word1 = words3[0], word2 = words3[1], word3 = words3[2];
  if (dic[word1] == undefined) dic[word1] = {};
  if (dic[word1][word2] == undefined) dic[word1][word2] = {};
  if (dic[word1][word2][word3] == undefined) dic[word1][word2][word3] = 0;
  dic[word1][word2][word3]++;
}

// 사전을 기반으로 문장 생성 ——※4
function makeSentence(dic) {
  for (var i = 0; i < SENTENCE_COUNT; i++) {
```

```
    var ret = [];

    // 문장을 시작하는 형태소 리스트
    var startWordList = dic["@"];
    if (!startWordList) continue;

    // 첫 형태소 선택
    var word1 = choiceWord(startWordList);

    // 두 번째 형태소 선택
    var word2 = choiceWord(startWordList[word1]);
    ret.push(word1);
    ret.push(word2);

    for (;;) {
      // 마침표를 만날 때까지 두 개의 선택한 형태소를 기반으로 세 번째 형태소를 선택
      var word3 = choiceWord(dic[word1][word2]);
      ret.push(word3);
      if (word3 == ".") break;

      // 두 개의 형태소 갱신
      word1 = word2, word2 = word3;
    }
    console.log(ret.join(" "));
  }
}

// 키 목록 생성
function objKeys(obj) {
  var r = [];
  for (var i in obj) {
    r.push(i);
  }
  return r;
}

// 키의 목록에서 무작위로 선택
function choiceWord(wordList) {
  var keys = objKeys(wordList);
  var rndIndex = rnd(keys.length);
  return keys[rndIndex];
}

function rnd(num) {
  return Math.floor(Math.random() * num);
}
```

샘플로 일본 소설가 나쓰메 소세키의 《마음》이라는 소설의 일부를 sample.txt에 UTF-8으로 저장했다. 프로그램을 실행하려면 다음 명령을 실행한다.

```
$ node markov.js
```

그러면 다음과 같은 문장이 생성된다.

```
물가에이르자마자그들은곧물속에발을넣었다.
수영복이없었다.
그런광경을본적이있었다.
```

무작위로 문장을 만들므로 실행할 때마다 표시되는 문장이 바뀐다.

```
수영복이없는나와그다지차이가나지않는다.
특정한상황이아니었다면나는매일바다에들어가기위해서숙소를나섰다.
사실나는정해 둔숙소에서당분간머무르기로했다.
```

소설 《마음》을 읽어 본 독자라면 이야기의 분위기가 느껴질지도 모르겠다. 그러나 무작위로 문장을 생성하므로 의미 있는 문장이 생성되기 힘든 것도 사실이다. 또한, 한글의 경우 형태소를 조합하며 문장을 생성하는 과정에서 띄어쓰기를 주기 위해 각 형태소의 품사 정보와 같은 부가적인 자료 구조와 처리가 필요하다. 여기서는 마르코프 체인의 원리에 기반을 둔 가장 단순한 형태의 문서 요약 기능을 구현해 본다는 취지에 따라 복잡한 부가적인 처리를 생략하였다.

프로그램에 관하여

그러면 프로그램에 관해서 살펴보자. 프로그램의 ※1이 메인 처리에 해당하는 부분이다. mecab-ko를 사용하여 형태소 분석을 진행한다. 형태소 분석이 되면 makeDic() 함수로 분할한 형태소를 사전에 등록하고, makeSentence() 함수에서 문장을 생성한다.

프로그램 ※2에서 사전을 생성한다. 앞서 설명한 대로 세 개의 형태소를 한 세트로 사전에 등록하고, 자바스크립트 객체에 형태소의 조합을 저장한다. 여기서는 문장의 시작을 나타내는 기호 @부터 시작해서 사전에 등록한다. 그러면 문장을 생성할 때 문장의 서두에 나타났던 형태소 목록을 쉽게 찾을 수 있다.

프로그램 ※3을 통해 사전 생성이 완료된 시점에서 자바스크립트 객체를 출력해 보면 다음과 같은 구조다. 설명을 위해 일부만 요약하여 표시하였다.

```
dic = {
'@':
   {
     '나': { '는': 7 },
     '따라서': { '여기': 1, '모처럼': 1, '혼자': 1, '당구': 1 }
  },
'여기':
  {
     '서': { '도': 1 },
     '저기': { '아주': 1 }
  }
}
```

@를 키로 가지고 있는 '나'와 '따라서'는 문장의 서두에 나타난 형태소에 해당한다. '나'의 경우는 문장의 서두에 일곱 번 나타났고, 전부 '는'이라는 형태소가 이어졌다. 그리고 '따라서'의 경우는 네 번 나타났으며, 모두 서로 다른 형태소와 조합되어 사용되었다.

프로그램 ※3에서는 구성한 사전을 바탕으로 문장을 생성한다. 제일 먼저, '@'키에 있는 형태소 세트 중 하나를 고른다. 선택한 형태소 세트에서 생성할 문장의 첫 형태소를 꺼낸다. 그리고 문장의 두 번째 형태소까지 제일 먼저 선택한 형태소 세트에서 꺼내게 되는데 여러 개의 후보 중 하나를 choiceWord() 메소드를 통해 무작위로 선택하게 된다.

예를 들어, '@' 키에서 '따라서'를 선택했으면 '여기', '모처럼', '혼자', '당구' 중 하나를 무작위로 선택하게 되는 것이다. 만약, 이 중 '여기'를 선택했다면 '여기'를 키로 사전을 검색하게 된다. 그러면 '여기'를 키로 가지고 있는 '서'와 '저기' 중 하나를 이어지는 형태소로 선택하게 된다. 이러한 형태소의 선택은 마침표가 나타날 때까지 반복된다.

이 절의 마무리

- 마르코프 체인을 이용한 문서 요약에 도전하였다.
- 요약이라 해도 무작위로 형태소를 조합할 뿐이므로 의미 없는 글이 되는 경우도 있다.
- 정확한 문서 요약을 하려면 각 문장의 중요도를 반영하거나 중복을 피하여 형태소를 선택하는 등의 개선 방법을 생각해 볼 수 있다.

04

간단한 문장 교정 도구 작성

이번에는 형태소 분석을 사용하여 간단한 문장 교정 도구를 제작해 본다. 단어 수의 카운트와 조사가 연속으로 나타나는 경우 등을 찾아 주는 프로그램을 만들어 볼 것이다.

주요 학습 내용	주요 도구와 라이브러리
• 형태소 분석 이용 예 • 문장 교정 도구 작성	• Node.js • mecab-ko

문장 교정 도구에 관하여

많든 적든 일상 생활 속에서 글을 쓸 기회가 있다. 업무상의 보고서나 상품 광고, 사용자 매뉴얼, 그리고 취미로 하는 블로그 등 여러 가지 상황에서 글을 작성하게 된다. 이때 유용한 것이 문장 교정 도구다. 마이크로소프트의 워드, 아래아 한글과 같은 문서 편집기에 표준으로 탑재되어 있는 기능이다. 여기서는 형태소 분석을 활용하여 간단한 문장 교정 도구를 만들어 보고자 한다.

만들 프로그램

우리가 만들어 볼 문장 교정 도구는 단어 수를 체크하고, 조사나 접속사가 많이 사용되어 어색한 문장을 체크한다. 프로그램의 인자로 입력 텍스트 파일을 전달하고 교정 결과를 출력하도록 만들어 보겠다. 다음이 우리가 교정할 내용이다.

- 하나의 문장 안에 조사 '의'가 반복하여 출현
- 길이가 긴 문장
- 한 줄에 같은 접속사가 반복하여 출현

실제 프로그램

그러면 실제 프로그램의 코드를 살펴보자. 여기서는 우리가 만들었던 mecab-mod.js를 약간 수정한 mecab-mod-sync.js를 사용한다. 5장 2절에서 만든 mecab-mod.js와의 차이점은 함수의 끝에서 콜백 함수를 호출하지 않고 바로 결과를 반환하는 점이다. mecab-mod.js의 마지막에서 callback(res);라고 되어 있는 부분을 return res;로 바꿔주면 된다. 그리고 파일을 한 문장씩 읽어들일 때 편리한 n-readlines라는 모듈을 사용한다. 다음과 같이 설치를 진행한다.

```
$ npm install n-readlines
```

File src/ch05/04-correct/correct.js

```
// 문장 교정 도구
var MAX_WORD = 40; // 최대 형태소 수

var Mecab = require('./mecab-mod-sync.js');
var mecab = new Mecab();
var fs = require('fs');
var lineByLine = require('n-readlines');

// 실행 인자 확인 ——— ※1
var args = process.argv;
args.shift(); // 'node' 제거
args.shift(); // 스크립트 경로 제거
if (args.length <= 0) {
  console.log('node kousei.js textfile');
  process.exit();
}

var filename = args.shift();

// 파일을 한 줄씩 읽기 ——— ※2
var liner = new lineByLine(filename);

var line;
var lineno = 1;

while (line = liner.next()) {
    var res = mecab.parse(line);
```

```
    checkSentence(line, res, lineno);
    lineno++;
}

// ──※3
function checkSentence(line, items, lineno) {
  var cnt = 0; // 조사 '의'가 출현한 횟수
  var cur = []; // 현재 읽고 있는 문장
  var conj = {}; // 접속사 출현 정보
  for (var i in items) {
    var it = items[i];    var word = it[0];
    var pos = it[1];

    // 한 줄의 끝에서 확인 ──※4
    if (word == "EOS") { // 개행
      for (var i in conj) {
        if (conj[i] > 1) {
            console.log("[경고] 한 줄에 같은 접속사「" + i + "」가 " + conj[i] + "번 사용");
            console.log("(" + lineno + "행)" + line + "\n");
        }
      }

      cur = [];
      cnt = 0;
      conj = {};
      continue;
    }

    cur.push({word:word, pos:pos});

    // 문장 끝에서 확인 ──※5
    if (word == ".") {
      // 하나의 문장에서 '의' 출현 횟수 확인
      if (cnt >= 3) {
        console.log("[경고] 조사 '의'가 하나의 문장에 " + cnt + "회 사용");
        console.log("(" + lineno + "행)" + line+ "\n");
      }

      // 어휘수 확인
      if (cur.length >= MAX_WORD) {
        console.log("[경고] 너무 긴 문장 길이");
        console.log("(" + lineno + "행)" + line + "\n");
      }

      cnt = 0;
      cur = [];
    }

    // 조사 '의'가 있는지 확인 ──※6
    if (it[0] == "의" && it[1] == "JKG") cnt++;

    // 접속사 출현 확인 ──※7
    if (it[1] == "MAJ") {
```

```
      if (typeof(conj[word]) == "undefined") {
        conj[word] = 1;
      } else {
        conj[word]++;
      }
    }
  }
}
```

프로그램을 실행하려면 다음과 같이 입력한다.

```
$ node correct.js text-file
```

프로그램의 동작을 확인하기 위해 다음과 같이 교정이 필요한 샘플 텍스트를 준비했다.

File src/ch05/04-correct/sample.txt

```
오늘은 아침 일찍 일어났다. 날씨가 좋았다.
학교에 가다가 지하철이 늦게 오는 바람에 지각을 할 뻔했으나 다행히 연결되는 버스가 바로 와서 지각을 하지 않은 것은 좋았지
만 아침부터 너무 피곤했다.
그런데 1교시부터 수학 수업이었다. 그런데 선생님의 기분이 좋아 보이지 않았다.
나의 옆에 앉은 친구의 책상의 쓰레기가 선생님의 기분을 상하게 했다.
```

그러면 다음과 같이 잘못을 지적해 준다.

```
[경고] 너무 긴 문장 길이
(2행) 학교에 가다가 지하철이 늦게 오는 바람에 지각할 뻔했으나 다행히 연결되는 버스가 바로 와서 지각하지 않은 것은 좋았
지만 아침부터 너무 피곤했다.

[경고] 한 줄에 같은 접속사 「그런데」가 두 번 사용
(3행) 그런데 1교시부터 수학 수업이었다. 그런데 선생님의 기분이 좋아 보이지 않았다.

[경고] 조사 '의'가 하나의 문장에 네 번 사용
(4행) 나의 옆에 앉은 친구의 책상의 쓰레기가 선생님의 기분을 상하게 했다.
```

프로그램에 관하여

프로그램의 구조를 살펴보자. 복잡한 구조는 아니다. 한 줄씩 형태소 분석을 하고 그 결과를 조사하는 형식이기 때문이다. 프로그램의 ※1에서는 실행 인자에서 입력 파일의 경로를 얻고 있다. 배열 변수 process.argv에 경로가 저장되어 있다.

프로그램 ※2에서는 텍스트 파일을 한 줄씩 읽는다. 한 줄씩 읽어서 mecab-ko를 사용하여 형태소 분석을 실시한다. 그리고 ※3의 checkSentence() 함수를 호출하여 형태소 분석 결과를 바탕으로 교정할 내용을 확인한다.

※4에서는 한 줄의 끝에서 그 줄에 나타난 접속사의 개수를 확인하여 동일한 접속사가 여러 번 나타났을 경우에 경고를 출력하고 있다.

※5에서는 문장의 끝을 만날 때마다 그 문장을 이루는 형태소의 개수나 조사 '의'의 개수를 확인하여 경고 메시지를 출력한다. ※6과 ※7에서는 각각 조사 '의'와 접속사의 개수를 세고 있다.

이 절의 마무리

- 이번 절에서는 형태소 분석을 활용한 문장 교정 도구를 만들어 봤다.
- 예제에서는 간단한 교정만을 수행하는데 보다 다양한 교정을 수행하는 프로그램으로 개선해 보기 바란다.
- 본인이 자주 잘못 쓰는 버릇을 교정해 주는 프로그램을 만들면 편리하다.

05

단어의 출현 빈도 조사

글에 자주 쓰이는 단어를 조사하면 해당 글의 특징을 파악할 수 있다. 여기서는 형태소 분석을 활용하여 단어의 출현 빈도를 조사하는 프로그램을 만들어 본다. 글에서 자주 등장하는 단어를 추출한다.

주요 학습 내용	주요 도구와 라이브러리
• 형태소 분석 이용 예	• Node.js • mecab-ko

단어의 출현 빈도 조사

사실, 형태소 분석이 되면 자주 출현하는 단어를 조사하는 것은 그리 어려운 문제가 아니다. 자바스크립트의 객체 형식을 이용하면 간편하게 단어의 출현 횟수를 셀 수 있다. 우선은 별로 깊이 생각하지 말고, 출현 빈도를 조사하는 프로그램을 만들어 보자.

File src/ch05/05-count/word-count.js

```
// 실행 인자 확인
var args = process.argv;
args.shift(); // 'node' 제거
args.shift(); // 스크립트 경로 제거
if (args.length <= 0) {
  console.log('node word-count.js textfile');
  process.exit();
}
var filename = args.shift();

// 파일 읽기
```

```
var text = fs.readFileSync(filename, "utf-8");
// 형태소 분석 실행
mecab.parse(text, function(items) {
  console.log(items);
  checkWordCount(items);
});

// 출현 빈도 조사
function checkWordCount(items) {
  // 형태소를 객체에 넣어서 빈도를 조사
  var words = {};
  for (var i in items) {
    var it = items[i];
    var w = it[0];
    if (words[w] == undefined) {
      words[w] = 1;
    } else {
      words[w]++;
    }
  }
  // 형태소 출현 빈도로 정렬하기 위해 배열에 복사
  var list = [];
  for (var key in words) {
    list.push({
      "word":key,
      "nums":words[key]
    });
  }
  // 정렬
  list.sort(function(a, b){
    return b.nums - a.nums;
  });
  // 화면에 출력
  for (var i = 0; i < list.length; i++) {
    var it = list[i];
    console.log((i + 1) + ":" + it.word + "(" + it.nums + ")");
  }
}
```

다음과 같이 명령어를 입력하여 프로그램을 실행한다.

```
$ node word-count.js (textfile)
```

예를 들면, 나쓰메 소세키의 소설 《마음》에 나타나는 단어의 출현 빈도를 살펴보면 다음과 같은 결과가 된다.

```
$ node hindo.js sample.txt
1:는(69)
2:.(59)
3:다(57)
4:이(46)
5:을(44)
6:에(44)
7:었(33)
8:있(31)
9:은(29)
10:나(29)
11:고(26)
12:그(25)
13:도(21)
```

실행 결과를 보면 조사나 구두점이 많이 추출된 것을 알 수 있다. 이래서는 의미 있는 단어가 상위에 표시되지 않는다.

조사나 구두점을 제외

그러면 조사나 구두점을 표시하지 않게 프로그램을 개선해 보자.

File src/ch05/05-count/word-count2.js

```
// 생략
// 출현 빈도 조사
function checkWordCount2(items) { ——※1
  // 형태소를 객체에 넣어서 빈도를 조사
  var words = {};
  for (var i in items) {
    var it = items[i];
    var w = it[0];
    var h = it[1];
    if (w == 'EOS') continue;
    if (h == 'NNG' || h == 'NNP' || h == 'MAJ' || h == 'NP' || h == 'MAG' ) { ——※2
      if (words[w] == undefined) { ——※3
          words[w] = 1;
      } else {
        words[w]++;
      }
    }
  }
  // 단어를 출현 빈도로 정렬하기 위해 배열에 복사 ——※4
var list = [];
for (var key in words) {
  list.push({
    "word":key,
```

```
    "nums":words[key]
  });
}

// 정렬 ——※5
list.sort(function(a, b){
  return b.nums - a.nums;
});

// 빈출 순위로 단어를 화면에 출력
for (var i = 0; i < 15; i++) {
  var it = list[i];
  console.log((i + 1) + ":" + it.word + "(" + it.nums + ")");
}
// 생략
```

커맨드 라인에서 다음 명령을 입력하여 결과를 확인해 보자.

```
$ node bindo2.js sample.txt
1:나NP(23)
2:선생NNG(12)
3:그NP(12)
4:바다NNG(9)
5:내NP(7)
6:사람NNG(7)
7:때NNG(6)
8:그것NP(6)
9:찻집NNG(6)
10:친구NNG(5)
11:마음NNG(5)
12:위NNG(5)
13:고향NNG(4)
14:머리NNG(4)
15:가마쿠라NNP(4)
```

이번에는 특징적인 어휘가 많이 추출되었다. 그중 출현 빈도가 가장 높은 것은 '나'로 나타났다. 확실히 소설 《마음》은 '나'의 시점에서 쓰였고, 자기를 소개하는 내용이 소설의 서두에 많이 포함되어 있다. 또한, '선생', '친구', '가마쿠라' 같은 어휘도 많이 나타났는데 이들 키워드도 '마음'을 말할 때 빼놓을 수 없는 키워드들이다. 자주 출현하는 단어를 조사하는 것으로 글의 특징을 파악할 수 있었다.

프로그램에 관하여

프로그램의 구조를 알아보자. 특히, 포인트가 되는 것은 프로그램의 ※1에서 출현 빈도를 계산하는 checkWordCount2() 함수다. 출현 빈도를 셀 때 자바스크립트의 객체를 사용하면 편하다. 여기서는 ※3처럼 words라는 객체를 만들어 출현 빈도를 세고 있다. 형태소 분석을 하여 얻은 형태소의 배열을 for 구문으로 하나씩 순회하며 각 형태소를 키도 가지는 값에 1씩 더하고 있다. 빈도를 계산한 후, 변수 words의 내용은 다음과 같다.

```
{
  '나': 21,
  '선생': 12,
  '그': 12,
  '바다': 9,
  '내': 5,
  …
}
```

그러나 위 자료 구조로는 출현 빈도순으로 정렬하기가 번거롭다. 그래서 ※4처럼 일단 배열 변수로 바꾸고 있다. 그러면 프로그램 ※5처럼 sort() 메소드를 사용하여 출현 빈도순으로 정렬할 수 있다. 정렬한 뒤 변수 list의 값은 다음과 같다.

```
[
  {word: '나', nums: 21},
  {word: '선생', nums: 12},
  {word: '그' , nums: 12},
  {word: '바다' , nums: 9},
  {word: '내' , nums: 5},
  …
]
```

Array.sort() 메소드에 함수를 지정하면 임의의 항목을 이용한 정렬이 가능하게 된다. 다음은 프로그램 ※5의 sort() 메소드를 발췌한 것인데 객체 a와 b에 대해서 그 속성 nums의 값을 이용하여 정렬하게 지정한 것이다.

```
list.sort(function(a, b){
  return b.nums - a.nums;
});
```

또한, 프로그램 ※2에서는 필요한 품사만을 선택해서 계산하고 있다. 이것으로 조사나 구두점 등의 크게 의미가 없는 형태소를 제외하고 출현 빈도를 조사할 수 있었다.

이 절의 마무리

- 이번 절에서는 문서에서 자주 쓰이는 단어를 조사하는 프로그램을 만들어 보았다.
- 형태소 분석을 이용하면 의미 있는 단어를 추출할 수 있다.
- 여기서는 조사나 기호 등을 제외함으로써 의미 있는 단어를 얻을 수 있었다.
- 자주 출현하는 단어를 조사하면 글의 특징을 쉽게 파악할 수 있다. 여러 글에 대해 테스트해 보기 바란다.

크롤링을 위한 데이터 소스

이번 장에서는 인터넷에 공개된 유익한 데이터 소스와 수집 방법에 관해 알아본다. 유튜브, 트위터와 같은 SNS를 비롯하여 아마존, 네이버, 위키피디아와 같은 각종 웹 서비스와 정부에서 제공하는 공공 데이터 등을 수집하는 방법과 활용하는 법에 관해 알아보겠다.

01

유익한 데이터 소스 목록

이번 장에서는 웹 데이터를 수집할 때 빼놓을 수 없는 유익한 사이트들을 소개한다. 구체적으로 어떤 데이터가 공개되어 있고, 어떻게 활용할 수 있을지 알아볼 것이다. 데이터를 수집해서 어떻게 활용할지 상상하면서 읽어 보기 바란다.

주요 학습 내용	주요 도구와 라이브러리
• 유익한 데이터를 수집할 수 있는 웹사이트 목록	• 없음

데이터 소스에 관하여

이번 절에서는 웹에 공개된 각종 유익한 데이터 소스를 종류별로 알아볼 것이다. 많은 대형 웹 서비스 업체들이 웹 API를 공개하여 개발자들이 데이터를 가져갈 수 있게 해놓았다. 왜 이들 업체들이 API를 제공하는지를 생각해 보면 순수하게 개발자를 지원하겠다는 목적도 있겠지만, 사이트 전체를 크롤링하는 부하를 막고 싶다는 의도도 충분히 있을 것이다. 우리 개발자들은 되도록 서버에 부담이 되지 않게 크롤링하는 자세를 갖추어야 한다.

SNS의 활용

SNS(Social Networking Service)란, 인터넷상에서 사회적 유대를 만들 수 있는 교류의 장을 제공하는 서비스다. 페이스북(Facebook)과 라인(LINE), 트위터(Twitter) 등이 대표적이다. 누군가와 친구를 맺고, 일기를 쓰거나 일기에 댓글을 달면서 정보를 교환하고 대화를 즐길 수 있다. 즉,

개인 간의 커뮤니케이션을 활성화시키는 웹 서비스다. 요즘에는 기업이나 정부 기관도 SNS를 사용하기 시작했다. 그래서 SNS의 데이터를 수집하면 최신 정보나 트렌드를 빠르게 포착할 수 있다. 대부분의 SNS에서 웹 API를 공개하고 있어 이를 통해 데이터를 취득할 수 있다.

▼ 대표적인 SNS

명칭	URL
페이스북	https://www.facebook.com/
트위터	https://twitter.com/
Google+	https://plus.google.com/
Mixi	http://mixi.jp/

소셜 북마크 활용

소셜 북마크(social bookmark)는 온라인 북마크 서비스의 발전한 형태다. 자신의 북마크를 인터넷에 공개할 수 있다. 북마크를 등록할 때 태그를 붙일 수 있어 이를 바탕으로 취향에 맞는 콘텐츠를 쉽게 검색할 수 있다. 또한, 요즘 화제가 되고 있는 인기 사이트도 쉽게 확인할 수 있다.

▼ 대표적인 소셜 북마크

명칭	URL
마가린	http://mar.gar.in/
마이픽업	http://mypickup.kr/
필터링	http://www.feeltering.com/

상품 정보 활용

요즘에는 다양한 물건들이 인터넷에서 판매되고 있다. 재미있고 흥미로운 상품들이 전 세계적으로 판매되고 있어 상품 정보 자체도 훌륭한 데이터가 될 수 있다. 상품 정보는 웹 API를 통해서 검색할 수 있다. 그리고 이를 잘 활용하면 상품을 소개할 뿐만 아니라 광고 수익도 얻을 수 있다.

▼ 상품 정보를 얻을 수 있는 API 사이트

명칭	URL
다나와	http://api.danawa.com/
11번가	http://openapi.11st.co.kr/
옥션	http://developer.auction.co.kr/

온라인 사전의 활용

위키피디아(Wikipedia)와 같은 사전이나 백과사전 사이트도 유익한 정보를 가득 담고 있다. 재미있는 읽을 거리도 많지만, '대한민국의 철도역 목록'과 같은 구체적인 정보도 담고 있다. 여기서 필요한 정보를 추출하여 저장해 두면 유용하게 활용할 수 있을 것이다.

▼ 인터넷에 공개된 온라인 사전

명칭	URL
Wikipeida	https://ko.wikipedia.org/
bab.la 사전	http://www.babla.kr/
네이버 사전	http://dic.naver.com/
Daum 사전	http://dic.daum.net/

오프라인 사전 데이터 활용

앞서 온라인 백과 사전을 소개했는데 다운로드해서 사용할 수 있는 오프라인 사전 데이터도 있다.

▼ 다운로드할 수 있는 사전 데이터

종류	명칭	URL
오프라인 사전	lingoes	http://www.lingoes.net/en/translator/download.htm

블로그 서비스 활용

많은 사이트에서 무료로 블로그 서비스를 제공하는데 블로그에도 유익한 정보가 많이 담겨 있다. 특정 블로그에 주목해서 데이터를 수집할 수도 있지만, 블로그 서비스의 홈페이지에서 소개하는 인기 블로그를 활용하는 것도 좋은 방법이다. 또한, 블로그의 경우 대개 요약 정보인 RSS를 내보내고 있으므로 이를 이용할 수도 있다.

▼ 대표적인 블로그 서비스

명칭	URL
네이버 블로그	http://blog.naver.com
다음 블로그	http://blog.daum.net
티스토리	http://tistory.com
워드프레스	https://ko.wordpress.com/
구글 블로거	http://www.blogger.com

일기 예보, 기상 정보 활용

기상 예보는 그 자체로 매우 유익한 정보다. 특히, 기온과 강우량 정보를 다른 요소와 조합하면 새로운 가치를 창출할 수 있다. 예를 들어, 굉장히 더운 날씨가 될 것임을 알게 되면 더위와 관련된 상품들의 수요가 높아질 것을 예상해 볼 수 있다. 이에 맞추어 본인의 블로그에서 관련 상품을 광고하도록 만들면 매우 효과적일 것이다. 많은 기상 정보 사이트가 웹 API와 RSS를 오픈하고 있어 쉽게 활용할 수 있다.

▼ 기상정보 사이트

명칭	URL
기상청 RSS	http://web.kma.go.kr/weather/lifenindustry/sevice_rss.jsp
네이버 날씨	http://weather.naver.com/
SK Planet Weather Planet	https://developers.skplanetx.com/apidoc/kor/weather/

그리고 곧 이어 소개할 오픈 데이터 중 하나로 기상청은 과거의 기상 정보를 CSV 형식으로 제공하고 있다.

▼ 과거 기상 데이터를 CSV 형식으로 제공

명칭	URL
과거 기상 데이터 다운로드	https://data.kma.go.kr/data/grnd/selectAsosList.do?pgmNo=34

오픈 데이터 활용

오픈 데이터(open data)는 자유롭게 재사용 및 재배포할 수 있도록 공개된 데이터를 말한다. 즉, 저작권이나 특허의 제한 없이 자유롭게 이용할 수 있다. 저작권·특허, 라이선싱, 재활용, 재배포가 자유로운 데이터는 이용 가치가 높다. 최근 정부 데이터나 과학 데이터들이 공공 데이터로 공개되는 추세다.

▼ 정부에서 공개하는 오픈 데이터

명칭	URL
한국 정부의 오픈 데이터	https://www.data.go.kr/
미국 정부의 오픈 데이터	http://www.data.gov/
영국 정부의 오픈 데이터	http://data.gov.uk/

이 절의 마무리

- 유익한 데이터 소스 목록에 관해 알아봤다.
- 다음 절부터는 실제로 프로그램을 작성하여 수집하는 방법을 알아볼 것이다.

02

트위터 크롤링

이번 절에서는 단문 투고를 공유하는 웹 서비스인 트위터(Twitter)의 데이터를 얻는 방법을 알아본다. 실시간으로 트위터에서 화제가 되는 토픽을 수집할 수 있다.

주요 학습 내용	주요 도구와 라이브러리
• 트위터	• Node.js • twit 모듈

트위터란?

트위터는 누구라도 쉽게 정보를 발신할 수 있는 커뮤니케이션 서비스다. 사용자들은 다양한 상황 속에서 "무슨 일이 일어나고 있나요?(What's happening?)"에 대한 문답 형식으로 140문자 이내의 단문을 투고한다.

트위터 API 준비

트위터의 데이터를 수집하려면 무료로 사용할 수 있는 트위터 API의 사용이 권장되고 있다. 트위터 API를 사용하려면 개발자용 웹사이트에서 등록 과정을 거쳐야 하며, 등록에는 트위터 계정이 필요하다. 계정이 아직 없다면 만든 다음, 개발자 사이트에 접속하여 애플리케이션을 등록한다.

```
Twitter Developers
https://dev.twitter.com/
```

페이지 오른쪽 상단에 있는 'Sign In' 링크를 클릭하고, 트위터 계정으로 로그인한다. 그리고 페이지 하단에 있는 'Manage Your Apps'를 클릭한다. 혹은 다음 URL에 접속한다.

```
Application Management>Twitter Apps
https://apps.twitter.com/
```

그리고 'Create New App' 버튼을 클릭한다. 그러면 다음과 같은 화면이 나오는데, Name, Description, Website를 기입한다. Website가 없는 경우에는 적당한 사이트를 지정하고 나중에 변경하면 된다.

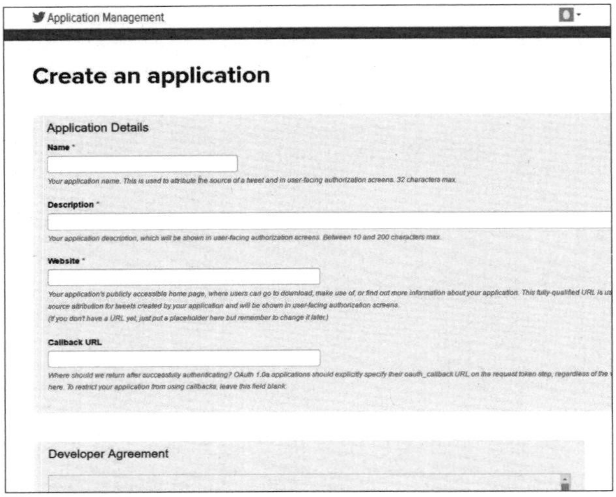

▲ 트위터 앱 등록 화면

입력 완료 후 'Developer Agreement'의 'Yes, I agree'에 체크를 하고, 'Create your Twitter application' 버튼을 클릭한다. 이때 앱의 이름(Name)은 다른 앱과 겹치지 않게 독특한 이름을 입력해야 한다. 또한, Description 항목에는 10글자 이상의 설명을 입력해야 한다.

트위터 계정에서 모바일 전화 번호를 등록하지 않으면 앱을 생성할 수 없게 되어 있다. 트위터 페이지의 '설정 ➡ 모바일 ➡ 자신의 휴대전화'에서 SMS 인증을 통해 번호를 등록하도록 한다. 트위터 앱이 무사히 등록되면 'Twitter Apps' 화면으로 돌아간다. 거기서 방금 작성한 앱을 클릭하면 앱에 대한 정보가 표시된다.

여기서 'Keys and Access Tokens' 탭을 클릭하도록 한다. 그러면 표시되는 Consumer Key(API Key)와 Consumer Secret(API Secret)를 따로 저장해 두도록 한다.

▲ 트위터 앱의 키 정보

그리고 같은 페이지의 밑에 보면 'Create my access token'이라는 버튼이 있다. 이 버튼을 클릭하여 액세스 토큰을 취득한다. 액세스 토큰이 생성되면 'Access Token' 및 'Access Token Secret' 정보를 얻을 수 있는데 이 값도 저장해 두도록 한다.

▲ 액세스 토큰 정보

twit 모듈 설치

다음으로 Node.js에서 트위터 API를 편하게 사용하게 해 주는 모듈을 설치하도록 하자. 트위터 API를 사용하는 모듈이 여러 개 공개되어 있는데 여기서는 twit라는 모듈을 사용할 것이다. 모듈은 다음과 같이 설치한다.

```
$ npm install twit
```

트위터 API를 사용하는 프로그램

그러면 트위터 API를 사용하는 프로그램을 만들어 보자. 프로그램은 다음과 같다. 이 프로그램은 트위터에 투고되는 단문 중 'JavaScript'라는 단어를 포함한 것을 화면에 출력한다.

File src/ch06/02-twitter/tw-api-test.js

```
// 트위터 데이터 수집 테스트 for Node.js
var Twit=require('twit');

// 본인이 발급받은 키를 입력 ★ ──── ※1
var T=new Twit({
  consumer_key:'MY_CONSUMER_KEY',
  consumer_secret:'MY_CONSUMER_SECRET',
  access_token:'MY_ACCESS_TOKEN',
  access_token_secret:'MY_ACCESS_TOKEN_SECRET'
});

// JavaScript에 관한 글을 검색 ──── ※2
var stream=T.stream('statuses/filter',{track:'JavaScript'});
// 글이 발생했을 때 콜백 함수를 호출하도록 설정 ──── ※3
stream.on('tweet', function(tw){
  var text=tw.text;
  var user_name=tw.user.name;
  console.log(user_name+"> "+text);
})
```

프로그램의 ※1에는 임의의 키 값을 기재하였다. 그런데 프로그램을 실제로 돌릴 때는 트위터 개발자센터에서 발급받은 키를 설정해야 한다. 커맨드 라인에서 다음 명령어를 입력하여 실행한다.

```
$ node tw-api-test.js
```

잠시 기다리면 JavaScript에 관련된 트위터 글이 차례로 표시되기 시작한다. 이처럼 트위터 API를 이용하면 실시간으로 해당 키워드에 대한 정보를 얻을 수 있다. 여기서는 스트리밍 API를 사용하고 있으므로 잇달아 발생하는 데이터를 취득할 수 있는 대신에 과거의 정보를 취득할 수는 없다.

```
[vagrant@localhost 02-twitter]$ node tw-api-test.js
Frameworks> Grunt https://t.co/8sJoytanPU @gruntjs #Tool #Javas
The JavaScript Task Runner https://t.co/JIZGvAS4I9
Hacker News 20> Isomorphic JavaScript, lets make it easier http
LabVIEWopenJS> Javascript library that runs any .vi on browser
Tech Lover> RT @AngularJS_News: #AI @angularjs 2 Nesting of Com
CareerJumbo> Soft tech Career Info system Pvt. Ltd -  UI Develo
Trends 2015> Happy Kids - Children WordPress Theme https://t.co
Yair> RT @_ericelliott: A couple great articles about error han
https://t.co/IuIlsSrpAQ
https://t.co/bMUanbtFTo…
نايف      ⏏ ☐ > بعض الاشيا المهمة لعادة تخصص MIST 443 د. كريم اليافي

ركروا ف Javascript عملي ٩٠٪ جاي منه

@Qustudents https://t.co/ZZ5KQckbmx
Ravi Suhag> Get live 1:1 #javascript #htmlcss #code help and #p
Javascript Sabot> RT @JavaScriptKicks: You  Don't  Need N
ode.js in the Backend to Use React https://t.co/lzlgne0cZ
k #nodejs #reactjs #frontend #javascript
Idol ISM> RT @JavascriptBot_: Getting Started With Meteor.js Ja
vascript Framework here  https://t.co/ToYzoiZGqu #bootstrap #we
b @javascriptbot_
HostGator Coupons> Mixed emotions after Russia-England match: Y
ou need Javascript and either Adobe Flash or Html5 to view this
 v... https://t.co/yUshMGYcLy
```

▲ 트위터 API를 사용하여 'JavaScript'와 관련된 트윗을 실시간으로 출력

그리 어려운 프로그램은 아니지만, 조금 설명을 하고 넘어가겠다. 프로그램의 ※1에서는 트위터 API를 사용하기 위한 키를 설정하고 있다. 그리고 프로그램 ※2에서는 스트리밍 API를 사용하기 위해 stream() 메소드를 호출한다.

여기서는 전체 사용자의 글에서 특정 키워드를 취득하는 API인 'statuses/filter'를 사용하고 있다. 인자로 track 매개변수에 'JavaScript'를 지정하여 자바스크립트에 관한 글을 취득하고 있다. 물론, 이 track 매개변수에 다른 값을 넘겨서 해당 키워드에 대한 정보를 취득할 수도 있다.

프로그램 ※3에서는 새로운 글이 올라왔을 때 일어나는 'tweet' 이벤트의 콜백 함수를 지정하고 있다. 이 이벤트를 통해 얻어진 데이터에는 사용자가 발신한 텍스트와 사용자 정보, 발신 장소 등이 포함되어 있다. 여기서는 간단히 사용자가 발신한 텍스트와 사용자의 닉네임만을 콘솔에 출력하도록 하였다.

트위터 API의 제한

트위터 API는 이용에 제한이 있는 것으로 예전부터 유명한데 API의 종류별로 어떤 제한이 있는지는 다음 페이지에 잘 정리되어 있다. 15분마다 몇 번 요청할 수 있는지와 같은 제한이 적혀 있다.

```
Twitter > Rate Limits: Chart
https://dev.twitter.com/rest/public/rate-limits\
```

/ Developers / Documentation / REST APIs Search English Sign in

Rate Limits: Chart

Title	Resource family	Requests / 15-min window (user auth)	Requests / 15-min window (app auth)
GET application/rate_limit_status	application	180	180
GET favorites/list	favorites	15	15
GET followers/ids	followers	15	15
GET followers/list	followers	15	30
GET friends/ids	friends	15	15
GET friends/list	friends	15	30
GET friendships/show	friendships	180	15
GET help/configuration	help	15	15
GET help/languages	help	15	15
GET help/privacy	help	15	15
GET help/tos	help	15	15
GET lists/list	lists	15	15
GET lists/members	lists	180	15
GET lists/members/show	lists	15	15
GET lists/memberships	lists	15	15
GET lists/ownerships	lists	15	15

▲ 트위터 API의 제한 목록

twit 모듈에 관하여

여기서는 특정 키워드를 포함하는 트윗을 출력하는 프로그램을 만들어 봤다. 하지만 twit 모듈의 GitHub 페이지에는 트윗을 작성하거나(statuses/update) 팔로워의 목록을 얻는 방법(followers/ids) 등이 소개되어 있다. 더 풍부한 기능을 구현하고 싶으면 다음 페이지를 참고하도록 한다.

```
GitHub>twit
https://github.com/ttezel/twit
```

이 절의 마무리

- 실시간으로 취득한 정보를 데이터베이스에 넣어 두면 추후 분석에 사용할 수 있다.
- 실시간으로 획득한 정보를 바탕으로, 문장을 자동 생성하여 트윗하는 트위터봇 같은 재미있는 프로그램을 만들어 볼 수 있다.

03

페이스북

이번 절에서는 SNS의 대표격인 페이스북에서 데이터를 수집하는 프로그램을 소개하겠다. 여기서는 페이스북 API를 사용하여 타임라인을 취득하거나 글을 올리는 등의 기능을 구현해 볼 것이다.

주요 학습 내용	주요 도구와 라이브러리
• 페이스북 API 사용법	• Node.js • fb 모듈

페이스북이란?

페이스북은 인터넷상의 소셜 네트워크 서비스(SNS)다. 줄여서 FB라고 말한다. 2004년에 마크 저커버그를 중심으로 한 하버드 대학교 동급생들이 개발한 것을 시작으로 그 뒤 전 세계적으로 사용되게 되었다. 2012년에는 페이스북의 활성 사용자수가 10억 명을 넘어섰다. 13세 이상은 실명으로 가입하여 무료로 사용할 수 있다.

페이스북 API

페이스북 API를 사용하여 페이스북의 각종 기능을 이용할 수 있다. API를 사용하려면 페이스북 개발자 페이지에서 앱을 신규 작성하고, 설정 키를 취득해야 한다.

> 페이스북 개발자 페이지
> `https://developers.facebook.com/`

애플리케이션 신규 작성

우선, 개발자 페이지에서 신규 애플리케이션을 등록하자. 페이스북 계정으로 페이스북에 로그인하고, 위 개발자 사이트에 접속한다. 그리고 페이지 상단 메뉴에서 'My Apps ➡ Register as Developer'를 클릭한다.

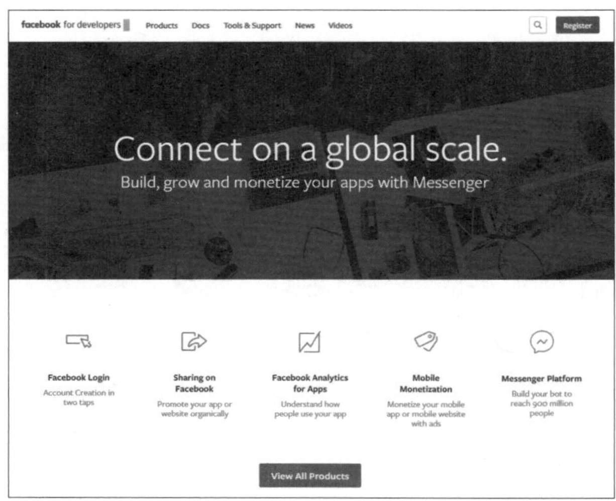

▲ 개발자 페이지

이어 프라이버시 정책에 동의하고 등록 버튼을 클릭하여 등록한다.

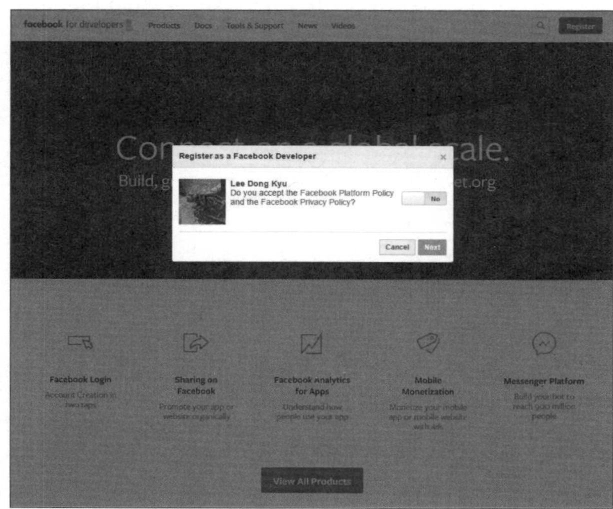

▲ 개발자 등록

이어서 페이지 상단의 메뉴에서 'My Apps ➡ Add New App'을 클릭하여 신규 애플리케이션을 작성한다. 앱의 이름과 이메일 주소, 카테고리를 지정하고 Create App ID를 클릭한다.

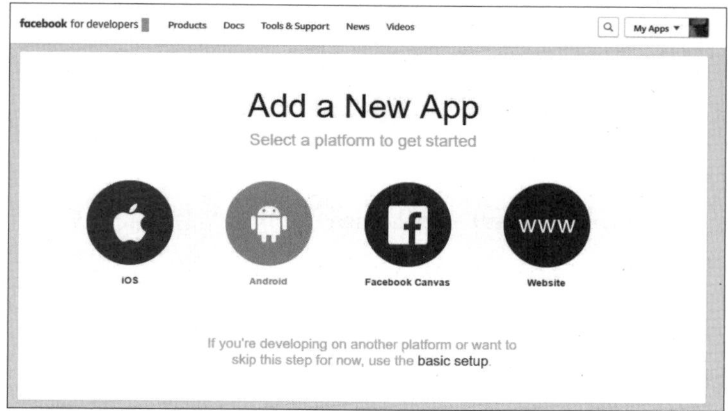

▲ Website 선택

그러면 페이스북 앱의 관리 화면(대시보드)이 표시된다.

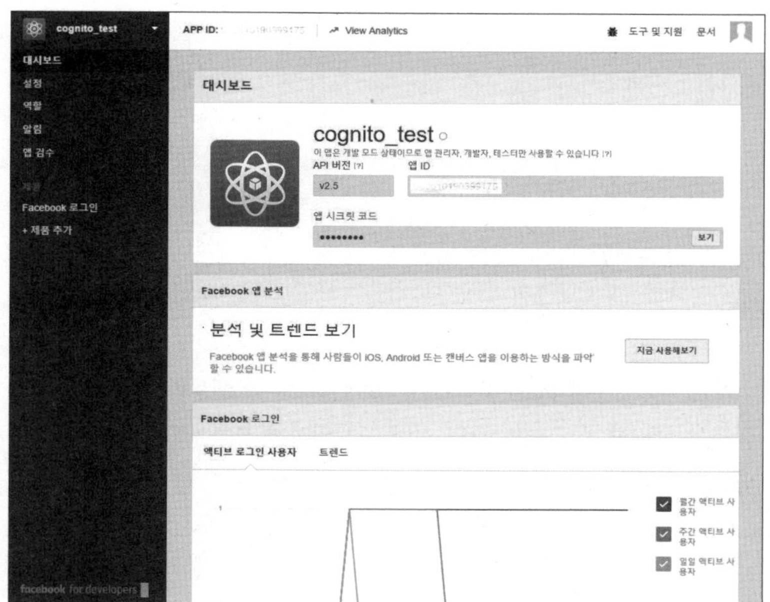

▲ 대시보드

이 화면에서 표시되는 앱 ID, 앱 시크리트 코드를 적어 둔다. 다음으로, 'Graph API Explorer'에 접속한다. 페이지 상단의 '도구 및 지원 ➡ Graph API Explorer'를 클릭하거나 다음 URL에 접속한다.

```
Graph API Explorer
https://developers.facebook.com/tools/explorer
```

여기서 페이지 위쪽에 있는 'Graph API Explorer'의 Application에서 방금 만든 앱을 선택한다. 그리고 그 바로 밑에 있는 'Get Token' 버튼을 클릭하고 'Get User Access Token'을 선택한다.

▲ **Graph API Explorer 화면**

그러면 '접근 허용 선택' 화면이 나오는데 'publish_actions', 'user_posts' 등 필요한 항목을 체크하고 'Get Access Token' 버튼을 클릭한다. 그러면 팝업 창이 표시되며 허가를 요구하는데 OK 버튼을 클릭한다. 그 뒤 API Explorer에 표시되는 Access Token 값도 따로 저장해 놓는다.

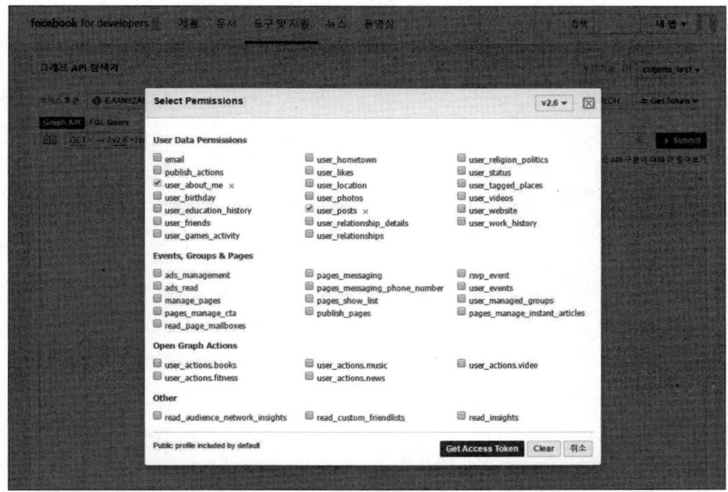

▲ 액세스 토큰을 취득

fb 모듈 설치

Node.js에서 페이스북을 다룰 수 있는 모듈이 몇 가지 공개되어 있는데 여기서는 fb 모듈을 사용해 보겠다. 다음 명령을 실행하여 설치한다.

```
$ npm install fb
```

페이스북에 본인이 투고한 포스트를 출력하는 프로그램

그러면 프로그램을 만들어 보자. 사실, 페이스북에 공개된 포스트를 검색하여 데이터를 취득하는 프로그램을 만들고 싶었으나, 페이스북의 API 버전이 v2.0이 되면서 해당 검색 API가 폐지되었다. 그래서 여기서는 자신이 올린 포스트를 표시하는 프로그램을 만들어 보겠다.

File src/ch06/03-facebook/fb-api-test.js

```
// Facebook for Node.js

// 모듈 로드
var FB=require('fb');
// 본인이 획득한 Access Token 정보 입력 ──※1
FB.setAccessToken('YOUR_ACCESS_TOKEN');
```

```
// 나의 포스트를 취득하여 표시 ——※2
FB.api('me/feed','get',{}, function(feed){
  if(!feed){
    console.log("error");return;
  }
  var data=feed.data;
  for(var i in data){
    var row=data[i];
    console.log(row);
    console.log("----------------------");
  }
});
```

프로그램의 ※1에는 페이스북 개발자 페이지에서 취득한 자신의 토큰을 기재하도록 한다. 프로그램을 실행하려면 다음과 같이 명령을 입력한다.

```
$ node fb-api.test.js
```

실행하면 과거에 자신이 투고한 포스트 일람을 획득할 수 있다.

```
[vagrant@localhost 03-facebook]$ node fb-api-test.js
{ message: 'API를 사용한 Posting!',
  created_time: '2016-06-12T06:16:28+0000',
  id: '1579276888987663_1630759667172718' }
```

▲ 페이스북 API를 사용한 프로그램

프로그램을 확인해 보자. 먼저, ※1에는 본인이 획득한 엑세스 토큰을 설정해야 한다. ※2에서는 api() 메소드를 호출한다. 이 메소드의 인자는 API의 엔드 포인트, HTTP Method, 파라미터, API의 실행이 완료됐을 때의 콜백 함수순으로 지정한다. 여기서는 자신의 타임라인에 표시되어 있는 피드를 취득하는 'me/feed'를 엔드포인트로 지정하고 있다. API의 반환 값인 feed.data에 피드 목록이 배열로 들어가 있다.

피드에 임의의 메시지를 기고하는 프로그램

자신의 포스트를 출력하는 것만으로는 아쉬움이 있다. 이번에는 페이스북에 임의의 메시지를 기고하는 프로그램을 만들어 보자.

File src/ch06/03-facebook/fb-api-post.js

```
// 페이스북에 포스트 for Node.js

// 모듈 로드
var FB=require('fb');
// 다음 값을 발급받은 토큰으로 변경할 것 ——※1
FB.setAccessToken('YOUR_ACCESS_TOKEN');

// 임의의 메시지를 포스트 ——※2
var msg="API를 사용한 Posting!";
FB.api('me/feed','post',{message:msg}, function(res){
  if(!res){
    console.log("error");return;
  }
  console.log(res);
});
```

마찬가지로, 프로그램의 ※1에는 본인의 엑세스 토큰을 기재한다. 다음과 같이 프로그램을 실행하도록 한다.

```
$ node fb-api-post.js
```

실행되면 타임라인에 새로운 메시지가 표시된다.

▲ 페이스북에 API로 포스트하기

프로그램을 확인해 보자. 이전 프로그램과 거의 동일하다. 다른 부분은 프로그램 ※2에서 api() 메소드의 인자다. 자신의 타임라인에 메시지를 투고하도록 'post'로 설정하였다.

이 절의 마무리

- 페이스북의 타임라인을 읽고, 자신의 타임라인에 글을 올리는 프로그램을 소개했다.
- 실제 페이스북에서도 로그인하지 않고는 볼 수 없는 정보가 많은데 페이스북 API도 해당 애플리케이션을 설치한 사용자의 정보만 얻을 수 있도록 되어 있다.

04

네이버 API 사용

우리나라의 국민 웹 포털인 네이버에서는 다양한 API를 제공하고 있다. 여기서는 네이버 API를 사용하여 네이버의 콘텐츠를 검색하는 프로그램을 소개하겠다.

주요 학습 내용	주요 도구와 라이브러리
• 네이버 API 사용법	• Node.js • cheerio-httpcl

네이버 API

네이버에서는 API를 통해 다양한 서비스와 콘텐츠를 제공하고 있다. 대표적인 것으로 네이버 아이디로 로그인, 검색, 기계 번역, 음성 인식, 블로그, 카페, 캘린더 등이 있다. API를 사용하기 위해서는 네이버 개발자센터에서 애플리케이션을 등록하고 키를 취득해야 한다.

네이버 개발자센터
`https://developers.naver.com/main`

애플리케이션 등록

우선, 개발자 페이지에서 애플리케이션을 등록해야 한다. 네이버 계정으로 로그인하고 개발자 사이트를 방문한다. 그리고 페이지 상단의 메뉴에서 'API 소개 ➡ 검색'을 클릭한다.

▲ 네이버 개발자센터

그러면 검색 API에 대한 설명이 나오는데 하단에 있는 '오픈 API 이용 신청' 버튼을 클릭한다.

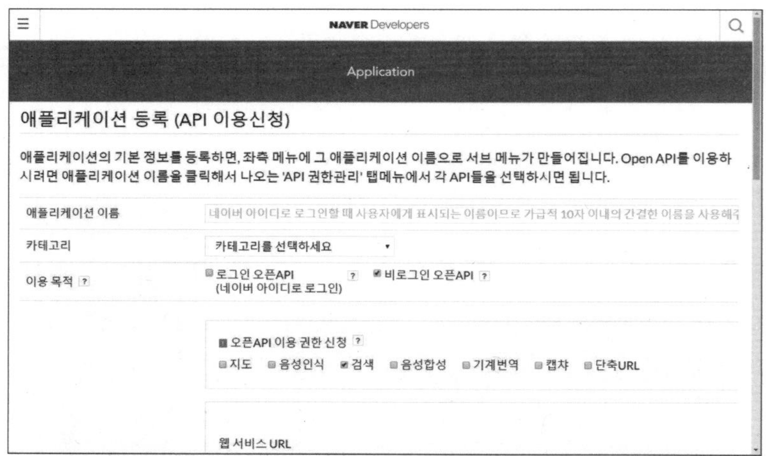

▲ 애플리케이션 등록

애플리케이션 이름과 API 이용 권한, 웹 서비스 URL 등을 입력하고 '등록하기' 버튼을 클릭한다. 그러면 애플리케이션이 생성된다. 페이지에 표시되는 Client ID와 Client Secret는 잠시 후 작성할 프로그램에서 사용할 것이다.

▲ 내 애플리케이션

네이버 블로그를 검색하는 프로그램

그러면 프로그램을 만들어 보자. 네이버 블로그에는 맛집 관련 포스트가 많이 있다. 우리는 주꾸미에 대해 검색하는 프로그램을 만들어 볼 것이다. 그리고 여기서는 2장에서 다뤘던 xml2js 모듈을 사용할 것이다. npm을 통해 설치하도록 한다.

File src/ch06/04-naver/naver-search.js

```
// 네이버 검색 for Node.js

// 모듈 로드
var https = require('https');
var parseString = require('xml2js').parseString;

// 검색어 및 파라미터 설정 ─── ※1
var keyword = '주꾸미'; // 검색어 지정

var client_id = '발급받은 ID';
var client_secret = '발급받은 Secret';
var host = 'openapi.naver.com';
var port = 443;
var uri = '/v1/search/blog.xml?query=' + encodeURIComponent(keyword);

var options = {
```

```
                host: host,
                port: port,
                path: uri,
                method: 'GET',
                headers: {'X-Naver-Client-Id':client_id, 'X-Naver-Client-Secret': cli-
ent_secret}
};

var result = "";

// API 요청 ──── ※2
var req = https.request(options, function(res) {
    res.setEncoding('utf8');

    res.on('data', function (chunk) {
            result = result + chunk;
    });
    res.on('end', function () {
        // XML을 JSON으로 변환 후 검색 결과 출력 ──── ※3
        parseString(result, function(err, pStr) {
            var items = pStr.rss.channel[0].item;
            for (var i in items) {
                console.log("USER: " + items[i].bloggername[0]);
                console.log("TITLE: " + items[i].title[0]);
                console.log("DESC: " + items[i].description[0]);
                console.log("------------------------");
            }
        });
    });
});

req.end();
```

프로그램의 ※1에서 검색어 및 파라미터를 설정하고 있다. 개발자센터에서 발급한 Client ID와 Client Secret을 기입하도록 한다. ※2에서는 API 요청을 하고 있으며, ※3에서 반환받은 XML 데이터를 JSON으로 변환한 후에 출력하고 있다. 여기서는 사용자 아이디, 제목, 본문 내용을 출력하고 있다. 프로그램을 실행하려면 다음 명령어를 입력한다.

```
$ node naver-search.js
```

실행하면 주꾸미라는 텍스트가 포함된 블로그 검색 내용이 출력된다.

```
[vagrant@localhost 04-naver]$ node naver-search.js
USER: 파스타먹고싶다
TITLE: 낭만<b>쭈구미</b> 경산점 맛있는 점심식사 ~!
DESC: 낭만<b>쭈구미</b> 경산점 맛있는 점심식사 ~!ㅏ 냐하 오늘은 정말 날씨가 덥더라구용??
 비온다고 하더니 왜이리 ㅜㅜ습하고 ㅋㅋㅋ 배가막 고파오기 시작 !!! ㅎㅎ 그래서오늘은 낭
만<b>쭈구미</b> 점심 식사 하로 왔답니다....
------------------------
USER: 영터리 보험 재무설계 뒤집어보기
TITLE: 남당항에서 <b>쭈구미</b> 새조개 샤브샤브 점심
DESC: 남당항에서 <b>쭈구미</b> 새조개 샤브샤브 점심 종박연합회 모임의 첫번째 도착장소입
니다. 12시도착예정였는데 차가 많아서 연착해서 1시에 도착.. 배가 많이 고플때죠.. 오늘 점
심은 <b>쭈구미</b> 와 새조개 샤브샤브...
------------------------
USER: 나좀바 포도
TITLE: 만복이<b>쭈구미</b> 김천점 - 김천맛집신음동음식점
DESC: 만복이<b>쭈구미</b> 김천점 - 김천맛집신음동음식점 나좀바포도 정태용입니다 사진모임
을 하는 작가분들이랑 번개로 저녁을 먹으로 만복이 <b>쭈구미</b>집으로 갔습니다. 물론 전
처음으로 가보는 곳이였죠.. 지나다니면서...
------------------------
USER: 마케팅의 신 마신컴퍼니 !
TITLE: 천호 <b>쭈구미</b>골목 맛집 - 솔직한 후기!
DESC: 용두동 쭈꾸미와 어떤게 다른지도 한 번 잘 봐야겠네요~ 요기 천호 <b>쭈구미</b>골목
맛집은 메뉴판이 진짜... 특이하게도 여기 천호 <b>쭈구미</b> 집은 요렇게 우유처럼 생긴 걸
주더라고요~~ 매운걸 먹기전에 속을 달래라는...
------------------------
USER: 혜안전문센터
TITLE: 서초맛집 아라쭈꾸미에서 <b>쭈구미</b>와 사랑에 빠져버린...
DESC: ㅜㅠ볶음밥도 먹을테지만,공깃밥과 <b>쭈구미</b>를 같이 먹고싶어서 공깃밥도 주문했어
요!고슬고슬하니 딱 좋게 지어진 흰 쌀밥과야들야들 쫄깃한 쭈꾸미를 함께 얌얌~먹기 좋게 잘
라주셔서 편하게 먹었네요!...
------------------------
```
▲ 네이버 API를 사용해서 검색한 결과

이 절의 마무리

- 네이버 API를 사용해서 검색하는 법을 소개했다.
- 검색 이외에도 다양한 서비스가 공개되어 있으니 잘 활용하면 크게 도움이 될 것이다.

05

아마존 API 사용

아마존에서 상품 정보를 추출하는 프로그램을 만들어 보자. Amazon Product Advertising API를 사용하면 제품을 검색하고 상품 광고용 링크를 취득할 수 있다.

주요 학습 내용	주요 도구와 라이브러리
• 아마존 API 사용법	• Node.js • amazon-product-api 모듈 • cheerio 모듈

아마존의 상품 정보

아마존에는 다양한 상품이 진열되어 있다. 인터넷 서점으로 시작했지만, 현재는 전자 제품에서 패션, 식품까지 다양한 상품을 취급하고 있다.

```
Amazon
http://www.amazon.com/
```

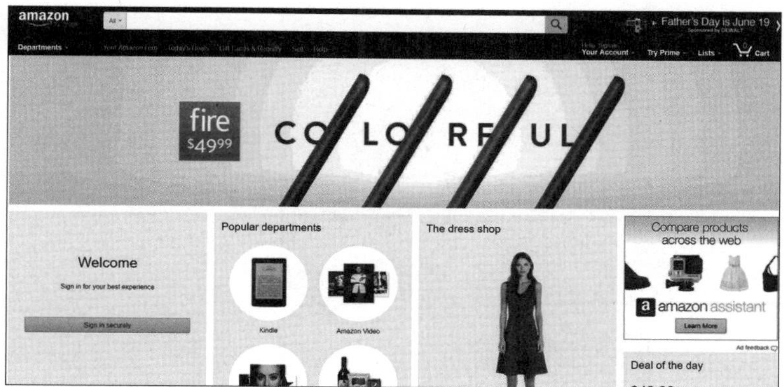

▲ 아마존의 웹사이트

아마존에서는 상품 정보를 Amazon Product Advertising API를 사용해 취득할 수 있도록 해 놓았다. 그 외에도 다양한 웹 API를 공개했는데 Product Advertising API는 그중 하나에 해당한다.

Product Advertising API를 사용하면 상품 검색과 룩업 기능을 사용하여 아마존의 상품 데이터를 얻을 수 있다. 얻을 수 있는 정보로는 상품의 스펙 정보뿐만 아니라 관련 상품, 카테고리 정보, 신품, 중고품 정보를 얻을 수 있다. 또한, 상품의 정보뿐만 아니라 광고 링크를 얻을 수도 있는데 이 링크를 통해 손님이 구매하면 중개료를 얻을 수도 있다.

API를 위한 개발자 계정 생성

Product Advertising API를 사용하려면 개발자 계정을 취득해야 한다. 다음 페이지에 접속하여 'Sign Up Now' 버튼을 클릭한다.

```
Product Advertising API(링크 작성용 API)
https://affiliate-program.amazon.com/gp/advertising/api/detail/main.html
```

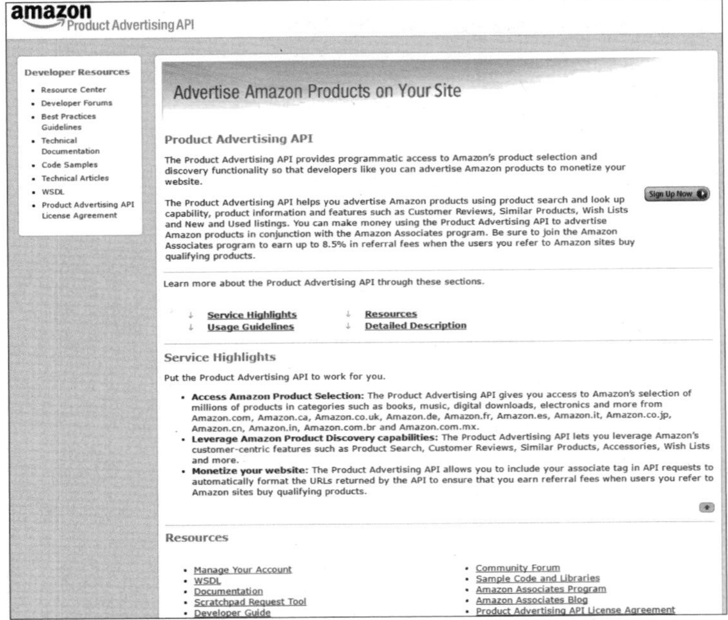

▲ 아마존 API 웹사이트

계정 생성 화면에서는 주소나 전화번호의 입력이 필요하다. 그리고 마지막으로 라이선스에 동의하고, 가장 밑에 있는 'Complete Registration' 버튼을 클릭한다.

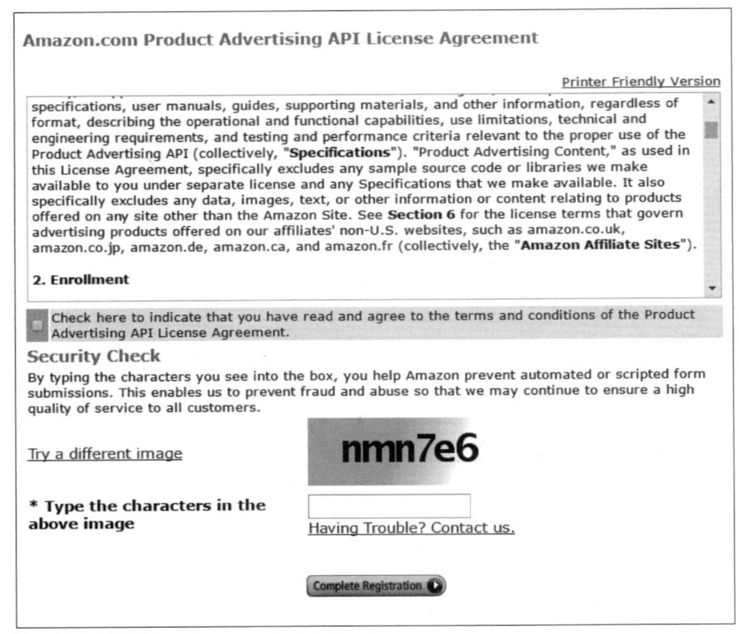

▲ 정보를 입력하고 라이선스에 동의한다.

등록이 끝나면 'Manage Your Account' 링크를 클릭한다.

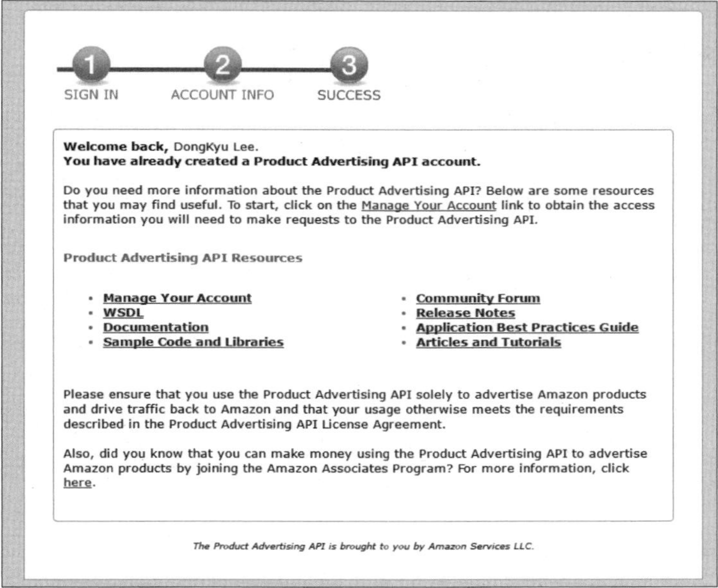

▲ Manage Your Account를 클릭

그러면 다음과 같은 화면이 표시된다. 여기서 'Security Credntials' 항목에서 'AWS Security Credentials Console' 링크를 클릭한다.

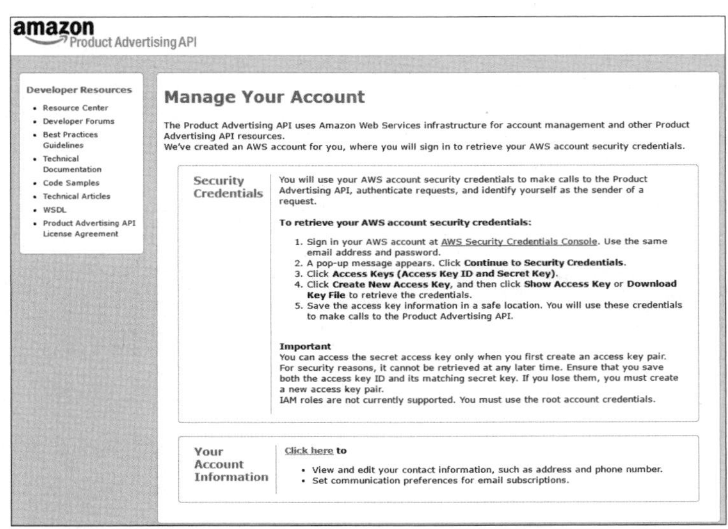

▲ 계정 서비스의 톱 페이지

Your Security Credentials 페이지가 표시된다. 여기서 'Access Keys' 항목을 클릭하고, 'Create New Access Key'를 선택한다.

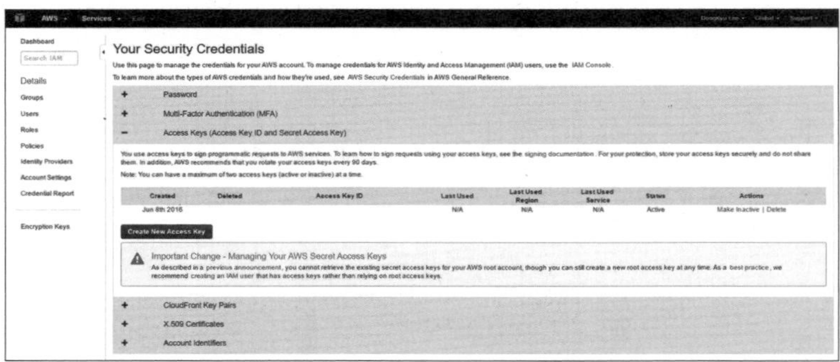

▲ **Access Key 생성**

그러면 Access Key Id와 Secret Key가 생성된다. 이 값을 잘 보관해 둔다(다운로드할 수도 있다).

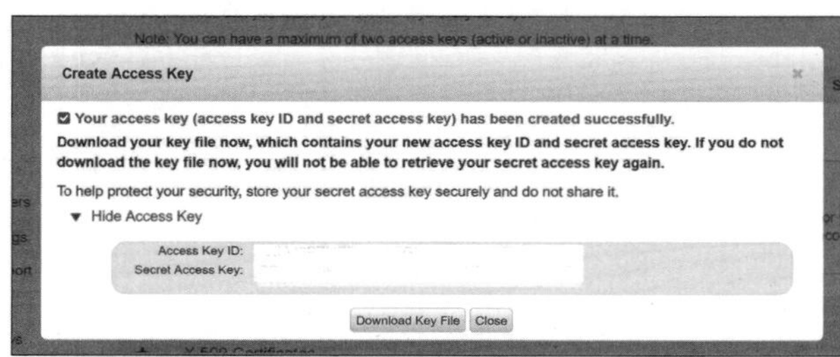

▲ **Access Key 생성**

그리고 추가적으로 Associate Tag라는 것을 획득해야 하는데 아마존에서 지원하는 나라별로 가입을 해야 한다. 이를테면 미국 사이트에 가입하면 미국 상품에 대한 검색만 할 수 있다. 아직 한국에 대한 사이트는 없으므로 미국 사이트로 진행하도록 하자.

```
아마존 Associate 가입 페이지(미국)
http://affiliate-program.amazon.com
```

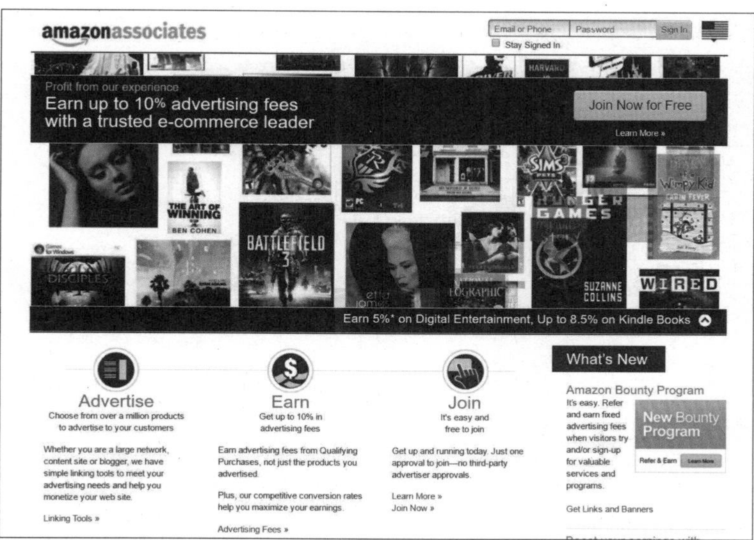

▲ 아마존 Associate 가입 페이지

위 페이지에 접속하여 'Join'을 클릭한다. 그러면 다음과 같은 화면이 나타나는데 Amazon Associates Account를 생성하기 위해 주소, Website나 App 정보 등을 입력한다.

amazonassociates

Creating Your Amazon Associates Account

Account Information · Website and Mobile App List · Profile · Identity Verification · Start Using Associates Central

Your Account Information

Important: Please read these instructions before you fill this form.

To whom should we issue payments?
Your primary Amazon.com account address is below. We will make payments to this account unless you add or select a different address.

Select Different Address

▲ 아마존 Associate 생성 절차

마지막으로, 전화를 통한 인증 절차가 완료되면 Associate ID를 획득할 수 있다. 여기서 표시되는 Associate ID를 잠시 후 사용할 것이므로 따로 잘 저장해 두도록 한다.

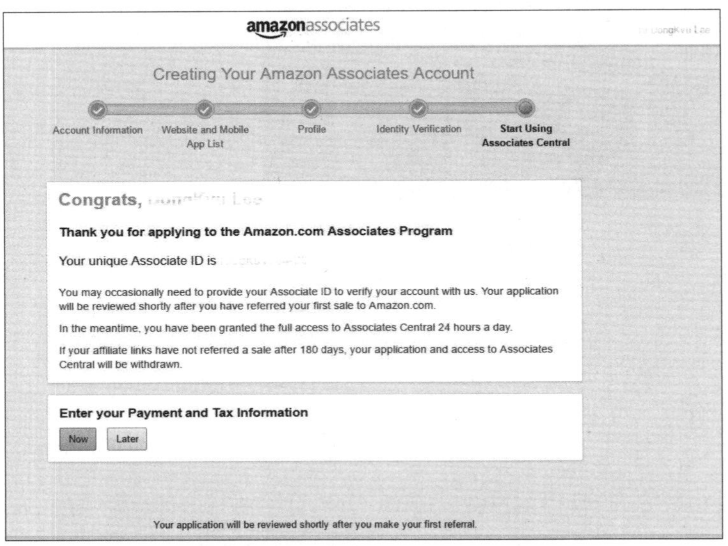

▲ 아마존 Associate ID 생성 완료 화면

아마존의 도서 정보 검색

이제 프로그램을 만들 준비가 되었다. 우선, Product Advertising API를 쉽게 사용하기 위한 모듈인 amazon-product-api를 설치하도록 한다.

```
$ npm install amazon-product-api
```

이를 사용하여 해리 포터(Harry Potter) 관련 책을 아마존에서 검색하는 프로그램을 만들어 보자.

File src/ch06/05-amazon/amazon-search.js

```
// 모듈 로드
var amazon = require('amazon-product-api');
// 계정 정보 입력 ——— ※1
var client = amazon.createClient({
  awsId: "",
```

```
  awsSecret: "",
  awsTag: ""
});

client.itemSearch({// 검색 정보 입력 ──── ※2
   SearchIndex:"Books",
   keywords:"Harry Potter",
   Author:"J. K. Rowling"
}).then(function(results){
  // 검색 결과 출력 ──── ※3
  for (var i in results) {
      var item = results[i];
      var attrs = item.ItemAttributes[0];
      for (var attr in attrs) {
        console.log(attr + ":" + attrs[attr]);
      }
      console.log("-------------");
  }
}).catch(function(err){
  console.log(JSON.stringify(err));
});
```

프로그램을 실행하려면 다음 명령을 입력한다.

```
$ node amazon-search.js
```

```
[vagrant@localhost 05-amazon]$ node amazon-search.js
Author:J.K. Rowling,Jack Thorne,John Tiffany
Binding:Hardcover
EAN:9781338099133
EANList:[object Object]
Edition:Special Rehearsal ed.
IsAdultProduct:0
ISBN:1338099132
ItemDimensions:[object Object]
Label:Arthur A. Levine Books
Languages:[object Object]
ListPrice:[object Object]
Manufacturer:Arthur A. Levine Books
NumberOfItems:1
NumberOfPages:320
PackageDimensions:[object Object]
PackageQuantity:1
ProductGroup:Book
ProductTypeName:ABIS_BOOK
PublicationDate:2016-07-31
Publisher:Arthur A. Levine Books
ReleaseDate:2016-07-31
Studio:Arthur A. Levine Books
Title:Harry Potter and the Cursed Child - Parts One & Two
-------------
Author:J.K. Rowling
Binding:Paperback
Brand:Scholastic Press
CatalogNumberList:[object Object]
Color:Multicolor
Creator:[object Object]
EAN:9780439708180
EANList:[object Object]
Feature:Great product!
IsAdultProduct:0
IsAutographed:0
ISBN:0439708184
IsMemorabilia:0
```

▲ 아마존에서 Harry Potter로 서적을 검색한 결과

※1에서는 계정 정보와 함께 Amazon API Client를 생성하고 있다. 앞서 등록하여 얻은 액세스 키 및 awsTag 정보(Amazon Associate ID)를 입력한다.

※2에서는 itemSearch() 메소드를 호출하고 있다. SearchIndex, keywords, Author를 지정하여 검색을 수행한다. 이 외에 다양한 옵션을 주어 검색할 수 있는데 대표적인 파라미터는 다음과 같다.

조건	설명	지정 가능 값
Availability	구매 가능 여부	'Available'
BrowseNode	상품 카테고리 정수 값	Literature & Fiction: (17), Medicine: (13996), Mystery & Thrillers: (18), Nonfiction: (53), Outdoors & Nature: (290060) 등
Condition	상품 상태	'All', 'New', 'Used', 'Collectible', and 'Refurbished'
MaximumPrice	최대 검색 금액	예 100
MinimumPrice	최소 검색 금액	예 5
Title	타이틀 검색어	예 Harry Potter

※3에서는 API 요청 결과를 콘솔에 출력하고 있다. 결과는 results 변수에 배열 형태로 들어가 있다. 프로그램에서는 각 배열 요소의 ItemAttributes 속성을 출력하고 있다.

이 절의 마무리

- 이번 절에서는 아마존에서 도서 정보를 얻는 방법을 소개했다.
- 아마존의 API를 사용하기 위해 개발자 등록을 해야 하는데 다소 시간이 걸리지만 상세한 정보를 얻을 수 있다.

06

플리커의 사진 다운로드

이번 절에서는 미국 야후(Yahoo)의 사진 공유 서비스인 플리커(Flickr)에서 제공하는 웹 API를 사용해서 이미지를 검색하고 다운로드하는 프로그램을 만들어 본다.

주요 학습 내용	주요 도구와 라이브러리
• 플리커에서 사진 검색 및 다운로드	• Node.js

플리커란?

플리커는 미국 야후의 사진 공유 서비스다. 업로드한 이미지를 블로그에 연결시킬 수 있어 빠르게 퍼졌다. 무료 계정으로도 대용량의 사진을 업로드할 수 있어 화제가 되었다.

```
플리커
https://www.flickr.com/
```

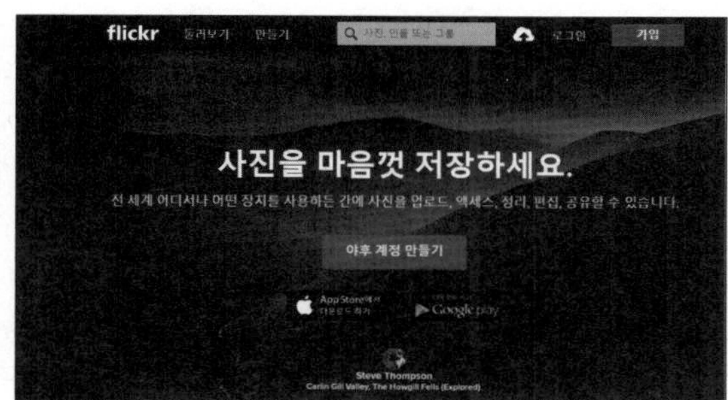

▲ 플리커의 웹사이트

API 키 획득

지금까지 소개한 대형 웹 서비스는 모두 개발자 등록을 한 후 API 키를 취득해야 했다. 플리커도 마찬가지로 개발자 등록을 하고 API 키를 취득해야 하는데 그 순서를 소개하도록 하겠다.

먼저, Fickr에 로그인한다. 그리고 페이지 하단의 '개발자' 링크를 클릭한다. API 페이지에서 'Request an API key'를 클릭하거나 다음 주소로 접속한다.

```
플리커 API 신청 페이지
https://www.flickr.com/services/apps/create/apply/
```

그러면 API의 상업적 활용 여부를 묻는데 여기서는 비상업용 키 신청을 선택한다.

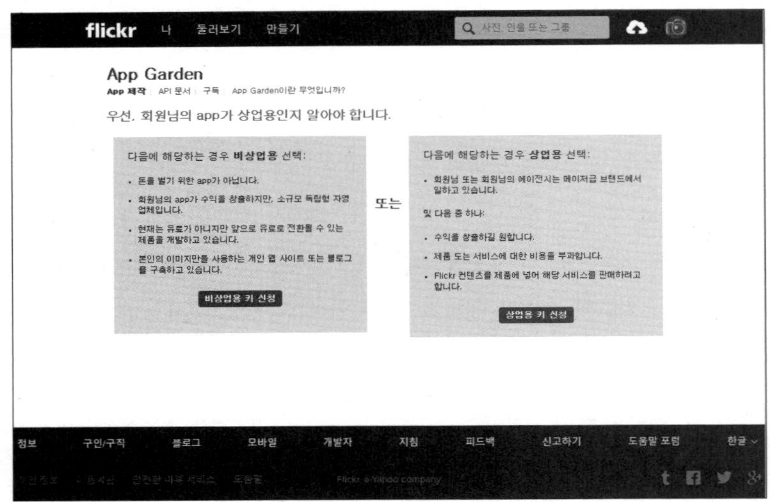

▲ 상업용인지 여부 선택

다음으로, 생성하는 앱의 설명을 입력해야 한다. 설명을 적당히 입력하고, 이용 규약에 동의한 후에 '등록' 버튼을 클릭한다.

▲ 앱 설명 기입

그러면 API 키와 암호가 표시된다. 이 키를 따로 저장해 두도록 한다.

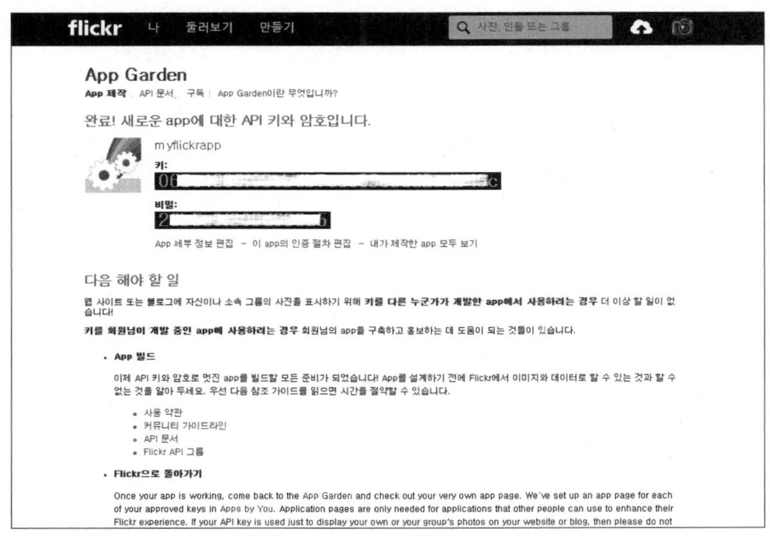

▲ API 키 획득

플리커 API를 사용하는 프로그램 제작

그러면 프로그램을 만들어 보자. 여기서는 cheerio-httpcli를 사용할 것이다. 아직 설치하지 않았다면 다음과 같이 설치하도록 한다.

```
$ npm install cheerio-httpcli
```

플리커에서 고양이를 검색하는 프로그램

프로그램을 살펴보자. 여기서는 'cat'이라는 키워드로 사진을 검색해 보겠다.

File src/ch06/06-flickr/flickr-search.js

```
// 플리커에서 사진 검색 for Node.js

// 모듈 로드
var client = require('cheerio-httpcli');

// URL 및 파라미터 설정 ——※1
var url = "https://api.flickr.com/services/rest/";

var param = {
        method:'flickr.photos.search',
        api_key:'API_KEY', // 발급받은 API 기재 ——※2
        text:'cat',
        format:'rest'
};

client.fetch(url, param, function (err, $, res) {

    // 에러 체크
    if (err) { console.log("Error:", err); return; }

    // 다운로드한 결과를 화면에 출력 ——※3
     console.log($("photos")[0].attribs);
    $("photo").each(function(i,el) {
        console.log(i);
        console.log(el.attribs);
        var farm = element.attribs.farm;
        var server = element.attribs.server;
        var id = element.attribs.id;
        var secret = element.attribs.secret;
        // 이미지의 실제 URL 구성 ——※4
        var url = 'https://farm' + farm + '.staticflickr.com/' + server + '/' + id +
        '_' + secret + '.jpg';
```

```
    });
});
```

다음 명령어를 입력하여 프로그램을 실행한다.

```
$ node flickr-search.js
```

```
[vagrant@localhost 06-flickr]$ node flickr-search.js
{ page: '1', pages: '3035', perpage: '100', total: '303442' }
0
{ id: '27499940432',
  owner: '128661598@N07',
  secret: 'a49ccc1224',
  server: '7188',
  farm: '8',
  title: '2015-06-23 23.16.05',
  ispublic: '1',
  isfriend: '0',
  isfamily: '0' }
1
{ id: '27526433211',
  owner: '128661598@N07',
  secret: 'ea771683ea',
  server: '7373',
  farm: '8',
  title: '2015-06-23 23.17.27',
  ispublic: '1',
  isfriend: '0',
  isfamily: '0' }
2
{ id: '27526432961',
  owner: '128661598@N07',
  secret: '27dca1011b',
  server: '7590',
  farm: '8',
  title: '2015-06-26 15.01.13',
  ispublic: '1',
  isfriend: '0',
  isfamily: '0' }
3
{ id: '27526432471',
  owner: '128661598@N07',
  secret: '81a1f752f3',
  server: '7324',
  farm: '8',
  title: '2015-06-27 14.09.12',
  ispublic: '1',
  isfriend: '0',
  isfamily: '0' }
```

▲ 사진 검색 결과

우선, ※1에서는 플리커 API의 URL을 지정하고 있다. 그리고 ※2에는 각자 취득한 키를 기재하도록 한다.

이 프로그램에서는 'photos.search' API를 사용하고 있는데 여러 가지 조건을 주어 검색할 수도 있다. 자세한 옵션은 다음 페이지에서 확인할 수 있다.

```
Flickr>The App Garden>flickr.photos.search
https://www.flickr.com/services/api/flickr.photos.search.html
```

API 요청 시 format을 rest로 하면 XML 형식으로 결과가 반환된다. ※3을 보면 XML의 photos와 photo 태그를 조회하고 있는데 photos 태그에 검색 결과의 전체적인 메타 정보가 들어 있다. 그리고 검색된 사진의 각 정보는 photo 태그에 담겨 있다. 그런데 API의 실행 결과를 보면 다음과 같이 기계적인 데이터를 담고 있다는 것을 알 수 있다. 이 정보만으로는 어떻게 해당 이미지를 다운받아야 할지 알기 어렵다.

```
{
  id:'5114665665',
  owner:'41018986@N02',
  secret:'e55b2c2169',
  server:'1318',
  farm:2,
  title:'cat',
  ispublic:1,
  isfriend:0,
  isfamily:0
}
```

그런데 플리커의 사이트를 보면 이미지들이 다음과 같은 URL로 제공되는 것을 알 수 있다.

```
실제 URL:
https://farm8.staticflickr.com/7188/27499940432_a49ccc1224.jpg
```

이 주소를 API를 통해 얻은 정보와 비교해 보면 다음과 같은 형식으로 이미지의 URL이 구성된다는 것을 알 수 있다.

```
https://farm{farm-id}.staticflickr.com/{server-id}/{id}_{secret}.jpg
```

※4에서는 위 규칙에 근거하여 URL을 생성하고 있다.

URL의 사진을 다운로드

API를 사용해서 사진을 검색하고 사진의 URL까지 얻었으니 해당 이미지를 전부 다운로드하는 프로그램을 만들어 보자. 다음은 플리커에서 고양이를 검색하고, 검색한 이미지를 다운로드하는 프로그램이다. 여기서는 cheerio-httpcli 이외에 request 모듈을 사용한다. npm으로 미리 설치하도록 한다.

File src/ch06/06-flickr/flickr-cat-download.js

```
// 플리커에서 사진 검색 및 다운로드 for Node.js

// 모듈 로드
var client = require('cheerio-httpcli');
var fs = require('fs');
var request = require('request');

// URL 및 파라미터 설정
var url = "https://api.flickr.com/services/rest/";

var param = {
        method:'flickr.photos.search',
        api_key:'API_KEY', // 발급받은 API 기재 ——※1
        text:'cat',
        format:'rest',
        license: 4 // creative commons by ——※2
};

// 다운로드 디렉터리 생성 ——※3
var PHOTO_DIR = __dirname + "/photo";
if (!fs.existSync(PHOTO_DIR)) fs.mkdirSync(PHOTO_DIR);

client.fetch(url, param, function (err, $, res) {
    // 에러 체크
    if (err) { console.log("Error:", err); return; }

    // 다운로드한 결과를 화면에 출력
    console.log($("photos")[0].attribs);
    $("photo").each(function(index,element) {
        var farm = element.attribs.farm;
        var server = element.attribs.server;
        var id = element.attribs.id;
        var secret = element.attribs.secret;
        // 이미지의 실제 URL 구성
        var url = 'https://farm' + farm + '.staticflickr.com/' + server + '/' + id +
        '_' + secret + '.jpg'; console.log(url);

        var fname = id + '_' + secret + '.jpg';
        request(url).pipe(fs.createWriteStream(fname)); // 이미지 파일 다운로드 ——※4

    });
});
```

프로그램을 실행하려면 커맨드 라인에서 다음 명령어를 입력한다.

```
$ node flickr-cat-download.js
```

실행하면 다음과 같은 결과가 출력된다.

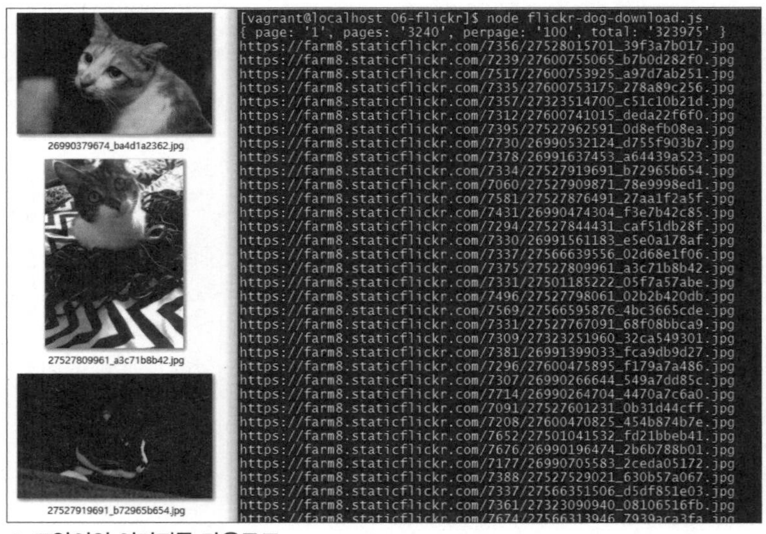

▲ 고양이의 이미지를 다운로드

프로그램을 확인해 보자. 앞서 만든 프로그램과 마찬가지로 ※1에는 직접 획득한 API 키를 입력하도록 한다.

※2에서는 검색 시 라이선스를 4(CC BY)로 지정하고 있다. 이렇게 라이선스를 지정하여 검색할 수 있는 것이 플리커의 특징이다. 이를 통해 저작권에 대한 염려 없이 자유롭게 사용할 수 있는 이미지를 검색하는 것이 가능하다.

※3에서는 이미지를 저장할 디렉터리를 생성하고 있다. 스크립트가 있는 디렉터리(__dirname) 밑에 '/photo'라는 디렉터리를 만들어 다운로드하도록 했다.

※4에서는 request 모듈을 사용해서 이미지를 다운로드하고 있다. 단 한 줄로 다운로드를 기술할 수 있어 매우 편리하다. 관련 내용은 2장에서 설명하였으니 참고하도록 한다.

이 절의 마무리

- 이 절에서는 플리커 API를 사용하여 이미지를 다운로드하는 방법을 소개했다.
- 여러 가지 조건을 주어 검색한 이미지들을 한꺼번에 다운로드할 수 있었다.

07

유튜브 동영상 다운로드

여기서는 유튜브(YouTube)의 동영상을 검색하거나 다운로드하는 방법을 소개한다. 유튜브에는 각종 동영상이 공개되어 있는데 기간이 한정된 것도 있으므로 다운로드해 놓으면 필요할 때 다시 볼 수 있다.

주요 학습 내용	주요 도구와 라이브러리
• 유튜브 영상 다운로드	• Node.js • youtube-dl • youtube-node 모듈

유튜브란 무엇인가?

유튜브는 동영상 공유 서비스로서 다양한 동영상이 올라온다. 최근에는 유명 기업에서 CM을 올리거나 뮤지션이 공식 뮤직 비디오를 공개하기도 한다. 그래서 필요에 따라 로컬로 내려받아 둘 수 있으면 여러모로 편리하다.

YouTube
`https://www.youtube.com/`

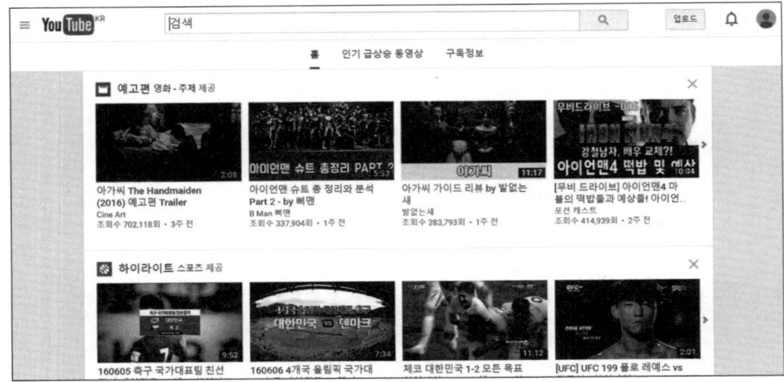

▲ YouTube 웹사이트

여기서는 유튜브에서 동영상을 다운로드하는 방법을 소개한다. 유튜브에서는 동영상을 다운로드할 수 있는 기능이 제공되지 않으므로 다운로드용 도구 youtube-dl을 사용한다.

youtube-dl 설치

youtube-dl은 Python으로 만든 커맨드 라인 프로그램이다. 윈도우/Mac OS X/리눅스에서 실행할 수 있다.

```
youtube-dl
http://rg3.github.io/youtube-dl/
```

윈도우의 경우 윈도우용 실행 파일이 있으니 그것을 다운로드한다. 톱 페이지에서 'Download' 버튼을 클릭하고, 'Windows exe'의 링크를 클릭한다. Mac OS X에서는 Homebrew를 사용하여 설치할 수 있다. 터미널을 실행하고, 다음 명령을 실행한다.

```
$ brew install youtube-dl
```

또한, Python의 패키지 관리 시스템인 'pip'를 사용하여 설치할 수도 있다.

```
$ sudo pip install-upgrade youtube_dl
```

youtube-dl 사용법

youtube-dl의 사용법은 간단한다. 커맨드 라인에서 다음과 같이 입력한다.

```
[서식] youtube-dl의 기본적인 사용법
$youtube-dl (YouTube 동영상 URL)
```

여러 가지 옵션을 지정할 수 있다.

▼ youtube-dl 옵션 목록

옵션	의미
-u(사용자 아이디)	유튜브 사용자 아이디 지정
-p(패스워드)	유튜브 사용자 패스워드 지정
-o(파일 이름)	파일 이름을 지정하여 다운로드
-s	실제로는 다운로드하지 않고 시뮬레이션을 실시
-t	영상의 제목을 파일 이름으로 지정
-g	동영상의 최종 URL을 표시

youtube-dl 업데이트

youtube-dl은 유튜브의 공식 앱이 아니다. 그래서 유튜브 측의 구조가 변경되면 youtube-dl이 동작하지 않게 된다. 그러나 youtube-dl은 GitHub에서 오픈 소스로 개발되어 빠르게 업데이트된다. 동영상이 다운로드되지 않는다면 youtube-dl을 업데이트해 보도록 한다. 아예 youtube-dl 자체에 업데이트 기능도 있다.

```
$ sudo youtube-dl -U
```

이 명령어가 잘 동작하지 않을 경우 윈도우에서는 다시 다운로드하는 것이 좋다. Homebrew나 pip을 사용하여 설치한 경우는 다음 방법으로 업데이트할 수 있다.

```
# Homebrew의 경우
$ brew update
```

```
$ brew upgrade youtube-dl
# pip의 경우
$ sudo pip install youtube_dl -U
```

유튜브 검색

유튜브도 동영상을 검색하는 웹 API를 공개하고 있다. 여기서는 Node.js로 동영상을 검색하는 프로그램을 만들어 보겠다.

유튜브 API 키 획득

유튜브 API를 사용하려면 API 키가 필요하다. 그래서 Google Developers Console에 접속하여 프로젝트를 새로 작성하고 YouTube Data API를 활성화시킨 후 API 키를 얻어야 한다.

```
Google Developers Console
https://console.developers.google.com/
```

API 키를 얻는 순서는 다음과 같다. 우선, 웹 브라우저로 위 주소에 접속하여 구글 계정으로 로그인한다. 그리고 신규 프로젝트를 생성한다.

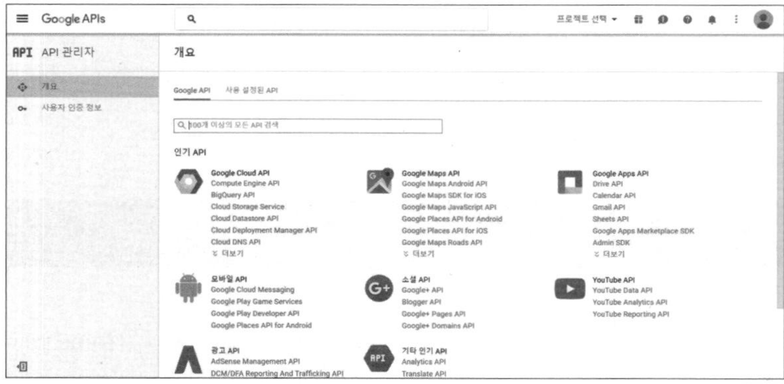

▲ Google Developers Console

프로젝트 이름을 입력하고, '만들기' 버튼을 클릭한다.

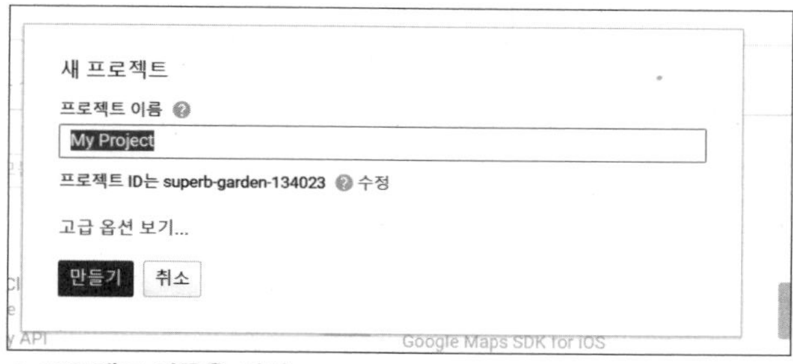

▲ 프로젝트 이름을 지정

이어지는 화면에서 'YouTube Data API'를 클릭하고, '사용 설정' 버튼을 클릭한다.

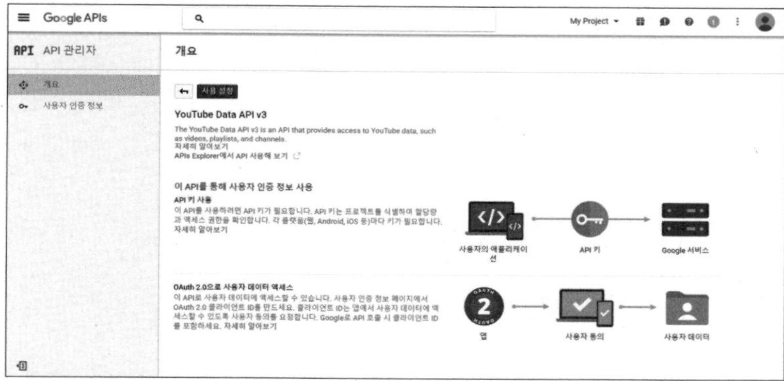

▲ YouTube Data API를 사용 설정한다.

그리고 화면 왼쪽 메뉴에 있는 '사용자 인증 정보'를 클릭하고, '사용자 인증 정보 만들기'를 클릭한다. 선택 화면에서는 API 키를 선택한다.

▲ 사용자 인증 정보 만들기

그러면 키 종류를 묻는데 '서버 키'를 선택한다. 서버의 IP 주소를 입력하는 화면이 뜨는데 해당 IP에서만 사용할 수 있게 하고 싶으면 지정하고, '생성' 버튼을 클릭한다.

▲ 서버 키를 작성

그러면 API 키가 생성되는데 이를 따로 저장해 둔다.

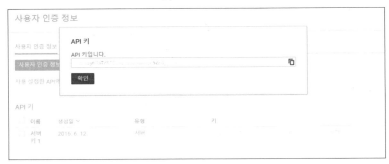

▲ 키 정보

Node.js 모듈 youtube-node 설치

여기서는 youtube-node라는 모듈을 사용해 보자. npm을 사용하여 설치한다.

```
$ npm install youtube-node
```

유튜브 검색 프로그램

다음은 유튜브에서 고양이 동영상을 검색하는 프로그램이다.

File src/ch06/07-youtube/youtube-search.js

```
// YouTube 검색 for Node.js

var Youtube = require('youtube-node');
var youtube = new Youtube();

// API 키 지정 (본인 것으로 교체) ——※1
youtube.setKey('');
// 검색 수행 ——※2
var keyword = '고양이';
var limit = 3;
youtube.search(keyword, limit, function(err, result) {
  if (err) { console.log(err); return; }
  // 결과 표시
  console.log(JSON.stringify(result, null, 2));
});
```

프로그램의 ※1에는 앞서 획득한 API 키를 지정한다. 프로그램을 실행하려면 다음과 같이 입력한다.

```
$ node youtube-search.js
```

그러면 다음과 같이 출력된다.


```
[vagrant@ip-172-31-25-208 07-youtube]$ node youtube-search.js
{
  "kind": "youtube#searchListResponse",
  "etag": "\"0Fu6lI6VPLdRMlQU3wwNcowdAUs/25SZmIp6m2V2T1I87OtYk9NDr7M\"",
  "nextPageToken": "CAMQAA",
  "regionCode": "KR",
  "pageInfo": {
    "totalResults": 690466,
    "resultsPerPage": 3
  },
  "items": [
    {
      "kind": "youtube#searchResult",
      "etag": "\"0Fu6lI6VPLdRMlQU3wwNcowdAUs/AqiefqbnjGLaJbk0Nj339rIuVtU\"",
      "id": {
        "kind": "youtube#channel",
        "channelId": "UCLsj_Re3SxtkbZfX_ypY1eQ"
      },
      "snippet": {
        "publishedAt": "2010-11-22T04:27:14.000Z",
        "channelId": "UCLsj_Re3SxtkbZfX_ypY1eQ",
        "title": "Suri Noel",
        "description": "Suri & Noel cat story 수리노을의 고양이 이야기 Name :
        "thumbnails": {
          "default": {
            "url": "https://yt3.ggpht.com/-QWuF7W_hsz8/AAAAAAAAAAI/AAAAAAAAAAA
          },
          "medium": {
            "url": "https://yt3.ggpht.com/-QWuF7W_hsz8/AAAAAAAAAAI/AAAAAAAAAAA
          },
          "high": {
            "url": "https://yt3.ggpht.com/-QWuF7W_hsz8/AAAAAAAAAAI/AAAAAAAAAAA
          }
        },
        "channelTitle": "Suri Noel",
        "liveBroadcastContent": "upcoming"
      }
    },
    {
      "kind": "youtube#searchResult",
      "etag": "\"0Fu6lI6VPLdRMlQU3wwNcowdAUs/_p1siqJB2tAzWFKk5U1glEVPJOI\"",
      "id": {
        "kind": "youtube#video",
        "videoId": "MTtcEAhGvXg"
      },
      "snippet": {
        "publishedAt": "2015-11-22T12:39:56.000Z",
        "channelId": "UCLsj_Re3SxtkbZfX_ypY1eQ",
        "title": "고양이들에게 제안을 해봤습니다.We've made suggestions to cat
        "description": "고양이들에게 몇가지 제안을 해보았습니다. 수리노을 다섯
        "thumbnails": {
```


▲ 유튜브를 검색한 결과

이처럼 youtube-node 모듈을 사용하면 쉽게 유튜브 검색을 수행할 수 있다. youtube-node의 사용법은 다음과 같다.

```
// youtube-node의 객체를 생성
var Youtube=require('youtube-node');
var youtube=new Youtube();

// 검색 API 실행
var keyword="**"; // 키워드
var limit=5; // 건수
youtube.search(keyword, limit, function(err, result){
  console.log(result); // 결과를 표시
});
```

검색 옵션 지정

유튜브 검색 API의 기능은 공식 페이지에 자세히 적혀 있다. 검색 옵션을 지정함으로써 여러 가지 조건을 주어 동영상을 검색할 수 있다.

```
YouTube Data API(v3)
https://developers.google.com/youtube/v3/docs/search/list
```

여기서는 대표적인 옵션만을 소개한다.

▼ 대표적인 유튜브 검색 옵션

옵션	의미
order	검색 결과의 정렬 조건 지정 (date/rating/relevance/title/videoCount/viewCount)
regionCode	나라 코드 지정(한국은 KR)
safeSearch	검색 결과에 제한 콘텐츠를 포함할지 지정 (none/moderate/strict)
type	검색 대상의 유형을 지정 (channel/playlist/video)
videoDuration	검색할 동영상의 길이를 지정 (any/long/medium/short)
videoLicense	검색할 동영상의 라이선스를 지정 (any/creativeCommon/youtube)

여기서 주의할 점은 videoLicense 옵션을 지정할 때에는 type 옵션을 video로 지정해야 한다는 점이다. 그러면 옵션을 지정하도록 프로그램을 수정해 보자. 다음 프로그램에서는 라이선스가 '크리에이티브 커먼즈'로 설정된 고양이 관련 동영상을 검색한다.

File src/ch06/07-youtube/youtube-cat.js

```
// YouTube 검색 for Node.js

var Youtube = require('youtube-node');
var youtube = new Youtube();

// API 지정 (본인 것으로 교체) ——※1
youtube.setKey('본인 것으로 교체');

// 검색 수행
var keyword = 'cat';
var limit = 5;

// 조건 설정 ——※2
youtube.addParam('order', 'rating'); // 평점순으로 정렬
youtube.addParam('type', 'video');
youtube.addParam('videoLicense', 'creativeCommon'); // 크리에이티브 커먼즈

youtube.search(keyword, limit, function(err, result) {
  if (err) { console.log(err); return; }
  // 영상의 URL 표시 ——※3
  var items = result["items"];
  for (var i in items) {
    var it = items[i];
    var title = it["snippet"]["title"];
    var video_id = it["id"]["videoId"];
    var url = "https://www.youtube.com/watch?v=" + video_id;
    console.log("+ " + title);
    console.log("| " + url);
    console.log("-----------------");
  }
});
```

다음과 같이 프로그램을 실행해 본다.

```
$ node youtube-cat.js
```

실행하면 다음과 같은 결과가 출력된다.

```
[vagrant@localhost 07-youtube]$ node youtube-cat.js
+ 【AST】 Odoru Neko Iwaku (What The Dancing Cat Says) / Hatsune Miku 【Vietsub】
| https://www.youtube.com/watch?v=cyTxhGEAYlc
-----------------
+ 120824 第13回AS讀書會 | Allen Chou (CJ Cat)
| https://www.youtube.com/watch?v=7iU9Sy_cTtk
-----------------
+ Funny Cat Bath
| https://www.youtube.com/watch?v=c-mFzebdB6Y
-----------------
+ Turorial maquillage avec la palette too faced CAT EYES
| https://www.youtube.com/watch?v=ys2xX06Trww
-----------------
+ CASTRUM BYANELLI vs DEPORTIVO SALANDRA -Calcio A5 Cat C1
| https://www.youtube.com/watch?v=zDr4AiBA9YO
-----------------
[vagrant@localhost 07-youtube]$ vi youtube-cat.js
[vagrant@localhost 07-youtube]$
```

▲ 유튜브에서 cat(고양이)를 검색한 결과

코드를 살펴보자. 이전의 프로그램과 마찬가지로 ※1에는 발급받은 키를 기재한다.

※2에서는 검색 옵션을 지정하기 위해 addParam() 메소드를 사용하였다. 여기서는 order 옵션을 'rating'으로 하여 높은 평점순으로 검색하도록 하였다. 그리고 videoLicense 옵션을 'creativeCommon'으로 설정하여 크리에이티브 커먼즈에 해당하는 동영상을 검색한다. 이때 type 옵션에 'video'를 지정하지 않으면 오류가 발생하므로 주의한다.

※3에서는 검색한 동영상의 URL을 표시한다. API 수행 결과는 콜백 함수의 인자인 result 변수에 담겨 있다. 그중 검색한 동영상 목록은 items 속성에 배열 형태로 들어가 있다. 각각의 요소를 for문으로 순회하면서 URL을 만들어 출력하고 있다.

동영상의 ID를 알면 해당 동영상의 URL도 쉽게 알 수 있다. 유튜브의 동영상 URL은 기본적으로 다음과 같은 구조로 되어 있기 때문이다.

```
https://www.youtube.com/watch?v=(동영상 ID)
```

동영상을 검색하고 다운로드

유튜브에서 동영상을 검색하는 방법을 알아봤다. 그러면 총정리하는 차원에서 동영상을 검색하고 다운로드까지 하는 프로그램을 만들어 보자.

File src/ch06/07-youtube/youtube-download.js

```
// YouTube 검색 for Node.js

// 모듈 로드
var exec = require('child_process').exec;
var Youtube = require('youtube-node');
var youtube = new Youtube();

// API 지정 (본인 것으로 교체) ——※1
youtube.setKey('본인 것으로 교체');

// 검색 수행
var keyword = 'cat';
var limit = 2;
// 조건 설정 ——※2
youtube.addParam('order', 'viewCount'); // 평점순으로 정렬
youtube.addParam('type', 'video');
youtube.addParam('videoLicense', 'creativeCommon'); // 크리에이티브 커먼즈
youtube.addParam('videoDuration', 'short'); // 짧은 동영상 검색
youtube.search(keyword, limit, function(err, result) {
  if (err) { console.log(err); return; }
  // 영상의 URL 표시 ——※3
  var items = result["items"];
  for (var i in items) {
    var it = items[i];
    var title = it["snippet"]["title"];
    var video_id = it["id"]["videoId"];
    console.log(title, video_id);
    // 다운로드 수행
    downloadVideo(video_id);
  }
});

// youtube-dl 사용하여 다운로드 ——※3
function downloadVideo(video_id) {
  var url = "https://www.youtube.com/watch?v=" + video_id;
  exec('youtube-dl ' + url, function(err, stdout, stderr) {
    if (err) { console.log(err); return; }
    if (stdout) console.log(stdout);
    if (stderr) console.log(stderr);
  });
}
```

다음 명령어를 입력하여 프로그램을 실행한다.

```
$ node youtube-download.js
```

실행하면 다음과 같은 결과가 된다.

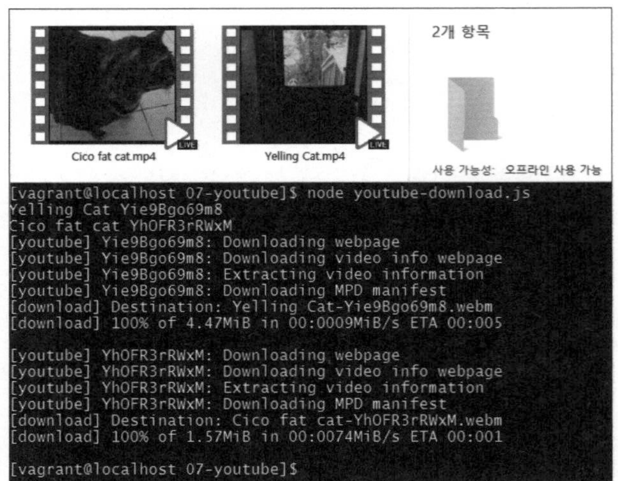

▲ 동영상을 검색하고 다운로드

※1에는 발급받은 Key를 기입한다. ※2에는 검색 옵션을 지정하고 있다. 여기서는 크리에이티브 커먼즈의 동영상과 짧은 길이의 동영상을 검색하도록 videoDuration 옵션을 지정하였다.

그리고 동영상을 다운로드하는 부분이 ※3이다. 이번 절의 서두에서 소개한 youtube-dl을 사용한다. 동영상 ID로 URL을 만들고, 그것을 youtube-dl에 전달하여 실행하는 구조로 되어 있다.

이 절의 마무리

- 이번 절에서는 유튜브의 동영상을 검색하고 다운로드하는 방법에 관해 소개했다.
- 여기서 소개한 프로그램을 조금 수정하여 cron에 등록하면 좋아하는 가수의 동영상이 올라올 때마다 자동으로 다운로드받게 할 수 있다.

08

Yahoo! Finance에서 환율 및 주식 정보 수집

정기적으로 수집하면 좋은 데이터로 환율 및 주식 정보가 있다. 여기서는 Yahoo! Finance에서 환율 및 주식 데이터를 수집하는 프로그램을 작성해 보겠다.

주요 학습 내용	주요 도구와 라이브러리
• 환율, 주식 정보를 수집하는 방법	• Node.js

Yahoo! Finance

Yahoo! Finance에는 주식, FX·환율의 정보와 뉴스 등 다양한 금융 정보가 게재된다. 여기서는 환율 및 주가 정보를 취득하는 프로그램을 만들어 보자.

```
Yahoo! Finance
http://finance.yahoo.com/
```

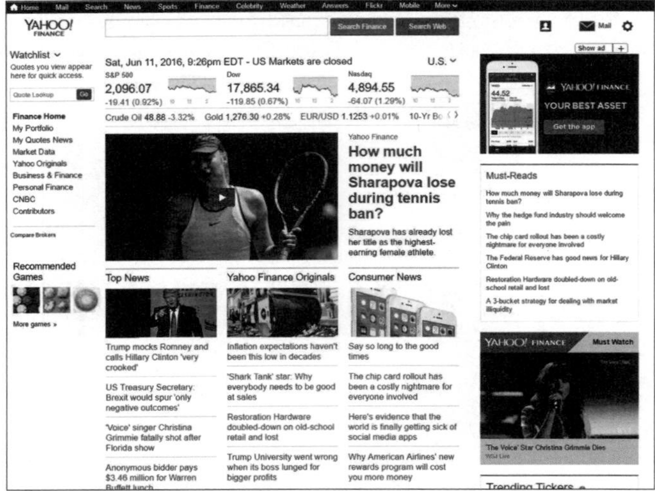

▲ Yahoo! Finance의 웹사이트

FX·환율 정보 취득

환율 정보는 Yahoo! Finance에서 다음과 같은 URL 구조로 제공된다. 파라미터로 3문자 통화 코드를 조합하여 지정하면 원하는 국가간의 환율 정보를 얻을 수 있다.

```
Yahoo! Finance > 환율 > 미국 달러/원
http://finance.yahoo.com/q?s=USDKRW=X
```

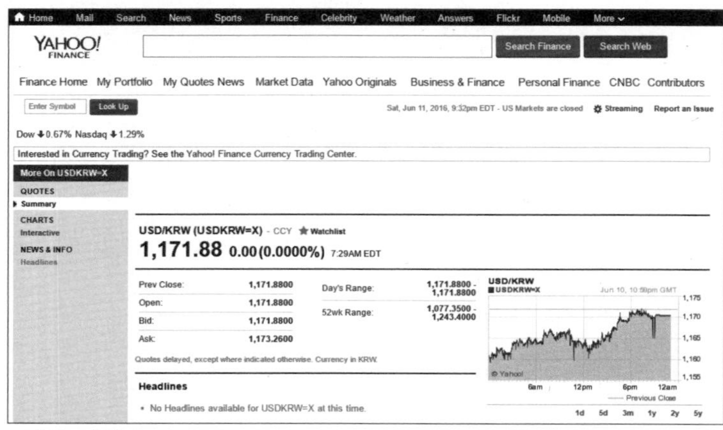

▲ 환율 페이지

다음이 주요 환율 코드의 예다. 예를 들어, 위안화와 원화의 조합이라면 파라미터로 s=CNHKRW를 주면 된다.

▼ 통화 코드의 예

통화 코드	설명	통화 코드	설명
KRW	한국 원	NZD	뉴질랜드 달러
JPY	일본 엔	CAD	캐나다 달러
USD	미국 달러	CHF	스위스 프랑
EUR	유로	ZAR	남아공 랜드
AUD	호주 달러	CNH	중국 위안
GBP	영국 파운드		

환율 정보를 취득하는 프로그램

그러면 Node.js를 사용하여 환율 데이터를 취득해 보자. 브라우저의 개발자 도구로 해당 페이지의 HTML을 조사하여 우리가 원하는 정보를 추출할 것이다.

HTML을 다운로드하고 CSS 선택자로 특정 요소를 추출하기 위해 Node.js의 cheerio-httpcli 모듈을 사용한다. 아직 설치하지 않았다면 npm을 사용하여 설치하도록 한다.

File src/ch06/08-finance/fx-USDKRW.js

```
// 환율 정보 취득 for Node.js

// 모듈 로드
var client = require('cheerio-httpcli');

// HTML 다운로드
var code = 'USDKRW=X'; // 통화 지정
var url = "http://finance.yahoo.com/q";

// 페이지 취득
client.fetch(url, {
    "s": code
}, function(err, $, res) {
    if (err) {
        console.log(err);
        return;
    }

    // 값 취득
    var str = $('#quote-header-info > div > div > div > span:nth-child(1)').text();
    // 쉼표(,) 제거
```

```
    str = str.replace(/,/g, "");

    // '숫자.숫자'만 추출하기
    var arr = str.match(/\d*\.\d*/);

    console.log(code);
    console.log(arr[0]);
});
```

커맨드 라인에서 다음 명령어를 입력하여 프로그램을 실행한다.

```
$ node fx-USDKRW.js
USDKRW=X
1171.3900
```

cheerio-httpcli와 CSS 선택자 그리고 정규식을 활용하면 쉽게 웹에서 원하는 데이터를 추출할 수 있다. 이번에는 더 나아가서 원화의 환율 정보를 모두 취득하는 프로그램을 만들어 보자. 여기서는 원화와 9종류의 통화(미국 달러, 유로, 호주 달러 등) 간의 환율을 출력하는 프로그램을 만들어 보겠다.

File **src/ch06/08-finance/fx-KRWa.js**

```
// 환율 정보 취득 for Node.js

// 모듈 로드
var client = require('cheerio-httpcli');

// 기본 통화 지정
var baseCode = "KRW";
var codeList = [
    "JPY", "USD", "EUR", "AUD", "GBP",
    "NZD", "CAD", "ZAR", "CNH"
];
var url = "http://finance.yahoo.com/q";

// 여러 통화와의 환율 정보 획득
for (var i in codeList) {
    var peer = codeList[i];
    if (peer == baseCode) continue; // 동일한 통화에 대해서는 skip
    var code = peer + baseCode + "=X";
    getFX(code);
}

function getFX(code) {
    // 페이지 취득
```

```
    client.fetch(url, {
        "s": code
    }, function(err, $, res) {
        if (err) {
            console.log(err);
            return;
        }
        // 값 취득
        var str = $('#quote-header-info > div > div > div > span:nth-child(1)').text();

        // 쉼표(,) 제거
        str = str.replace(/,/g, "");

        // '숫자.숫자'만 추출하기
        var arr = str.match(/\d*\.\d*/);

        console.log(code);
        console.log(arr[0]);
    });
}
```

다음과 같이 입력하여 프로그램을 실행한다. 원화와 여러 가지 통화 간의 환율이 표시된다.

```
$ node fx-KRWa.js
```

다음과 같이 출력된다.

```
$ node fx-KRWa.js
AUDKRW=X
873.6501
JPYKRW=X
10.1618
GBPKRW=X
1473.2057
USDKRW=X
1171.3900
CADKRW=X
889.1545
CNHKRW=X
169.2418
EURKRW=X
1237.4709
NZDKRW=X
835.9906
ZARKRW=X
84.7949
```

▲ 원화 환율 정보를 한 번에 취득

주가 정보 취득

이번에는 Yahoo! Finance에서 주가 정보를 취득해 보자. 환율과 마찬가지로 특정 URL에 종목 코드를 지정함으로써 주가 정보를 얻을 수 있다. 종목 코드란, 상장된 회사마다 주어진 코드를 말한다. 예를 들면, LG전자의 종목 코드는 066570.ks다.

```
Yahoo! Finance>LG전자의 주식 정보
http://finance.yahoo.com/q/hp?s=066570.KS
```

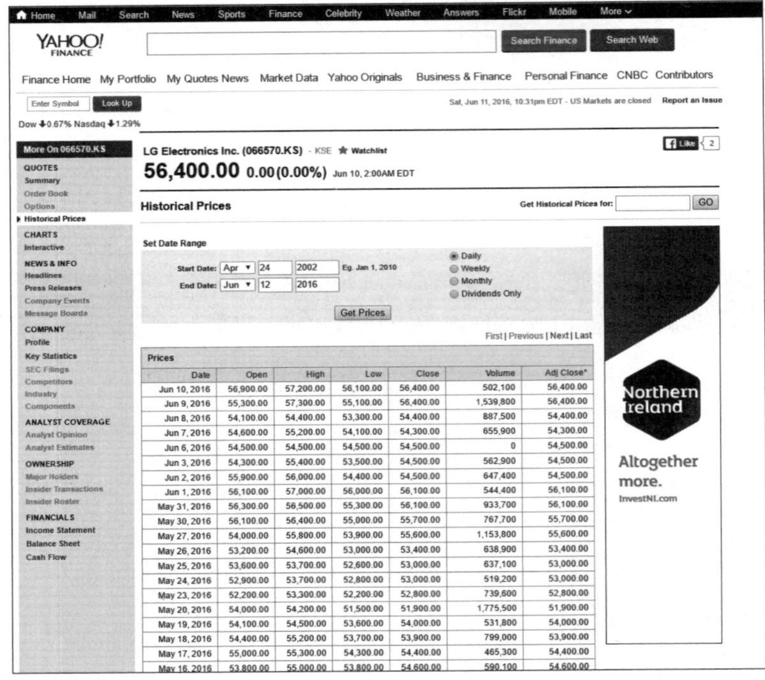

▲ 주식 정보

증권 코드는 한국 거래소 페이지에서 검색할 수 있다.

```
한국 거래소 > 상장 정보 검색
http://marketdata.krx.co.kr/mdi#document=040602
```

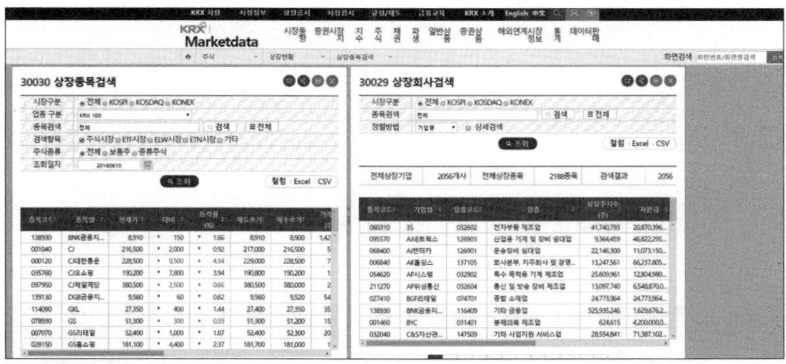

▲ 증권 코드 검색

주가 정보를 취득하는 프로그램

그러면 Yahoo! Finance에서 주가 정보를 취득하는 프로그램을 만들어 보자. 여기서도 Node.js의 모듈 cheerio-httpcli를 사용한다.

File src/ch06/08-finance/stock.js

```
// 주식 정보 취득 for Node.js

// 모듈 로드
var client = require('cheerio-httpcli');

// HTML 다운로드
var code = '066570.KS'; // 증권 코드 지정 ※1
var url = "http://finance.yahoo.com/q/hp";

// 페이지 취득 ※2
client.fetch(url, {
    "s": code
}, function(err, $, res) {
    if (err) {
        console.log(err);
        return;
    }
    // 값 취득 ※3
    var str = $('#quote-header-info > div > div > div > span:nth-child(1)').text();

    // 쉼표(,) 제거
    str = str.replace(/,/g, "");

    // '숫자.숫자'만 추출하기
    var arr = str.match(/\d*\.\d*/);
```

```
    console.log(code);
    console.log("Price: " + arr[0]);
});
```

프로그램을 실행하려면 다음 명령을 입력한다. 그러면 회사명과 주가를 취득하여 표시한다.

```
$ node stock.js
066570.KS
Price: 56400.00
```

프로그램의 ※1에서는 증권 코드를 지정하고 있다. 여기에 값을 기입함으로써 원하는 회사의 주가를 수집할 수 있다. 프로그램 ※2에서 HTML을 취득하고, ※3에서 CSS 선택자를 이용하여 값을 추출한다. 추출한 텍스트 데이터에서 정규식을 통해 원하는 가격 정보만을 획득하고 있다.

HTML 추출 팁

HTML에서 임의의 요소를 추출할 때에는 cheerio 모듈의 CSS 선택자를 이용하는 것이 좋다. 2장에서 'cheerio'의 사용법을 소개하였으니 참고하도록 한다.

이 절의 마무리

- 이번 절에서는 환율과 주가 정보를 취득하는 방법을 소개했다.
- 여기서는 HTML 파일을 파싱하는 방법을 사용하여 정보를 취득하고 있다. 따라서 HTML의 구조가 변하면 제대로 값을 가져오지 못하게 된다.
- HTML의 구조가 변경되었을 때는 CSS 선택자를 다시 조사하여 코드에 반영해야 한다.
- 이러한 프로그램을 통해 거래의 참고가 되는 데이터를 수집할 수 있다.

09

위키피디아 다운로드

온라인상에서 누구나 편집할 수 있는 자유로운 백과사전인 위키피디아(Wikipedia)에는 한글로 작성된 항목만 34만 개 이상 게재되어 있다. 그리고 그 많은 콘텐츠를 카피레프트(copyleft)로 이용할 수 있다. 다운로드하고 데이터베이스에 저장하는 방법을 알아보자.

주요 학습 내용

- 위키피디아 데이터 다운로드
- GZip 파일 압축 해제
- 데이터베이스 LevelDB 활용

주요 도구와 라이브러리

- Node.js
- zlib 모듈

위키피디아란?

위키피디아는 위키(Wiki)라는 시스템을 사용하며 누구나 자유롭게 편집할 수 있는 온라인 백과사전이다. 미국의 NPO인 위키미디어 재단이 운영하고 있다. 영어, 한글을 비롯한 150개 이상의 언어를 지원한다. 현재 이 책을 집필하는 시점에서 97만 개 이상의 항목이 게재되어 있다. 이들 콘텐츠를 Creative Commons(CC-BYSA) 혹은 GFDL 라이선스로 이용할 수 있다. 참고로 Creative Commons(CC-BYSA)는 다음과 같은 라이선스를 말한다.

라이선스	설명
공유	어떤 미디어나 포맷으로도 자료를 복제하거나 재배포할 수 있다.
변경	자료를 리믹스하거나 조작하거나 다른 작품의 베이스로 할 수 있다. 어떤 목적으로도 이용할 수 있다.

다만, 자료를 이용하고자 한다면 저작권을 표시해야 하고, 만약 변경이 있는 경우 수정 부분을 원래의 작품과 같은 라이선스로 배포해야 한다. 그래도 복제, 재배포, 수정이나 영리 목적의 사용이 가능하므로 꽤나 자유로운 라이선스라 할 수 있다.

위키피디아 다운로드

위키피디아는 콘텐츠를 자유롭게 다운로드할 수 있도록 데이터를 공개하고 있다. 그래서 사이트 자체에 대한 크롤링은 금지되어 있다.

명칭	URL
한글 위키피디아 데이터 다운로드	https://dumps.wikimedia.org/kowiki/

그런데 위키피디아의 방대한 데이터가 하나의 파일에 들어가 있어 파일 크기가 너무 커 일반 텍스트 에디터로는 열기 힘들다. 다운로드 가이드 페이지에도 해당 사실이 명시되어 있다. 가이드 페이지에는 그 외에 라이선스나 각종 데이터 파일에 관한 설명이 기재되어 있다.

명칭	URL
위키피디아:데이터베이스 다운로드(가이드)	https://ko.wikipedia.org/wiki/ 위키백과:데이터베이스_다운로드

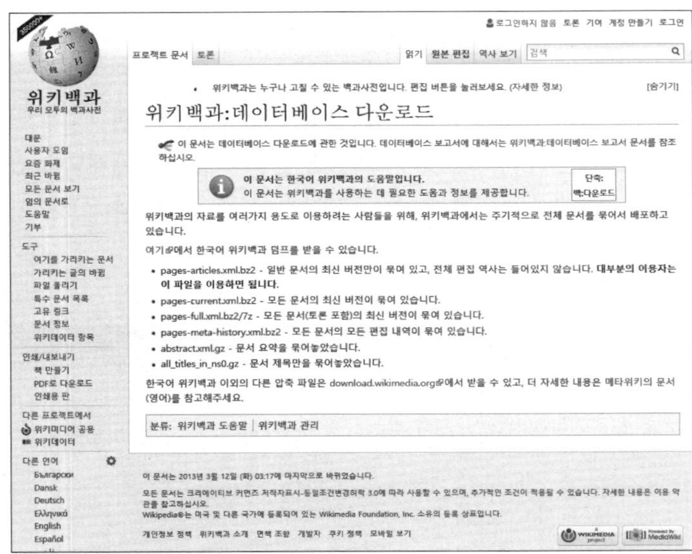

▲ 데이터베이스 다운로드 설명 페이지

데이터 형식에 관하여

위키피디아의 데이터는 XML 형식(또는 XML을 압축한 형식)으로 배포되고 있다.

파일 이름은 kowiki-20160601-abstract.xml과 같이 '(언어 코드)-(날짜)-(파일 종류)'의 형식으로 되어 있다. 다음과 같은 파일이 제공되고 있다.

▼ 위키피디아에서 배포되고 있는 데이터 형식 목록

종류 파일 이름	설명
pages-articles.xml.bz2	일반 문서의 최신 버전, 편집 역사는 제외
pages-meta-current.xml.bz2	모든 페이지의 최신 덤프
pages-meta-history.xml.7z	전 페이지의 모든 과거 수정 이력을 포함
all-titles-in-ns0.gz	페이지 이름 목록(표준 이름 공간)
abstract.xml.gz	페이지의 첫 문단과 링크만 추출한 XML 데이터
upload.tar	압축되지 않은 모든 이미지 파일

요약 데이터 이용

페이지의 첫 문단과 링크만 추출한 abstract.xml을 다운로드할 경우에는 kowiki-20160601-abstract.xml을 다운로드하면 된다. 여기서 날짜 부분은 다운받는 시점에서의 최신판 혹은 latest를 이용하면 된다. 이를 에디터로 열어 보면 다음과 같은 형식이다.

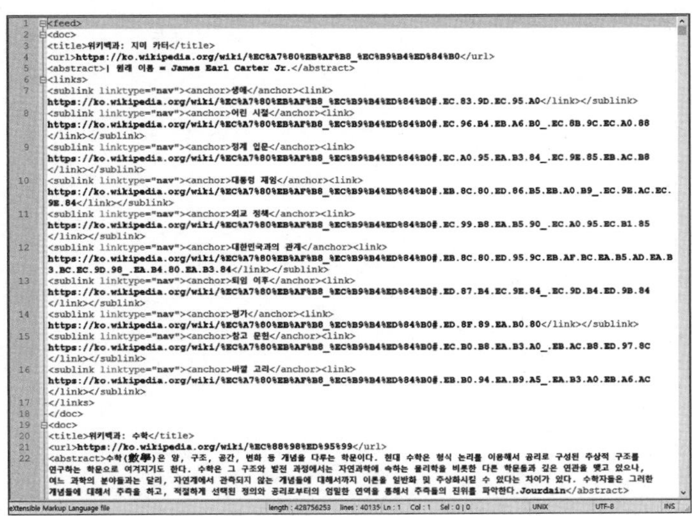

▲ 요약 정보의 XML

```
<feed>
  <doc>
    <title>제목</title>
    <url>위키피디아 URL</url>
    <abstract>첫 단락</abstract>
    <links>
      <sublink linktype="nav">
        <anchor>이름</anchor><link>링크</link>
      </sublink>
      ...
    </links>
  </doc>
  <doc>
  ...
  </doc>
</feed>
```

타이틀 목록 취득

위키피디아 항목의 타이틀만 따로 모은 파일이 'all-titles-in-ns0.gz'와 같은 이름으로 제공되고 있다. 이 파일은 G 확장자(.gz)로 되어 있어 GZIP 형식으로 압축되어 있다. Mac OS X/리눅스에서는 다음과 같이 압축을 풀 수 있고, 윈도우에서는 알집 등의 압축 해제 유틸리티를 사용하면 된다.

```
# gz 형식의 압축 파일 해제
$gunzip kowiki-latest-all-titles-in-ns0.gz
```

이 파일에는 위키피디아 페이지의 타이틀이 한 줄씩 기록되어 있다.

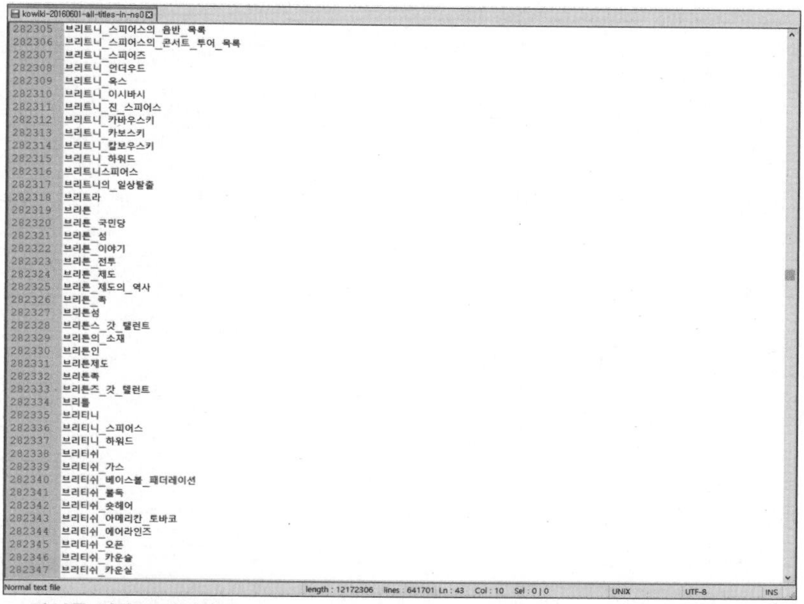
kowiki-20160601-all-titles-in-ns0
282305 브리트니_스피어스의_음반_목록
282306 브리트니_스피어스의_콘서트_투어_목록
282307 브리트니_스피어즈
282308 브리트니_언더우드
282309 브리트니_옥스
282310 브리트니_이시바시
282311 브리트니_진_스피어스
282312 브리트니_카바우스키
282313 브리트니_카보스키
282314 브리트니_칼보우스키
282315 브리트니_하워드
282316 브리트니스피어스
282317 브리트니의_일상탈출
282318 브리트라
282319 브리튼
282320 브리튼_국민당
282321 브리튼_섬
282322 브리튼_이야기
282323 브리튼_전투
282324 브리튼_제도
282325 브리튼_제도의_역사
282326 브리튼_족
282327 브리튼섬
282328 브리튼스_갓_탤런트
282329 브리튼의_소재
282330 브리튼인
282331 브리튼제도
282332 브리튼족
282333 브리튼즈_갓_탤런트
282334 브리틀
282335 브리티니
282336 브리티니_스피어스
282337 브리티니_하워드
282338 브리티쉬
282339 브리티쉬_가스
282340 브리티쉬_베이스볼_페더레이션
282341 브리티쉬_불독
282342 브리티쉬_숏헤어
282343 브리티쉬_아메리칸_토바코
282344 브리티쉬_에어라인즈
282345 브리티쉬_오픈
282346 브리티쉬_카운슬
282347 브리티쉬_카운실
Normal text file
length : 12172306 lines : 641701 Ln : 43 Col : 10 Sel : 0 | 0
UNIX
UTF-8
INS

▲ 타이틀 일람표 데이터

위키피디아의 타이틀 데이터베이스 만들기

위키피디아는 데이터 파일을 다운로드받을 수 있게 제공하므로 여기서는 다운로드받은 데이터를 데이터베이스에 삽입하는 프로그램을 만들어 보자. 다음과 같이 동작한다.

1. 타이틀 목록 데이터를 다운로드
2. GZip 파일 압축 해제
3. 데이터베이스에 삽입

DB는 쉽게 사용할 수 있는 LevelDB를 사용한다(LevelDB는 4장에서 사용법을 다뤘다). 다음 명령으로 LevelDB를 설치한다.

```
$ npm install level
```

다음은 프로그램이다. 다운로드한 데이터를 압축 해제하고 LevelDB에 삽입한다.

File src/ch06/09-wikipedia/make-wikipedia-title-db.js

```
// 위키피디아 타이틀 DB를 생성 for Node.js

// 모듈 로드
var request = require('request');
var fs = require('fs');
var zlib = require('zlib');
var levelup = require('level');

// 위키피디아의 최신 타이틀 데이터 ——※1
var titleName = "kowiki-latest-all-titles-in-ns0";
var titleUrl = "http://dumps.wikimedia.org/kowiki/latest/" +
      titleName + ".gz";
var local_gz  = __dirname + "/" + titleName + ".gz";
var local_txt = __dirname + "/" + titleName;

// 데이터베이스 지정 ——※2
var db = levelup('./wikidata');

// 데이터 다운로드 ——※3
request
  .get(titleUrl)
  .on('end', goGunzip)
  .pipe(fs.createWriteStream(local_gz));
console.log("다운로드 시작");

// 파일 압축 해제 ——※4
function goGunzip() {
  console.log('압축 해제');
  // 파일 읽기
  var gz_data = fs.readFileSync(local_gz);
  // 압축 해제
  zlib.gunzip(gz_data, function (err, bin) {
    if (err) { console.log(err); return; }
    // 결과를 파일에 쓰기 (만일을 대비)
    fs.writeFileSync(local_txt, bin);
    var txt = bin.toString('utf-8'); // ——※5
    insertDB(txt);
  });
}

// LevelDB에 결과 삽입 ——※6
function insertDB(txt) {
  console.log("데이터베이스에 입력");
  var lines = txt.split("\n");
  lines.shift(); // 첫 행은 버림
  var t = db.batch();
  for (var i in lines) {
    var it = lines[i];
    if (it == "") continue;
    t.put(it, 1);
    if (i % 1000 == 0) console.log(i + "행째:" + it); // ——※7
```

```
  }
  t.write(function() {
    console.log("입력 완료:" + lines.length);
  });
}
```

프로그램을 실행하려면 다음 명령을 입력한다.

```
$ node make-wikipedia-title-db.js
```

실행하면 다음과 같은 화면이 출력된다.

```
[vagrant@ip-172-31-25-208 09-wikipedia]$ node make-wikipedia-title-db.js
다운로드 시작
압축 해제
데이터 베이스에 입력
0행째:!
1000행째:1017년
2000행째:12 12_쿠데타
3000행째:177년
4000행째:1900년_하계_올림픽_양궁_오_코르동_도레_33m
5000행째:1928년_미국_상원의원_선거
6000행째:1964년_하계_패럴림픽_펜싱
7000행째:1987년_동계_유니버시아드
8000행째:1998_프랑스_월드컵
9000행째:2001_K리그_드래프트
10000행째:2006년_한국_프로_야구_골든_글러브상
11000행째:2009_대한민국_농구대잔치
12000행째:2010년_아시안_게임_우슈
13000행째:2012년_하계_올림픽_그리스_선수단
14000행째:2014년_해변_아시안_게임
15000행째:20_(동음이의)
16000행째:2 28_사태
17000행째:3_Waves_of_Unexpected_Twist:_Radio_Wave_(일본)
18000행째:4_ _19_혁명
19000행째:5 18_광주_사태
20000행째:6월_인민_항쟁
21000행째:861
22000행째:A-14
23000행째:AMR(코덱)
24000행째:Akon
25000행째:BGM-71
26000행째:Boyfriend
27000행째:CNC_선반
28000행째:Creative_Commons
29000행째:DUAL_테이블
30000행째:EDM
31000행째:F.리그
32000행째:FK_포베다
33000행째:GEM
34000행째:Good_Girl_Gone_Bad
35000행째:HEP_나비오
36000행째:Hypertext_Markup_Language
37000행째:IP_터널
38000행째:J._P._마누
39000행째:K-리그_득점왕
40000행째:KE탄
41000행째:K리그_2005
42000행째:LHD-2_에식스
43000행째:M-9
44000행째:MBN_뉴스와이드_주말
45000행째:Magma
46000행째:NCIS_LA
```

▲ 위키피디아에 타이틀 데이터베이스를 작성

프로그램의 ※1에서는 위키피디아의 최신 타이틀 데이터의 URL과 저장 파일 이름을 지정하고 있다. 파일 이름이 길어서 여기서는 변수를 사용했다.

※2에서는 LevelDB 데이터베이스 객체를 생성하고 있다. wikipeida라는 디렉터리에 데이터베이스를 만든다.

※3에서는 데이터를 다운로드한다. 파이프 시스템을 이용하여 다운로드한 파일을 로컬 파일에 쓰고 있으며, 다운로드가 완료된 시점에서 on('end',...)로 지정한 함수 goGunzip()이 호출되어 압축을 해제하게 된다.

※4에서는 zlib.gunzip() 메소드를 사용하여 압축을 해제한다. 여기서는 해제한 결과를 그대로 LevelDB에 저장하는 동시에 만일의 경우를 위해 파일로도 저장하고 있다. 참고로, zlib.gunzip()로 해제한 데이터는 바이너리 데이터다. 따라서 ※5에서 UTF-8로 변환하여 데이터베이스에 삽입하고 있다.

압축을 해제하는 zlib.gunzip() 메소드의 사용법은 다음과 같다.

```
var file_gz="test.gz";
var file_raw="test.txt";

// GZIP 파일을 읽는다
var gz_data=fs.readFileSync(file_gz);

// 압축을 해제한다
zlib.gunzip(gz_data, function(err, bin){
  if(err){console.log(err);return;}
  // 파일에 쓴다
  fs.writeFileSync(file_raw, bin);
});
```

※6에서는 LevelDB에 데이터를 입력하고 있다. db.batch()부터 t.write()까지가 일련의 흐름으로 put() 메소드로 데이터베이스에 타이틀을 삽입하고 있다. 이때 db.batch() 메소드를 사용하지 않고, db.put() 메소드만을 사용해서 입력할 수도 있다. 그러나 db.batch()를 사용하는 것이 속도가 빠르다.

※7에서는 모든 데이터를 삽입하는 데 시간이 제법 걸리므로 1,000건 단위로 진척을 출력하고 있다.

타이틀 데이터베이스 활용

구축한 위키피디아의 타이틀 데이터베이스를 활용해 보자. 여기서는 '고양이'로 시작되는 항목을 검색하여 출력하는 프로그램을 작성해 보겠다.

File src/ch06/09-wikipedia/read-title.js

```
// 위키피디아 제목을 조사 for Node.js

// 모듈 로드
var levelup = require('level');

// 데이터베이스 지정
var db = levelup('./wikidata');

// 검색 키를 지정 ——※1
var opt = {
  start: "고양이",
  end: "고양이\uFFFF"
};
// 검색 ——※2
db.createReadStream(opt)
  .on('data', function (data) {
    console.log(data.key);
  })
  .on('end', function () {
    console.log('ok.');
  }
);
```

프로그램을 실행하려면 다음 명령을 입력한다.

```
$ node read-title.js
```

그러면 고양이로 시작되는 항목이 많이 열거된다.

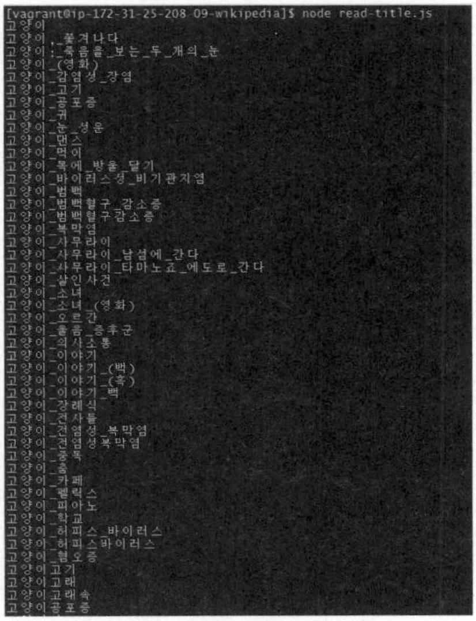

```
[vagrant@ip-172-31-25-208 09-wikipedia]$ node read-title.js
고양이
고양이!_쫓겨나다
고양이!_죽음을_보는_두_개의_눈
고양이_(영화)
고양이_감염성_장염
고양이_고기
고양이_공포증
고양이_귀
고양이_눈_성운
고양이_댄스
고양이_먹이
고양이_목에_방울_달기
고양이_바이러스성_비기관지염
고양이_범백
고양이_범백혈구_감소증
고양이_범백혈구감소증
고양이_복막염
고양이_사무라이
고양이_사무라이_남섬에_간다
고양이_사무라이_타마노죠_에도로_간다
고양이_살인사건
고양이_소녀
고양이_소녀_(영화)
고양이_오르간
고양이_울음_증후군
고양이_의사소통
고양이_이야기
고양이_이야기_(백)
고양이_이야기_(흑)
고양이_이야기_백
고양이_장례식
고양이_전사들
고양이_전염성_복막염
고양이_전염성복막염
고양이_중독
고양이_춤
고양이_카페
고양이_펠릭스
고양이_피아노
고양이_학교
고양이_허피스_바이러스
고양이_허피스바이러스
고양이_혐오증
고양이고기
고양이고래
고양이고래속
고양이공포증
```

▲ 고양이부터 시작되는 항목을 열거

프로그램의 ※1에서 검색 키를 지정하고 있다. '고양이'에서 '고양이\uFFFF'로 지정하면 고양이로 시작하는 타이틀을 검색할 수 있다.

※2에서는 실제 검색을 수행한다. db.createReadStream() 메소드를 사용하면 옵션에 부합하는 데이터를 검색하여 data 이벤트로 검색 결과를 통지한다. 그리고 검색이 완료되면 end 이벤트가 발생한다.

정규 표현식으로 데이터베이스 검색

이번에는 정규 표현식을 써서 데이터를 검색해 보자. 이를테면 친구와 대화하다 "'XXXX 사랑'이라는 노래 기억나? X가 네 글자 이상이란 것만 기억나"와 같이 부분적으로 기억하는 노래 제목을 찾고 싶은 경우에는 정규 표현식을 써서 '/.{4,}사랑$/'으로 검색하면 된다.

File src/ch06/09-wikipedia/read-title-regex.js

```
// 위키피디아 타이틀 검색 for Node.js

// 모듈 로드
var levelup = require('level');

// 데이터베이스 지정
var db = levelup('./wikidata');

// 정규 표현식으로 항목을 검색 ——※1
var search_re = /.{4,}사랑$/;

// 모든 항목에 대해 검색
var cnt = 0, result = [];
db.createReadStream()
  .on('data', function (data) {
    // 검색 경과 표시
    if (cnt % 50000 == 49999) {
      console.log(cnt+"건 검색:" + data.key);
    }
    // 정규 표현식 검사 ——※2
    if (search_re.test(data.key)) {
      result.push(data.key);
      console.log("발견:" + data.key);
    }
    cnt++;
  })
  // 최종 결과 표시
  .on('end', function () {
    console.log("발견:\n" + result.join("\n"));
    console.log('ok.');
});
```

커맨드 라인에서 다음과 같이 실행한다.

```
$ node read-title-regex.js
```

정규 표현식으로 검색하면 모든 키를 돌며 일치하는 데이터를 찾는다. 그래서 검색에 꽤 시간이 걸린다. 여기서는 다음과 같이 108건의 결과를 얻었다.

```
3개의_오렌지를_향한_사랑
I_AND_사랑
가난한_사랑
가버린_사랑
가을을_남기고_간_사랑
간계와_사랑
거침없는_사랑
경축!_우리_사랑
고스트:_보이지_않는_사랑
과학사랑_나라사랑
귀여운_사랑
그림자_사랑
금지된_사랑
... 생략
```

코드의 ※1에서 정규 표현식을 지정하였고, ※2에서 일치하는 결과를 검색하고 있다. 이때 createReadStream() 메소드에 옵션을 아무것도 지정하지 않으면 모든 키에 대해 검색을 수행한다.

이 절의 마무리

- 위키피디아는 데이터가 풍부하고 저작권에 대한 걱정 없이 자유롭게 사용할 수 있어 다양한 활용을 생각해 볼 수 있다.
- 이번 절에서는 위키피디아의 타이틀 목록을 데이터베이스에 저장하였다. 그리고 이러한 타이틀을 다양한 조건으로 검색해 보는 방법을 알아봤다.
- 이들 제목들을 키워드 사전으로 활용할 수도 있다.

제 7 장

데이터의 분류, 예측과 머신러닝

이번 장에서는 데이터의 활용 방법으로 분류, 예측과 관련된 기술들을 소개한다. 문장 카테고리 분류, 이동 평균에 의한 예측, 채팅 봇과 머신러닝을 이용한 문자 인식 프로그램을 만들어 본다.

01

데이터의 활용법에 관하여

크롤링하여 얻은 데이터를 활용하는 방법으로는 예측과 분류 그리고 연관 규칙 추출 등을 생각해 볼 수 있다. 이번 절에서는 데이터를 활용하는 방법과 개념에 관해서 폭넓게 고찰해 볼 것이다. 그리고 다음 절부터 실제로 데이터를 활용하는 방법을 소개하고 실습해 볼 것이다

주요 학습 내용	주요 도구와 라이브러리
• 데이터 마이닝 • 데이터 활용법	• 없음

데이터를 어떻게 활용할 것인가?

이번 장에서는 수집한 데이터를 어떻게 활용할지에 관해 소개한다. 데이터를 활용하고자 할 때 고려해 볼 만한 것이 데이터 마이닝 기법이다. 먼저, 데이터 마이닝에 관해서 고찰해 보자.

데이터 마이닝이란?

데이터 마이닝(data mining)이란, 대량의 데이터를 분석하여 그 안에서 가치 있는 정보를 발굴하는 것을 말한다. 특히, 지금까지 알려지지 않은 정보를 대량의 데이터에서 추출하는 기술 체계를 가리킨다. 데이터를 조사할 때는 통계학, 패턴 인식, 인공지능 등의 데이터 분석 기법을 사용한다.

원래 마이닝(mining)이란 채광이라는 뜻이다. 넓은 광산에서 숨겨진 금맥을 채굴하는 것처럼 대량의 데이터를 분석하여 가치 있는 정보를 찾아내는 것이 데이터 마이닝이다.

데이터 마이닝에서 텍스트를 대상으로 하는 것을 텍스트 마이닝, 웹 페이지를 대상으로 하는 것을 웹 마이닝이라고 한다.

데이터 마이닝의 기본은 예측, 분류, 연관 규칙 추출

데이터 마이닝의 어려운 점은 단순히 데이터를 넣으면 결과가 나오는 것이 아니라는 점에 있다. 대량의 데이터에서 지식을 찾아내기 위해서는 가설을 세우는 것이 좋다. 마케팅 분야에서는 가설을 세우고 검증하기 위해 예측, 분류, 연관 규칙 추출 기법 등을 검토한다.

예측

예측이란, 장래 발생할 일이나 상태의 변화를 어떠한 근거에 기반을 두고 헤아려 보는 것을 말한다. 비슷한 의미를 가지는 예상이라는 단어도 있지만, 예측이 예상과 다른 점은 보다 논리적인 근거에 기초하고 있다는 점이다. 예를 들어, 이번 주에 태풍이 오는지를 알고 싶을 때 적당히 '어쩐지 태풍이 올 것 같다'라고 하면 예상이고, 과거 수십 년의 태풍 정보를 바탕으로 '매년 이 주에는 20%의 확률로 태풍이 오고 있으므로 이번 주는 태풍이 올 확률이 높다'라고 하면 예측이다. 일반적으로 예측을 할 때는 어떤 일이 발생할 확률을 계산하게 된다.

분류

분류란, 많은 물건이나 현상들을 어떤 기준에 따라 체계적으로 구분하여 정리하는 것을 말한다. 분류를 하면 정보가 정리되어 사람이 파악하기 쉽게 된다. 예를 들어, 도서관의 장서를 정리한다고 생각해 보자. 방대한 장서를 분류함으로써 독자가 책을 찾기 쉬워진다. 집에서 옷을 분류할 때도 여름옷과 겨울옷, 색상과 형태 등으로 나누어 놓으면, 입고 싶은 옷을 금방 찾을 수 있고, 옷의 조합을 생각하는 것도 쉬워진다. 또한, 여름에는 겨울옷을 창고 속에 넣어 둠으로써 공간을 효율적으로 사용할 수 있게 된다.

또한, 분류를 통해 가설을 생각해 낼 수도 있다. 예를 들어, 눈앞에 막연한 고객 데이터가 있다고 하자. 어떻게 분류해 볼 수 있을까?

- 남성과 여성으로 구분
- 20대, 30대, 40대 등 연령대로 구분
- 연봉으로 구분

- 직종으로 구분
- 구입한 상품의 색으로 구분
- 구입한 금액으로 구분

이처럼 하나의 고객 데이터를 여러 기준으로 분류해 볼 수 있다. 여러 분류를 조합하여 가설을 구체화할 수 있는데 예를 들면, '붉은 색 상품을 사는 사람은 연봉이 높고 당사의 고급 제품을 자주 사고 있다'는 가설을 세워 볼 수 있다.

연관 규칙 추출

연관 규칙이란, 어떤 일과 다른 일 사이에 연결고리가 있음을 말한다. 데이터베이스에 쌓인 데이터를 조사해 보면 빈번하게 동시에 일어나는 경우를 발견할 수 있다. 이 책의 첫머리에 소개한 것처럼 마트의 판매 데이터를 조사한 결과, 기저귀를 사는 사람은 맥주도 동시에 구입하고, 비 오는 날은 고기 매출이 오른다는 뜻밖의 연관성을 발견할 수 있었다. 이러한 정보는 매출을 높이기 위한 전략에 활용될 수 있을 것이다.

데이터 마이닝의 순서

데이터 마이닝(특히, 텍스트를 분석하는 텍스트 마이닝)의 일반적인 순서를 정리하면 다음과 같다.

1. 대상 데이터 수집
2. 형태소 분석 등으로 데이터 분할
3. 데이터 클린징(이상치, 결손치, 노이즈 제거)
4. 데이터 요약(차원 축소, 특징 선택 등)
5. 데이터 마이닝(통계나 다른 데이터와 조합)
6. 평가와 검증

대상 데이터를 수집하면(**1**), 형태소 분석으로 텍스트를 이용하기 쉬운 최소 단위(형태소)로 분할한다(**2**). 그런 다음 클린징을 통해 이상치 및 결손치, 노이즈 등을 제거한다(**3**). 그리고 어떻게 활용할지를 고려하여 데이터를 요약한다(**4**). 예를 들면, 수치화하거나 의미 있는 집합으로 모은다. 그리고 통계나 다른 데이터와 조합하여 데이터 마이닝한다(**5**). 마지막으로, 평가와 검증을 실시한다(**6**).

대표적인 데이터 마이닝 기법

데이터 마이닝을 할 때에는 다음 기법들이 검토된다.

1. 연관성 분석: X가 발생하면 Y도 발생할 가능성이 높다
2. 회귀 분석: X의 속성으로부터 수치 변수 Y를 예측
3. 클래스 분류: X의 속성으로부터 속하는 클래스 C를 예측
4. 클러스터링: 비슷한 것들을 서로 묶는다

좀 더 자세히 살펴보자. 1의 연관성 분석은 연관성 규칙 추출이라고도 한다. 대표적인 활용 예는 소매업의 POS 시스템이다. 예를 들어, 편의점에서 '빵과 야채 주스를 사는 사람은 요구르트도 같이 산다'와 같은 분석을 하는 것을 말한다. 이는 쇼핑 바구니 속의 조합을 빠짐없이 조사하여 그중에서 흥미로운 결과를 찾아내는 분석이다.

2의 회귀 분석은 상관 관계나 인과 관계가 있다고 생각되는 두 개의 변수 중 하나의 변수를 통해 미래의 값을 예측하기 위한 예측식을 구하는 방법이다. 데이터 추세를 분석함으로써 예측을 할 수 있다.

3의 클래스 분류는 보다 정확하게 분류하는 모델을 만드는 것을 목적으로 한다. 방정식이나 규칙, 확률, 매칭 등 다양한 기법이 있다.

4의 클러스터링은 데이터 집합을 공통의 특징을 갖는 부분 집합(클러스터)으로 나눈다. 거리가 근접한 유사성을 기준으로 클러스터링을 한다.

이 절의 마무리

- **데이터 마이닝의 방법과 순서를 살펴보았다.**
- **여기서는 개념적인 이야기를 주로 다루었는데 다음 절부터 실제 프로그래밍을 통해 이해도를 더욱 높일 수 있을 것이다.**

02

베이지안 필터를 활용한 분류

이번 절에서는 베이지안 필터(Bayesian Filter)에 관해 알아본다. 나이브 베이즈 분류(Naive Bayes classifier)를 이용하여 자동으로 글의 카테고리를 분류하는 프로그램을 만들어 볼 것이다. 자동 분류라 하면 어려울 것 같지만, 사실 구조와 원리는 간단하다.

주요 학습 내용	주요 도구와 라이브러리
• 베이지안 필터에 의한 분류	• Node.js • bayes 모듈 • mecab-lite 모듈

베이지안 필터란?

베이지안 필터는 스팸 메일을 식별하는 필터로 널리 알려진 머신러닝 알고리즘으로, 나이브 베이즈 분류를 응용하여 대상이 되는 데이터를 학습하고 분류한다. 학습 양이 늘어나면 분류 정밀도가 상승한다는 특징이 있다.

예를 들어, 스팸 메일 판정의 경우 스팸 메일에 나타나는 어휘를 학습하여 새로 온 메일의 스팸 여부를 판정한다. 만약, 판정을 잘못하는 경우에는 해당 데이터를 학습시킴으로써 보다 정밀도를 높일 수 있다. 스팸 메일 여부를 판정하는 부분에 사용되는 알고리즘이 베이지안 필터다.

기존의 키워드 기반 필터에서는 사용자가 일일이 NG 키워드를 입력하여 스팸 메일을 판정했었다. 그러나 베이지안 필터를 사용하면 데이터를 학습해서 자동으로 분류하므로 일일이 키워드를 입력하지 않아도 된다. 스팸 메일의 판정으로 유명해진 베이지안 필터는 문장의 카테고리 분류에도 사용할 수 있다.

나이브 베이즈 분류 알고리즘

그러면 베이지안 필터, 즉 나이브 베이즈 분류 알고리즘에 관해서 간단하게 살펴보자. 나이브 베이즈 분류는 베이즈의 정리를 이용한다. 먼저, 베이즈의 정리부터 알아보자.

베이즈의 정리

입력 X가 주어졌을 때 출력 Y를 얻을 확률을 P(Y|X)로 나타낼 수 있다. 이를 베이즈 정리로 나타내면 다음과 같다.

$$P(Y|X) = \frac{P(Y)\ P(X|Y)}{P(X)}$$

이때, X에는 일어난 사건이나 입력 데이터를 적용하고, Y에는 거기서 추론하고 싶은 일을 적용한다. 가령, X에는 입력 텍스트를 적용하고, Y에는 해당 텍스트가 분류되는 카테고리를 적용한다. 혹은 X에 수신 메일을 적용하고, Y에는 해당 메일의 스팸 메일 여부를 적용한다.

X나 Y와 같은 기호로는 쉽게 와 닿지 않으니 구체적인 예를 들어 생각해 보자. 여기서는 스팸 메일을 예로 들어 보겠다.

그러면 X는 수신한 메일의 텍스트, F는 메일의 특징, Y는 X가 스팸일 확률이 된다. 이를 식에 적용해 보면 다음과 같다.

$$P(\text{스팸} \mid \text{메일의 특징 F}) = \frac{P(\text{스팸}) \times P(\text{메일의 특징 F} \mid \text{스팸})}{P(\text{메일의 특징 F})}$$

각 항에 관해 자세히 살펴보자. P(스팸)는 어떤 메일이 스팸일 확률이다. 메일의 특징 F를 관찰하기 전의 확률이므로 사전 확률이다. P(스팸)의 값으로는 지금까지 학습한 메일 가운데 나타난 스팸의 비율을 지정하거나 사전 정보가 없는 상태에서는 50%로 임의로 지정해도 된다.

그리고 P(스팸 | 메일의 특징 F)는 여기서 구하고 싶은 최종 결과, 즉 어떤 메일이 특징 F를 가진다는 것을 알았을 때 그 메일이 스팸일 확률을 뜻한다. 이쪽은 사후 확률이 된다.

다음으로, P(메일의 특징 F | 스팸)는 스팸에서 메일의 특징 F가 나타나는 확률이다. 메일의 특징 F가 스팸 메일의 집합에서 얼마나 나타나는 특징인지를 의미하며, 통계 용어로 우도(likelihood)라고 한다.

마지막으로, P(메일의 특징 F)는 스팸 메일을 포함한 모든 메일의 집합에서 특징 F를 가진 메일이 나타날 확률이다.

나이브 베이즈 분류

나이브 베이즈 분류기는 단어의 출현 빈도를 기반으로 확률을 계산하여 문장의 카테고리를 분류한다. 이처럼 텍스트를 단어로 분할하여 조사하는 방법을 bag-of-words(단어가 담긴 가방)라고 한다. 이번에는 X를 입력 텍스트, Y를 텍스트의 카테고리로 설명을 진행해 보겠다.

```
X = 입력 텍스트
Y = 텍스트의 카테고리
```

여기서 P(Y|X)는 입력 텍스트 X가 카테고리 Y에 속할 확률이다. 이 값을 카테고리별로 구해서 X가 어느 카테고리에 속할 확률이 가장 큰지를 계산하게 된다. 이때 베이즈 정리의 분모인 P(X)는 입력 텍스트가 주어지는 확률인데 어떤 카테고리에서도 같은 값이 될 것이므로 고려하지 않기로 한다. 그러면 나이브 베이즈 분류식은 다음과 같이 조금 더 간단한 형태가 된다.

```
P(Y|X) = P(Y) P(X|Y)
```

여기서 입력 텍스트인 X를 각 단어 x의 집합으로 보면 다음과 같이 고칠 수 있다.

```
P(X|Y)=P(x1|Y) P(x2|Y) P(x3|Y)... P(xN|Y)
```

P(xN|Y)는 각 단어가 어떤 카테고리에 속할 확률이다. 즉, 어떤 카테고리에 그 단어가 나타나는 확률이 된다. 이는 다음과 같이 계산할 수 있다.

```
카테고리에 단어가 나타나는 확률 = 카테고리에 단어가 나타난 횟수 / 카테고리 내의 모든 단어 수
```

즉, 입력 텍스트를 학습시킬 때에는 텍스트를 구성하는 각 단어가 어느 카테고리에 분류되는지를 세어 두면 된다.

베이지안 필터 라이브러리

전반적인 베이지안 필터의 구조를 살펴봤다. 아직 완전히 이해되지 않은 독자가 있을 수 있지만, 베이지안 필터를 이용하는 프로그램은 비교적 단순하고, 그 라이브러리를 활용하는 방법은 매우 쉽다. Node.js에는 베이지안 필터를 구현한 bayes 모듈이 있는데 이 모듈의 사용법 및 구조를 파악해 두면 이론의 구체적인 이해에 큰 도움이 될 것이다. 다음과 같이 모듈을 설치하도록 한다.

```
$ npm install bayes
```

그리고 문장을 형태소 단위로 분할하기 위해 이 책의 5장에서 만든 mecab-mod 모듈을 사용할 것이다.

베이지안 필터로 '이순신'과 '장영실'을 판정

모듈을 설치했으면 베이지안 필터를 가지고 놀아 보자. 여기서는 위키피디아에 있는 이순신 장군과 장영실에 관한 설명을 베이지안 필터로 학습시켜 보았다. 그래서 새로운 문장이 이순신 장군과 세종대왕 중 어느 쪽에 관한 문장인지를 분류해 본다.

File src/ch07/02-bayes/simple-bayes.js

```
// 간단한 문장 분류 for Node.js
// 모듈 로드
var bayes = require('bayes');
var Mecab = require('./mecab-mod.js');
var mecab = new Mecab();

// 샘플 텍스트
var t_jang = '장영실은 조선 전기의 관료이며 과학자, 기술자, 발명가다. 경상남도 동래군 출생. 본관은 아산. 시
조 장서의 9대손으로 추정된다. 장영실은 동래현 관청에서 일하는 노비가 되었으며, 발명가인 장영실의 훌륭한 재주를 태종
이 인정하여 발탁하였다....생략';

var t_lee = '이순신은 조선 중기의 무신이다. 본관은 덕수, 자는 여해, 시호는 충무이며, 한성 출신이다. 문반 가문
출신으로 1576년 무과에 급제하여 그 관직이 동구비보 권관, 훈련원 봉사, 발포진 수군만호, 조산보 만호, 전라좌도 수군
절도사를 거쳐 정헌대부 삼도수군통제사에 이르렀다....생략';
```

```
// 텍스트 분할 방법을 설정 ——※1
var classifier = bayes({
    tokenizer: function (text) { return mecab.parse(text); }
});

// 텍스트 학습 ——※2
classifier.learn(t_jang, '장영실');
classifier.learn(t_lee, '이순신');

// 카테고리 판정 ——※3
categorize('임진왜란의 장군으로 조선의 무신');
categorize('조선 최고의 과학자');
categorize('자격루를 만든 사람');

// 카테고리 분류 결과를 출력 ——※4
function categorize(text) {
  var r = classifier.categorize(text);
  console.log("카테고리=[" + r + "] - " + text);
}
```

이 프로그램을 실행하려면 다음 명령어를 입력한다.

```
$ node simple-bayes.js
```

실행하면 베이지안 필터에 이순신과 장영실에 관한 문서를 학습시키고, 세 개의 새로운 텍스트가 어느 인물에 관한 설명인지를 판정한다.

```
[vagrant@localhost 02-bayes]$ node simple-bayes.js
카테고리=[이순신] - 임진왜란의 장군으로 조선의 무신
카테고리=[장영실] - 조선 최고의 과학자
카테고리=[장영실] - 자격루를 만든 사람
[vagrant@localhost 02-bayes]$
```

▲ **베이지안 필터 이용 사례**

보기 쉽게 결과를 발췌하면 다음과 같다.

```
카테고리 = [이순신] - 임진왜란의 장군으로 조선의 무신
카테고리 = [장영실] - 조선 최고의 과학자
카테고리 = [장영실] - 자격루를 만든 사람
```

정확하게 분류가 되었다. 학습 데이터가 크지 않으므로 다양한 문장으로 테스트해 보면 잘못된 판정을 할 수도 있다. 또한, 학습시킨 텍스트에 등장하지 않는 키워드로 구성된 문장에 대해서도 판정 오류가 발생할 수 있다. 그러나 틀린 문장을 학습시켜서 개선할 수 있는 점이 베이지안 필터의 장점이다.

코드를 살펴보자. 여기서는 bayes 모듈을 사용하여 베이지안 필터를 구현하였다. ※1에서 bayes 모듈을 초기화하면서 텍스트 분할 방법을 지정하였다. 영어의 경우 띄어쓰기로 단어를 구분해도 좋지만, 한글에서는 형태소 분석을 실시해야 한다. 그래서 mecab-mod 모듈의 parse() 메소드를 사용하여 문장을 분할하도록 지정하고 있다.

※2에서는 learn() 메소드를 사용하여 장영실과 이순신에 관한 문장을 학습시키고 있다. learn() 메소드의 인자에는 학습 대상이 되는 텍스트와 해당 카테고리의 이름을 순서대로 지정한다. 학습 텍스트를 보면 두 텍스트가 서로 다른 어휘로 구성되어 있어 분류가 잘 될 것이라 예상해 볼 수 있다. ※3에서는 세 개의 텍스트에 대해 카테고리 분류를 실시하고 있는데 ※4의 classifier.categorize() 메소드가 실제 분류를 수행하는 메소드다.

bayes 모듈 코드

이번에는 bayes 모듈의 코드를 한번 읽어 보도록 하자. npm으로 설치한 경우 라이브러리의 코드는 node_modules/bayes/lib/naive_bayes.js에 있다.

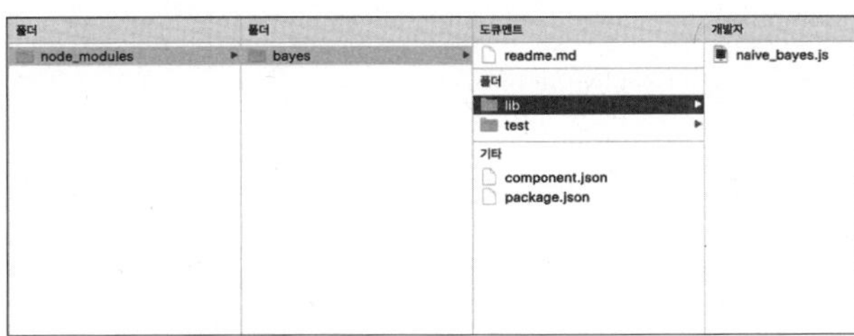

▲ 라이브러리 코드를 읽어 보기

라이브러리를 열어 보면 놀랍게도 300줄 이내로 작성되어 있는 것을 알 수 있다. 매우 짧은 코드로 베이지안 필터를 구현한 것이다.

텍스트를 학습하는 부분이 learn() 메소드다. learn() 메소드의 전반부에서는 새로운 카테고리에 관한 학습 데이터가 입력된 경우 이를 위한 자료 구조를 초기화하고, 입력받은 텍스트를 단어 단위로 분할하는 작업을 수행한다.

```
Naivebayes.prototype.learn=function(text, category){
  // 처음으로 나타나는 카테고리이면 해당 카테고리에 대한 자료 구조를 초기화한다
  self.initializeCategory(category)
  // 해당 카테고리의 문서를 몇 개 학습했는지 기록
  self.docCount[category]++
  // 총 학습한 문서의 수를 기록
  self.totalDocuments++
  // 텍스트를 단어의 배열로 분할한다
  var tokens=self.tokenizer(text)
  ...
```

이어지는 learn() 메소드의 후반부에서는 텍스트 안의 각 단어의 출현 횟수를 계산하여 frequencyTable을 구성한다. 이어 지금까지 학습한 텍스트에서 나타난 모든 단어를 담고 있는 vocaburary 배열을 갱신하고, 해당 카테고리의 단어별 출현 횟수를 갱신한다. 갱신하는 것은 카테고리에 각 단어가 나타난 출현 횟수(wordFrequencyCount)와 카테고리에 나타난 모든 단어의 수(wordCount)다.

```
  ...
  // 텍스트 안의 단어별 출현 빈도를 계산하는 메소드 호출
  var frequencyTable=self.frequencyTable(tokens)

  /*카테고리에 해당하는 단어 출현 횟수 갱신*/
  Object
  . keys(frequencyTable)
  . forEach(function(token){
    // 등장한 단어마다 다음 내용을 수행

    if(!self.vocabulary[token]){ // 처음 나오는 단어이면 vocabulary에 추가
      self.vocabulary[token]=true
      self.vocabularySize++
    }
    var frequencyInText=frequencyTable[token]

    // 같은 category의 문서에서 해당 단어가 나타난 횟수 갱신
    if(!self.wordFrequencyCount[category][token])
      self.wordFrequencyCount[category][token]=frequencyInText
    else
      self.wordFrequencyCount[category][token]+=frequencyInText

    // 같은 category의 문서에서 나타난 총 단어 수 갱신
    self.wordCount[category]+=frequencyInText
  })
  return self
}
```

categorize() 메소드는 카테고리 판정을 수행한다. 각 카테고리별로 확률을 계산하여 가장 확률이 높은 카테고리를 찾는다.

```
Naivebayes.prototype.categorize=function(text){
  ...
  // 텍스트를 분할하고, 단어의 출현 횟수를 계산하는 메소드 호출
  var tokens=self.tokenizer(text)
  var frequencyTable=self.frequencyTable(tokens)

  // 각 카테고리별로 확률을 구한다
  Object
  .keys(self.categories)
  .forEach(function(category){
    // 이 카테고리의 확률을 구한다(전체 학습한 문서에서 해당 카테고리 문서의 비율)
    var categoryProbability=self.docCount[category]/self.totalDocuments
    // 언더플로를 일으키지 않게 log() 계산
    var logProbability=Math.log(categoryProbability)

    // 입력한 텍스트의 각 단어를 조사하여 P(W|C)를 결정
    Object
    .keys(frequencyTable)
    .forEach(function(token){
      var frequencyInText=frequencyTable[token]
      // 단어별 확률을 가산
      var tokenProbability=self.tokenProbability(token, category)
      logProbability+=frequencyInText*Math.log(tokenProbability)
    })

    // 지금까지 계산한 확률 중 가장 높은 확률인지 조사
    if(logProbability>maxProbability){
      maxProbability=logProbability
      chosenCategory=category
    }
  })
  return chosenCategory
}
```

이 절의 마무리

- 이번 절에서는 베이지안 필터를 이용한 문장 분류 프로그램에 관해 소개했다.
- 수식이 나오면 어려운 느낌이 들지만, 판정의 구조 자체는 단순하다.
- bayes 모듈을 사용하면 비교적 쉽게 문서 자동 분류를 구현할 수 있다.
- 스팸 메일 판정 외에도 다양한 분류가 가능하여 폭넓은 응용을 생각해 볼 수 있다.

03

이동 평균을 이용한 예측과 그래프 작성

수요를 예측하기 위한 다양한 기법이 존재한다. 여기서는 계산이 비교적 간단한 이동 평균법(moving average)과 지수 평활법(EMA, Exponential Moving Average)에 관해 알아본다.

주요 학습 내용	주요 도구와 라이브러리
• 이동 평균법 • Google Charts를 이용한 그래프 작성	• Node.js • Google Charts

수요 예측에 관하여

비즈니스에서는 재고 및 생산 관리를 효율적으로 하기 위해 수요를 예측한다. 즉, 수요 예측은 실제 업무에 도움이 되는 노하우다. 계산도 그다지 어렵지 않으므로 한번 이해해 두면 다양한 분야에 응용이 가능할 것이다. 또한, 방대한 데이터를 데이터 마이닝할 때에도 도움이 된다.

그러나 수요 예측을 비롯해 환율이나 주식을 예측할 때 100% 예측이 맞을 것으로 기대하는 사람은 없을 것이다. 현실 사회는 복잡해서 완벽한 예측은 불가능하다. 그것은 아무리 복잡한 알고리즘을 사용한다 해도 마찬가지일 것이다. 그래서 언제나 예측의 오차를 함께 고려해야 한다. 그래도 기업은 수요 예측을 통해 생산 계획이나 판매 캠페인을 마련하고 설비 투자와 채용 계획을 한다. 헛된 재고를 쌓거나 판매 기회를 놓치는 일을 줄이기 위해서다. 이때 감이나 느낌으로 계획을 세우기보다 실제 실적을 바탕으로 예측하고, 이를 토대로 계획을 세우는 것이 합리적일 것이다.

수요 예측에는 여러 가지 방법이 있지만, 가장 널리 이용되는 것이 이동 평균법과 지수 평활법이다.

단순 이동 평균에 관하여

'단순 이동 평균(SMA, Simple Moving Average)'은 시계열 데이터의 추세를 구하는 방법이다. 최근 n개의 데이터에 대한 단순 평균을 취하는 방법으로 금융이나 기상과 같은 계측 분야에서 사용되고 있다.

예를 들어, 정기적으로 영어 시험을 치르는데 오늘은 60점, 지난번에는 46점, 그 전에는 53점이었다고 하자. 그러면 그 평균 점수는 (60+46+53)/3=53와 같이 구할 수 있다.

최근의 n개의 데이터를 각각 P_m, P_{m-1}, P_{m-2}, P_{m-3}...으로 나타내면 다음과 같다.

$$SMA_m = \frac{P_m + P_{m-1} + P_{m-2} + P_{m-3} \cdots}{n}$$

그러나 예를 들어 100개의 데이터의 평균을 구하여 1개의 값으로 바꾸면 데이터가 증가 경향을 가지는지 감소 경향을 가지는지 알 수 없게 된다. 평균은 어디까지나 평균이며, 중요한 정보를 상실할 수밖에 없다. '단순 이동 평균'이란, 그래프를 그렸을 때 들쭉날쭉한 데이터를 매끄럽게 만들어 주는 방법이라 할 수 있다.

그래프 그리기

이동 평균을 계산하기 전에 먼저 꺾은선 그래프(라인 차트)를 그리는 방법부터 알아보자. 자바스크립트로 그래프를 그릴 때에는 HTML과 웹 브라우저, 그리고 가시화를 위한 라이브러리를 사용하는 것이 좋다. 여기서는 Google Charts를 사용한다. Google Charts는 사용성도 좋고 근사한 그래프를 그리는 데 매우 유용한 라이브러리다. 자세한 내용은 8장에서 다루지만, 예측 결과를 시각화하기 위해 미리 사용법을 살펴보자.

```
Google Charts
https://google-developers.appspot.com/chart/
```

꺾은선 그래프를 그려 보자. 다음은 Google Charts를 이용하여 영어 점수를 선 그래프로 표시하는 코드다.

File src/ch07/03-predict/linechart.html

```
<html><head>
  <!-- Google Chart 로드 -->
  <script type="text/javascript" src="https://www.google.com/jsapi"></script>
  <script type="text/javascript">
    // Charts API 초기화
    google.load('visualization', '1.1', {packages: ['line']});
    google.setOnLoadCallback(drawChart);

    // 그래프 그리기
    function drawChart() {
      // 데이터 객체 생성
      var data = new google.visualization.DataTable();

      // 데이터 칼럼 지정 ──── ※1
      data.addColumn('number', '테스트 회차');
      data.addColumn('number', '영어 점수');

      // 데이터 값 지정  [테스트 회차, 영어 점수] ──── ※2
      data.addRows([
        [1, 30],[2, 50],[3, 43],[4, 60],[5, 77],
        [8, 70],[9, 80],[10,87],[11,68],[12,60]
      ]);

      // 그리기 옵션
      var options = {
        width: 800, height: 400
      };
      // 그리기
      var chart = new google.charts.Line(document.getElementById('chart'));
      chart.draw(data, options);
    }
  </script>
</head>
<body><div id="chart"></div></body>
</html>
```

HTML5 호환 웹 브라우저에 HTML 파일을 드래그 앤드 드롭하면 다음과 같이 페이지가 표시된다.

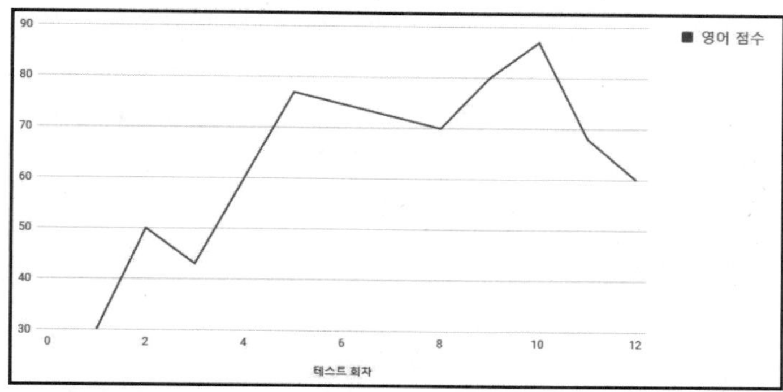

▲ 꺾은선 그래프 표시

코드에서는 Google Charts의 라인 차트를 사용하도록 지정하고 있다. 코드상의 ※1과 ※2 부분을 변경해 보면 임의의 꺾은선 그래프를 그릴 수 있다. ※1에서는 그래프의 칼럼을 지정하고 있다. 그리고 ※2에서는 그래프의 실 데이터를 2차원 배열로 지정하고 있다.

과거 기상 데이터 다운로드

이번에는 2014년의 일간 평균 기온을 그래프로 그려 보자. 기상청의 '기상자료 개방 포털'에서 과거 기상 데이터를 다운로드한다. CSV 형식의 데이터를 다운로드할 수 있다.

```
과거 기상 데이터 다운로드
https://data.kma.go.kr/data/grnd/selectAsosList.do?pgmNo=34
```

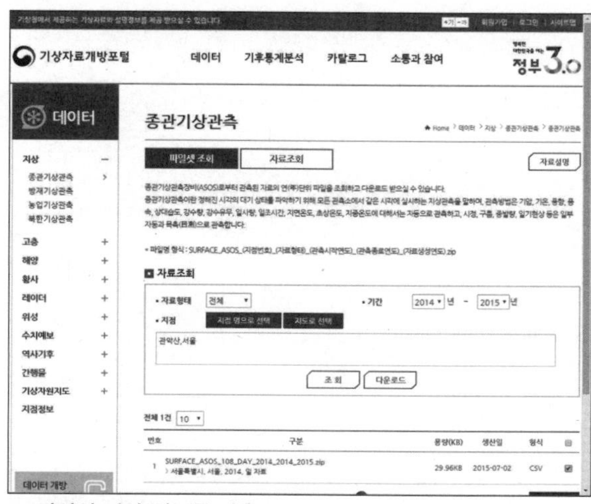

▲ 과거의 기상 정보를 다운로드

다운로드한 CSV 파일을 엑셀이나 기타 스프레드시트 소프트웨어로 읽어서 '일시', '평균 기온' 칼럼만을 남기고 다른 칼럼을 지우도록 한다.

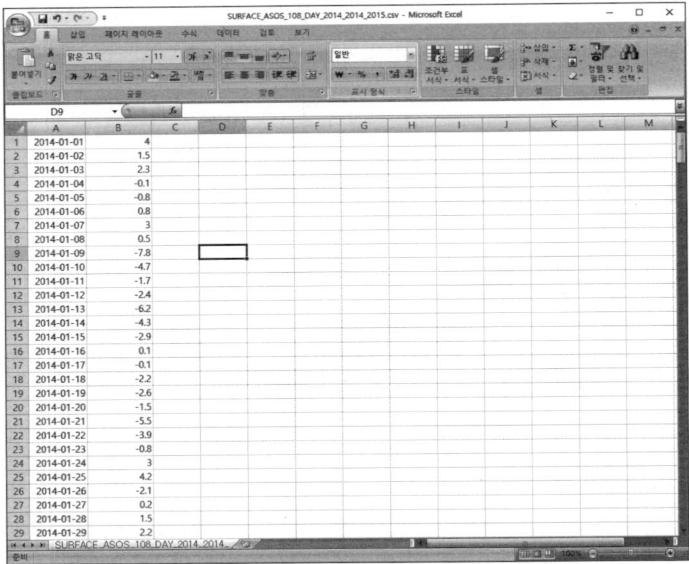

▲ 스프레드시트에 날짜와 기온만 붙여 놓기

그러면 이 CSV 파일을 Google Charts에서 읽을 수 있게 2차원 배열 데이터로 변환할 필요가 있다. 여기서는 커피스크립트로 CSV 파일을 JSON 형식으로 변환해 보도록 하겠다.

File src/ch07/03-predict/csv2js-2014temperature.coffee

```
#Node.js로 CSV를 Google Charts용 JS로 변환

FILE_CSV = './SURFACE_ASOS_108_DAY_2014_2014_2015.csv';
FILE_JS  = './SURFACE_ASOS_108_DAY_2014_2014_2015.js';

fs = require 'fs'

txt = fs.readFileSync FILE_CSV, "utf-8"
lines = txt.split "\r\n"

result = [];
for v in lines
  cells = v.split ','
  if cells[0] != undefined && cells[1] != undefined
      date_s = cells[0].split("-").splice(1,2).join("-");
      temp   = parseFloat cells[1]
      result.push([date_s, temp])
```

```
json = JSON.stringify result
js = "var temperature_data = " + json;
fs.writeFileSync FILE_JS, js, "utf-8"
console.log "ok"
```

프로그램을 실행하려면 커피스크립트가 미리 설치되어 있어야 한다. 4장을 참고하여 설치한 후 진행하도록 한다. 커피스크립트가 설치되었으면 다음과 같이 명령을 입력하여 CSV를 자바스크립트의 데이터로 변환한다.

```
$ coffee csv2js-2014temperature.coffee
```

그러면 다음과 같은 데이터를 가진 'SURFACE_ASOS_108_DAY_2014_2014_2015.js'라는 파일이 생성된다(참고로, 실제 파일에는 개행되어 있지 않다).

```
var temperature_data=[
  ["1-1", 4],
  ["1-2", 1.5],
  ["1-3", 2.3],
  ["1-4", -0.1],
  ["1-5", -0.8],
  ["1-6", 0.8],
  ["1-7", 3],
  ...
]
```

데이터가 준비되었으니 이를 차트상에 표시해 보자. 다음은 데이터를 읽어 차트로 표시하는 프로그램이다.

File **src/ch07/03-predict/lc-2014temperature.html**

```
<html><head>
  <!-- Google Charts 사용 -->
  <script type="text/javascript" src="https://www.google.com/jsapi"></script>
  <!-- 기온 데이터 읽기 -->
  <script type="text/javascript" src="SURFACE_ASOS_108_DAY_2014_2014_2015.js"></script>
  <script type="text/javascript">
    // Charts API 초기화
    google.load('visualization', '1.1', {packages: ['line']});
    google.setOnLoadCallback(drawChart);
```

```
    // 그래프 그리기
    function drawChart() {
      // 데이터 오브젝트 생성
      var data = new google.visualization.DataTable();

      // 데이터 칼럼 지정 ── ※1
      data.addColumn('string', '일자');
      data.addColumn('number', '평균 온도');

      // 값 설정 ── ※2
      data.addRows(temperature_data);

      // 그래프 옵션
      var options = {
        width: 800, height: 400
      };
      // 그리기
      var chart = new google.charts.Line(document.getElementById('chart'));
      chart.draw(data, options);
    }
  </script>
</head>
<body><div id="chart"></div></body>
</html>
```

HTML 파일을 웹 브라우저로 열어 보면 다음과 같이 그래프가 표시된다.

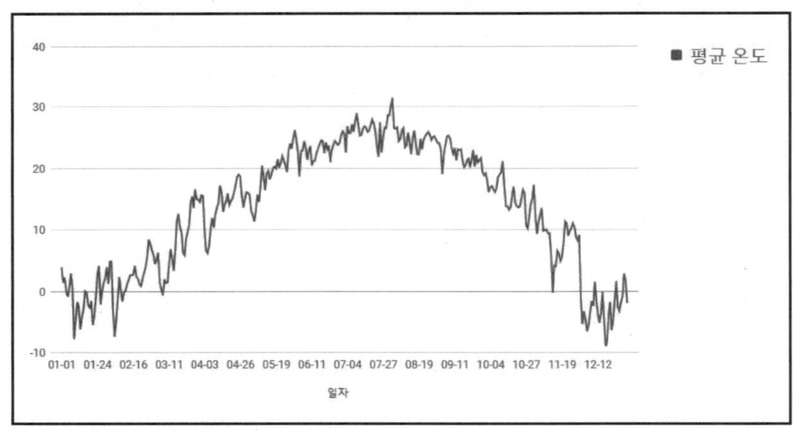

▲ 2014년 일간 평균 온도를 그래프로 표시

이렇게 2014년 1년 동안의 일간 평균 온도를 그래프로 그릴 수 있었다. 겨울은 춥고 여름은 덥다는 상식적인 경향이 보인다. 또한, 그래프를 통해 일간 기온차가 제법 크다는 것도 알 수 있다.

프로그램 자체는 앞서 작성한 영어 점수 그래프와 크게 다르지 않다. 다른 점은 그래프에 그리는 데이터를 외부 자바스크립트 파일인 'SURFACE_ASOS_108_DAY_2014_2014_2015.js'에서 읽고 있다는 점이다.

프로그램의 ※1에서는 그래프의 칼럼을 '날짜'와 '평균 기온'으로 설정하고, ※2에서는 별도의 js 파일에 정의된 temperature_data를 그래프의 데이터로 설정하고 있다.

기온의 이동 평균을 계산하고 그래프로 표시

그러면 이번에는 일간 평균 온도의 이동 평균을 계산하여 그래프로 그려 보자. 위에서 사용한 2014년 일간 평균 온도 데이터에 이동 평균값을 추가할 것이다. 먼저, CSV 파일을 읽어 이동 평균을 계산하여 자바스크립트 데이터로 만들어 주는 커피스크립트 프로그램을 살펴보자.

File src/ch07/03-predict/csv2js-2014temperature-sma.coffee

```
# Node.js로 CSV를 Google Charts용 JS로 변환
# 이동 평균도 계산

FILE_CSV = './SURFACE_ASOS_108_DAY_2014_2014_2015.csv';
FILE_JS  = './SURFACE_ASOS_108_DAY_2014_2014_2015_SMA.js';
MA_RANGE = 7

fs = require 'fs'

# CSV 파일 읽기
loadCSV = (filename) ->
  txt = fs.readFileSync filename, "utf-8"
  lines = txt.split "\r\n"

  # CSV 텍스트를 2차원 배열로 변환
  list = []
  for v in lines
    cells = v.split ','
    date_s = cells[0].split("/").slice(1,3).join("/")
    temp   = parseFloat cells[1]
    list.push([date_s, temp])
  return list

# 이동 평균 계산 ※1
calcMovingAverage = (i, list, range) ->
  # 기간 결정
  m_from = i - range
  m_to   = m_from + range - 1

  # 기간이 불완전하면 0을 반환
  if m_from < 0 then return 0
```

```
  # 합계 계산
  sum = 0
  for j in [m_from .. m_to]
    sum += list[j][1]

  # 평균 계산
  return sum / range

# 메인 처리
main = ->
  # CSV 읽기
  list = loadCSV(FILE_CSV)

  # 각 행별로 이동 평균을 구해 리스트에 추가 ——— ※2
  for val, index in list
    av = calcMovingAverage(index, list, MA_RANGE)
    list[index].push(av)

  # JavaScript 출력
  js = "var temperature_data = " + JSON.stringify(list)
  fs.writeFileSync FILE_JS, js, "utf-8"

main()
console.log "ok"
```

프로그램을 실행하려면 다음 명령을 입력한다.

```
$ coffee csv2js-2014temperature-sma.coffee
```

그러면 'SURFACE_ASOS_108_DAY_2014_2014_2015_SMA.js'라는 자바스크립트 데이터 파일이 작성된다(실제 파일에는 개행이 없다).

```
var temperature_data=[
  ["1-1", 4,0],
  ["1-2", 1.5,0],
  ...
  ["1-8", 0.5,1.5285714285714285],
  ["1-9", -7.8,1.0285714285714285],
  ["1-10", -4.7,-0.3000000000000001],
  ["1-11", -1.7,-1.3000000000000003],
  ...
]
```

프로그램에서 눈여겨봐야 할 부분은 이동 평균을 계산하고 있는 ※1부분이다. 여기서는 과거 7일의 평균값을 계산해서 반환하고 있다. 그리고 ※2에서 CSV 파일의 각 행별로 이동 평균을 구해서 리스트에 추가하고 있다.

그러면 계산한 데이터를 그래프로 그려 보자. 다음이 그래프를 그리는 HTML 코드다. 앞서 사용한 코드와 거의 같다. 다른 부분은 그래프의 칼럼으로 '이동 평균'이 추가된 점이다.

File src/ch07/03-predict/lc-2014temperature-sma.html

```
<html><head>
  <!-- Google Charts 사용 -->
  <script type="text/javascript" src="https://www.google.com/jsapi"></script>
  <!-- 기온 데이터 읽기 -->
  <script type="text/javascript" src="SURFACE_ASOS_108_DAY_2014_2014_2015_SMA.js"></
script>
  <script type="text/javascript">
    // Charts API 초기화
    google.load('visualization', '1.1', {packages: ['line']});
    google.setOnLoadCallback(drawChart);
    // 그래프 그리기
    function drawChart() {
      // 데이터 오브젝트 생성
      var data = new google.visualization.DataTable();
      // 데이터 칼럼 지정 ——※1
      data.addColumn('string', '일자');
      data.addColumn('number', '평균 온도');
      data.addColumn('number', '이동 평균');
      // 값 설정 ——※2
      data.addRows(temperature_data);

생략
```

웹 브라우저에 'lc-2014temperature-sma.html'을 드래그 앤드 드롭하여 표시해 보자.

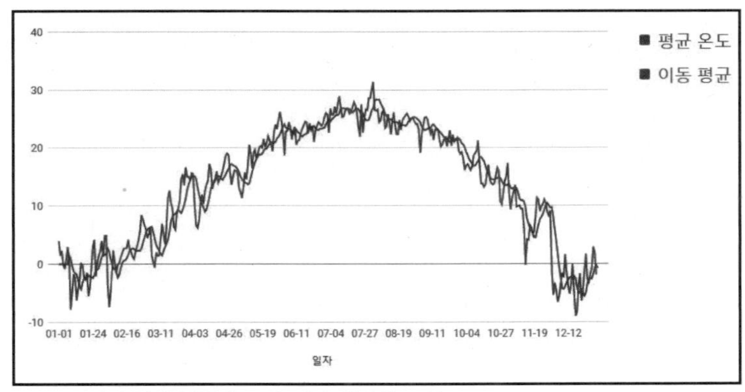

▲ 2014년의 일간 평균 온도와 이동 평균을 표시

이동 평균이 함께 그려졌다. 일별 평균 온도 그래프에 비해 이동 평균은 완만한 곡선으로 그려진 것을 알 수 있다.

지수 평활법에 관하여

지수 평활법(지수 이동 평균법, EMA, Exponential Moving Average)은 이동 평균법과 함께 널리 사용되는 분석 방법이다. 과거 데이터 중 현재에 가까운 데이터에 보다 큰 비중을 주고 과거로 갈수록 웨이트가 적어지게(지수 함수적으로 감소)하는 방법이다.

이동 평균법에 비해 현재의 상태가 직전의 상태에 강한 영향을 받거나 상태의 변동에 가급적 추종하고 싶은 경우에 사용되며, 단기적인 예측에 적합하다. 재무상의 시계열 예측이나 주가 변동 분석 등에 사용된다. 지수 평활법은 다음 식을 따른다. 여기서 α의 값은 0<α<1로 한다.

```
예측 값 = α × 전회 실적치 + (1 - α) × 전회 예측치
       = 전회 예측치 + α × (전회 실적치 - 전회 예측치)
```

전회 실적 값과 예측 값의 차이에 일정한 계수 α를 곱해서 생긴 수정치를 이전 예측치에 가감함으로써 이번 전망치를 산출한다.

그러면 전과 마찬가지로 커피스크립트로 CSV를 자바스크립트 데이터로 변환하면서 지수 평활법에 의한 예측 값을 추가하는 프로그램을 만들어 보자.

File src/ch07/03-predict/csv2js-2014temperature-ema.coffee

```
# Node.js로 CSV를 Google Charts용 JS로 변환
# 지수 평활법 계산

FILE_CSV = './SURFACE_ASOS_108_DAY_2014_2014_2015.csv';
FILE_JS  = './SURFACE_ASOS_108_DAY_2014_2014_2015_EMA.js';

EMA_RANGE = 10
EMA_ALPHA = 2 / (EMA_RANGE + 1)

fs = require 'fs'
# 지수 평활법 계산 함수 ──── ※1
calcExpMovingAverage = (i, list, alpha) ->
  # 이번 회 값
  value = list[i][1]
```

```
  # 이전 회 값
  if i == 0
    last_value = value
  else
    last_value = list[i - 1][2]

  # 예측 값 계산
  new_value = last_value + alpha * (value - last_value)

  # 예측 값 추가
  list[i][2] = new_value
  return new_value

# CSV 파일 읽기
loadCSV = (filename) ->
  txt = fs.readFileSync filename, "utf-8"
  lines = txt.split "\r\n"

  # CSV 텍스트를 2차원 배열로 변환
  list = []
  for v in lines
    cells = v.split ','
    if cells[0] != undefined && cells[1] != undefined
        date_s = cells[0].split("-").slice(1,3).join("-");
        temp   = parseFloat cells[1]
        list.push([date_s, temp])
  return list

# 메인 처리
main = ->
  # CSV 읽기
  list = loadCSV(FILE_CSV)

  # 각 행별로 EMA 구하기 ——— ※2
  for v, index in list
    av = calcExpMovingAverage(index, list, EMA_ALPHA)
    console.log list[index][0], list[index][1], av

  # 자바스크립트 파일 출력
  js = "var temperature_data = " + JSON.stringify(list)
  fs.writeFileSync FILE_JS, js, "utf-8"

main()
console.log "ok"
```

프로그램을 실행하려면 다음 명령을 실행한다.

```
$ coffee csv2js-2014temperature-ema.coffee
```

그러면 지수 평활법에 의한 전망치가 기록된 데이터가 생성된다. 출력 파일 이름은 'SURFACE_ASOS_108_DAY_2014_2014_2015_EMA.js'이다.

프로그램의 코드를 살펴보자. 기본적으로는 이전 프로그램과 비슷하지만, ※1부분에서 지수 평활법(지수 이동 평균)으로 예측 값을 계산하는 부분이 다르다. 앞서 설명한 식을 활용하여 예측 값을 구하고 있다.

```
new_value = last_value + alpha * (value - last_value)
```

※1에서는 배열 변수 list에 있는 이전 값을 참조하고 있다. 이전 값이 없는 첫 번째 데이터에 대해서는 실적 값을 그대로 이용한다. 여기서는 평활계수 α의 값으로 0.1818(=2/(10+1))을 지정하였다. α의 값을 정하는 방법은 여기서처럼 α=2/(N+1)으로 하는 것 외에 α=1/N으로 하는 방법도 있다. 데이터를 읽어 그래프를 그리는 HTML 파일은 다음과 같다.

File src/ch07/03-predict/lc-2014temperature-ema.html

```
<html><head>
  <!-- Google Charts 사용 -->
  <script type="text/javascript" src="https://www.google.com/jsapi"></script>
  <!-- 기온 데이터 읽기 -->
  <script type="text/javascript" src="SURFACE_ASOS_108_DAY_2014_2014_2015_EMA.js"></script>
  <script type="text/javascript">
    // Charts API 초기화
    google.load('visualization', '1.1', {packages: ['line']});
    google.setOnLoadCallback(drawChart);
    // 그래프 그리기
    function drawChart() {
      // 데이터 오브젝트 생성
      var data = new google.visualization.DataTable();
      // 데이터 칼럼 지정 ──── ※1
      data.addColumn('string', '일자');
      data.addColumn('number', '평균 온도');
      data.addColumn('number', '지수 평균');
      // 값 설정 ──── ※2
      data.addRows(temperature_data);

생략
```

HTML 파일을 웹 브라우저에 드래그 앤드 드롭하여 그래프를 확인한다.

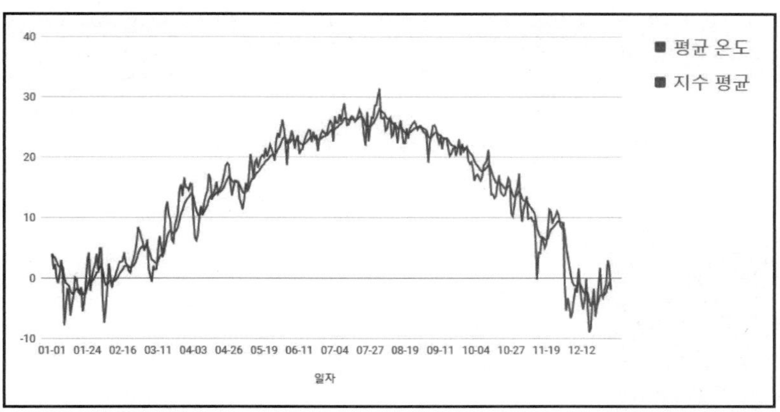

▲ 평균 기온과 EMA 값을 그래프로 표시

단순 이동 평균 값과 다른 예측 값이 그래프로 출력된 것을 확인할 수 있다.

내일의 평균 기온을 예측

지금까지 소개한 이동 평균과 지수 평활법을 사용해서 다음날의 평균 기온을 예측해 보자. 예를 들어, 우리가 다운받은 2014년의 평균 기온 데이터를 사용해서 오늘이 3월 3일이면 3월 4일의 평균 기온을 예측하는 식으로 한 해를 전부 예측하여 콘솔에 표시하는 프로그램을 만들어 보자.

File src/ch07/03-predict/predict2014.coffee

```
# EMA와 SMA를 사용해서 다음 날의 평균 기온을 예측

# 데이터
FILE_CSV = './SURFACE_ASOS_108_DAY_2014_2014_2015.csv';
# 정수
SMA_RANGE = 3
EMA_ALPHA = 2 / (SMA_RANGE + 1)

# 모듈 로드
fs = require 'fs'

생략
```

프로그램을 실행하려면 다음과 같이 명령을 입력한다.

```
$ coffee predict2014.coffee
```

그러면 다음과 같이 결과가 출력된다.

```
+ 11-19 실제값 5.6
| - ema = 5.38 : 오차-0.22
| - sma = 5.93 : 오차0.33
+ 11-20 실제값 7.9
| - ema = 5.49 : 오차-2.41
| - sma = 5.60 : 오차-2.30
+ 11-21 실제값 11.3
| - ema = 6.70 : 오차-4.60
| - sma = 6.17 : 오차-5.13
+ 11-22 실제값 11
| - ema = 9.00 : 오차-2.00
| - sma = 8.27 : 오차-2.73
+ 11-23 실제값 9
| - ema = 10.00 : 오차1.00
| - sma = 10.07 : 오차1.07
+ 11-24 실제값 9.8
| - ema = 9.50 : 오차-0.30
| - sma = 10.43 : 오차0.63
+ 11-25 실제값 10.2
| - ema = 9.65 : 오차-0.55
| - sma = 9.93 : 오차-0.27
+ 11-26 실제값 11
| - ema = 9.92 : 오차-1.08
| - sma = 9.67 : 오차-1.33
+ 11-27 실제값 10.4
| - ema = 10.46 : 오차0.06
| - sma = 10.33 : 오차-0.07
```

▲ 날씨 예측 결과

1년간의 예측 값을 보면 예측이 맞은 날도 있지만, 많이 벗어난 날도 있다. 프로그램을 실행하면 맨 마지막에 오차 통계가 표시된다.

```
오차 EMA=632.65 평균=1.74
오차 SMA=705.25 평균=1.94
```

다소 오차가 있지만, 생각처럼 많이 벗어나지는 않았다. 코드는 이번 절에서 소개한 두 알고리즘을 이용해서 예측을 수행했고, 실제 값과의 오차를 계산하여 출력하였다.

이 절의 마무리

- 이번 절에서는 데이터를 통해 예측하는 방법을 배웠다.
- 이동 평균법과 지수 평활법을 사용해 2014년 일간 평균 온도의 추이를 계산하고, 그래프로 그려 보았다.
- 이 두 가지 방법은 계산이 간단하여 널리 사용되고 있으며, 다양한 분야에 응용할 수 있다.

04

채팅 봇과 대화하기

채팅 봇(Chatterbot; Chatbot)은 오래 전부터 많이 만들어져 왔다. 사용자의 말에 반응하여 사람과 비슷하게 대답을 하는 프로그램이다. 여기서는 채팅 봇의 구조를 설명하고 간단한 채팅 봇을 직접 구현해 볼 것이다.

주요 학습 내용	주요 도구와 라이브러리
• 채팅 봇의 구조	• Node.js • mecab 모듈 • mongodb 모듈

채팅 봇

채팅 봇은 인간과의 대화를 시뮬레이션하는 프로그램이다. 얼핏 보면 지능을 가지고 대화하는 것 같지만, 많은 채팅 봇이 단순히 키워드 기반으로 내부 데이터베이스에서 가장 그럴듯한 문장을 만들어서 대답을 할 뿐인 경우가 많다.

트위터에도 수많은 채팅 봇이 있어 혼잣말을 하거나 누군가의 발언에 기계적으로 답장을 보내곤 한다. 계속 사람이라고 생각하고 대화했던 트위터 계정이 사실은 로봇이었다는 사실을 알고 놀라는 경우도 있다. 그만큼 교묘한 채팅 봇을 만들 수 있으면 좋겠지만, 지능적인 채팅 봇을 만드는 것은 매우 어려운 일이다.

채팅 봇의 구조

채팅 봇의 구조를 그림으로 표현하면 다음과 같다. 그 안에는 사용자가 사용하는 문장을 통해 사전을 갱신하는 기능도 있고, 인터넷에서 새로운 문장을 가져오기도 한다.

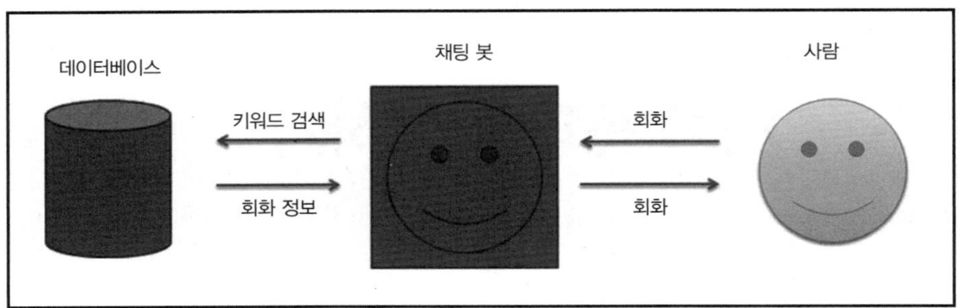

▲ 채팅 봇의 구조

ELIZA는 최초로 유명해진 채팅 봇인데 그중 DOCTOR는 인간중심치료(person-centered therapy) 요법을 기반으로 한 심리 상담을 시뮬레이션하였다. 1960~1970년대에 만들어져 꽤나 역사가 있다(ELIZA를 검색해 보면 아이폰의 Siri가 친구라는 재미있는 이야기도 나온다).

ELIZA는 입력받은 문장에서 키워드를 찾아내고, 그것에 맞춰 문장을 반환하는 구조다. 단순한 구조이지만 사용자 대부분이 실제 상담을 실시하는 기계라고 생각했다고 한다.

예를 들어, 사용자가 "요즘 잠을 잘 못 잔다"라고 입력하면 ELIZA는 "요즘 잠을 잘 못 자는군요. 좀 더 자세히 말씀해 주세요"와 같이 대화를 이끌고 간다. 시스템 자체가 구체적인 내용을 대답하는 대신 사용자가 발언을 계속하게끔 유도한다.

여기서 만들 채팅 봇

어떤 채팅 봇을 만들지 생각해 보자. 섬세한 채팅 봇을 만드는 것은 쉬운 일이 아니므로 여기서는 채팅 봇의 원리를 학습하는 차원에서 키워드 매칭 기반의 채팅 봇을 만들어 보도록 하겠다.

다음은 채팅 봇과 대화를 나누는 화면이다. 새로운 대화가 가장 위에 표시되므로 밑에서 위로 읽어 보도록 한다.

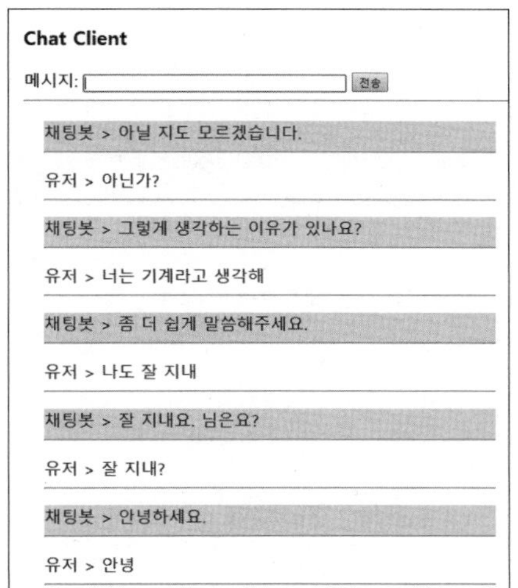

Chat Client
유저 > 나도 알고 싶어
채팅봇 > 왜 그럴까요? 어떻게 생각하세요?
유저 > 어째서..??!!
채팅봇 > 글쎄요. 왜 그럴까요?
유저 > 왜 걸린걸까?
채팅봇 > 조심하세요!
유저 > 요즘 감기에 걸린 듯...
메시지:
전송
채팅봇 > 아닐 지도 모르겠습니다.
유저 > 아닌가?
채팅봇 > 그렇게 생각하는 이유가 있나요?
유저 > 너는 기계라고 생각해
채팅봇 > 좀 더 쉽게 말씀해주세요.
유저 > 나도 잘 지내
채팅봇 > 잘 지내요. 님은요?
유저 > 잘 지내?
채팅봇 > 안녕하세요.
유저 > 안녕

▲ 채팅 봇과 대화

▲ 어떻게든 대화가 되고 있다.

기술적 요건 정의

여기서는 Node.js의 서버 기능을 사용하여, 웹 브라우저를 통해 대화하는 채팅 봇을 만들어 볼 것이다. 우리가 만들 채팅 봇은 키워드에 반응하는 단순한 형태다. 준비한 대화 사전은 100행 남짓이지만, 향후 더 확장할 수 있도록 MongoDB를 사용할 것이다.

대화 구조

프로그램에서는 다음과 같이 대화를 한다.

1. 사용자가 입력한 문장을 얻는다.
2. 문장을 형태소 분석한다.
3. 각 형태소에 대해서 데이터베이스의 대화 사전을 검색한다.
4. 만일 일치하는 것이 있으면 그 대답을 반환한다.

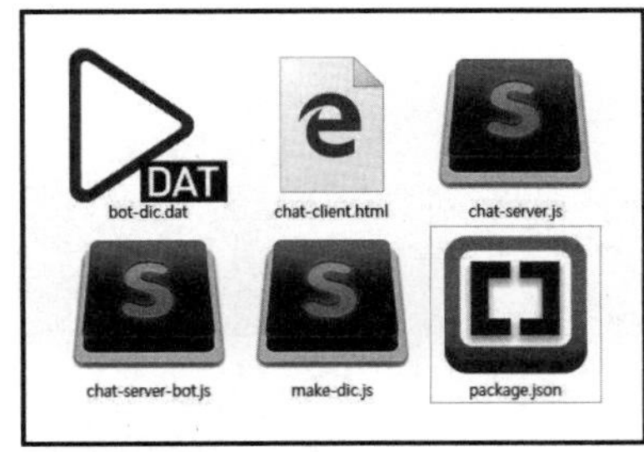

▲ 프로젝트 파일의 일람

이번에는 여러 개의 파일을 다루는데 각 파일의 역할은 다음과 같다.

▼ 채팅 봇 프로젝트의 파일 목록

파일 이름	설명
bot-dic.dat	대화 사전 텍스트 데이터
make-dic.js	대화 사전 데이터를 MongoDB에 삽입
chat-client.html	채팅 화면 HTML
chat-server.js	채팅 봇 웹 서버
chat-server-bot.js	채팅 봇의 동작을 정의한 모듈
package.json	필요한 모듈의 정보를 기록한 파일

이번 프로그램을 실행하려면 대화 사전을 데이터베이스에 미리 등록해야 한다. 사전 데이터인 bot-dic.dat을 데이터베이스에 등록하는 프로그램이 make-dic.js다. 그리고 웹 브라우저에서 사용할 수 있도록 HTTP 서버를 만드는 것이 chat-server.js다. 이 프로그램을 통해 웹 서버를 만들면 웹 브라우저에서 접속하여 대화를 시작할 수 있다.

프로그램 실행 방법

프로그램을 실행하기 전에 필요한 모듈을 npm을 사용하여 설치한다. 프로젝트 디렉터리로 이동하여 다음 명령을 실행한다. package.json의 dependencies 항목에 기록한 의존 모듈(여기서는 mongodb)을 한꺼번에 설치할 수 있다.

```
$ npm install
```

그리고 데이터베이스에 사전을 등록한다. 데이터베이스에 사전을 등록하려면 MongoDB를 기동해 두어야 한다. MongoDB를 설치하는 방법은 다음 URL에서 확인할 수 있으며, 여기서는 CentOS에서 설치하는 방법을 소개하겠다.

```
MongoDB 설치 방법
https://docs.mongodb.com/manual/installation/
```

다음과 같이 yum으로 설치하기 위한 repo 파일을 생성한다.

```
$ vi /etc/yum.repos.d/mongodb-org-3.2.repo
```

파일 안에는 다음 내용을 입력한다.

```
[mongodb-org-3.2]
name=MongoDB Repository
baseurl=https://repo.mongodb.org/yum/redhat/$releasever/mongodb-org/3.2/x86_64/
gpgcheck=1
enabled=1
gpgkey=https://www.mongodb.org/static/pgp/server-3.2.asc
```

이어 다음 명령어를 입력하여 설치한다.

```
$ sudo yum install -y mongodb-org
```

설치가 완료되었으면 데이터 폴더를 만든 후 MongoDB를 실행한다.

```
$ mkdir ~/mongodb
$ mongod --dbpath ~/mongodb &
```

그러면 사전을 데이터베이스에 등록하는 스크립트를 실행한다.

```
$ node make-dic.js
```

이어 채팅 봇 서버를 실행한다. 포트는 1337번을 사용하도록 지정하였다. 이때 가상 머신에서 CentOS를 사용하는 경우에는 호스트 머신의 웹 브라우저에서 가상 머신의 서버에 접속할 수 없으므로 설정 파일을 수정해야 한다. 우선, Vagrant의 설정 파일인 Vagrantfile을 에디터로 연다. 그리고 다음 설정을 추가한다(설정 파일 끝에 있는 end보다 위에 추가한다).

```
# 설정 파일 Vagrantfile에 다음 내용을 추가한다
config.vm.network"forwarded_port", guest:1337, host:1337
```

'vagrant reload'를 실행하면 호스트 머신의 1337번 포트에서 가상 머신의 1337번 포토에 접속할 수 있게 된다. 그러면 다음 명령을 통해 서버를 시작하도록 하자.

```
$ node chat-server.js
```

이로써 준비가 되었다. 웹 브라우저를 열고 다음 URL에 접속한다.

```
http://localhost:1337/
```

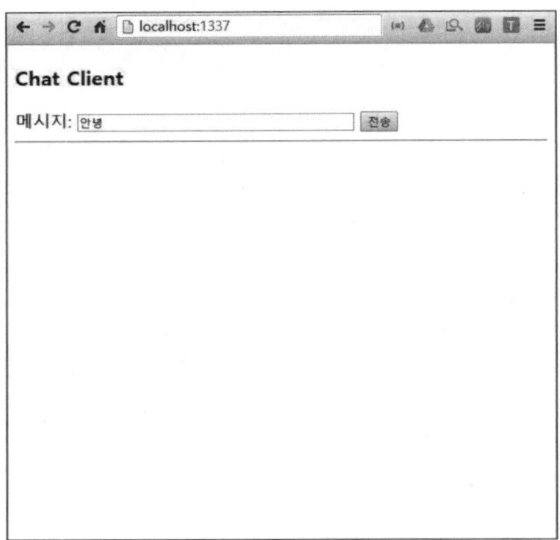

▲ 무사히 채팅 화면이 표시되면 성공

대화 사전

채팅 봇의 심장 부분이라 할 수 있는 것이 대화 사전이다. 우리가 만드는 채팅 봇은 단순히 키워드에 반응하여 대화를 이어간다. 그래서 대화 사전은 형태소와 형태소가 나타나는 패턴, 그리고 답변용 메시지의 세 가지로 구성된다. 다음은 사전 파일 bot-dic.dat의 내용이다. 왼쪽부터 형태소, 형태소 패턴, 응답 메시지가 쉼표로 구분되어 나열되어 있다.

```
; --- 채팅 봇의 답변용 키워드 사전 ---
; key, pattern, message
안녕, *, 안녕하세요.
안녕, *, 어서오세요. 잘 지내세요?
지내, 잘 지내?, 잘 지내요. 님은요?
아침, 좋은 아침, 좋은 아침이에요.
이다, 이다, 그렇군요.
일까, 일까, 글쎄요. 아리송하네요.
맛있, 맛있어, 진짜!
이쁘, 이뻐, 진짜 이쁘죠.
생각,라고 생각해 그렇게 생각하는 이유가 있나요?
기억, 기억해 잊지 않을게요.
싫, 싫어, 저도 마찬가지예요.
어려워, 어려워, 그것이 어려운 이유는 무엇일까요?...
```

이 사전 데이터를 데이터베이스의 MongoDB에 삽입하는 것이 다음 프로그램이다. 사전 데이터 bot-dic.dat를 읽어서 MongoDB의 simple-bot이라는 컬렉션에 데이터를 삽입한다. 사전 데이터를 업데이트하고 싶은 경우에는 bot-dic.dat에 데이터를 추가하고, 스크립트를 실행하면 MongoDB에 기존에 삽입된 데이터를 지우고 처음부터 다시 넣도록 되어 있다.

File src/ch07/04-chatbot/simple-bot/make-dic.js

```
// 채팅 봇을 위한 키워드 사전 작성
//------------------------------------
// 사전 텍스트 파일 지정
var FILE_DIC = 'bot-dic.dat';
// MongoDB 접속 정보 ——※1
var MONGO_DSN = "mongodb://localhost:27017/simple-bot";
var mongo_db; // 접속 객체

// 모듈 로드
var mongo_client = require('mongodb').MongoClient;
var fs = require('fs');

// MongoDB 연결 ——※2
mongo_client.connect(MONGO_DSN, function (err, db) {
  // 에러 체크
  if (err) { console.log("DB error", err); return; }
  // MongoDB 연결 객체 저장
  mongo_db = db;

  // 컬렉션 취득 ——※3
  var collection = db.collection('keywords');

  // 기존 데이터 있으면 초기화 ——※4
  collection.drop(function(err, reply) {
    // 초기화 후 데이터 삽입
```

```
    insertKeywords(collection);
  });
});

// MongoDB에 사전 데이터 삽입 ──※5
function insertKeywords(collection) {
  var cnt = 0, dataCount = 0;

  // 텍스트 데이터 읽기
  var txt = fs.readFileSync(FILE_DIC, "utf-8");

  // 라인별 처리
  var lines = txt.split("\n");
  for (var i in lines) {
    var line = trim(lines[i]);
    if (line == "") continue; // 빈 라인
    if (line.substr(0,1) == ";") continue; // 주석

    var cells = line.split(",");
    var key = trim(cells[0]);
    var rank = parseInt(trim(cells[1]));
    var pat = trim(cells[2]);
    var msg = trim(cells[3]);
    // 삽입 ──※6
    collection.insert({
      "key": key, "rank": rank,
      "pattern": pat, "msg": msg
    }, function(err, result) {
      console.log(cnt+":inserted:", result.ops);
      if (++cnt == dataCount) {
        console.log("done");
        mongo_db.close();
      }
    });
    dataCount++;
  }
}

// 전후 공백 없애기
function trim(s) {
  s = "" + s;
  return s.replace(/(^\s+|\s+$)/g, "");
}
```

프로그램의 코드를 살펴보자. ※1은 MongoDB 접속 정보다. 그리고 ※2의 connect() 메소드에서 데이터베이스에 접속한다. MongoDB에는 컬렉션 단위로 데이터를 저장할 수 있으며, ※3에서는 keywords 컬렉션을 선택하였다.

※4에서는 사전 자료를 갱신할 때 사전 데이터가 중복되는 것을 막기 위해 삽입 전에 drop()

메소드를 통해 컬렉션의 내용을 초기화하고 있다. 초기화가 완료되면 이어 사전 데이터를 삽입한다.

※5의 insertKeywords() 함수에서 텍스트 데이터를 읽어서 DB에 삽입하는데 실제로 DB에 삽입하는 부분이 ※6이다. 여기서는 사전 데이터 한 행에 대해 다음과 같이 JSON 데이터를 구성하여 삽입한다.

```
{
  key:"형태소",
  pattern:"형태소 전후 패턴",
  msg:"회신용 메시지"
}
```

채팅 봇의 화면

다음으로 채팅하는 화면을 구성하는 HTML 파일인 chat-client.html을 살펴보자. 이 화면을 채팅 클라이언트라고 하겠다. 클라이언트는 Ajax를 이용하여 서버와 통신을 실시한다. 전반 부분이 HTML 코드이고 후반 부분이 자바스크립트로 서버와 통신하는 부분이다.

File src/ch07/04-chatbot/simple-bot/chat-client.html

```
<!DOCTYPE html>
<html><meta charset="utf-8"><body>
<h3>Chat Client</h3>
<!-- 사용자 메시지 전송 폼 -->
<div>
  메시지:
  <input id="msg" type="text" value="안녕하세요" size="40">
  <button id="talk_btn">전송</button>
</div>
<hr>
<!-- 로그 표시 -->
<div id="log" style="margin:24px;"></div>
<script type="text/javascript">

// 서버 API 주소 ──── ※1
var api = "/api?";

// 버튼 클릭 시 이벤트 핸들러 지정
$("#talk_btn").onclick = sendMsg;
// 클릭 시의 처리 ──── ※2
function sendMsg() {
```

```
  // 메시지를 얻어 와서 파라미터를 구성
  var msg = $("#msg").value;
  var url = api + "msg=" + encodeURIComponent(msg);

  // Ajax로 API로 메시지 송신 ─── ※3
  $ajax(url, function(xhr, txt) {
    // 서버로부터의 회신을 로그에 표시
    $("#msg").value = "";
    $("#msg").focus();
    var e = JSON.parse(txt);

    // 사용자의 메시지
    var p_you = document.createElement("p");
    p_you.innerHTML = "사용자 &gt; " + msg + "<hr>";

    // 채팅 봇의 회신
    var p_bot = document.createElement("p");
    p_bot.innerHTML = "채팅 봇 &gt; " + e["msg"] + "<hr>";
    p_bot.style.backgroundColor = "#e0f0ff";

    // 로그에 추가
    var log = $("#log");
    log.insertBefore(p_you, log.firstChild);
    log.insertBefore(p_bot, p_you);
  });
}

// DOM 반환
function $(q) { return document.querySelector(q); }

// Ajax함수 ─── ※4
function $ajax(url, callback) {
  var xhr = new XMLHttpRequest();
  xhr.open('GET', url, true);
  xhr.onreadystatechange = function() {
    if (xhr.readyState == 4) { //통신 완료
      if (xhr.status == 200) { //HTTP status 200
        callback(xhr, xhr.responseText);
      }
    }
  };
  xhr.send(''); // 통신 개시
  return xhr;
}
</script>
</body></html>
```

그러면 코드를 살펴보자. 사용자가 메시지를 입력한 뒤 전송 버튼을 클릭하면 메시지를 서버에 송신한다. 그러면 서버 측이 채팅 봇의 답변을 준비하여 반환한다.

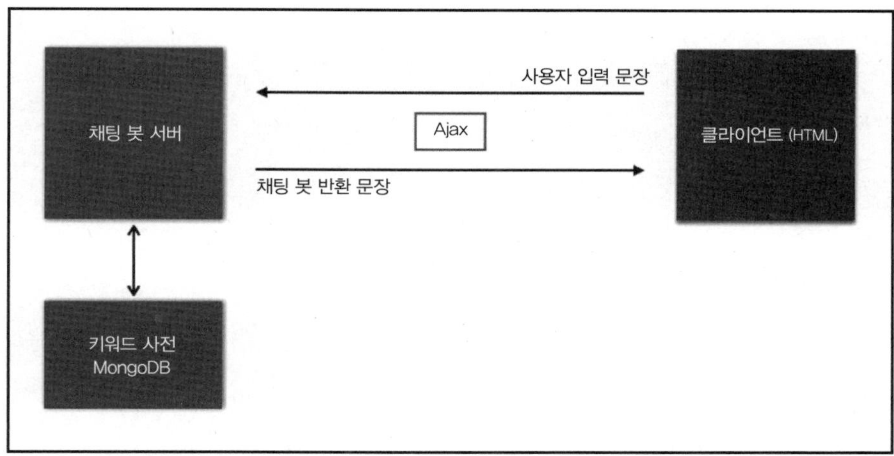

▲ 서버와 클라이언트의 관계

프로그램의 ※1에서는 서버 API의 URL을 지정하고 있다. 서버에서는 URL 경로가 '/api'인지 여부에 따라 처리를 분기하고 있다.

※2의 sendMsg() 함수는 전송 버튼을 클릭했을 때의 처리를 기술하고 있다. 실제로 Ajax로 서버와 통신하는 부분이 ※3이다. 그 앞에서는 서버에 전송할 매개변수를 준비한다. Ajax로 서버와 통신하여 답장이 오면 대화 로그에 내용을 추가한다.

※4에서는 Ajax를 수행하는 함수를 정의하고 있다. 일반적으로는 jQuery 등의 라이브러리에 정의되어 있는 Ajax 함수를 사용하는 경우가 많은데 여기에서는 함수를 직접 정의하여 쓰고 있다. 즉, XMLHttpRequest를 사용하여 비동기 통신을 수행하고 있다.

채팅 봇 서버

그러면 HTTP 서버를 만드는 Node.js의 코드를 보자. 크게 두 가지 기능을 수행한다. 우선, 루트 경로의 요청에 대해 chat-client.html을 반환한다. 그리고 클라이언트에서 Ajax로 /api에 요청하면 채팅 봇의 대답을 반환한다. 참고로, 채팅 봇의 응답을 만드는 부분은 별도 파일 chat-server-bot.js에 작성하였다.

File src/ch07/04-chatbot/simple-bot/chat-server.js

```
// 채팅 봇 서버
//------------------------------
// 설정
```

```
var SERVER_PORT = 1337; // 웹 서버 포트
var FILE_CLIENT = "chat-client.html";

// 모듈 로드
var
  http     = require('http'),
  urlType  = require('url'),
  path     = require('path'),
  fs       = require('fs'),
  bot      = require('./chat-server-bot.js');

// 서버 실행 ——※1
var svr = http.createServer(checkRequest);
svr.listen(SERVER_PORT, function(){
  console.log("서버 실행 완료");
  console.log("http://localhost:" + SERVER_PORT);
});

// 서버에 요청이 왔을 때의 처리 ——※2
function checkRequest(req, res) {
  var uri = urlType.parse(req.url, true);
  var pathname = uri.pathname;
  console.log(pathname);
  // 요청 경로명으로 처리를 분기
  if (pathname == "/api") {
    apiRequest(req, res, uri);
  } else if (pathname == "/") {
    res.writeHead(200, {'Content-Type':'text/html'});
    res.end(fs.readFileSync(FILE_CLIENT, "utf-8"));
  } else {
    res.writeHead(404, {'Content-Type':'text/plain'});
    res.end("File not found");
  }
  console.log(pathname);
};

// API 요청 처리 ——※3
function apiRequest(req, res, uri) {
  msg = uri.query["msg"];
  bot.getResponse(msg, function(bot_msg) {
    body = JSON.stringify({"msg":bot_msg});
    res.writeHead(200, {'Content-Type':'application/json'});
    res.end(body);
  });
};
```

프로그램의 코드를 살펴보자. ※1에서 HTTP 서버를 실행하고 있다. Node.js에서는 HTTP 서버를 실행하는 것이 이처럼 불과 두 줄 기술하는 것으로 가능하다. createServer() 메소드의 인자에는 클라이언트에서의 요청을 처리하는 함수를 지정한다. 그리고 listen() 메소드에는 서버의 포트 번호와 서버가 시작되고 나서의 처리를 지정한다.

※2는 서버에 요청이 왔을 때 실행되는 처리다. URL.parse() 메소드는 요청 정보를 다루기 쉽게 변환한다. pathname 속성에는 /나 /api 등의 요청 경로명이 들어간다. 그래서 pathname으로 처리를 분기한다. /로 요청한 것이면 클라이언트용 HTML을 반환하고, /api의 경우에는 API 요청을 처리하는 함수를 호출한다.

※3에서는 채팅 봇의 답변을 만드는 모듈 chat-server-bot.js의 getResponse() 메소드를 호출하여 답변을 JSON 형식으로 반환한다.

채팅 봇의 대화 생성 모듈

이어 채팅 봇의 답변을 생성하는 모듈 caht-server-bot.js를 살펴보자.

File src/ch07/04-chatbot/simple-bot/chat-server-bot.js

```
// 채팅 봇의 대답을 생성하는 모듈
//--------------------------------

// MongoDB 설정 정보
var MONGO_DSN = "mongodb://localhost:27017/simple-bot";

// 모듈 로드
var Mecab = require('./mecab-mod.js'),
    mecab = new Mecab(),
    mongo_client = require('mongodb').MongoClient;

// MongoDB 접속 정보를 저장하는 변수
var mongo_db = null, keywords_co;

// 외부에 getResponse() 메소드 공개 ——※1
module.exports = {
  "getResponse": getResponse
};

// 채팅 봇의 대답을 반환하는 함수 ——※2
function getResponse(msg, callback) {
  checkDB(function(){
    var bot = new Bot(msg, callback);
    bot.talk();
  });
}

// MongoDB에 접속 ——※3
function checkDB(next_func) {
  // 이미 접속되어 있으면 아무것도 하지 않음
  if (mongo_db) {
    next_func(); return;
  }
```

```
  // MongoDB에 접속
  mongo_client.connect(MONGO_DSN, function (err, db) {
    // 에러 체크
    if (err) { console.log("DB error", err); return; }
    // 접속 정보를 저장
    mongo_db = db;
    // 컬렉션 취득
    keywords_co = db.collection('keywords');
    // 다음 처리 실행
    next_func();
  });
}

// Bot 클래스 정의 ──── ※4
function Bot(msg, callback) {
  this.callback = callback;
  this.msg = msg;
  this.results = [];
  this.words = [];
  this.index = 0;
}

// 채팅 봇으로부터의 대답을 획득하는 메소드 ──── ※5
Bot.prototype.talk = function () {
  var self = this;
  // 형태소 분석 ──── ※6
  mecab.parse(this.msg, function (words) {
    // 형태소를 하나씩 확인 ──── ※7
    self.index = 0;
    self.words = words;
    self.nextWord();
  });
};

// 각 형태소를 하나씩 조사하는 메소드 ──── ※8
Bot.prototype.nextWord = function() {
  // 끝까지 체크했는지 확인
  if (this.index >= this.words.length) {
    this.response();
    return;
  }
  // 데이터베이스 검색
  var w = this.words[this.index++];
  console.log(w);
  var org = w[0];
  var self = this;
  keywords_co
  .find({key:org})
  .toArray(function(err, rows) {
    // 데이터베이스에 일치하는 게 있는가?
    if (rows.length == 0) {
```

```
        self.nextWord(); return;
      }
      // 패턴에 맞는 것만을 필터링 ——※9
      var keys = rows.filter(function(el, index, ary) {
        if (el.pattern == "*") return true;
        if (self.msg.indexOf(el.pattern) >= 0) return true;
        return false;
      });
      if (keys.length > 0) {
        var r = Math.floor(Math.random() * keys.length);
        var key = keys[r];
        self.results.push(key.msg);
      }
      self.response();
    });
};
// 결과 반환
Bot.prototype.response = function () {
  var res = "좀 더 쉽게 말씀해 주세요.";
  if (this.results.length > 0) {
    res = this.results.join(".");
  }
  this.callback(res);
};
```

Node.js에서는 기본적으로 외부 파일에 정의되어 있는 변수에 접근할 수 없다. 그러나 module.exports 속성으로 지정한 메소드나 객체는 require()를 통해 외부에서 접근할 수 있다.

※1에서는 getResponse() 메소드를 외부에 공개하도록 정의하고 있다.

※2의 getResponse() 메소드가 채팅 봇의 대답을 반환하는 메인 함수다. 여기서는 MongoDB 데이터베이스에 접속하는 것과 Bot 객체를 생성하여 응답을 만들어 회신하는 두 가지 처리를 수행하고 있다.

※3에서는 MongoDB에 접속한다. DB 접속은 처음 한 번만 하고 접속을 유지하므로 두 번째 이후의 호출에서는 DB 접속 없이 바로 다음 처리로 진행된다.

※4에서는 Bot 클래스를 정의하고 있다. 자바스크립트로 객체지향 프로그래밍을 할 경우 함수 정의를 통해 클래스 및 생성자를 정의하게 된다. 이 클래스에서는 답변 메시지를 만든다.

※5에서 talk() 메소드를 통해 채팅 봇과 대화를 실시한다. 구체적으로는 ※6에서 형태소 분석을 하며, ※7에서 분할된 형태소를 하나씩 확인한다. 참고로, 형태소 분석을 위해 5장에서 만들었던 mecab-mod.js 모듈을 사용한다.

다소 어려운 부분이 형태소 목록을 하나씩 확인하는 방법이다. ※8부분인데 여기서는 for 구문을 사용하지 않고, 변수 index와 형태소 목록을 담고 있는 배열 변수 words 두 변수를 사용하여 재귀적으로 nextWord() 메소드를 호출하는 방법으로 구현하였다. 그 이유는 형태소를 데이터베이스에서 검색하는 함수가 비동기 함수이므로 for 구문으로는 처리하기 어렵기 때문이다. 그래서 한 단어에 대한 검사가 끝나면 index를 증가시키며, nextWord() 메소드를 재귀적으로 호출하여 차례로 단어를 확인한다.

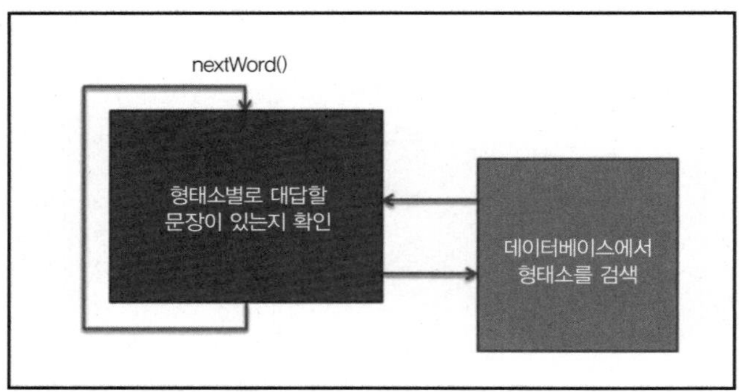

▲ **nextWord 메소드의 동작**

또한, ※9에서는 데이터베이스에서 해당하는 형태소를 찾았을 때 형태소 전후 패턴에 맞는 것만을 필터링하고 있다. 예를 들면, '지내'라는 형태소의 경우 '잘 지내?'라는 표현이어야만 답변으로 '잘 지내요. 님은요?'라는 답변이 회신된다.

이 절의 마무리

- **이번 절에서는 단순한 구조의 채팅 봇을 만들어 봤다.**
- **여기서 작성한 것은 한 시대를 풍미했던 ELIZA의 원리를 따라 만든 것이다.**
- **그런데 여기서 만든 채팅 봇은 대화의 응답을 전부 직접 준비해야 했다.**
- **대답을 만들 때 마르코프 연쇄를 사용해 자동으로 문장을 생성하거나 인터넷에서 구한 문장을 활용하게 하면 더 재미있는 채팅 봇이 될 것이다. 꼭 자신만의 채팅 봇을 만들어 키워 보길 바란다.**

05

서포트 벡터 머신으로 문자 인식(전편)

서포트 벡터 머신은 지도 학습을 이용한 패턴 인식 모델의 하나로 식별이나 회귀 분석에 활용할 수 있다. 여기서는 문자 인식에 도전해 본다.

주요 학습 내용	주요 도구와 라이브러리
• 서포트 벡터 머신(SVM) • 문자 인식	• Node.js • node-svm 모듈

서포트 벡터 머신이란?

우리 인간의 학습 능력은 무한하다. 오감을 활용하여 다양한 상황을 인식하고 학습할 수 있다. 그에 비해 컴퓨터의 학습 능력은 매우 제한적이다. 인간이 프로그램을 통해 데이터나 식을 제공해 줘야 지시한 대로 처리를 할 수 있을 뿐이다.

그래서 컴퓨터가 인간과 같은 학습 능력을 가지게 하기 위한 연구가 이루어졌다. 그 성과 중 하나가 다층 퍼셉트론이다. 이는 1980년대에 개발되어 다양한 분야에 응용되어 왔으나, 여러 가지 한계점이 제기되었다.

이를 해결하는 과정에서 나온 것이 서포트 벡터 머신(SVM, Support Vector Machine)이다. SVM은 1995년도에 제안된 패턴 인식 기법의 하나로 통계적인 머신러닝 방법이다. SVM은 패턴 인식 능력이 매우 우수한데 마진을 최대로 만드는 알고리즘을 통해 초평면을 결정한다.

먼저, 패턴 인식이라는 문제에 관해 생각해 보자. 예를 들어, A와 B 두 종류의 패턴이 있다면 임의의 패턴을 어느 패턴으로 인식할지 결정하는 것이 패턴 인식의 목표다. 그래서 A와 B의 출현 장소를 조사하여 분류의 기준이 되는 경계를 정한다. 이러한 패턴 사이의 경계를 '초평면'이라 한다. 그리고 그 올바른 경계를 정할 수 있다면 새로운 미지의 요소가 나타났을 때 A와 B 중 어느 패턴으로 분류해야 할지를 결정할 수 있게 된다.

구체적인 그래프를 보면 보다 이해하기 쉽다. 그래프에는 '●'과 '■' 두 종류의 데이터가 있다. 그리고 다음 그림과 같이, 이 두 종류의 데이터를 나누기 위한 경계선은 여러 가지가 있을 수 있다.

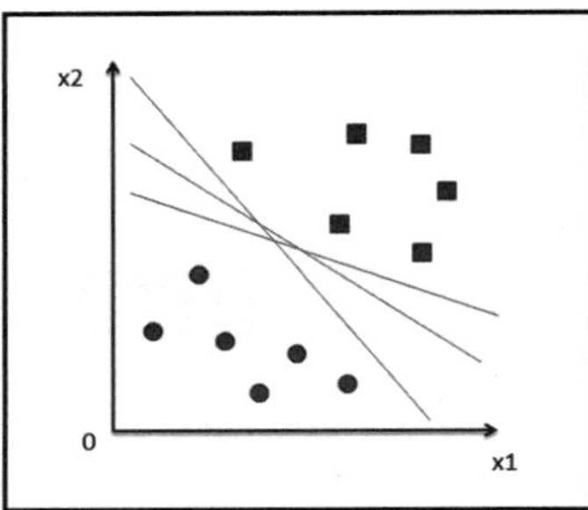

▲ 데이터를 ●과 ■로 나눌 때 여러 가지 분류 기준을 생각할 수 있다.

많은 경계선 중 가장 좋은 것은 상식적으로 생각해 봐도 ●과 ■의 딱 중간을 지나는 선이 될 것이다. 이 가운데를 지나는 선을 결정할 때 다음과 같이 초평면으로부터 가장 가까운 기존 패턴과의 거리(마진)가 최대가 되도록 결정하는 것이 최선의 선택이다.

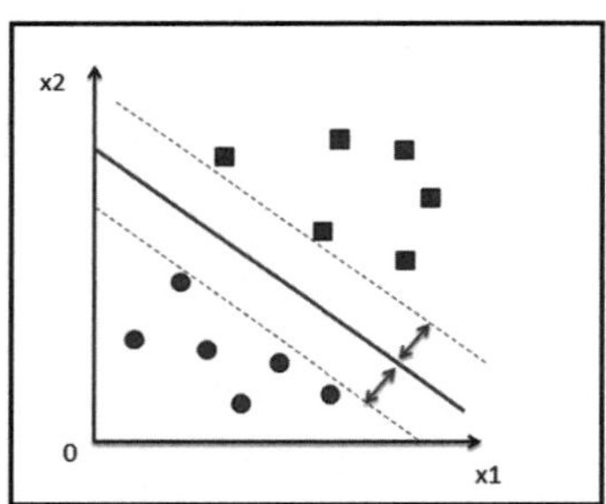

▲ 기존 패턴과의 거리가 최대가 되도록 한 것

이것이 SVM의 마진 최대화 알고리즘이다. SVM을 사용하면 새로운 샘플도 바르게 분류할 확률이 높다. 이러한 능력을 학습 이론에서는 일반화 능력이라고 한다.

문자 인식에 도전

여기서는 손으로 쓴 글자 이미지를 인식하는 데 SVM을 활용하고자 한다. 문자 인식에서 가장 쉬운 것이 숫자 인식이다. 대량의 이미지 데이터를 학습시켜 0에서 9 사이의 하나로 분류하는 것을 말한다.

또한, 다행히도 대량의 숫자 이미지 데이터를 공개하고 있는 웹사이트가 있다. 바로 MNIST라는 사이트다. 이 사이트에서는 0에서 9까지의 숫자 이미지 데이터 7만 개를 공개하고 있어 기계 학습과 패턴 인식에 사용할 수 있다. 각 이미지 데이터는 가로 세로 28×28픽셀의 크기다.

```
THE MNIST DATABASE of handwritten digits
[URL]http://yann.lecun.com/exdb/mnist/
```

▲ 손으로 쓴 숫자 데이터 7만 개가 공개되어 있다.

SVM에서 학습 모델을 만드는 시나리오

방대한 7만 개의 수기 숫자 데이터를 학습시켜서 높은 정확도의 문자 인식에 도전해 보자. 작업을 시작하기 전에 먼저 SVM으로 문자 인식시킬 때의 절차를 알아보도록 하자. SVM을 사용하는 기본적인 절차는 다음과 같다.

1. 패턴을 학습시킨다.
2. 학습 데이터에 기초하여 수기 문자를 판정한다.

이 중에서 수기 이미지들을 학습시키는 절차는 다음과 같다.

1. MNIST의 수기 숫자 데이터를 다운로드
2. 데이터를 다루기 쉽도록 CSV 파일로 변환

3. CSV 파일을 바탕으로 학습 데이터(.svm)를 작성
4. 학습 데이터를 SVM에 학습시키고 모델(.model)을 작성

수기 숫자 데이터 다운로드

MNIST사이트에 공개된 데이터를 다운로드하자. 다음 네 개 파일을 다운로드한다.

파일	이름 설명
train-images-idx3-ubyte.gz	학습용 이미지
train-labels-idx1-ubyte.gz	학습용 이미지의 라벨
t10k-images-idx3-ubyte.gz	시험용 이미지
t10k-labels-idx1-ubyte.gz	시험용 이미지 라벨

THE MNIST DATABASE

of handwritten digits

Yann LeCun, Courant Institute, NYU
Corinna Cortes, Google Labs, New York
Christopher J.C. Burges, Microsoft Research, Redmond

The MNIST database of handwritten digits, available from this page, has a training set of 60,000 examples, and a test set of 10,000 examples. It is a subset of a larger set available from NIST. The digits have been size-normalized and centered in a fixed-size image.

It is a good database for people who want to try learning techniques and pattern recognition methods on real-world data while spending minimal efforts on preprocessing and formatting.

Four files are available on this site:

train-images-idx3-ubyte.gz: training set images (9912422 bytes)
train-labels-idx1-ubyte.gz: training set labels (28881 bytes)
t10k-images-idx3-ubyte.gz: test set images (1648877 bytes)
t10k-labels-idx1-ubyte.gz: test set labels (4542 bytes)

please note that your browser may uncompress these files without telling you. If the files you downloaded have a larger size than the above, they have been uncompressed by your browser. Simply rename them to remove

▲ MNIST의 페이지: 화면 하단에 있는 링크에서 데이터를 다운로드한다.

파일은 네 개이지만 실제로는 학습용 이미지(6만 개)와 시험용 이미지(1만 개)의 두 개라고 볼 수 있다. 숫자 이미지 픽셀 데이터(*-images-*)와 그 픽셀 데이터가 0부터 9 중 어떤 숫자인지를 나타내는 라벨 데이터(*-labels-*)로 나뉘어 있다. 그리고 데이터는 이진 데이터로 되어 있다.

이들은 '.gz' 형식으로 압축되어 있으므로 우선 압축을 풀도록 하자. CentOS(Mac OS X)에서는 gzip 명령으로 압축을 풀 수 있다.

```
# gzip으로 압축 해제
$ gzip-dc infile.gz > outfile
```

파일이 네 개뿐이라서 하나씩 압축을 풀어도 되지만, 파일 처리 연습 겸 여러 GZ 파일을 한꺼번에 푸는 프로그램을 만들어 보자. 다음 프로그램은 작업 디렉터리에 있는 GZ 파일을 전부 압축 해제하는 프로그램이다.

File src/ch07/05-svm/extract.js

```
// 작업 디렉터리의 GZ 파일을 한꺼번에 압축 해제 for Node.js

var fs = require('fs');
var exec = require('child_process').exec;

// 파일 목록을 얻는다
fs.readdir('.', function(err, files) {
  files.forEach(function(file) {
    // .gz 이외는 무시
    if (!/\.gz$/.test(file)) return;
생략
```

프로그램을 실행하려면 다음 명령을 입력한다.

```
$ node extract.js
```

그러면 작업 디렉터리에 있는 GZ 파일이 전부 압축 해제된다. 코드를 보면 gzip 명령을 호출하는 것이 전부이다. 앞으로도 Node.js를 사용하여 배치 처리를 작성할 때는 이렇게 외부 프로그램을 실행하면 된다는 것을 기억하도록 한다.

바이너리 데이터를 CSV로 변환

그런데 MNIST에서 받은 숫자 데이터는 바이너리 데이터라는 다소 특수한 형식으로 배포되고 있다. 우리가 취급하기 쉬운 형태는 이미지 데이터 혹은 CSV 형식일 것이다. 그러면 먼저 다루기 쉬운 형태로 변환해 보자. 바이너리 데이터라 해도 그리 복잡한 형식이 아니라 다음과 같은 구조를 따른다. 맨 앞의 16바이트가 파일 헤더이고, 그 뒤 28×28바이트의 픽셀 데이터가 6만 개 이어지는 구조다.

```
이미지 파일 형식:
[offset]    [type]            [value]            [description]
0000        32 bit integer    0x00000803(2051)   magic number
```

```
0004        32 bit integer   60000              number of images
0008        32 bit integer   28                 number of rows
0012        32 bit integer   28                 number of columns
0016        unsigned byte    ??                 pixel
0017        unsigned byte    ??                 pixel
.....
xxxx        unsigned byte    ??                 pixel
```

다음은 라벨 파일의 형식이다. 이것은 위 이미지 파일이 0부터 9 중 어느 값에 해당하는지의 정보를 담고 있다. 즉, 이미지 파일의 몇 번째 이미지가 어떤 숫자인지를 나타내는 데이터다.

```
라벨 파일:
[offset] [type]          [value]            [description]
0000     32 bit integer  0x00000801(2049)   magic number(MSB first)
0004     32 bit integer  60000              number of items
0008     unsigned byte   ??                 label
0009     unsigned byte   ??                 label
.....
xxxx     unsigned byte   ??                 label
The labels values are 0 to 9.
```

바이너리 파일의 구조적 윤곽이 잡혔으니 프로그램을 만들어 보자. 파일 사이즈가 크기 때문에 파일 핸들을 사용하여 조금씩 읽으며 처리하는 식으로 작성할 것이다. fs.openSync() 메소드를 사용하면 파일 핸들을 사용하여 파일을 조작할 수 있다. 또한, 데이터는 바이너리 파일이므로 Buffer 객체를 통해 임의의 바이트를 읽는다.

File src/ch07/05-svm/mnistdb2csv.js

```
// MNIST 수기 데이터를 CSV로 변환하는 for Node.js

// 파일 이름을 지정
var DIR_IMAGE   = __dirname + "/image";

// 모듈 로드
var fs = require('fs');

// 변환 처리
convertToCsv("train");
convertToCsv("t10k");

function convertToCsv(basename) {
  console.log("convert: " + basename);
  // 각종 파일 이름을 결정
```

```
var file_images = basename + "-images-idx3-ubyte";
var file_labels = basename + "-labels-idx1-ubyte";
var file_csv = basename + ".csv";

// 파일을 열기
var f_img = fs.openSync(file_images, "r");
var f_lbl = fs.openSync(file_labels, "r");
var f_out = fs.openSync(file_csv, "w+");

if (!fs.existsSync(DIR_IMAGE)) {
  fs.mkdir(DIR_IMAGE);
}

// 헤더 읽기
var buf_i = new Buffer(16);
fs.readSync(f_img, buf_i, 0, buf_i.length);
var buf_l = new Buffer(8);
fs.readSync(f_lbl, buf_l, 0, buf_l.length);

// 헤더 체크
var magic      = buf_i.readUInt32BE(0);
var num_images = buf_i.readUInt32BE(4);
var num_rows   = buf_i.readUInt32BE(8);
var num_cols   = buf_i.readUInt32BE(12);
var num_size   = num_rows * num_cols;
if (magic != 0x803) {
  console.error("[ERROR] Broken file=", magic.toString(16));
  process.exit();
}
console.log("num_of_images=" + num_images);
console.log("num_of_rows=" + num_rows);
console.log("num_of_cols=" + num_cols);
console.log("num_of_pixel_size=" + num_size);

// 이미지 데이터 읽기
var buf_img = new Buffer(num_size);
var buf_lbl = new Buffer(1);
var mini_csv = "";
for (var i = 0; i < num_images; i++) {
  // 경과를 표시
  if (i % 1000 == 0) console.log( i + "/" + num_images );
  //이미지를 읽는다
  var pos_i = i * num_size + 16;
  fs.readSync(f_img, buf_img, 0, num_size, pos_i);

  // 라벨을 읽는다
  var pos_l = i * 1 + 8;
  fs.readSync(f_lbl, buf_lbl, 0, 1, pos_l);
  var no = buf_lbl[0];

  // PGM 형식으로 저장(테스트용)
  if (i < 30) {
    var s = "P2 28 28 255\n";
```

```
      for (var j = 0; j < 28 * 28; j++) {
        s += buf_img[j] + " ";
        s += (j % 28 == 27) ? "\n": "";
      }
      var img_file =
        DIR_IMAGE + "/" + basename +
        "-" + i + "-" + no + ".pgm";
      fs.writeFileSync(img_file, s, "utf-8");
    }

    // CSV로 저장
    var cells = [];
    for (var j = 0; j < 28 * 28; j++) {
      cells.push(buf_img[j]);
    }
    s = no + "," + cells.join(",") + "\n";
    fs.writeSync(f_out, s, null, "utf-8");

    // 테스트용 적은 분량의 CSV 작성
    if (i < 1000) {
      mini_csv += s;
      if (i == 999) {
        fs.writeFileSync(
            basename + "-mini.csv",
            mini_csv, "utf-8");
      }
    }
  }
  console.log("ok:" + basename);
}
```

프로그램을 실행하려면 다음 명령을 실행한다.

```
$ node mnistdb2csv.js
```

그러면 다음과 같은 네 개의 CSV 파일이 생성된다.

- train.csv　　이미지 데이터 6만 건을 CSV로 변환한 것
- train-mini.csv　　위 데이터의 250건만 추출한 것
- t10k.csv　　검증용 1만 건의 이미지 데이터를 CSV로 변환한 것
- t10k-mini.csv　　위 데이터의 250건만 추출한 것

train.csv와 t10k.csv 두 파일이 각각 학습과 테스트용 데이터다. 250건으로 구성된 CSV 파일

을 따로 만든 이유는 SVM으로 학습하는 데는 오랜 시간이 걸리므로 빠르게 수행 결과를 확인하고 싶은 경우를 위해 준비하였다. 작성한 CSV 파일은 다음과 같은 데이터다.

```
(어느 숫자인가),(이미지 데이터의 픽셀 데이터)
(어느 숫자인가),(이미지 데이터의 픽셀 데이터)
(어느 숫자인가),(이미지 데이터의 픽셀 데이터)
(어느 숫자인가),(이미지 데이터의 픽셀 데이터)
...
```

이미지 데이터의 픽셀 데이터는 좌측 상단의 (0,0)에서 우측 하단의 (27,27)까지 28×28개가 순서대로 콤마로 구분되어 기재되어 있다.

COLUMN

PGM 형식에 관하여

위 프로그램에서는 올바른 이미지가 추출되었는지 확인하기 위해 처음 30건을 PGM 형식의 파일로 저장하였다. PGM 형식은 이미지 데이터의 각 픽셀 값을 텍스트로 지정할 수 있는 편리한 형식이다.

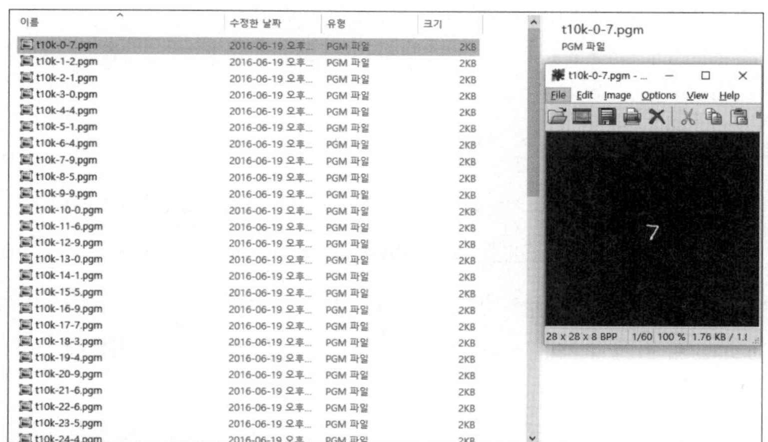

▲ PGM 형식의 이미지

PGM 형식의 파일을 직접 에디터로 열어 보면 알 수 있지만 실제 텍스트 데이터이며, 비디오 크기, 색상수 등의 메타 정보가 기재된 후 픽셀값이 나열되어 있다. 예를 들면, 8x8픽셀의 그레이스케일 이미지인 경우 다음과 같다. 선두의 P2가 PGM 이미지를 식별하는 코드이고, 8 8이 화면 사이즈, 그리고 9가 그레이 스케일의 최대치를 의미한다.

```
P2 8 8 9
0 0 0 0 0 0 0 0
6 8 9 9 9 9 8 5
```

```
6 7 8 9 8 7 6 5
0 0 0 9 8 0 0 0
0 0 0 9 8 0 0 0
0 0 0 9 8 0 0 0
0 0 0 8 7 0 0 0
0 0 0 7 6 0 0 0
```

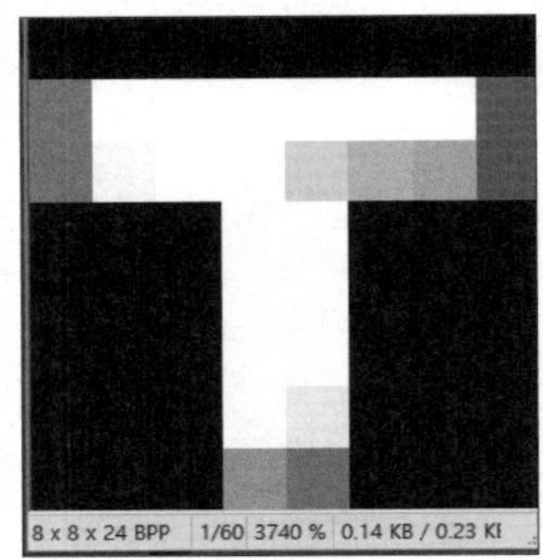

▲ PGM 형식의 이미지

이처럼 PGM 형식을 사용하면 이미지 데이터를 쉽게 확인해 볼 수 있다. 윈도우는 IrfanView, Mac에서는 ToyViewer과 같은 이미지 뷰어를 사용하여 PGM 파일을 이미지로 확인해 볼 수 있다.

node-svm 설치

한 행당 하나의 이미지를 담고 있는 CSV 파일이 준비되었으니 SVM에 이미지를 학습시킬 준비가 되었다. 먼저, Node.js의 node-svm 모듈을 설치하도록 한다. node-svm 모듈은 C++로 SVM을 구현한 libsvm을 Node.js의 모듈로 만든 것이다. -g 옵션을 붙여서 설치하면 Node.js에서 사용할 수 있는 모듈과 더불어 커맨드 라인에서 사용할 수 있는 도구도 설치된다.

```
$ sudo npm install -g svm
```

학습용 데이터 파일 만들기

SVM에 이미지를 학습시키기 위해서는 SVM용 학습 파일을 만들어야 한다. 이 SVM 파일은 CSV 파일을 토대로 작성할 건데 그 전에 먼저 SVM 파일이 어떤 형식인지 소개하겠다. SVM 파일은 한 행에 하나의 이미지 데이터를 담는다.

```
[서식] SVM 파일
<label> <index1>:<value1> <index2>:<value2> <index3>:<value3>...
<label> <index1>:<value1> <index2>:<value2> <index3>:<value3>...
<label> <index1>:<value1> <index2>:<value2> <index3>:<value3>...
...
```

이처럼 학습 데이터인 SVM 파일은 하나의 행에 하나의 이미지 데이터를 배치하는 점에서 CSV 파일과 크게 다르지 않다. 그러나 index:value 중 value가 0인 경우에 대해서는 생략할 수가 있다.

그러면 CSV 파일을 SVM 파일로 변환하는 프로그램을 만들자. 프로그램을 실행하면 앞서 생성한 네 개의 CSV 파일에 대하여 각각의 SVM 파일이 생성된다.

File src/ch07/05-svm/csv2trainfile.js

```
// CSV를 바탕으로 SVM 학습 데이터(SVM)를 생성

var fs = require('fs');

// 두 종류의 데이터를 처리
csv2svm('train-mini.csv');
csv2svm('train.csv');
csv2svm('t10k-mini.csv');
csv2svm('t10k.csv');
console.log("ok");

// CSV 파일을 SVM 파일로 변환
function csv2svm(file_csv) {
  // 아웃풋 파일 이름 결정
  var file_svm = file_csv.replace(/\.csv$/, "") + ".svm";
  console.log("[I N] " + file_csv);
  console.log("[OUT] " + file_svm);
  console.log(file_svm);

  // 저장용 파일 열기
  var f_svm = fs.openSync(file_svm, "w");

  // 읽기
  var csv = fs.readFileSync(file_csv, "utf-8");
  var lines = csv.split("\n");

  // 데이터를 작성
  for (var i in lines) {
    // 경과 보고
    if (i % 1000 == 0) console.log(i + "/" + lines.length);

    // 한 줄씩 처리
    var line = lines[i];
    var cells = line.split(",");
```

```
    var no = cells.shift();
    var vals = [];
    for (var j = 0; j < cells.length; j++) {
      var index = j + 1;
      var v = cells[j];
      if (v == 0) continue;     // 0은 생략 가능
      var value = v / 255;      // 데이터 스케일링
      vals.push(index + ":" + value);
    }
    if (vals.length == 0) continue;
    var v_str = no + " " + vals.join(" ");
    var dat = v_str + "\n";
    // 파일에 쓰기
    fs.writeSync(f_svm, dat, null, "utf-8");
  }
  console.log("saved = " + file_svm);
}
```

프로그램을 실행하려면 다음 명령을 입력한다.

```
$ node csv2trainfile.js
```

그러면 다음과 같은 파일들이 생성된다.

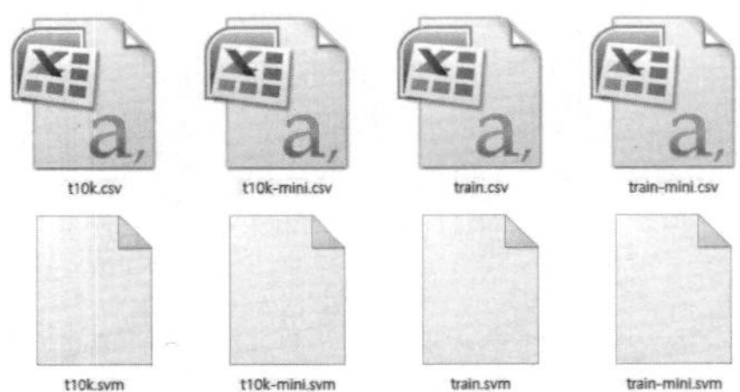

▲ 프로그램을 실행해서 얻은 파일

SVM 파일을 학습시켜 모델 생성

학습 데이터로 사용할 수 있는 SVM 파일을 준비하였으니 이제 모델을 만들어 보자. node-svm 모듈을 사용하는 Node.js 프로그램을 만들어서 학습시킬 수도 있다. 그러나 node-svm을 설치할 때 -g 옵션을 주었으면 커맨드 라인에서 바로 node-svm을 사용할 수 있다.[1]

1 node-svm이 설치된 폴더의 bin 폴더에 node-svm 명령어가 있다.

```
# node-svm 학습 모델 만들기
$ node-svm train (입력 SVM 파일) (출력 model 파일)
```

그러면 실제 사용해 보자. 다음은 train-mini.svm이라는 학습 데이터에서 학습 모델 train-mini.model을 생성하는 명령이다.

```
$ node-svm train train-mini.svm train-mini.model
```

그러면 어떤 파라미터로 데이터를 학습시킬지 몇 가지 질문이 표시된다. 여기서는 모두 기본값을 사용할 것이다. 질문에 대해 전부 Enter를 눌러 기본값으로 설정한다. 그리고 잠시 기다리면 train-mini.model이라는 모델 데이터가 생성된다. 학습 데이터가 250개밖에 안 되지만, 사용하는 머신에 따라 시간이 오래 걸릴 수도 있다. 학습이 정상적으로 종료되면 다음과 같은 화면이 출력된다.

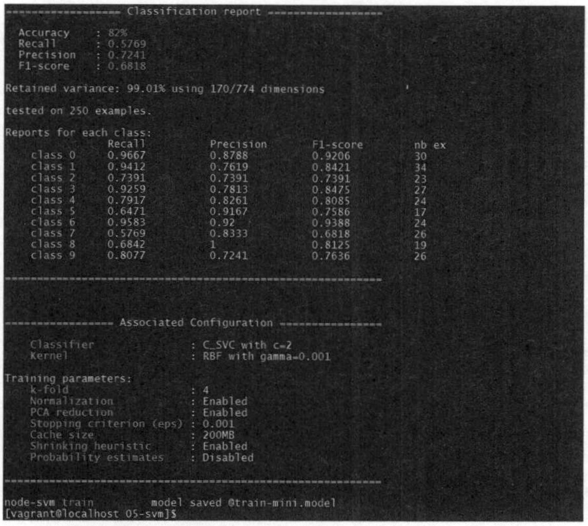

```
================= Classification report =================

  Accuracy     : 82%
  Recall       : 0.5769
  Precision    : 0.7241
  F1-score     : 0.6818

Retained variance: 99.01% using 170/774 dimensions

tested on 250 examples.

Reports for each class:
              Recall         Precision       F1-score        nb ex
    class 0   0.9667         0.8788          0.9206          30
    class 1   0.9412         0.7619          0.8421          34
    class 2   0.7391         0.7391          0.7391          23
    class 3   0.9259         0.7813          0.8475          27
    class 4   0.7917         0.8261          0.8085          24
    class 5   0.6471         0.9167          0.7586          17
    class 6   0.9583         0.92            0.9388          24
    class 7   0.5769         0.8333          0.6818          26
    class 8   0.6842         1               0.8125          19
    class 9   0.8077         0.7241          0.7636          26

=========================================================


================ Associated Configuration ================

    Classifier                : C_SVC with c=2
    Kernel                    : RBF with gamma=0.001

Training parameters:
    k-fold                    : 4
    Normalization             : Enabled
    PCA reduction             : Enabled
    Stopping criterion (eps)  : 0.001
    Cache size                : 200MB
    Shrinking heuristic       : Enabled
    Probability estimates     : Disabled

=========================================================

node-svm train          model saved @train-mini.model
[vagrant@localhost 05-svm]$
```

▲ SVM 파일을 학습 완료 화면

분류의 정답률 확인

t10k.svm 파일에는 테스트용 데이터가 1만 개 기재되어 있다. 모처럼 모델을 만들었으니 이 데이터로 모델의 인식률을 확인해 보자. t10k.svm에도 이미지 데이터와 해당 이미지의 실제 숫자에 대한 정보가 담겨 있는데, 이 데이터는 검증용으로만 사용된다. 다음 명령을 실행해 보자.

```
$ node-svm evaluate train-mini.model t10k.svm
```

실행하면 1만 건의 데이터를 분류한 결과가 다음과 같이 표시된다.

```
================= Classification report =================

 Accuracy    : 75.92%
 Recall      : 0.4877
 Precision   : 0.5585
 F1-score    : 0.6097


tested on 10000 examples.

Reports for each class:
            Recall        Precision      F1-score      nb ex
    class 0  0.9296        0.817          0.8697        980
    class 1  0.9674        0.7837         0.8659        1135
    class 2  0.6754        0.5585         0.6114        1032
    class 3  0.795         0.7307         0.7615        1010
    class 4  0.8442        0.7516         0.7952        982
    class 5  0.4877        0.8131         0.6097        892
    class 6  0.6503        0.9326         0.7663        958
    class 7  0.7772        0.88           0.8254        1028
    class 8  0.6632        0.7425         0.7007        974
    class 9  0.7443        0.7132         0.7284        1009
=========================================================
```

▲ 1만 건의 데이터를 분류한 결과

실행 결과를 잘 살펴보자. 우선 분류의 정확도(Accuracy)가 75.92%라고 표시되어 있다. 그리고 그 아래를 보면 class 0, class 1...라고 써 있고, 각 클래스(여기서는 0에서 9까지의 숫자)의 확률이 기록되어 있다. 흥미롭게도 0과 1의 정답률이 매우 높아 이를 판별하는 것이 비교적 쉽다는 것을 알 수 있다.

250건의 적은 학습 데이터로 모델을 만들어 봤으니 이제 전체 학습 데이터로 모델을 만들어 보자. 전과 비슷한 방법으로, 전체 6만 건의 데이터로 모델을 만들려면 다음 명령을 실행한다.

```
$ node-svm train train.svm train.model
```

필자의 Mac OS X(CPU:1.3GHz Intel Core i5/메모리:8GB)에서는 메모리 부족으로 에러가 발생하여 아쉽게도 학습을 완료할 수가 없었다. 전체 데이터를 학습시키는 방법은 다음 절에서 node-svm의 원조격인 libsvm을 사용하여 소개할 것이다.

이 절의 마무리

- 이번 절에서는 서포트 벡터 머신에 관해 설명하고 손으로 쓴 숫자 이미지 데이터를 학습시켜 보았다.
- 다음 절에서는 여기서 생성한 모델을 기반으로 사용자가 쓴 글자를 인식하는 프로그램을 만들어 볼 것이다.

06 서포트 벡터 머신으로 문자 인식(후편)

앞 절에서는 SVM을 사용하여 수기 문자 인식 모델을 만드는 방법을 알아봤다. 이번에는 HTML5를 사용하여 사용자가 그린 문자를 인식하는 프로그램을 만들어 보자.

주요 학습 내용	주요 도구와 라이브러리
• 서포트 벡터 머신(SVM) • 문자 인식 • HTML5 Canvas	• Node.js • node-svm 모듈 • libsvm 도구

node-svm 사용법

앞 절에서는 node-svm을 사용해서 문자 인식 모델을 만드는 방법을 알아봤다. 이번에는 이를 이용해서 실제 문자 인식을 하는 프로그램을 만들어 보겠다. 먼저, node-svm의 사용법을 간단히 알아보자.

다음 프로그램은 node-svm의 샘플 코드를 조금 수정한 것으로 XOR 연산을 SVM을 사용하여 구현한 것이다. XOR 연산은 논리 연산(혹은 비트 연산)의 하나다. 자바스크립트에서 1^0처럼 ^ 연산자를 사용하면 되지만, 여기서는 SVM 사용법을 숙지하기 위해 XOR 연산을 구현해 보겠다.

File src/ch07/06-svm2/svm-test.js

```
// node-svm을 사용하고 인식

// 학습 데이터 ——— ※1
```

```
var train_data=[
  // [[데이터 배열], 클래스]
  [[0, 0], 0],
  [[0, 1], 1],
  [[1, 0], 1],
  [[1, 1], 0]
];

// 모듈 로드 ──── ※2
var svm=require('node-svm');

// 객체 생성 ──── ※3
var clf=new svm.CSVC();
clf.train(train_data)    // 데이터 학습
   .done(doTest);        // 테스트 실행

function doTest(){
  // test1 ──── ※4
  var v=clf.predictSync([1, 0]);
  console.log("[1, 0]=>"+v);

  // test2 ──── ※5
  clf.predict([1, 1]). then(function(predicted){
        console.log("[1, 1]=>"+predicted);
  });
}
```

이 프로그램을 실행하려면 다음 명령을 입력한다.

```
$ node svm-test.js
[1, 0]=>1
[1, 1]=>0
```

코드를 살펴보자. ※1은 학습 데이터로 자바스크립트 배열 안에 담겨 있다. 배열의 각 요소에는 데이터 배열과 그 데이터가 분류되는 클래스 정보가 들어가 있다.

※2에서는 require()로 node-svm 모듈을 로드하고 있다. 그리고 ※3에서 SVM 객체를 생성하고 train() 메소드로 데이터를 학습한다. 학습이 완료되면 done() 메소드로 지정한 콜백 함수가 호출된다.

※4 이후에서는 학습이 완료된 상태에서 테스트 데이터에 대한 예측을 수행하고 있다. ※4에서는 동기적으로 예측을 수행하는 predictSync() 메소드를 사용하고 있고, ※5에서는 비동기적으로 수행하는 predict() 메소드를 사용하고 있다.

손으로 쓴 문자를 인식하는 프로그램 만들기

node-svm의 기본적인 사용법을 숙지하였으니 문자 이미지를 인식하는 프로그램을 만들어 보자. 정해진 이미지들의 숫자를 인식하는 것은 다소 지루한 감이 없지 않다. 여기서는 사용자가 즉석에서 그린 숫자를 인식하는 프로그램을 만들어 보고자 한다. 즉, Node.js로 HTTP 서버를 만들고, 사용자가 웹 브라우저에서 마우스로 숫자를 그리면 해당 숫자를 인식하는 프로그램을 만들어 볼 것이다.

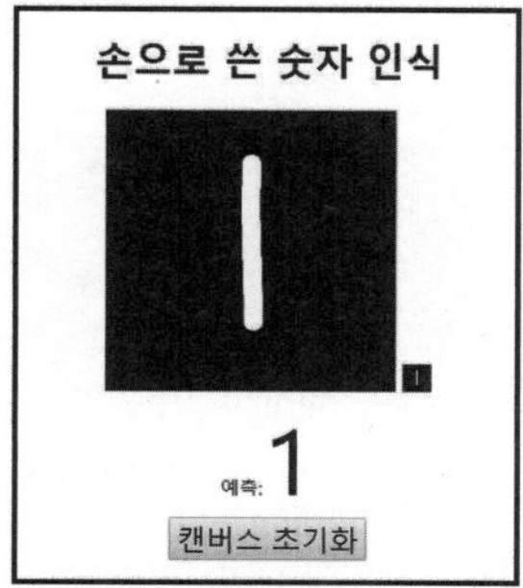

▲ 손으로 쓴 문자 인식 도구를 만든다.

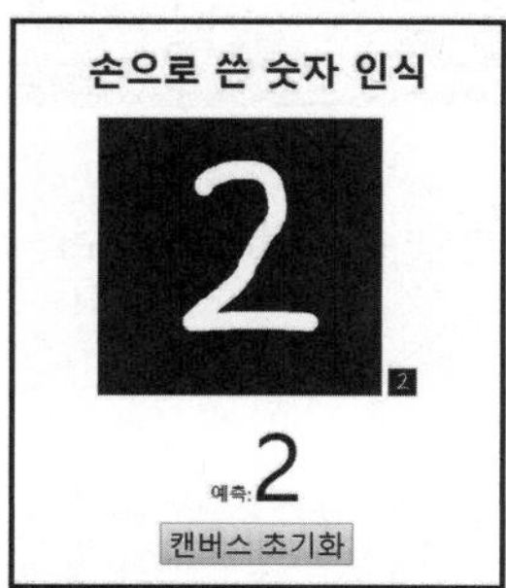

▲ 2를 적어 보았다.

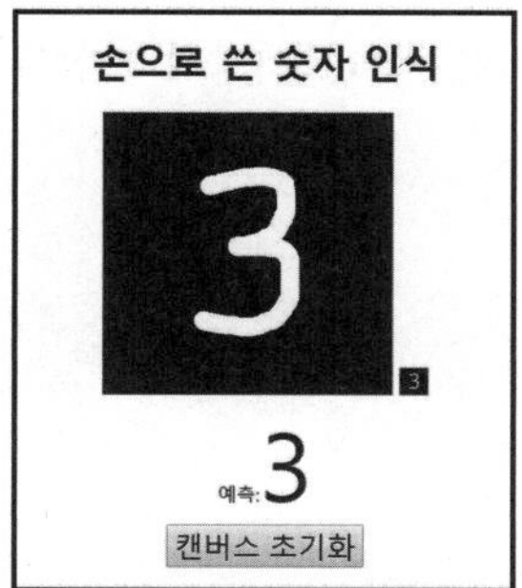

▲ 서버와 통신하여 숫자를 예측

프로그램은 다음과 같이 구성된다.

▲ 파일 목록

- server-recognize.js: HTTP 서버와 이미지 인식 API
- client-recognize.html: 웹 브라우저에 표시될 클라이언트 HTML
- train-mini.model: 이전 절에서 작성한 학습 모델

프로그램을 사용해 보기 위해서는 먼저 HTTP 서버를 시작하고, 웹 브라우저에서 마우스로 숫자를 그리면 된다. 그러면 이미지 데이터를 Ajax로 HTTP 서버에 전송하여 문자 인식이 수행된다. HTTP 서버를 시작하려면 server-recognize.js를 실행한다.

```
$ node server-recognize.js
```

그러면 서버가 시작된다. 웹 브라우저에서 서버에 접속하도록 하자. 로컬에서 서버를 돌리는 경우에는 다음 URL에 접속하면 준비된 페이지가 나타난다.

```
[URL] http://localhost:1337
```

가상 서버에서 CentOS를 사용하는 경우, 1337번 포트를 호스트에서 접속할 수 있도록 포트 포워딩 설정을 해야 한다. Vagrantfile에 다음 설정을 추가하고, 'vagrant reload'로 가상 머신을 재시작한다. 자세한 것은 7장 4절을 참고한다.

```
# 설정 파일 Vagrantfile에 다음 내용을 추가한다
config.vm.network "forwarded_port", guest:1337, host:1337
```

문자 인식 프로그램 — HTTP 서버

그러면 우선 Node.js로 HTTP 서버를 만드는 server-recognizer.js를 살펴보자. 이 프로그램에서는 HTTP 서버를 실행하고, 숫자를 그릴 수 있는 웹 페이지를 사용자에게 제공하고, Ajax로 전송받은 데이터에 대해 숫자를 판별하여 회신한다.

File src/ch07/06-svm2/1-simple/server-recognizer.js

```
// 문자 인식 서버
// 설정
var SERVER_PORT=1337; // 서버 포트
var FILE_CLIENT=__dirname+"/client-recognizer.html";
var FILE_MODEL=__dirname+"/train-mini.model";

// 모듈 로드
var http=require('http'),
    urlType=require('url'),
    path=require('path'),
    fs=require('fs'),
    svm=require('node-svm');

// 학습 모델 읽기 ——※1
var model_json=fs.readFileSync(FILE_MODEL,"utf-8");
var model_obj=JSON.parse(model_json, model_obj);
var clf=new svm.SVM({}, model_obj);

// 서버 실행 ——※2
var svr=http.createServer(checkRequest);
svr.listen(SERVER_PORT, function(){
  console.log("서버 실행했습니다");
  console.log("http://localhost:"+SERVER_PORT);
});

// 서버 요청에 대한 처리 ——※3
function checkRequest(req, res){
  var uri=urlType.parse(req.url, true);
  var pathname=uri.pathname;
  // 경로명으로 처리 분기
  if(pathname == "/predict"){
    api_predict(req, res, uri);
  }
  else if(pathname == "/"){
    res.writeHead(200,{'Content-Type':'text/html'});
    res.end(fs.readFileSync(FILE_CLIENT,"utf-8");
  }else{
    res.writeHead(404,{'Content-Type':'text/plain'});
    res.end("File not found");
  }
  console.log(pathname);
};
```

```
// API 요청 처리 ── ※4
function api_predict(req, res, uri){
  var p=uri.query.p;
  res.writeHead(200,{'Content-Type':'text/plain'});
  var value=JSON.parse("["+p+"]");
  for(var i in value){
    value[i]=value[i]/255;
  }
  console.log("value.length="+value.length+"/"+28*28);
  clf.predict(value). then(function(predicted){
    console.log(predicted);
    res.end(""+predicted); // ── ※5
  });
}
```

프로그램의 ※1에서는 문자 인식을 위해 앞 절에서 만든 학습 모델 데이터 train-mini.model을 읽어서 node-svm 모듈에 설정하고 있다.

※2에서는 HTTP 서버를 시작한다. 서버가 시작된 후, 사용자의 접속이 발생하면 ※3이 실행된다. checkRequest 메소드에서는 사용자의 요청을 확인하여 필요에 따라 HTML 파일을 반환하거나 Ajax로 전송된 문자 데이터에 대한 인식 결과를 반환한다.

실제 문자 인식을 처리하는 부분이 ※4다. 가장 중요한 부분인데 코드를 보면 놀라울 정도로 간단한다. 클라이언트에서 보내온 이미지 데이터는 각 픽셀이 0에서 255 사이의 값이므로 0에서 1 사이로 변환한 뒤 이를 인자로 predict() 메소드를 호출할 뿐이다. 그리고 예측 결과를 클라이언트에게 반환한다.

참고로, 인식한 숫자 값을 담고 있는 변수 predicted는 숫자 타입인데 서버의 응답을 출력하는 end() 메소드의 인자는 문자열이어야 한다. 그래서 ※5에서 변수 predicted를 문자열로 변환하여 end() 메소드를 호출하고 있다.

문자 인식 프로그램 — 클라이언트 HTML

다음으로, 클라이언트인 HTML 코드를 살펴보자. 이 코드에서는 HTML5의 Canvas API를 사용하여 사용자의 마우스 입력을 받아 Ajax로 서버 측 API에 요청한다.

File src/ch07/06-svm2/1-simple/client-recognizer.html

```
<!DOCTYPE html>
<html>
<head>
  <meta charset="UTF-8">
  <title>숫자 인식</title>
</head>
<body onload="init()" style="text-align:center;">
<h1>손으로 쓴 숫자 인식</h1>
<div>

 중략

// 초기화 ──── ※1
function init() {
  // 캔버스 오브젝트 및 콘텍스트 취득
  main_cv = $("#main_cv");
  ctx = main_cv.getContext("2d");

  // 캔버스 위치나 사이즈 취득
  main_r = main_cv.getBoundingClientRect();

  // 리사이즈 처리용 이미지
  back_cv = $("#back_cv");
  back_ctx = back_cv.getContext("2d");

  // 마우스 이벤트 설정 ──── ※2
  main_cv.onmousedown = function (e) {
    isDown = true;
    s_pt = getXY(e);
    ctx.beginPath();
    ctx.lineWidth = border;
    ctx.lineCap = "round";
    ctx.strokeStyle = "white";
    ctx.moveTo(s_pt.x, s_pt.y);
  };
  main_cv.onmousemove = function (e) {
    if (!isDown) return;
    var pt = getXY(e);
    ctx.lineTo(pt.x, pt.y);
    ctx.stroke();
    s_pt = pt;
    ctx.beginPath();
    ctx.moveTo(pt.x, pt.y);
  };
  main_cv.onmouseup = function (e) {
    if (!isDown) return;
    isDown = false;
    ctx.closePath();
    recognize();
  };
  main_cv.onmouseout = main_cv.onmouseup;
```

```
  // 화면 리셋
  resetCanvas();
}

// 마우스 좌표 취득 ──※4
function getXY(e) {
  var x = e.clientX;
  var y = e.clientY;
  x -= main_r.left;
  y -= main_r.top;
  return {"x":x, "y":y};
}

// 캔버스 초기화
function resetCanvas() {
  ctx.clearRect(0, 0, main_cv.width, main_cv.height);
  ctx.fillStyle = 'black';
  ctx.fillRect(0, 0, main_cv.width, main_cv.height);
  ctx.beginPath();
  back_ctx.clearRect(0,0,back_cv.width,back_cv.height);
  back_ctx.beginPath();
  $("#result").innerHTML = "";
  x_min = main_cv.width;
  x_max = 0;
  y_min = main_cv.height;
  y_max = 0;
}

// 복사 ──※5
function copyToBack() {
  back_ctx.fillStyle = "black";
  back_ctx.fillRect(0,0,28,28);
  back_ctx.drawImage(main_cv,
    0, 0, main_cv.width, main_cv.height,
    0, 0, 28, 28);
}

// 패턴 작성 ──※6
function getPixelData() {
  // 이미지를 28x28로 리사이즈
  copyToBack();
  // 이미지 데이터 취득 ──※7
  var img = back_ctx.getImageData(0, 0, 28, 28).data;
  var buf = [];
  console.log(img);
  for (var i = 0; i < 28 * 28; i++) {
    var k = i * 4;
    var r = img[k + 0]; // red
    var g = img[k + 1]; // green
    var b = img[k + 2]; // blue
    var a = img[k + 3]; // alpha
    var v = Math.floor((r + g + b) / 3.0); // ──※7a
    buf.push(v);
```

```
  }
  return buf.join(",");
}

// 숫자 인식 요청 수행 ──※8
function recognize() {
  // 숫자 이미지의 픽셀 데이터 획득
  var txt = getPixelData();

  // 서버에 송신 ──※9
  var uri = API_PREDICT + "p=" + txt;
  $ajax(uri, function (xhr, txt) {
    $("#result").innerHTML = "" + txt;
    console.log("predict=" + txt);
  });
}

// DOM 반환
function $(q) { return document.querySelector(q); }

// Ajax 요청
function $ajax(url, callback) {
  var xhr = new XMLHttpRequest();
  xhr.open('GET', url, true);
  xhr.onreadystatechange = function() {
    if (xhr.readyState == 4) { // 통신 완료
      if (xhr.status == 200) { // HTTP status 200
        callback(xhr, xhr.responseText);
      }
    }
  };
  xhr.send(''); // 통신 개시
  return xhr;
}
</script>
</body>
</html>
```

HTML 파일의 전반부에서는 그림을 그릴 수 있는 <canvas> 태그와 리셋 버튼 등을 배치했으며, 자바스크립트 코드는 후반 부분에 기술되어 있다.

프로그램의 ※1에서는 초기화 처리를 기술하고 있다. <canvas> 태그의 DOM 요소를 얻고 Canvas에 그림을 그리기 위해 필요한 콘텍스트를 취득하고 있다. HTML5의 Canvas API는 다양하고 강력한 그리기 API가 준비되어 있는데 사용하기 위해서는 콘텍스트를 취득해야 한다. Canvas를 도화지에 비유한다면, 콘텍스트는 크레용이라고 할 수 있다.

※2에서는 마우스 이벤트 처리를 지정하고 있다. 사용자가 Canvas에 그릴 수 있도록 마우스 이벤트를 이용하여 처리를 구현한다. 여기에서 사용하는 것은 다음과 같은 마우스 이벤트들이다.

▼ 웹 브라우저의 마우스 이벤트 일람

마우스 이벤트	의미
onmousedown	마우스 버튼을 눌렀을 때 발생
onmousemove	마우스를 이동했을 때 발생
onmouseup	마우스 버튼을 뗐을 때 발생

<canvas> 태그 위에서 마우스를 움직이면 onmousemove 이벤트가 많이 발생한다. 그래서 마우스를 누른 상태에서 움직이는 동안에만 그려지도록 하였다. onmousedown 이벤트가 발생하면 플래그 변수 isDown을 true로 설정하고, onmouseup 이벤트에서는 false로 한다. 그러면 onmousemove 이벤트의 콜백 함수에서는 플래그 isDown을 확인하여 true인 경우에만 그리도록 하면 된다.

캔버스 콘텍스트의 메소드 moveTo()와 lineTo() 등을 사용하여 캔버스에 그린다. 캔버스 콘텍스트에는 다음과 같은 API가 있다.

▼ HTML5의 그리기 API

그리기 API	의미
ctx.moveTo(x1, y1)	기점 (x1, y1)을 설정
ctx.lineTo(x2, y2)	기점에서 (x2, y2)로 직선 경로를 지정하고 기점을 옮긴다
ctx.stroke()	지정한 경로에 선을 긋는다
ctx.fill()	지정한 경로를 칠한다
ctx.beginPath()	기존에 설정한 패스를 파기하고 새로운 패스를 지정하기 시작한다
ctx.closePath()	현재의 패스를 닫는다

주의가 필요한 부분은 lineTo() 메소드에서는 실제로 선을 그리지 않고 패스를 지정할 뿐이라는 점이다. 실제로 패스를 화면에 반영하는 것이 stroke() 메소드다. 즉, moveTo() 메소드로 기점을 지정하고, lineTo() 메소드로 패스를 지정한 후, stroke() 메소드로 패스의 윤곽을 그리는 순서로 사용한다. 이번에는 사용하지 않았지만, fill() 메소드를 사용하면 패스의 내부를 채울 수도 있다.

프로그램의 ※5에서 ※8까지 사용자가 그린 이미지를 서버에 송신하는 처리를 기술하고 있다. ※5에서는 사용자가 그린 main_cv를 작은 캔버스(28×28픽셀)인 back_cv에 축소 복사한다. drawImage() 메소드를 사용하면 이미지의 부분 복사나 확대 축소가 가능하다. 인자가 많아 다소 복잡해 보이지만, 복사할 원본의 정보에 이어 복사될 곳의 정보를 기재한다고 기억하면 된다.

```
[서식] 이미지의 복사
ctx.drawImage(
  src, sx, sy, sw, sh,
       dx, dy, dw, dh);

-src  ...복사 원본 대상의 Canvas나 Image
-(sx, sy)...복사 원본의 왼쪽 위 좌표
-(sw, sh)...복사 원본의 원래 크기
-(dx, dy)...복사 대상의 왼쪽 위 좌표
-(dw, dh)...복사 대상의 크기
```

다음으로 ※6에서는 이미지를 28×28픽셀로 축소한 후 자바스크립트 배열로 변환한다. 이때 getImageData() 메소드를 사용하는데 이 메소드가 리턴하는 객체의 data 속성에 이미지의 픽셀 데이터가 들어 있다. 픽셀 데이터는 왼쪽에서 오른쪽 아래 방향으로 하나의 픽셀에 대해서 빨간색, 초록색, 파란색, 투명도의 네 요소 값이 들어가 있다.

다음 그림은 getImageData(4, 4)를 실행했을 때 픽셀 데이터의 모습을 나타내고 있다. 하나의 픽셀에 대해서 0에서 255 사이의 값을 가지는 네 요소를 값으로 가진다.

[예] getImageData(4, 4)의 결과

```
+---------+---------+---------+---------+
| R G B A | R G B A | R G B A | R G B A |
+---------+---------+---------+---------+
| R G B A | R G B A | R G B A | R G B A |
+---------+---------+---------+---------+
| R G B A | R G B A | R G B A | R G B A |
+---------+---------+---------+---------+
| R G B A | R G B A | R G B A | R G B A |
+---------+---------+---------+---------+
```

그러나 여기서는 흑백 데이터로 충분하다. 그래서 ※7a에서 삼색의 평균을 내서 빛깔의 농담을 0에서 255까지의 숫자로 계산하고 있다.

※8은 숫자 인식을 서버에 요청하는 함수다. 사용자가 그린 숫자 이미지의 픽셀 데이터를 획득하고, 이를 Ajax로 서버에 전송한다. 그리고 서버가 반환한 값을 화면에 출력한다. 실제 ※9에서 Ajax를 사용하여 서버에 데이터를 송신하고 있다. 그리고 뒤에는 $ajax()와 $() 함수를 정의하고 있다.

잘못 인식하는 문제 해결

프로그램을 실행해서 여러 숫자를 그려서 테스트해 보자. 여기서는 250건의 데이터만 학습한 모델을 사용했으므로 인식률이 그리 높지 않을 수 있다. 숫자의 종류나 쓰는 버릇과 같은 요인에 의해 잘못 인식하는 경우가 제법 발생한다.

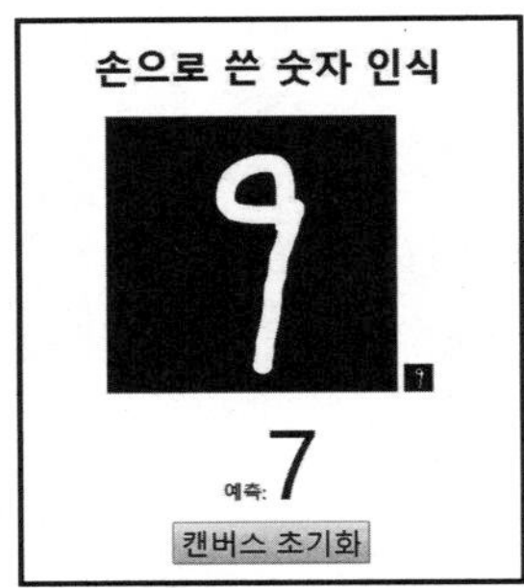

▲ 인식률이 높지 않다. 왜?!

몇 가지 해결책을 생각해 볼 수 있다. 머신러닝을 사용하는 경우 약간의 요령과 튜닝에 의해 인식률을 비약적으로 높일 수 있다.

여기서는 정공법으로 인식률을 높여 본다. 원래 가지고 있던 6만 건의 데이터를 모두 학습시키는 방법이다. 그렇지만 앞 절에서 시도해 봤지만 node-svm으로 6만 개의 데이터를 학습시키려 하면 메모리 부족으로 도중에 종료된다. 그래서 이번에는 node-svm의 원조격인 libsvm을 사용하고자 한다.

가상 머신의 CentOS에서는 다음 순서로 libsvm을 설치할 수 있다. 우선, git을 사용하여 GitHub에서 호스팅되고 있는 libsvm의 소스 코드를 다운로드한다.

```
$ cd ~/
$ git clone https://github.com/cjlin1/libsvm
```

이어서 libsvm을 컴파일한다. libsvm 폴더로 이동한 후 gmake를 치면 컴파일된다.

```
$ gmake
```

컴파일된 도구에 대해 '~/.bashrc'에 명령어의 별칭을 정의해 둔다. 텍스트 에디터로 '~/.bashrc'를 열어 다음 3줄을 추가한다.

```
# libsvm의 도구 --- 명령어 별칭 정의
alias svm-predict=/home/vagrant/libsvm/svm-predict
alias svm-scale=/home/vagrant/libsvm/svm-scale
alias svm-train=/home/vagrant/libsvm/svm-train
```

그러면 앞에서 작성한 학습 데이터 train.svm을 바탕으로 학습 모델 train.model을 만들도록 하자. 다음 명령어를 실행한다.

```
$ svm-train train.svm train.model
```

그러면 역시 시간은 다소 걸리지만, 6만 개의 데이터를 학습한 train.model이라는 파일이 생성된다. 참고로, 위 명령으로 만든 model 파일은 JSON 형태이며, 이 파일을 node-svm에서 바로 사용할 수는 없다.

이제 인식률을 확인하기 위해서 테스트 데이터인 t10k.svm으로 확인해 보자. libsvm의 svm-predict 명령어를 사용한다. 다음 명령을 실행하면 문자 인식의 정답률을 표시한다. 또한, 실제 판정 결과를 result.txt에 저장한다.

```
# 인식률의 확인 (테스트 파일) (학습 모델) (결과 파일)
$ svm-predict t10k.svm train.model result.txt
Accuracy=94.46%(9446/10000)(classification)
```

250건으로 학습한 모델에 비해 제법 인식률이 높아진 것을 알 수 있다.

libsvm 사용

libsvm의 명령어 svm-predict를 사용하면 예측을 수행할 수 있다. 위에서 사용한 t10k.svm과 같은 형식의 SVM 파일을 만들어 svm-predict 명령어를 실행하면 된다.

```
[서식] SVM 파일
<label> <index1>:<value1> <index2>:<value2> <index3>:<value3>...
```

다만, 위의 <label> 부분, 즉 어느 클래스로 분류될지는 예측해야 되는 부분이므로 적당한 값을 적어 둔다.

그러면 libsvm을 사용하도록 앞서 작성한 프로그램을 수정해 보겠다. 이번에는 node-svm을 사용하지 않고 libsvm의 svm-predict를 커맨드 라인에서 실행하는 방식을 사용한다. 이번에는 다음 세 파일을 사용한다.

- server-recognizer-cmd.js 서버 측 코드
- client-recognizer.html 클라이언트 HTML
- train.model 모델

클라이언트 측의 HTML 파일은 변경 사항이 없다. 이전 프로젝트와 완전히 똑같은 HTML 파일을 사용한다. 이번에 수정한 것은 서버 측 프로그램이다. 그래서 여기서는 서버 측 프로그램 server-recognizer-cmd.js만을 소개한다. 학습 모델은 libsvm의 svm-train 명령어로 만든 것을 사용한다.

File src/ch07/06-svm2/2-full/server-recognizer-cmd.js

```
// 숫자 인식 서버
// 설정
var SERVER_PORT = 1337; // 웹 서버 포트
var FILE_CLIENT = __dirname + "/client-recognizer.html";
var FILE_MODEL = __dirname + "/train.model";
var SVM_PREDICT = "~/libsvm/svm-predict"; // svm-predict 경로 지정
var DIR_TEMP = __dirname;

// 모듈 로드
var
  http     = require('http'),
  urlType  = require('url'),
  path     = require('path'),
```

```
  fs   = require('fs'),
  exec = require('child_process').exec;

// 서버 기동
var svr = http.createServer(checkRequest);
svr.listen(SERVER_PORT, function(){
  console.log("서버 실행했습니다");
  console.log("http://localhost:" + SERVER_PORT);
});

// 요청에 대한 처리
function checkRequest(req, res) {
  var uri = URL.parse(req.url, true);
  var pathname = uri.pathname;

  // 경로명으로 처리를 분기
  if (pathname == "/predict") {
    api_predict(req, res, uri);
  }
  else if (pathname == "/") {
    res.writeHead(200, {'Content-Type':'text/html'});
    res.end(fs.readFileSync(FILE_CLIENT, "utf-8"));
  } else {
    res.writeHead(404, {'Content-Type':'text/plain'});
    res.end("File not found");
  }
  console.log(pathname);
};

// 예측 수행
function api_predict(req, res, uri) {
  var p = uri.query.p;
  res.writeHead(200, {'Content-Type': 'text/plain'});
  var value = JSON.parse("[" + p + "]");
  var list = [];
  for (var i in value) {
    var v = value[i] / 255;
    if (v == 0) continue;
    list.push( (parseInt(i) + 1) + ":" + v );
  }

  // 테스트용 데이터 작성 ——— ※1
  var testdata = "0 " + list.join(" ") + "\n";
  console.log(testdata);

  // 임시 파일에 저장
  var r = Math.random();
  var t = (new Date()).getTime();
  var tmp_test = DIR_TEMP + "/test-" + t + "-" + r;
  var tmp_res  = DIR_TEMP + "/res-" + t + "-" + r;
  fs.writeFileSync(tmp_test, testdata, "utf-8");
```

```
  // 명령어 생성 ——※2
  var cmd_a = [
    SVM_PREDICT,
    '"' + tmp_test + '"',
    '"' + FILE_MODEL  + '"',
    '"' + tmp_res + '"'
  ];
  var cmd = cmd_a.join(" ");
  console.log("*** cmd ***",cmd, "***");

  // 명령어 실행 ——※3
  exec(cmd, function (err, stdin, stdout) {
    if (err) {
      res.end("ERROR: exec commnad");
      return;
    }
    // 결과 파일 읽기
    var a = fs.readFileSync(tmp_res, "utf-8");
    console.log("predict>" + a);
    console.log(stdout);
    res.end("" + a);
    // 임시 파일 삭제
    fs.unlink(tmp_test);
    fs.unlink(tmp_res);
  });
}
```

프로그램을 실행하기 위해 먼저 서버를 시작한다.

```
$ node server-recognizer-cmd.js
```

그리고 웹 브라우저에서 http://localhost:1337/에 접속한다.

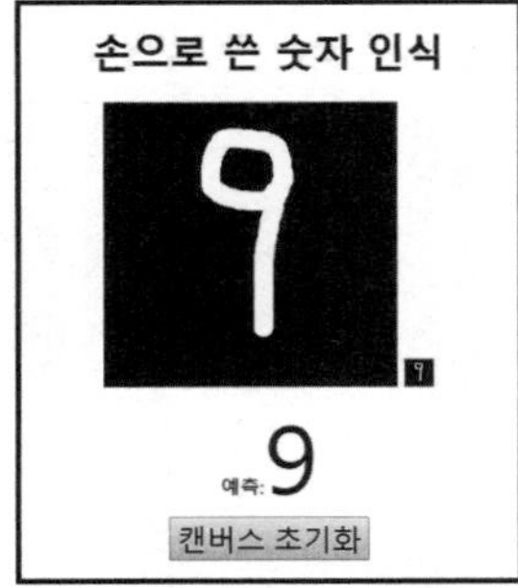

▲ 아까 잘못 인식하고 있던 데이터도 인식하게 됨

프로그램의 기본적인 구조는 동일하지만, node-svm을 사용하는 부분을 없애고, 커맨드 라인에서 libsvm의 svm-predict를 사용하도록 수정하였다.

프로그램의 ※1에서는 웹 브라우저에서 그린 픽셀 데이터가 전송되면 이를 SVM 파일 형태로 변환하여 저장하고 있다. ※2에서는 svm-predict 명령어를 위한 파라미터를 구성한다. 그리고 ※3에서 svm-predict 명령어를 실행한다.

이 절의 마무리

- **이번 절에서는 SVM을 이용하여 숫자 인식 프로그램을 만들어 보았다.**
- **6만 건의 학습 데이터를 통해 인식률을 많이 높일 수 있었다.**
- **그래도 잘못 분류하는 경우가 여전히 발생한다.**
- **잘못 인식하는 조건을 고민해 보고, 보정 처리를 추가하여 인식률을 높이는 것에 도전해 보기 바란다.**

제 8 장

데이터 시각화와 응용

이번 장에서는 데이터의 시각화(visualization) 방법에 관해 소개한다. 자바스크립트는 웹 브라우저와 밀접하게 연결되어 있다. 따라서 자바스크립트를 사용하면 웹 브라우저의 렌더링 기능을 이용한 시각화가 가능하다.

01

구글 차트를 이용한 차트 작성

자바스크립트로 그래프를 그리고자 할 때 가장 먼저 생각나는 것이 구글 차트(Google Charts)일 것이다. 구글 차트는 사용하기 쉬우며, 시각화 효과도 뛰어나다. 이번 장에서는 구글 차트를 이용한 다양한 시각화 방법을 소개하고자 한다.

주요 학습 내용	주요 도구와 라이브러리
• 구글 차트를 이용해 차트 그리기	• Google Charts • Node.js • [cheerio-httpcli] 모듈

구글 차트란?

구글 차트는 SVG(Scalable Vector Graphics)를 사용하는 그래프 표시 도구다. 선 그래프, 막대 그래프, 원 그래프, 트리 맵(tree map) 등 다양한 종류의 그래프를 그릴 수 있다. 공식 사이트는 다음과 같다.

```
Google Charts
https://developers.google.com/charts/
```

파이 차트 그리기

간단한 예로 아래와 같은 파이 차트를 그려 보자. 여기서는 가상의 인기 투표 결과를 표시해 보았다.

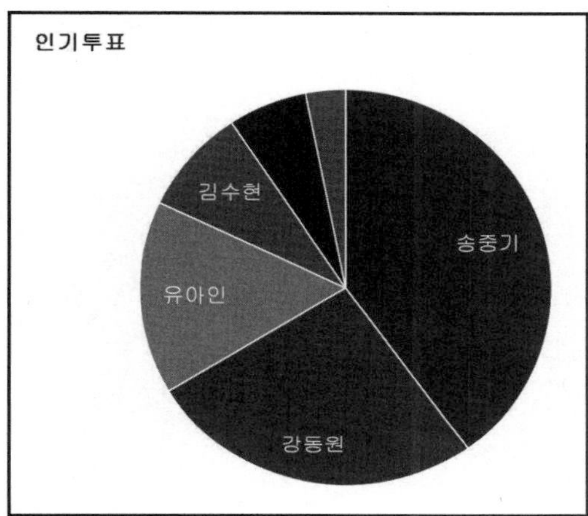

▲ 파이 차트

실제 프로그램은 다음과 같다. 웹 브라우저에 HTML 파일을 드래그 앤드 드롭하면 앞의 그림과 같은 그래프를 직접 확인해 볼 수 있다.

File src/ch08/01-gcharts/pichart.html

```
<html><head><meta chartset="utf-8">
<title>원 그래프</title>
<!-- 라이브러리를 읽어들임 ——※1
<script type="text/javascript" src="https://www.google.com/jsapi"></script>
<script type="text/javascript">

  // 어떤 그래프를 사용할지 지정 ——※2
  google.load('visualization', '1.0', {'packages':['corechart']});

  // 그래프 API 로드가 완료되면 실행할 수 있도록 이벤트를 지정 ——※3
  google.setOnLoadCallback(drawChart);

  // 차트 그리기를 실행 ——※4
  function drawChart() {
   // 데이터 오브젝트를 작성 ——※5
   var data = new google.visualization.DataTable();

   // 데이터의 칼럼을 지정 ——※6
   data.addColumn('string', '인물');
```

```
    data.addColumn('number', '취득표');
    // 실제 데이터를 지정 ── ※7
    data.addRows([
      ['송중기', 51],
      ['강동원', 34],
      ['유아인', 20],
      ['김수현', 11],
      ['이민호', 8],
      ['김우빈', 4],
    ]);

    // 그래프의 옵션을 지정 ── ※8
    var opt = {
      'title': '인기 투표',
      'width':  600,
      'height': 400,
      pieSliceText: 'label',
      legend: 'none'
    };
    // 그래프를 표시 ── ※9
    var chart = new google.visualization.PieChart(
      document.getElementById('chart_div'));
    chart.draw(data, opt);
  }
</script>
</head><body>
  <div id="chart_div"></div>
</body></html>
```

그러면 코드를 자세히 살펴보자. HTML의 ※1에서는 자바스크립트 라이브러리를 읽어들이고 있다. 가장 먼저 읽어들이는 것은 Google의 JSAPI다. 이 API를 읽어들임으로써 프로그램의 ※2에 있는 load() 메소드를 사용할 수 있게 된다. 이 메소드에서는 Google Visualization 라이브러리를 로드한다.

※3에서는 Visualization 라이브러리의 로드가 완료된 시점에서 실행될 이벤트 핸들러를 지정하고 있다. 여기서는 라이브러리 로드가 완료됨과 동시에 차트를 그리는 함수가 수행되는데 바로 ※4의 drawChart() 함수다.

※5에서는 데이터 객체를 생성하고 ※6에서 칼럼을 지정하고 있다. 원 그래프에서는 두 개의 칼럼이 필요하며, addColumn() 메소드를 통해 지정하고 있다. 실제 데이터는 ※7에서와 같이 2차원 배열 변수를 addRows() 메소드를 통해 추가한다.

※8에서는 그래프의 옵션을 지정하며, ※9에서 그래프를 실제 그린다. 그래프의 옵션으로 width와 height를 지정함으로써, 차트의 사이즈를 설정할 수 있다. 또한, pieSliceText를 label로 지정하여, 원 그래프의 각 항목에 이름이 표시되게 하였다. 이 부분을 percentage나 value로 지정하여, 백분율 혹은 실제 값을 표시하도록 할 수도 있다.

파이 차트의 옵션 변경하기

옵션을 변경함으로써 다른 분위기의 원 그래프를 그릴 수 있다. 다음 그래프는 옵션을 약간 변경하여 다른 시각적 효과를 주고 있다.

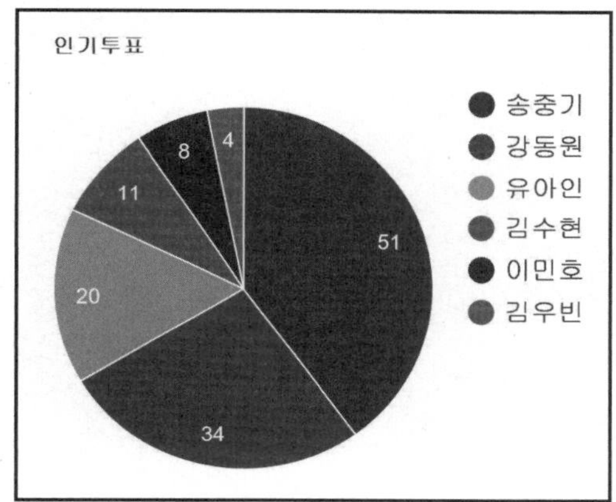

▲ 파이 차트의 옵션을 변경한 경우

HTML 코드는 다음과 같다. 웹 브라우저에 드래그 앤드 드롭해서 확인해 보도록 한다.

File src/ch08/01-gcharts/pichart2.html

```
<html><head><meta chartset="utf-8">
<script type="text/javascript" src="https://www.google.com/jsapi"></script>
<script type="text/javascript">
  // 라이브러리 읽어들임
  google.load('visualization', '1.0', {'packages':['corechart']});
  google.setOnLoadCallback(drawChart);

  // 차트 그리기 실행
  function drawChart() {
    // 데이터 설정
    var data = new google.visualization.DataTable();
    data.addColumn('string', '인물');
```

```
    data.addColumn('number', '취득표');
    data.addRows([
      ['송중기', 51],
      ['강동원', 34],
      ['유아인 ',20],
      ['김수현', 11],
      ['이민호', 8],
      ['김우빈', 4],
    ]);

    // 그래프 옵션 지정 ——※1
    var opt = {
      'title': '인기 투표',
      'width':  600,
      'height': 400,
      pieSliceText: 'value',   // 그래프 안에 표시할 값
      legend: {                  // 그래프 범례 설정
        position: 'right',
        textStyle: {color: 'blue', fontSize: 16}
      }
    };
    // 그래프 표시
    var chart = new google.visualization.PieChart(
      document.getElementById('chart_div'));
    chart.draw(data, opt);
  }
</script> </head>
<body><div id="chart_div"></div></body></html>
```

이전 코드와 비교하여 달라진 부분은 ※1에서 그래프의 옵션을 변경한 점이다. pieSliceText에 value를 지정함으로써 그래프 안에 표시할 값을 라벨이 아닌 데이터의 값으로 지정하였다. 또한, legend를 설정하여 그래프의 범례를 표시하도록 하였다.

막대 그래프 그리기

다음으로, 기본적인 그래프 타입 중 하나인 막대 그래프를 그려 보자. 원 그래프와 같은 데이터로 막대 그래프를 그려 보면 다음과 같이 된다.

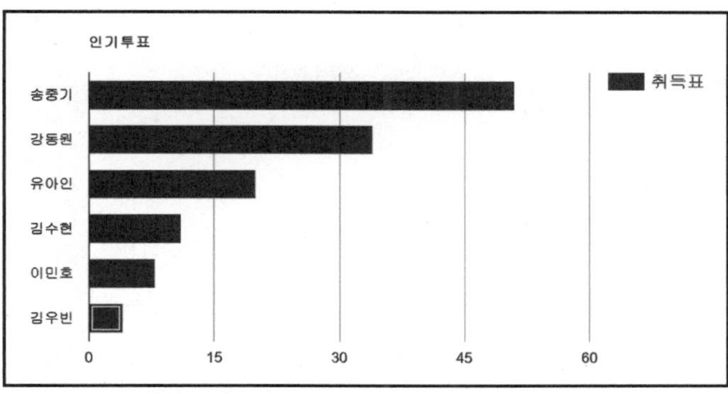

▲ 막대 그래프(바 차트)

코드는 다음과 같다. 다음 HTML 파일을 웹 브라우저에 드래그 앤드 드롭하여 확인해 본다.

File src/ch08/01-gcharts/barchart.html

```
<html><head><meta chartset="utf-8">
<script type="text/javascript" src="https://www.google.com/jsapi"></script>
<script type="text/javascript">
  // 라이브러리 로드 ──※1
  google.load('visualization', '1.0', {'packages':['corechart']});
  google.setOnLoadCallback(drawChart);

  // 차트 그리기 실행
  function drawChart() {

    // 데이터 설정
    var data = new google.visualization.DataTable();
    data.addColumn('string', '인물 ');
    data.addColumn('number', ' 취득수 ');
    data.addRows([
      ['송중기 ', 51], ['강동원 ', 34],
      ['유아인', 20], ['김수현 ', 11],
      ['이민호', 8], ['김우빈 ', 4],
    ]);

    // 그래프 옵션 설정
    var opt = {
      'title': '인기 투표 ',
      'width': 600, 'height': 400,
    };
    // 그래프 표시 ──※2
    var chart = new google.visualization.BarChart(
      document.getElementById('chart_div'));
    chart.draw(data, opt);
}
</script>
</head><body><div id="chart_div"></div></body></html>
```

※1에서 라이브러리를 로드하고 데이터를 설정하는 부분까지 앞서 작성한 파이 차트의 코드와 동일하다. 다른 부분은 ※2에서 바 차트의 객체를 생성하는 부분이다.

기본적으로 엑셀에서 그래프 그리는 것과 같다

앞서 파이 차트와 바 차트를 그리는 프로그램에서 본 것과 같이, 프로그램은 라이브러리를 읽어들이는 부분과 실제 데이터를 설정하는 두 부분으로 구성된다. 엑셀에서 그래프를 삽입할 때에도 데이터를 선택하고 그래프 삽입 버튼을 클릭하여 그리게 된다. 즉, 범례와 데이터를 기반으로 차트를 그린다는 점에서 동일하다고 볼 수 있다.

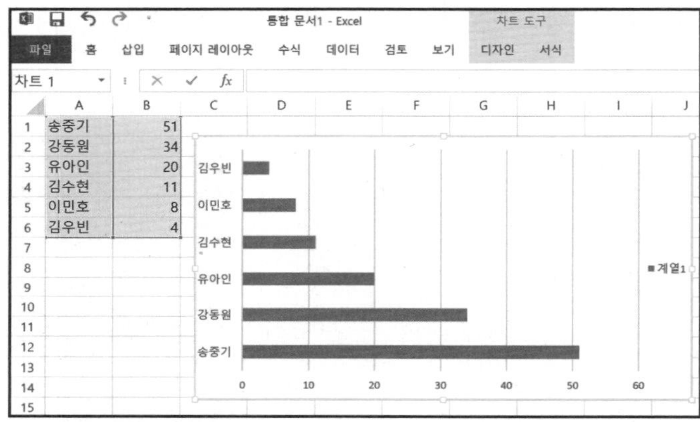

▲ 엑셀을 이용한 그래프

선 그래프 그리기

그러나 프로그램을 사용하면 엑셀보다 더 유연하고 동적인 그래프를 그릴 수 있다. 여기서는 기상청 사이트로부터 일주일 치의 예상 기온 정보를 얻은 후 선 그래프로 그려 보겠다.

우선, 일주일 치의 예상 기온을 내려받는 프로그램을 만들자. 다음은 기상청 사이트의 RSS를 읽어들여 [날짜, 최고 기온, 최저 기온]을 배열에 저장하는 프로그램이다.

File src/ch08/01-gcharts/get-temperature.js

```
// 기상청 사이트의 RSS부터 JSON 파일을 출력하기

// RSS 주소 ──── ※1
```

```
var RSS = "http://web.kma.go.kr/weather/forecast/mid-term-rss3.jsp?stnId=109";
var SAVE_PATH = "temperature-data.js";

// 모듈을 읽어들임
var client = require('cheerio-httpcli');
var fs = require('fs');

// RSS 내려받기 ——※2
client.fetch(RSS, {}, function(err, $, res) {
  if (err) { console.log("error"); return; }

  // 필요한 항목을 추출하여 표시 ——※3
  var res = [];
  $("location:nth-child(1) > data").each(function(idx) {
    var tmEf = $(this).find('tmEf').text();
    if(tmEf.match('00:00'))
    {
      var tmn = $(this).find('tmn').text();
      var tmx = $(this).find('tmx').text();
      var line = [tmEf, parseInt(tmn), parseInt(tmx)];
      res.push(line);
      console.log(line);
    }
  });

  // 저장하기 ——※4
  res.unshift(['날짜','최고 기온','최저 기온']);
  var src = "var tempData = " + JSON.stringify(res);
  fs.writeFileSync(SAVE_PATH, src, "utf-8");
  console.log("ok!");
});
```

다음 명령어를 통해 프로그램을 실행한다. 프로그램에서 cheerio-httpcli 모듈을 사용하므로 'npm install cheerio-httpcli'로 미리 설치해 놓도록 한다.

```
$ node get-temperature.js
```

프로그램을 실행하면 날씨 예보 정보를 얻어와 temperature-data.js의 파일명으로 로컬에 저장한다. 파일의 내용은 다음과 같다.

File **src/ch08/01-gcharts/temperature-data.js**

```
var tempData = [["날짜","최고 기온","최저 기온"],["2016-06-22 00:00",28,22],["2016-06-23
00:00",29,21],["2016-06-24 00:00",29,22],["2016-06-25 00:00",28,21],["2016-06-26
```

```
00:00",27,21],["2016-06-27 00:00",28,20],["2016-06-28 00:00",29,20],["2016-06-29
00:00",29,20]]
```

프로그램의 코드를 살펴보자. ※1에서는 RSS 주소를 지정하고 있는데 기상청에서 서울/경기도 지역의 예상 기온 정보를 발신하는 RSS 주소다. ※2에서는 fetch() 메소드를 사용해 데이터를 내려받고 있다. 'cheerio-httpcli' 모듈에 관해서는 2장에서 자세히 소개하였으니 참고하도록 한다. ※3에서는 RSS 파일로부터 임의의 항목만을 추출하고 있다. 그리고 마지막으로 ※4에서는 추출한 데이터를 자바스크립트상의 변수를 정의하는 소스 코드로 저장한다. 이렇게 하면 HTML 파일에서 데이터를 쉽게 읽어들일 수 있다. 이 데이터를 읽어들여 그래프를 그리는 HTML 파일은 다음과 같다.

File src/ch08/01-gcharts/temperature.html

```
<html><head><meta chartset="utf-8">
<!—라이브러리 로드 -->
<script type="text/javascript" src="https://www.google.com/jsapi"></script>
<!—기온 데이터 로드 -->
<script type="text/javascript" src="temperature-data.js"></script>

<script type="text/javascript">
  // 라이브러리 로드 ─── ※1
  google.load('visualization', '1.0', {'packages':['corechart']});
  google.setOnLoadCallback(drawChart);

  // 차트 그리기를 수행
  function drawChart() {

    // 데이터 설정 ─── ※2
    var data = google.visualization.arrayToDataTable(tempData);

    // 그래프의 옵션 설정 ─── ※3
    var options = {
      'title':  ' 최고 기온과 최저 기온 ',
      'width':  600,  'height':  400,
      'colors':   ['red', 'blue'],
      'pointShape': 'circle',
      'pointSize': 5
    };
    // 그래프 표시 ─── ※4
    var chart = new google.visualization.LineChart(
      document.getElementById('chart_div'));
    chart.draw(data, options);
  }
</script>
</head><body><div id="chart_div"></div></body></html>
```

HTML 파일을 웹 브라우저에 드래그 앤드 드롭하면, 다음과 같은 그래프를 확인할 수 있다.

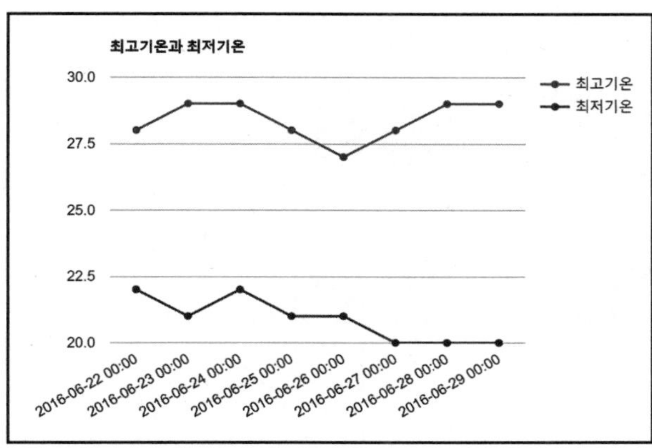

▲ 구글 차트를 이용한 꺾은선 그래프

코드를 살펴보자. 라이브러리를 읽어들이는 ※1은 다른 차트와 동일하다. 그러나 ※1 상단의 코드를 보면 구글 라이브러리 이외에 temperature-data.js라는 자바스크립트 파일을 읽어들이는 부분이 있다. 이 파일이 앞서 get-temperature.js에서 생성한 자바스크립트 파일이다.

※2에서는 데이터를 설정하는데 여기에서는 데이터 객체를 생성하는 방법이 아니라, arrayToDataTable() 메소드를 사용하고 있다. 이때 사용된 tempData는 temperature-data.js 안에 정의되어 있는 변수다.

※3에서는 그래프의 옵션을 지정한다. colors 속성으로 최고 기온을 나타내는 선은 red(빨간색)로, 최저 기온을 나타내는 선은 blue(파란색)로 지정하였다. 또한, pointShape와 pointSize 속성을 지정하여 데이터를 조금 더 보기 쉽게 하였다.

마지막으로, ※4에서 LineChart의 객체를 생성하여 실제 그래프를 그린다.

차트의 종류와 매뉴얼

구글 차트에는 어떤 종류의 그래프가 마련되어 있을까? 이에 대한 답은 구글 차트의 Chart Gallery 페이지에서 얻을 수 있다. 이 페이지에는 작성할 수 있는 그래프의 리스트가 기재되어 있다.

```
Google Charts > 안내 > Chart Gallery
https://google-developers.appspot.com/chart/interactive/docs/gallery
```

▲ 차트 갤러리 페이지

그래프를 선택하여 그래프상의 타이틀을 클릭하면 프로그램의 예시와 자세한 옵션을 설명하는 페이지가 표시된다. 설명은 영어로 되어 있으나 내용은 그리 어렵지 않다. 또한, 대부분 코드를 변경해 가며 눈으로 확인할 수 있어 쉽게 테스트해 볼 수 있다.

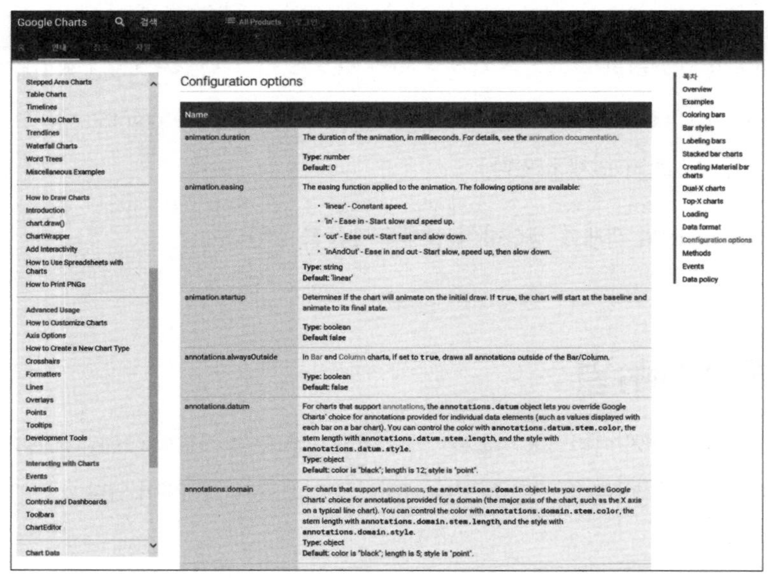

▲ 옵션 설명

이 절의 마무리

- 이 절에서는 구글 차트를 사용하여 그래프를 그리는 방법을 소개했다.
- 구글 차트 라이브러리를 사용하면 쉽게 보기 좋은 그래프를 그릴 수 있다.
- 수집한 데이터를 시각화하면 새로운 발견으로 이어질 수 있다.

02 D3.js로 자유도 높은 차트 작성

D3.js는 데이터에 기반을 둔 도큐먼트를 조작하기 위한 자바스크립트 라이브러리다. 자유도가 매우 높아 풍부한 표현력으로 그래프를 그릴 수 있다. 여기서는 D3.js의 기본적인 사용 방법을 소개한다.

주요 학습 내용	주요 도구와 라이브러리
• D3.js에 관하여	• D3.js

D3.js — 데이터 기반 도큐먼트 생성 라이브러리

D3.js는 표현력이 높은 그래픽 라이브러리로 D3.js라는 이름은 Data-Driven Document(대문자 D가 세 개이므로 D3)를 의미한다. 데이터에 기반을 둔 도큐먼트를 생성하는 라이브러리라는 뜻이다. D3.js는 데이터를 시각화하는 매우 강력한 기능을 가지고 있다. 또한, 라이브러리에 관한 세간의 평가도 높아서 한번 사용해 볼 가치가 있다.

이전 절에서 살펴본 구글 차트와 같은 일반적인 그래픽 라이브러리는 데이터를 주면 그것을 바탕으로 그래프를 그려 주는 것까지 자동으로 해준다. 그러나 D3.js는 어디에 그릴지 좌표 계산은 수행하나 실제로 그래프를 그리는 것은 하지 않는다. 그림을 그리는 것은 사용자 자신이 구현해야 한다. 이렇게 이야기하면 오히려 번거로운 느낌이 들 수도 있다. 그러나 역으로 생각해 보면 주어진 좌표를 어떻게 그릴지를 사용자가 자유롭게 결정할 수 있어 더욱 정교한 그래프를 그릴 수 있다. 다른 그래픽 라이브러리에서는 그래프의 디자인을 커스터마이즈하는 것은 상당히 번거로운 작업이 되나, D3.js는 이런 면에서 자유도가 높아 정교한 디자인의 그래프를 그릴 수 있다. D3.js의 공식 웹사이트는 다음과 같다.

```
D3.js
[URL] http://d3js.org/
```

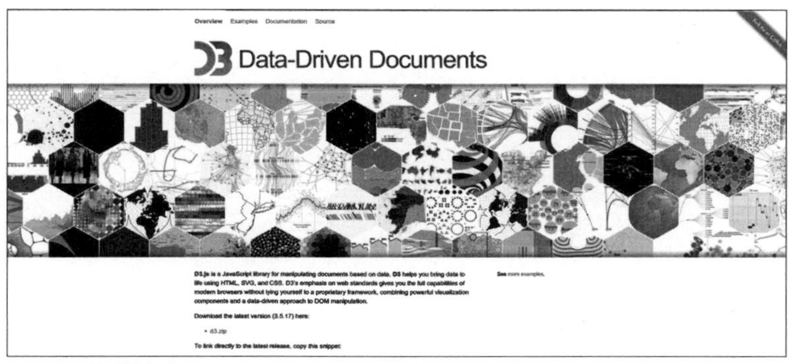

▲ D3.js의 웹사이트

D3.js 설치

D3.js를 사용하기 위해서는 위 D3.js 웹 페이지로부터 라이브러리를 내려받아 링크하는 것이 한 가지 방법이다. 또한, 콘텐츠 전송 네트워크(CDN, Contents Delivery Network)에서 배포하는 것을 사용하는 방법도 있다. 가장 간편한 CDN을 사용하는 방법을 먼저 소개한다. CDN에서 배포되고 있는 D3.js 라이브러리를 읽어들일 수 있도록 해당 URL을 HTML 파일에 Script 태그로 추가한다.

```
<!DOCTYPE html>
<html><head>
<!-- D3.js를 읽어들인다(CDN을 이용하는 경우) -->
<script
  type="text/javascript"
  src="https://cdnjs.cloudflare.com/ajax/libs/d3/3.5.5/d3.min.js"
  charset="utf-8"></script>
</head><body>
</body></html>
```

D3.js의 라이브러리를 다운받아 사용하려면 HTML 파일과 같은 디렉터리에 내려받은 압축 파일에 포함된 d3.min.js를 복사하고, 위 코드에서 D3의 CDN URL 부분을 다음과 같이 수정한다.

```
<!DOCTYPE html>
<html><head>
<!-- D3.js를 읽어들인다(동일 디렉터리에 복사한 경우) -->
<script
  type="text/javascript"
  src="./d3.min.js"
  charset="utf-8"></script>
</head><body>
</body></html>
```

막대 그래프 그리기

그러면 D3.js를 이용하여 막대 그래프를 그려 보자. 먼저, 가장 단순하게 그리는 방법부터 알아보자.

File src/ch08/02-d3js/bar1.html

```
<!DOCTYPE html>
<html><head><meta charset="utf-8"></head><body>
<!-- D3.js를 읽어들임 -->
<script type="text/javascript" src="./d3.min.js"></script>
<script>
  // 데이터 일람 ──※1
  var dataset = [30, 25, 44, 21, 30, 50];

  // 그릴 영역 생성 ──※2
  var svg_width = 600, svg_height = 400;
  var bar_h = svg_height / dataset.length;
  var bar_w = svg_width / 50;
  var svg = d3.select("body")
    .append("svg")
    .attr("width", svg_width)
    .attr("height", svg_height);

  // 그래프를 그림 ──※3
  svg.selectAll("rect")
    .data(dataset)      // 그릴 데이터를 부여 ──※4
    .enter()            // 그림 그리기 시작 ──※5
    .append("rect")     // 무엇을 그릴지 지정 ──※6
    .attr({             // 추가할 속성을 지정 ──※7
      x:      0,
      y:      function(d, i) { return i * bar_h; },
      width:  function (d) { return d * bar_w; },
      height: (bar_h - 5),
      fill:   "blue"
    });
```

```
</script>
</body></html>
```

이 HTML을 웹 브라우저에 드롭해 실행하면 다음과 같은 결과를 확인해 볼 수 있다.

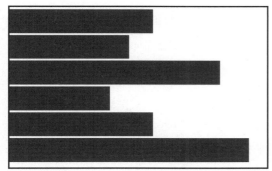

▲ 막대 그래프

코드를 살펴보자. 포인트를 먼저 짚어 보자면 우선, 그래프를 그리기 위해 D3.js 기능을 이용하고 있다. 여기서는 SVG 요소를 조작하여 그래프를 그리고 있으나 크게 복잡한 코드는 아니다. 또한, d3 라이브러리를 이용한 DOM 조작을 몇 군데에서 수행하고 있다. 그리고 그래프를 그리는 시점에서, 반복 구문인 for 문 등을 사용하지 않아도 된다는 것도 포인트다.

그러면 하나씩 살펴보자. 먼저, ※1에서는 그림을 그리기 위한 데이터를 정의한다. 다음으로, ※2에서는 그릴 영역을 생성한다. 여기서는 SVG를 이용해 그림을 그리는데 svg 태그를 d3 라이브러리를 이용해 생성하고 있다. select() 메소드로 태그를 선택한 후 append() 메소드로 태그를 추가한다. 그리고 attr() 메소드로 태그의 속성을 지정한다. 여기서는 width와 height의 속성을 지정하고 있다. 참고로, 본 프로그램에서는 attr() 메소드를 두 번 호출하는 방식으로 설정하고 있으나, attr() 함수에 자바스크립트 객체를 지정하여 한 번에 설정할 수도 있다. 즉, 다음과 같이 변경할 수 있다.

```
var svg = d3.select("body")
  .append("svg")
  .attr({
    "width": svg_width,
    "height": svg_height
  });
```

※3에서는 그래프를 그린다. 이 부분이 바로 D3.js의 진가가 드러나는 부분이다. 그래프를 그리기 위해 태그를 작성하고 있는데 selectAll() 메소드를 사용하여 기존의 태그를 선택한다. 이어서 ※4의 data() 메소드로 여기서 그릴 데이터를 설정한다. 그리고 ※5의 enter() 메소드 이후 부분에서 어떤 그림을 그릴지를 지정한다. 좀 전에 data() 메소드로 지정한 데이터의 수만큼, enter() 메소드 이후 부분에서 지정한 처리가 반복 수행되는 방식이다.

여기서 데이터의 수만큼 개별적으로 그림이 그려지는데 프로그램 ※6의 append() 메소드로 지정하고 있는 것처럼 여러 개의 태그가 추가되고, 각각에는 ※7에서와 같이 attr() 메소드로 지정한 속성 값이 적용된다.

※7의 attr() 메소드가 중요하다. 실제 값을 지정하는 부분도 있고, 함수를 지정하고 있는 부분도 있다. 함수를 지정하고 있는 부분은 ※4의 data() 메소드에서 지정한 데이터가 인자로서 부여되며 그 값을 함수를 통해 계산될 수 있게 되어 있다.

이 함수에는 두 개의 인자가 있는데 첫 번째 인자인 d는 데이터의 값, 두 번째 인자인 i는 몇 번째인지를 의미하는 인덱스다. 이때 인덱스는 자바스크립트의 배열과 같이 0부터 시작한다. 코드에서의 y나 width는 막대 그래프의 각 막대의 높이와 폭을 의미한다. 즉, 다음 코드와 같다.

```
var svg_width = 600, svg_height = 400;
var bar_w = svg_width / 50;
var bar_h = svg_height / dataset.length;

중략

  y : function (d, i) { // 막대 바의 위치를 지정
    return i * bar_h;
  },
  width : function (d) { // 막대 바의 폭을 지정
    return d * bar_w;
  },
```

주어진 함수를 통해 화면상의 어디에 그릴지와 그 폭이 몇 픽셀이 될지를 계산한다.

SVG에 관하여

혹시 SVG에 관해 자세히 모르는 독자를 위해 간단히 소개하겠다. SVG(Scalable Vector Graphics)란, 2차원 벡터 이미지를 표현하기 위한 XML 기반의 이미지 파일 형식이다. 벡터 이미지란, 픽셀 단위의 PNG나 JPEG와는 달리, 이미지상의 대상이 모두 좌표로 배치된다. 따라서 확대

나 축소를 해도 희미해지거나 화질이 떨어지지 않는 것이 특징이다.

그러나 당연한 이야기지만, SVG를 지원하지 않는 브라우저에서는 사용할 수가 없다. 최신 HTML5를 지원하는 브라우저에서는 대부분 SVG가 지원되나 예전 버전의 브라우저(IE8 이전 혹은 안드로이드 브라우저 2.x)에서는 표시할 수 없다.

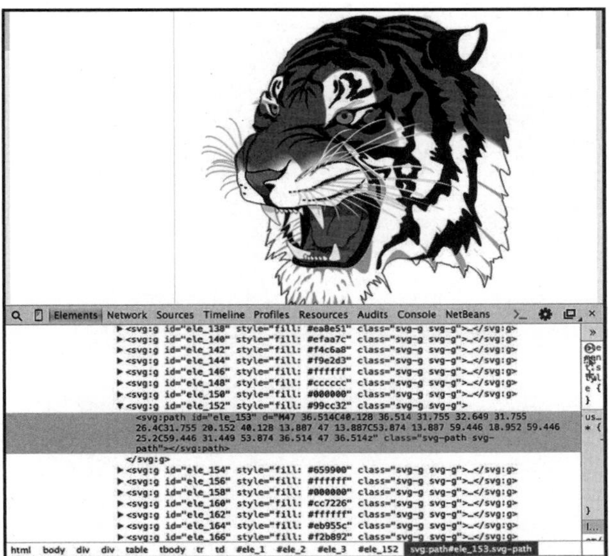

▲ SVG로 그려진 호랑이

막대 그래프의 스케일 자동 계산

앞의 예제는 막대 그래프의 폭(픽셀 수)을 직접 계산하였으나, D3.js에는 자동으로 픽셀 수를 계산하는 기능이 있다. 그 기능을 이용하여 막대 그래프를 그려 보도록 하자.

File src/ch08/02-d3js/bar2.html

```
<!DOCTYPE html>
<html><head><meta charset="utf-8"></head><body>
<!-- D3.js를 읽어들임 -->
<script type="text/javascript" src="./d3.min.js"></script>
<script>
  // 데이터 일람
  var dataset = [30, 25, 44, 21, 30, 50];

  // 그릴 영역 생성
```

```
  var svg_width = 600, svg_height = 400;
  var svg = d3.select("body")
    .append("svg")
    .attr( {"width":svg_width, "height":svg_height});

  // 스케일 자동 계산 ——※1
  var x_scale = d3.scale.linear()
    .domain([0, d3.max(dataset)])  // 데이터 폭 ——※2
    .range([0, svg_width]);        // 실제 그려질 사이즈 ——※3

  // 막대 높이 계산
  var bar_h = svg_height / dataset.length;

  // 그래프 그리기
  svg.selectAll("rect")
    .data(dataset)
    .enter()
    .append("rect")
    .attr({
      x: 0,
      width: function(d, i) { return x_scale(d); }, // ——※4
      y: function(d, i) { return i * bar_h; },
      height: bar_h - 5,
      fill: "blue"
    });
</script>
</body></html>
```

웹 브라우저에 bar2.html을 드래그 앤드 드롭해 보면, 프로그램의 코드는 다른데 이전 프로그램과 동일한 그래프가 그려짐을 확인해 볼 수 있다.

프로그램에서 포인트가 되는 부분을 확인해 보자. 스케일을 자동 계산해 주는 기능을 준비하는 부분이 ※1이다. d3.scale.linear()에 의해 스케일 자동 계산 객체를 취득한다. 여기서는 ※2의 domain() 메소드로 실제 입력 데이터를 지정하고, ※3의 range() 메소드로 어느 범위에 그림을 그릴지 지정한다. 이렇게 하면 ※4부분에서 x_scale(데이터 값)을 통해 그리기 위한 값이 반환된다.

막대 그래프에 눈금 그리기

다음으로, 막대 그래프를 그리는 샘플을 수정하여 눈금 축(Axis)을 그려 보자. D3.js에서는 간단한 방법으로 축을 추가할 수 있다. 지금부터 다음과 같이 눈금이 그려진 막대 그래프를 그려 보자.

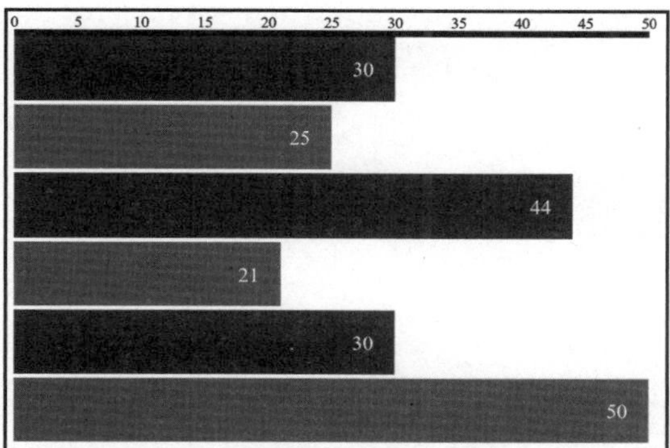

▲ 눈금 축이 추가된 막대 그래프

코드는 다음과 같다.

File src/ch08/02-d3js/bar3.html

```
<!DOCTYPE html>
<html><head><meta charset="utf-8"></head><body>
<!-- D3.js를 읽어들임 -->
<script type="text/javascript" src="./d3.min.js"></script>
<script>
  // 데이터 일람
  var dataset = [30, 25, 44, 21, 30, 50];

  // 화면 사이즈 지정
  var gr_w = 600; // 그래프 폭
  var gr_h = 400; // 그래프 높이
  var margin = {top:40, right:20, bottom:30, left:20};
  var bar_h = gr_h / dataset.length;

  // 스케일 지정 ——※1
  var x_scale = d3.scale.linear()
    .domain([0, d3.max(dataset)])
    .range([0, gr_w]);

  // Axis 지정 ——※2
  var x_axis = d3.svg.axis()
    .scale(x_scale)  // 스케일 정보
    .orient("top");  // 눈금을 배치할 위치

  // 그릴 영역을 작성
  var svg = d3.select("body")
    .append("svg")
    .attr("width",  gr_w + margin.left + margin.right)
    .attr("height", gr_h + margin.top + margin.bottom);
```

```
  // 그래프를 그림 ──※3
  var bar = svg.selectAll(".bar")
    .data(dataset)
    .enter();

  // 막대 부분 생성 ──※4
  bar.append("rect")
    .attr({
      x:      margin.left,
      width:  function(d, i) { return x_scale(d); },
      y:      function(d, i) { return margin.top + i * bar_h;  },
      height: function(d, i) { return bar_h - 4; },
      fill:   function(d, i) { return (i % 2) ? 'red': 'blue'; }
    });

  // 레이블 텍스트(막대 수치) 부분 생성 ──※5
  bar.append("text")
    .text(function(d) { return d; })
    .style({
      "font-size":"20px",
      "text-anchor":"middle"
    })
    .attr({
      x: function(d, i){ return x_scale(d) - 10; },
      y: function(d, i){ return margin.top + i * bar_h + bar_h / 2 + 5; },
      fill: "white"
    });

  // Axis 추가 ──※6
  svg.append("g")
    .attr('class', 'axis')
    .attr('transform', 'translate(' + margin.left + "," + margin.top + ')')
    .style({'font-size':'15px'})
    .call(x_axis);
</script>
</body></html>
```

그래프를 확인하기 위해 웹 브라우저에 위 HTML 파일을 드래그 앤드 드롭해 본다. 코드를 살펴보자. 눈금 축(Axis)을 표시하기 위해서는 ※2에서처럼 d3.svg.axis()을 이용해 객체를 생성한다. 이때 ※1에서 생성한 d3.scale.linear() 객체를 이용할 수 있다. 이 객체는 이미 실제 데이터의 범위(domain)와 그릴 영역(range)에 관한 정보를 가지고 있다. 그러면 ※6에서 눈금 축을 실제로 그린다.

실제 막대 그래프를 그리는 부분인 ※3 이후 부분도 확인해 보자. 이번 프로그램에서는 두 가지를 그리는 데 ※4부분에서 그래프의 막대 부분을 그리고, ※5부분에서 막대 위에 표시될 레이블을 그린다.

꺾은선 그래프 그리기

막대 그래프 그리기를 통해 D3.js를 이해하였으므로 꺾은선 그래프 그리기에 도전해 보자. D3.js에는 CSV 형식의 데이터를 읽어들이는 기능도 있으므로 Node.js로 웹 서버를 실행하고 7장에서 작성한 2014년 일간 기온 그래프를 읽어들여 그래프를 그려 보고자 한다. 단, D3.js에서는 디폴트로 CSV 파일의 헤더 행을 확인하므로 CSV에 헤더를 추가해 다음과 같은 CSV 파일을 준비했다.

```
date,value
2014/1/1,9.6
2014/1/2,7.3
2014/1/3,5.9
2014/1/4,6.5
2014/1/5,5.4
2014/1/6,5.3
2014/1/7,5.5
...
```

먼저, Node.js로 웹 서버를 실행하는 프로그램부터 살펴보자.

File src/ch08/02-d3js/chart-server.js

```
// HTTP 서버를 만든다
//------------------------------
// 설정
var SERVER_PORT = 1337; // 서버 포트
var FILE_DEFAULT = "/line.html";
// 모듈 로드
var
  http = require('http'),
  URL  = require('url'),
  path = require('path'),
  fs   = require('fs');

// 서버 실행
var svr = http.createServer(checkRequest);
svr.listen(SERVER_PORT, function(){
  console.log("서버가 실행 중입니다");
  console.log("http://localhost:" + SERVER_PORT);
});

// 서버에 요청(request)이 있을 경우의 처리
function checkRequest(req, res) {
  var uri = urlType.parse(req.url, true);
```

```
  var pathname = uri.pathname;
  if (pathname == "/") pathname = FILE_DEFAULT;
  console.log(pathname);

  // 파일의 존재 확인
  var filename = path.join(__dirname, pathname);
  if (!fs.existsSync(filename)) {
    res.writeHead(404, {'Content-Type':'text/html'});
    res.end("404 file not found");
    return;
  }

  // 디렉터리인 경우, 에러로 처리
  var stat = fs.statSync(filename);
  if (stat && stat.isDirectory()) {
    res.writeHead(403, {'Content-Type':'text/html'});
    res.end("403");
    return;
  }

  // 파일을 보냄
  res.writeHead(200, {'Content-Type':'text/html'});
  res.end(fs.readFileSync(filename, "utf-8"));
}
```

프로그램을 실행하기 위해서는 다음 명령어를 cmd 창에 입력한다.

```
$ node chart-server.js
```

꺾은선 그래프를 그리는 HTML은 다음과 같다.

File **src/ch08/02-d3js/line.html**

```
<!DOCTYPE html>
<html><head><meta charset="utf-8"></head><body>
<!-- D3.js를 읽어들임 -->
<script type="text/javascript" src="./d3.min.js"></script>
<!-- 그림 스타일 지정 -->
<style>
body { font-size: 10px; }
.axis path,
.axis line {
  fill: none;
  stroke: black;
```

```
  shape-rendering: crispEdges;
}
.line {
  fill:none;
  stroke:steelblue;
  stroke-width: 1.5px;
}
</style>
<script>
  // 데이터 파일명 지정
  var CSVFILE = "./2014kion.csv";
  // 날짜 형식 지정 ——※1
  var parseDate = d3.time.format("%Y/%m/%d").parse;

  // 화면 사이즈 지정
  var gr_w = 600; // 그래프 폭
  var gr_h = 400; // 그래프 높이
  var margin = {top:40, right:20, bottom:50, left:20};

  // 스케일 지정 ——※2
  var x = d3.time.scale().range([0, gr_w]);
  var y = d3.scale.linear().range([gr_h, 0]);

  // Axis 지정 ——※3
  var x_axis = d3.svg.axis()
    .scale(x)
    .orient("bottom")
    .tickFormat(function(d) {
      return (d.getMonth()+1) + "월";
    });
  var y_axis = d3.svg.axis().scale(y).orient("left").ticks(5);

  // SVG 태그 추가 ——※4
  var svg = d3.select("body")
    .append("svg")
      .attr("width", gr_w + margin.left + margin.right)
      .attr("height", gr_h + margin.top + margin.bottom)
    .append("g")
      .attr("transform",
        "translate(" + margin.left + "," + margin.top + ")");

  // 꺾은선 그래프 작성 ——※5
  var line = d3.svg.line()
    .x(function(d){ return x(d.date); })
    .y(function(d){ return y(d.value); });

  // 데이터 파일을 읽어들임 ——※6
  d3.csv(CSVFILE, function(err, data) {
    if (err) {
      alert("데이터 읽기 에러"); return;
    }
```

```
    // 날짜 형식 등을 변경 ※7
    data.forEach(function(d) {
      d.date = parseDate(d.date);
      d.value = parseFloat(d.value);
    });
    console.log(data);

    // 스케일 범위 지정
    x.domain(d3.extent(data, function(d) { return d.date; }));
    y.domain([
      d3.min(data, function(d) { return d.value; }),
      d3.max(data, function(d) { return d.value; })
    ]);

    // 꺾은선 그래프 그림 ※8
    svg.append("path")
      .datum(data)
      .attr("class", "line")
      .attr("d", line);

    // 눈금 축 추가
    svg.append("g")
      .attr("class", "y axis")
      .call(y_axis);
    svg.append("g")
      .attr("class", "x axis")
      .attr("transform", "translate(0," + gr_h + ")")
      .call(x_axis);
  });
</script>
</body></html>
```

웹 브라우저로 다음 URL에 접속해 보자. 그러면 브라우저상에 꺾은선 그래프가 그려진다.

```
http://localhost:1337/line.html
```

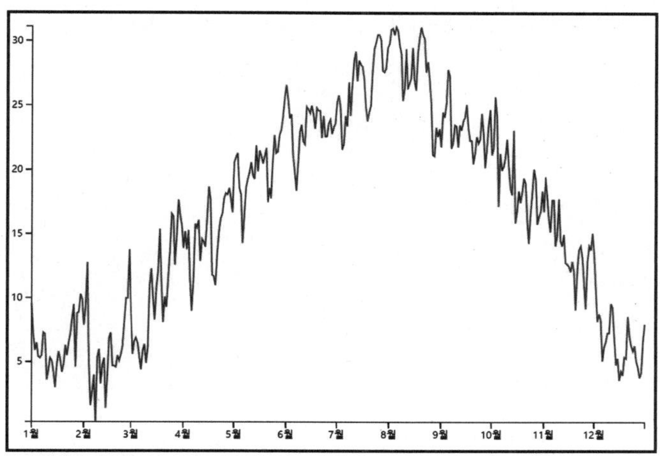

▲ 꺾은선 그래프

그러면 프로그램을 살펴보자. 이번 HTML에서는 자바스크립트보다 먼저 CSS로 그림의 스타일에 관해 정의하고 있다. D3.js로 그림을 그리면 동적으로 SVG가 생성되는데 이 SVG의 그림 스타일을 CSS로 지정할 수 있다.

※1에서는 날짜 형식을 지정하고 있다. 이것으로 기온 데이터 CSV 파일에서 '연/월/일'의 형식으로 날짜를 읽어들이게 된다.

※2에서는 스케일을 지정하고 있다. 주목해야 할 부분은, 이번의 X축은 날짜이므로 d3.time.scale을 이용하고 있다는 점이다. 또한, Y축의 기온은 0부터 시작하여 위로 갈수록 수치가 올라간다. 그러나 SVG의 좌표 체계는 왼쪽 위가 (0,0)으로 오른쪽 아래로 이동하며 수치가 올라가게 되어 있어 그래프를 그리기에는 불편하다. 여기서 d3.scale.linear의 range() 메소드로 [그림 높이, 0]과 같이 지정하면 Y축의 좌표계를 변경할 수 있다.

※3에서는 눈금 축의 객체를 생성하여 설정하고 있다. tickFormat() 메소드에 함수를 지정함으로써 눈금의 라벨에 임의의 문자열을 설정할 수 있다. 이 함수를 지정하지 않는 경우는 영어로 월이 표시된다.

※4에서는 SVG 태그를 생성한다. 참고로, 여기서는 transform 속성을 추가하는데 이는 그래프 주변의 여백(margin)을 밀어내어 좌표 계산을 단순하게 한다.

※5에서는 꺾은선 그래프를 그리는 객체를 생성한다. 그리고 X축, Y축에 데이터의 어떤 수치를 사용할지 지정한다.

※6에서는 d3.csv()를 호출하여 CSV 파일을 읽어들인다. 만일, CSV 파일에 헤더가 있다면 CSV에 기술된 헤더를 기반으로 각 행이 읽히게 된다. 이번에 읽어들인 CSV 데이터에는 'data, value'라는 헤더가 있으므로 다음과 같은 자바스크립트 객체로 변환된다.

```
[
  { date: "2014/01/01", value: "9.6" },
  { date: "2014/01/02", value: "7.3" },
  { date: "2014/01/02", value: "5.9" },
  ...
]
```

※7에서는 날짜 형식을 변경한다. 특히, ※1에서 정의한 날짜 파서(parser)를 이용해 날짜를 Date 객체로 변경한다. 또한, value도 실수(Real Number)로 변경한다.

※8에서는 꺾은선을 지정한다. 꺾은선은 SVG 태그를 이용해 그리며, datum() 메소드를 통해 데이터를 설정한다.

이 절의 마무리

- 이 절에서는 D3.js 라이브러리의 사용 방법을 소개했다.
- D3.js로 웹에서 검색해 보면 다양한 매력적인 그래프를 발견할 수 있다.
- 단, 데이터를 입력하면 바로 그림을 그려 주는 것은 아니므로 바로 그래프를 그리고 싶다면 다른 그래픽 라이브러리의 이용을 고려하도록 한다.

03

D3.js로 지도 그리기

D3.js와 TopoJSON을 사용하면 간단하게 지도를 그리고 그 위에 시각적인 데이터를 그릴 수 있다. 여기서는 대한민국 지도를 표시하는 방법과 지도를 데이터 기반으로 구분하는 방법을 소개한다.

주요 학습 내용	주요 도구와 라이브러리
• 지도를 브라우저상에 표시하는 방법 • 지도를 데이터에 기반을 두어 색으로 구분하는 방법	• D3.js • TopoJSON • Nodo.js

지도 정보 그리기

지도상에 다양한 정보를 표시하고 싶을 경우가 있을 것이다. 그런 경우 D3.js와 TopoJSON을 사용하면 데이터를 기반으로 쉽게 지도를 그릴 수 있다. 이번 장에서는 이 D3.js와 TopoJSON을 이용하는 방법을 소개한다.

또한, 지도상에 정보를 표시하기 위해 구글 차트의 'Visualization:Geomap'을 이용할 수도 있다. 데이터를 표시하거나 특정 지역에 마우스를 올리면 팝업이 뜨는 등의 기능도 있어 역시 매력적이다.

TopoJSON으로 지도 데이터 표시

그러면 이제 D3.js와 TopoJSON을 이용하여 지도 데이터를 표시하는 프로그램을 작성해 보자. 우선, 지도 데이터를 입수하는 부분부터 시작해야 한다. 또한, 지도 데이터 중 사용하려는 부분을 잘라 내어 TopoJSON 형식으로 변환하는 작업도 필요하다. 필요한 작업을 다음과 같이 정리해 볼 수 있다.

- 지도 데이터(Shape 형식)를 내려받는다.
- 지도 데이터로부터 임의의 부분을 잘라 낸다(GeoJSON 형식).
- TopoJSON 도구를 사용해 데이터를 변환한다(TopoJSON 형식).
- D3.js와 TopoJSON 플러그인을 사용해 브라우저상에 표시한다.

자, 그러면 하나씩 순서대로 작업해 보자.

지도 데이터 내려받기

지도 데이터는 Natural Earth에 공개되어 있다. Natural Earth는 세계 지도 데이터를 제공하는 Public Domain 사이트다. 인문 벡터 데이터(Cultural Vector Data), 지리 벡터 데이터(Physical Vector Data), 래스터 데이터(위성 사진 데이터) 등 다양한 데이터를 배포하고 있다.

```
Natural Earth
[URL] http://www.naturalearthdata.com/
```

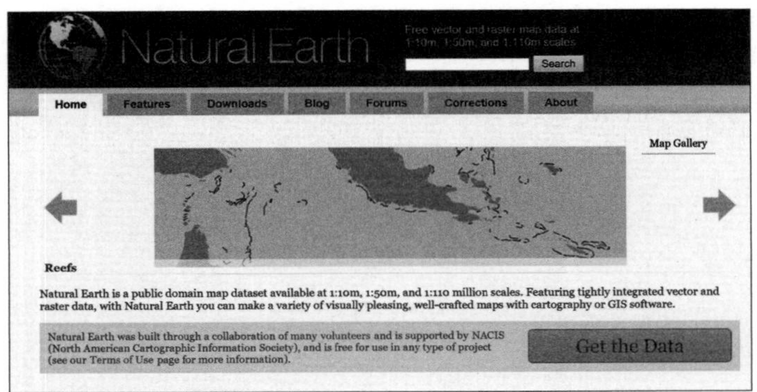

▲ Natural Earth의 웹사이트

이번 장에서 TopoJSON으로 지도를 그리기 위해 내려받아야 할 부분은 행정구역을 이용할 수 있는 데이터다. 웹사이트에서 다음 순서대로 들어가면 내려받을 수 있다. 'Downloads 탭 ➡ Large scale data, 1:10m ➡ Cultural ➡ Download states and provinces'의 데이터다.

다음 URL은 데이터 파일의 링크다. 원고 집필 시점에는 13.9MB였다. (주의) URL 중간에 http 가 있어 오타로 생각할 수 있으나 이것이 정확한 URL이다.

```
Download states and provinces:
[URL] http://www.naturalearthdata.com/http//www.naturalearthdata.com/
download/10m/cultural/ne_10m_admin_1_states_provinces.zip
```

zip 파일이므로 압축을 풀어서 사용한다.

데이터 형식 변환

그러면 내려받은 Shape 형식의 데이터를 TopoJSON에서 사용할 수 있는 데이터 형식으로 변환해 보자. 참고로 변환이 필요한 이유는 우선 Shape 파일은 전 세계의 데이터가 들어 있으며, 이번에 필요한 대한민국의 데이터 부분만 잘라내야 하기 때문이다. 또한, GeoJSON과 TopoJSON, 두 종류의 JSON 파일이 존재하는데 GeoJSON은 중간 포맷이고, TopoJSON에서는 좌표 데이터를 조밀하게 압축한 것으로 용량을 줄이기 위해서 형식을 변환해야 한다.

이제, 필요한 도구를 설치해 보자. 먼저, gdal이라는 패키지를 설치한다. gdal이란, 래스터 데이터의 메타 데이터 검색이나 데이터 포맷의 변환을 위한 도구다. CentOS라면 다음 명령어를 통해 설치한다.

```
$ sudo yum install gdal
```

Mac OS X이라면 Homebrew를 이용하여 다음과 같이 설치한다.

```
$ brew install gdal
```

계속해서 TopoJSON 형식의 데이터를 작성하기 위해 npm을 이용하여 TopoJSON을 설치하자.

```
$ npm install -g topojson@1.6.19
```

이것으로 준비가 완료되었다. 그러면 변환 작업을 시작해 보자. Shape 파일로부터 대한민국 지도 데이터만을 추출할 것이다. 내려받은 지도 데이터의 압축을 푼 디렉터리에서 다음 명령어를 실행한다. 그러면 대한민국 지도 데이터만을 잘라 내어 GeoJSON 형식으로 저장한다. 다음 명령어를 개행 없이 붙여서 실행하도록 한다.

```
$ ogr2ogr -f GeoJSON
  -where 'geonunit = "South Korea"'
  korea-geo.json
  ne_10m_admin_1_states_provinces.shp
```

그러면 korea-geo.json이라는 파일이 생성된다. 잘 생성되었는지 확인해 보자. JSON 데이터를 보는 데 편리한 jq 명령어를 사용한다. jq가 설치되지 않은 경우, sudo yum install jq와 같이 설치하도록 한다.

```
$ jq '.features[].properties.name_local' korea-geo.json | column
null                "전라북도"            "전라남도"
"충청북도"            "광주광역시"          "부산광역시"
"인천광역시"          "충청남도"            "울산광역시"
"강원도"              "대전광역시"          "경상북도"
"서울특별시"          "대구광역시"          "제주특별자치도"
"경기도"              "경상남도"            "세종특별자치시"
```

이어서 GeoJSON 형식의 파일을 TopoJSON 형식으로 변환하자. 이를 위해 다음 명령어를 실행한다. 참고로, -p 옵션은 지명 등의 이름 프로퍼티를 포함하고자 할 경우 지정한다.

```
$ topojson korea-geo.json -p > korea-topo.json
```

앞서 GeoJSON을 압축한 것이 TopoJSON이라고 소개하였는데 얼마나 압축이 되었는지 확인해 보자.

```
$ ll korea*
  284143 Jul  1 00:46 korea-geo.json
   65767 Jul  1 00:51 korea-topo.json
```

GeoJSON이 280KB 정도인데 65KB 정도로 작아졌다. 놀라울 정도로 압축이 되었다. 이어 D3.js와 TopoJSON의 자바스크립트 라이브러리 압축판도 다운로드받도록 하자.

```
$ wget http://d3js.org/d3.v3.min.js
$ wget http://d3js.org/topojson.v0.min.js
```

D3.js로 대한민국 지도 그리기

그러면 준비가 되었다. 여기서는 다음과 같은 대한민국 지도를 그려 볼 것이다.

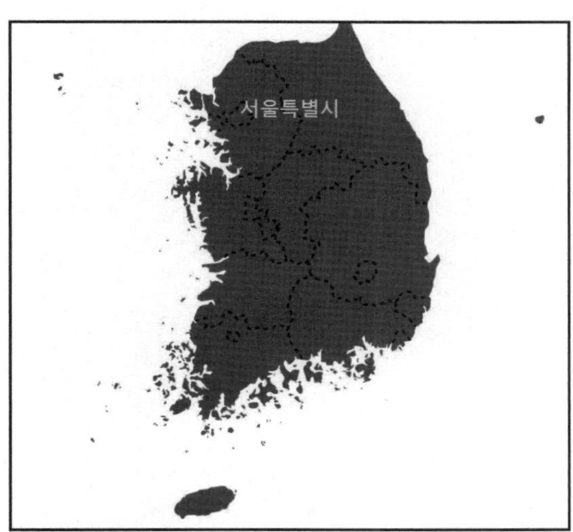

▲ 대한민국 지도

실제 프로그램은 다음과 같다.

File src/ch08/03-map/korea-map.html

```
생략

// SVG 영역 생성 ※1
var width = 1024, height = 1024;
var svg = d3.select("body")
  .append("svg")
  .attr({"width":width, "height":height});

// 파일 읽기 ※2
d3.json("korea-topo.json", function(err, map) {
  // 그리기 위한 오브젝트 획득 ※3
  var geo = map.objects["korea-geo"];
  var map_o = topojson.object(map, geo);

  // 축척 지정 ※4
  var projection = d3.geo.mercator()
        .center([137, 35])
        .scale(2000)
        .translate([width / 2, height / 2]);

  // 패스 작성 ※5
  var path = d3.geo.path()
    .projection(projection);

  // SVG에 추가 ※6
  svg.append("path")
     .datum(map_o)
     .attr("d", path);

  // 색 설정 ※7
  svg.selectAll("path").attr("fill", "green");

  // 경계선 ※8
  var mesh = topojson.mesh(
    map, geo,
    function(a, b) {
      return a !== b;
    });
  svg.append("path")
     .datum(mesh)
     .attr("d", path)
     .attr("class", "boundary");

  // 도 이름 표시 ※9
  svg.selectAll(".place-label")
     .data(map_o.geometries)
     .enter()
       .append("text")
       .attr("class", function(d) {
          return "place-label";
       })
```

```
        .attr("transform", function(d) {
            return "translate(" + path.centroid(d) + ")";
        })
        .text(function(d) {
            var s = d.properties.name_local;
            if (!s) return;
            if (s == "서울특별시") return s;
            else return; // ——※10
            return s;
        });
});
</script>
</body>
</html>
```

프로그램을 실행하기 위해 로컬 서버를 실행해야 한다. 이전 절에서 작성한, chart-server.js를 그대로 활용하자. 다음 커맨드를 실행해서 로컬 서버를 실행한다.

```
$ node chart-server.js
```

이어서 웹 브라우저에서 다음 URL에 접속한다. 그러면 지도 데이터를 담은 JSON 데이터를 읽고, 대한민국 지도가 그려진다.

```
http://localhost:1337/korea-map.html
```

코드를 살펴보자. ※1에서 SVG의 영역을 설정한다. 여기서는 1024×1024픽셀 사이즈로 SVG를 생성하고 있다.

※2에서는 지도 데이터를 담고 있는 JSON 파일을 읽고 있다. ※3의 topojson.object() 메소드를 사용하면 TopoJSON 형식의 데이터를 GeoJSON 형식으로 변환할 수 있다.

※4는 지도의 축척과 중심의 위도 경도를 지정한다. 먼저, d3.geo.mercator() 메소드를 이용해서 메르카토르 투영법에 의한 프로젝션을 반환한다. 참고로, 프로젝션(projection)은 투영법을 의미한다. 그리고 ※5에서는 실제 그릴 패스의 좌표 데이터를 작성한다. 이후 SVG에 패스를 추가하여 실제 화면에 패스를 반영하게 된다. 이때 그린 지도에 어떤 색을 칠할 것인지를 ※7에서 지정한다.

※8에서는 각 도별 경계를 그린다. 이를 위해 topojson.mesh() 메소드로 경계 정보를 얻고, SVG 패스에 추가하고 있다.

마지막으로, ※9에서 지역별 이름을 라벨로 표시하고 있다. geometries를 데이터로 지정하여, properties.name_local 속성에서 이름을 얻고 있다. 여기서는 모든 도의 이름을 표시하면 겹치게 되어, 서울특별시만을 표시하게 하였다. ※10

전체를 보면, 100행 이내의 프로그램이다. 100행 남짓한 코드로 커스터마이즈할 수 있는 대한민국 지도를 그릴 수 있다는 것을 알아보았다.

04

D3.js에서 파생된 라이브러리

지금까지 D3.js를 이용하여 여러 가지 데이터를 시각화해 보았다. D3.js의 유연성에 관해 이해가 잘 되었으리라 생각한다. 지금부터는 조금 더 쉽게 사용하고 싶은 사용자를 위해 D3.js를 쉽게 사용하도록 도와주는 라이브러리를 소개하겠다.

주요 학습 내용	주요 도구와 라이브러리
• D3.js를 이용한 라이브러리	• NVD3.js • C3.js

D3.js를 기반으로 개발된 라이브러리

이전 절에서는 D3.js를 사용하는 기본적인 방법을 소개했다. 실제 사용해 보면서 D3.js의 유연성이나 확장성을 체감할 수 있었을 것이다. 그러나 역시 조금 더 쉽게 그래프를 그리고 싶다는 요구가 많이 있는 듯하다. 왜냐하면 D3.js를 기초로 하는 많은 시각화 라이브러리가 존재하기 때문이다.

자바스크립트의 다양한 시각화 라이브러리를 정리하여 소개해 주는 JavaScript Graph Comparison이라는 웹사이트가 있다(http://www.jsgraphs.com/). 이곳에서는 50종류 이상의 라이브러리를 소개하고 있다.

다음 사이트에서는 D3.js를 이용한 라이브러리만을 열거해 볼 수 있는데 원고 집필 시점에서 19개의 라이브러리가 D3.js에 의존하고 있다. 그중 대표적인 두 개의 라이브러리인 NVD3.js와 C3.js를 소개하겠다.

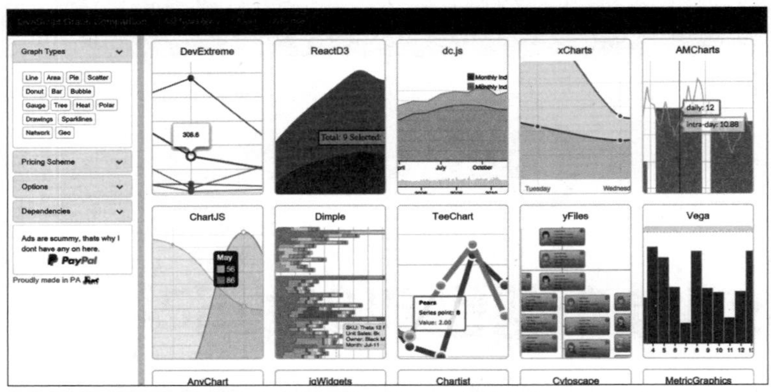

▲ 자바스크립트의 시각화 라이브러리를 모아 놓은 웹사이트

NVD3.js에 관하여

먼저, NVD3.js에 관해 알아보자. NVD3.js를 사용하면 다양한 종류의 그래프를 간단한 코드로 작성할 수 있다. 샘플을 보면 알 수 있듯 매우 화려하고 정교한 그래프를 작성할 수 있다.

```
NVD3.js
[URL] http://nvd3.org/
```

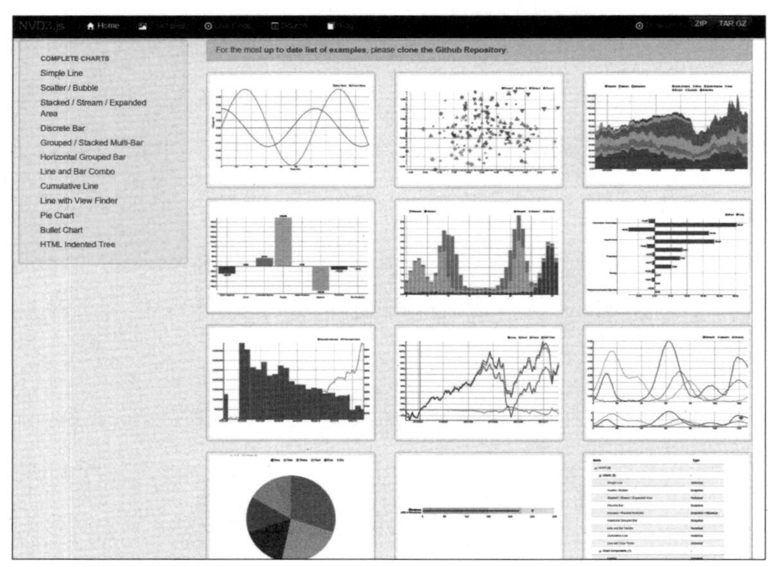

▲ NVD3.js 샘플 일람

NVD3.js로 도넛 차트 그리기

얼마나 간단한지 알아보기 위해 원 그래프를 약간 변형한 도넛 차트를 그려 보도록 하자. 편리하게도 화면 윗부분에 있는 라벨 옆의 원을 클릭하면 해당 데이터를 제외한 데이터의 그래프가 그려진다.

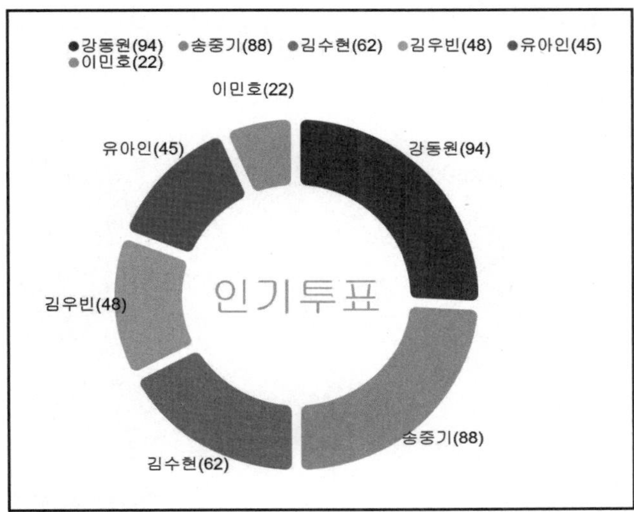

▲ 도넛 차트

이 그래프에 대한 HTML은 아래와 같다.

File src/ch08/04-ext/nvd3-pie.html

```
생략

<script>
// 샘플 데이터
var sample_data = [
  { "label":"강동원", "value":94 },
  { "label":"송중기", "value":88 },
  { "label":"김수현", "value":62 },
  { "label":"김우빈", "value":48 },
  { "label":"유아인", "value":45 },
  { "label":"이민호", "value":22 }
];

// 그래프 그리기 ──── ※1
nv.addGraph( function() {

  // 파이 차트 만들기 ──── ※2
```

```
  var chart = nv.models.pieChart()
    .x(function(d) {
      return d.label + "(" + d.value + ")";
    })
    .y(function(d) { return d.value })
    .title("인기 투표")             // 타이틀 지정
    .showLabels(true)            // 라벨 표시 여부
    .donutLabelsOutside(true)  // 라벨의 외측 표시 여부
    .padAngle(0.04)              // 각 항목의 padding 각도
    .cornerRadius(8)             // 모서리 라운드 지정
    .donut(true);                // 도넛 형태 여부

  // 파이 차트를 실제로 표시하기 ─── ※3
  d3.select("#chart svg")
    .style({ "width": "800px", "height": "600px" })
    .datum(sample_data)
    .transition().duration(1000)
    .call(chart);

  // 타이틀 사이즈 보정
  d3.select("#chart .nv-pie-title")
    .style({ "font-size": "50px" });

  return chart;
} );
</script>
</body></html>
```

HTML 파일을 브라우저에 드래그 앤드 드롭해 보면 그래프가 표시되는 것을 확인할 수 있다. 프로그램을 조금씩 살펴보자. 먼저, NVD3.js를 이용하려면 다음과 같이 CSS와 자바 스크립트를 포함해야 한다. 이 파일들은 NVD3.js의 웹사이트로부터 내려받을 수 있다. 참고로, NVD3.js가 D3.js에 의존하고 있다는 것은 nv.d3.js라는 파일명을 통해서도 알 수 있다.

```
<!-- NVD3.js의 CSS -->
<link href="lib/nvd3/nv.d3.css" rel="stylesheet" type="text/css">
<!-- D3.js를 포함시킨다 -->
<script src="lib/d3.min.js"></script>
<!-- NVD3.js를 포함시킨다 -->
<script src="lib/nvd3/nv.d3.js"></script>
```

NVD3.js에서는 ※1의 nv.addGraph() 메소드의 인자로 그래프를 그리기 위한 처리를 지정한다. ※2에서는 파이 차트를 작성한다. 도넛 차트는 파이 차트의 한 종류로서 donut() 메소드에

true를 넘겨주는 것으로 그릴 수 있다. 그 외 라벨 표시를 하는 showLabels()나 라벨의 표시 위치를 지정하는 donutLabelsOutside() 메소드 등을 통해 그래프의 모습을 크게 변경할 수 있다. ※3에서는 파이 차트에 데이터를 지정한 후 화면에 그리기를 수행한다.

NVD3.js로 막대 그래프 그리기

다음으로는 NVD3.js로 막대 그래프를 작성해 보자. 단순히 차트를 작성하는 것이 아니라 CSV 파일을 읽어들여 그래프로 표시해 본다. 여기서는 농림축산식품부 사이트에서 내려받은 2014년 지역별 수박 생산량 데이터의 상위 10위까지를 막대 그래프로 표시해 보겠다.

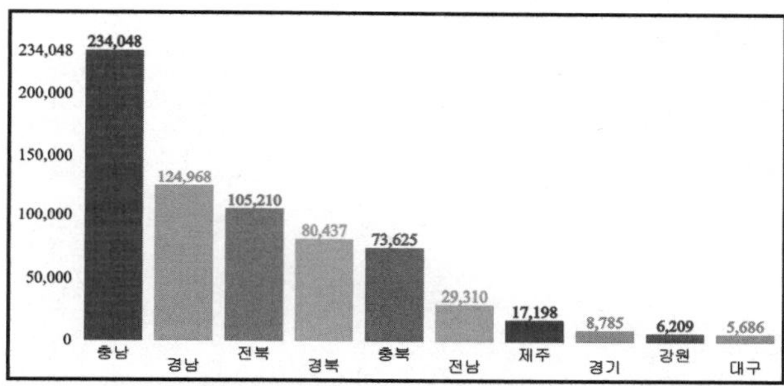

▲ CSV 파일을 읽어들여 그린 막대 그래프

여기서 읽어들이는 CSV 파일은 다음과 같다.

File src/ch08/04-ext/subak-sub.csv

```
area, value
충남, "234048"
경남, "124968"
전북, "105210"
경북, "80437"
충북, "73625"
전남, "29310"
제주, "17198"
경기, "8785"
강원, "6209"
대구, "5686"
```

이 CSV 파일을 읽어들여 그래프를 그리는 프로그램은 다음과 같다.

File src/ch08/04-ext/nvd3-bar.html

```
<!DOCTYPE html>
<html><head><meta charset="utf-8">
  <link href="lib/nvd3/nv.d3.css" rel="stylesheet" type="text/css">
  <script src="lib/d3.min.js"></script>
  <script src="lib/nvd3/nv.d3.js"></script>
</head><body>
<div id="chart"><svg></svg></div>
<script>
// CSV를 읽어들여 그래프를 그린다
var mikan = null;

// CSV를 읽어들인다 ──※1
d3.csv("subak-sub.csv", function (err, data) {
  for (var i in data) {
    data[i].value = parseInt(data[i].value);
  }
  mikan = [{"key":"생산량", "values":data}];
  // 그래프를 그린다
  nv.addGraph( drawGraph );
});

function drawGraph() {
  // 바 차트를 만든다 ──※2
  var chart = nv.models.discreteBarChart()
    .x(function(d) { return d.area })
    .y(function(d) { return d.value })
    .staggerLabels(true)
    .margin({"left":100,"right":20,"top":50,"bottom":50})
    .valueFormat(d3.format(',d'))
    .showValues(true);

  chart.yAxis.tickFormat(d3.format(',d'));

  // 실제로 표시하기 ──※3
  d3.select("#chart svg")
    .style({ "width": "800px", "height": "400px" })
    .datum(mikan)
    .call(chart);

  nv.utils.windowResize(chart.update);
  return chart;
};

</script>
</body></html>
```

여기서는 D3.js의 기능을 사용하여 CSV 파일을 읽어들이고 있다. 내부적으로 Ajax를 사용하므로 로컬에 배치한 HTML에서는 보안 에러가 발생하여 읽어들일 수 없다. 그래서 앞 절과 같이 chart-server.js로 로컬 웹 서버를 실행시킨다(chart-server.js는 이번 장의 첫 부분에서 작성한 것을 그대로 사용한다).

```
$ node chart-server.js
```

그 다음 웹 브라우저에서 http://localhost:1337/nvd3-bar.html로 액세스하면 막대 그래프가 그려지는 것을 확인할 수 있다. 코드를 살펴보자. ※1에서는 앞서 기술한 것과 같이 D3.js의 기능을 사용하여 CSV 파일을 읽어들인다. 이처럼 손쉽게 데이터를 읽어들일 수 있는 것도 D3.js를 기반으로 하기 때문이다.

이어서 그래프를 작성한다. ※2에서는 discreteBarChart를 생성한다. 그 뒷부분에서 라벨, 그래프의 마진 그리고 값의 표시 방법 등을 지정했다. 디폴트로는 소수점 이하 '.00'까지 표시되나, 여기서는 수확량이 정수이므로 d3.format(',d')로 지정하였다. 그리고 ※3에서는 실제 그래프를 화면에 표시한다.

C3.js 사용하기

다음으로 C3.js를 소개하고자 한다. C3.js도 D3.js를 기반으로 하는 그래픽 라이브러리다. C3.js의 특징은 동적인 갱신에 강하고, 쉽게 그래프의 종류를 변경할 수 있다는 점, 다양한 상호작용이 가능하다는 점이다. 이런 부분을 D3.js의 유연성을 충분히 활용하여 만들어졌다.

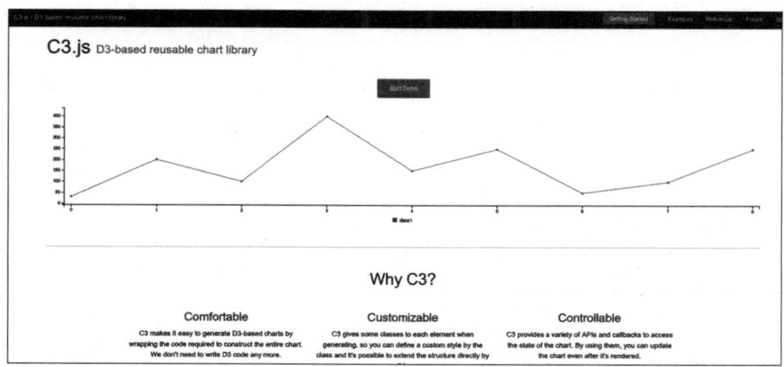

▲ C3.js 웹사이트

```
C3.js
[URL] http://c3js.org/
```

C3.js은 다음 URL로부터 내려받을 수 있다.

```
C3.js의 최신 버전 내려받기
https://github.com/masayuki0812/c3/releases/latest
```

여기서는 집필 시점의 최신 버전인 0.4.10을 사용하겠다. 파일을 내려받아 보면 여러 개의 파일이 있으나 여기서는 c3.min.css와 c3.min.js의 두 개의 파일을 사용한다. C3.js를 이용하려면 다음과 같이 코드를 기술한다.

```
<!-- CSS 읽어들임 -->
<link href="lib/c3/c3.min.css" rel="stylesheet" type="text/css">
<!-- D3.js 읽어들임 -->
<script src="lib/d3.min.js"></script>
<!-- C3.js 읽어들임 -->
<script src="lib/c3/c3.min.js"></script>
```

간단한 꺾은선 그래프(라인 차트)를 그려 보자.

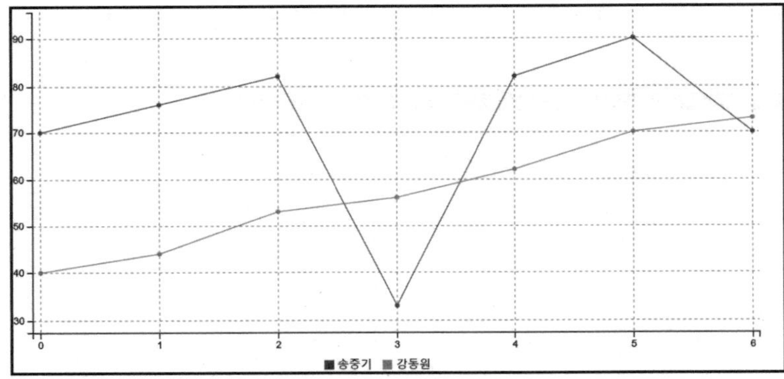

▲ **C3로 그린 그래프**

C3.js가 편리한 점은 그래프를 그릴 때 배열 변수로 데이터를 주는 것만으로 그래프가 그려진다는 점이다. 우선, 소스 코드를 살펴보자.

File src/ch08/04-ext/c3-test.html

```
<!DOCTYPE html>
<html><head><meta charset="utf-8">
  <link href="lib/c3/c3.min.css" rel="stylesheet" type="text/css">
  <script src="lib/d3.min.js"></script>
  <script src="lib/c3/c3.min.js"></script>
</head><body>
<div id="chart" style="width:800px; height:400px;"></div>
<script>
// 샘플 데이터
var sample_data = [
  ['송중기', 70, 76, 82, 33, 82, 90, 70],
  ['강동원', 40, 44, 53, 56, 62, 70, 73]
];

// 그래프 그리기 ──※1
var chart = c3.generate({
  bindto: '#chart',
  data: {
    columns: sample_data
  },
  grid: {
    x: { show: true },
    y: { show: true }
  }
});

</script>
</body></html>
```

※1부분에 주목하자. C3.generate() 메소드를 호출하는 것만으로 그래프 그리는 것이 완성된다. 지금까지 보았던 어떤 그래픽 라이브러리보다 단순하다.

그러면 c3.generate() 메소드의 인자를 살펴보자. bindto는 HTML 내의 어떤 요소에 그래프를 그릴지를 지정한다. 그리고 data.columns에 실제 데이터를 부여한다. grid.x.show와 grid.y.show를 true로 하면 그래프 배경에 grid 선이 그려진다.

C3.js로 기온 표시하기

다음으로, C3.js로 2014년 1년간의 일간 평균 기온 데이터를 그래프로 그려 보도록 하자. 여기서는 7장에서 작성한 2014년 평균 기온과 SMA 값을 그려 보고자 한다.

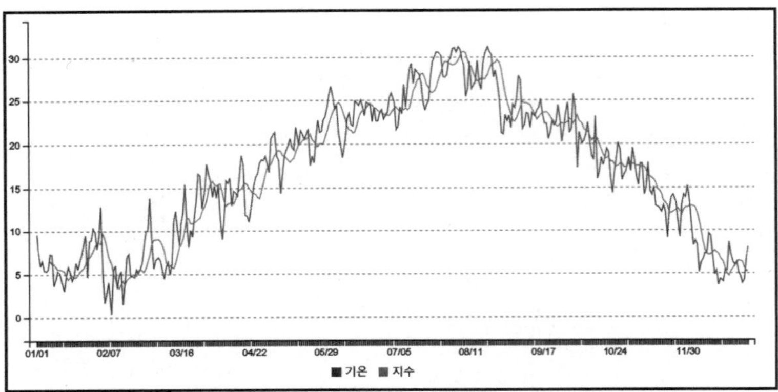

▲ 기온과 SMA 값을 그래프로 그리기

그러면 HTML 파일을 살펴보자.

File src/ch08/04-ext/c3-temperature.html

```
<!DOCTYPE html>
<html><head><meta charset="utf-8">
  <!-- 라이브러리 읽어들임 -->
  <link href="lib/c3/c3.min.css" rel="stylesheet" type="text/css">
  <script src="lib/d3.min.js"></script>
  <script src="lib/c3/c3.min.js"></script>
  <!—기온 데이터 -->
  <script src=" SURFACE_ASOS_108_DAY_2014_2014_2015_SMA.js "></script>
</head>
<body>
  <div id="chart" style="width:800px; height:400px;"></div>
<script>
// 기온 데이터 변환 ——※1
var tempdata_c3 = [],
    labels = ["x"], temp = ["기온"], sma = ["지수"];
for (var i in temperature_data) {
  var x = temperature_data [i];
  labels.push(new Date("2014/"+x[0]));
  temp.push(x[1]);
  sma.push(x[2]);
}
tempdata_c3 = [labels, temp, sma];

// 그래프 그리기 ——※2
var chart = c3.generate({
  bindto: '#chart',
  data: {
    x: 'x',
    columns: tempdata_c3
  },
  axis: { // ——※3
```

```
    x: {
      type: 'timeseries',
      tick: { format: '%m/%d' }
    }
  },
  grid: {
    x: { show: false },
    y: { show: true }
  },
  point: { show: false }
});
</script>
</body></html>
```

프로그램을 보면 ※1부분에서 기온 데이터를 변환하고 있다. 여기서 읽어들인 기온 데이터는 7장에서 구글 차트를 위해 작성한 데이터이므로 다음과 같이 되어 있다.

```
var temperature_data = [
// 날짜, 기온, SMA
  ["01-01",4,0],
  ["01-02",1.5,0],
  ["01-03",2.3,0]...
]
```

그러나 C3.js에서 그래프로 그리기 위해서는 다음과 같은 형태로 변환해야 한다.

```
var tempdata_c3 = [
  ["x", "1/1", "1/2", "1/3" ... ],
  ["기온", 9.6, 7.3, 5.9 ... ],
  ["SMA", null, 6.5, 6.1 ... ]
]
```

이 변환 작업이 끝나면 C3.js를 위한 대부분의 작업이 완료되었다고 말할 수 있다. ※2부분을 보자. 앞에서 본 바와 같이 그래프를 그리는 데 필요한 것은 c3.generate() 메소드를 호출하는 것뿐이다. 그리고 옵션을 통해 어떤 그래프를 그릴지를 지정하면 된다. 우선, 데이터의 첫 번째 행이 날짜라는 것을 C3.js에게 알려야 한다. 그러기 위해 프로그램 ※3의 axis 속성의 type을 'timeseries'로 하고, tick에 표시 형식을 지정하였다.

이처럼 C3.JS를 사용하면 아주 손쉽게 그래프를 그리는 것이 가능하다. 참고로, C3.js의 도큐먼트 example에는 다양한 옵션에 대한 예제가 풍부하게 준비되어 있다. 이것을 참고하여 파라미터를 설정하면 원하는 그래프를 그릴 수 있을 것이다.

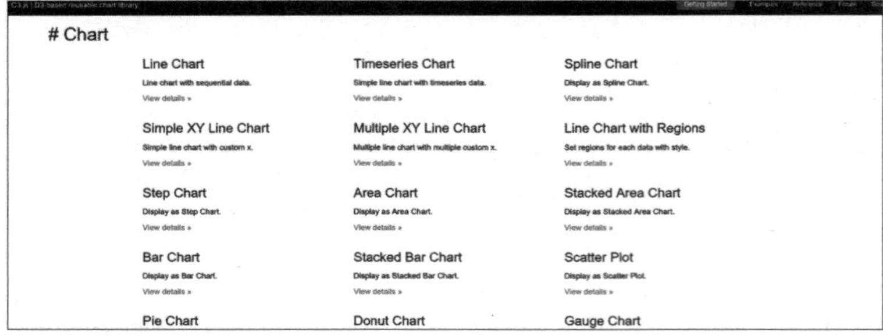

▲ C3.js의 매뉴얼

C3.js의 매뉴얼
http://c3js.org/examples.html

이 절의 마무리

- 이 절에서는 D3.js를 기초 라이브러리로 이용하는 두 개의 라이브러리, 즉 NVD3.js와 C3.js를 소개했다.
- 이 라이브러리들을 사용하면 빠르게 데이터 시각화를 구현할 수 있다.
- 기초 라이브러리인 D3.js의 기능을 그대로 이용할 수 있어 데이터를 읽어들이는 것도 매우 손쉽게 할 수 있다. 상황에 맞춰 이 라이브러리들을 유용하게 사용하도록 한다.

윈도우나 Mac OS X에 개발 환경 구축

이 책에서는 가상 머신 위에 CentOS를 설치하고 개발 환경을 구축하는 방법을 소개했다. 여기서는 윈도우나 Mac OS X에 개발 환경을 구축하는 방법을 간단히 소개하겠다.

Node.js 설치

Node.js의 웹사이트에 방문해 보면 각 OS용 설치 파일이 제공되고 있다. 설치 파일을 이용해 Node.js를 설치할 수 있다.

▲ 녹색 버튼을 누르면 설치 파일을 내려받게 된다.

```
* Node.js의 웹사이트
http://nodejs.org/
```

윈도우의 경우*

웹 페이지로부터 설치 파일을 내려받는다. 설치 파일을 더블클릭한 후 안내에 따라 설치를 완료한다.[1]

Mac OS X의 경우

윈도우처럼 설치 파일을 사용할 수 있다. 또한, 패키지 매니저인 Homebrew을 사용해 설치할 수도 있다. 이 책에서는 다양한 command line tool을 이용한다. 이를 위해 Mac OS X 환경에 각종 개발 도구를 준비해 두도록 하자. 먼저, Mac OS X에 Xcode 및 command line tool을 설치

---

1 참고로 윈도우에서 Node.js 모듈을 설치할 때, 소스 코드로부터 바이너리를 컴파일해야 하는 경우에는 Python이나 윈도우의 SDK가 필요할 수 있다. 예를 들어, SQLite3의 모듈을 설치할 때 에러가 발생하면 Python을 설치하고, 다음 링크에서 SDK를 다운받아 설치하도록 한다.
https://www.visualstudio.com/products/free-developer-offers-vs.aspx

한다. 다음과 같이 Mac의 앱스토어로부터 Xcode를 찾아 설치한다.

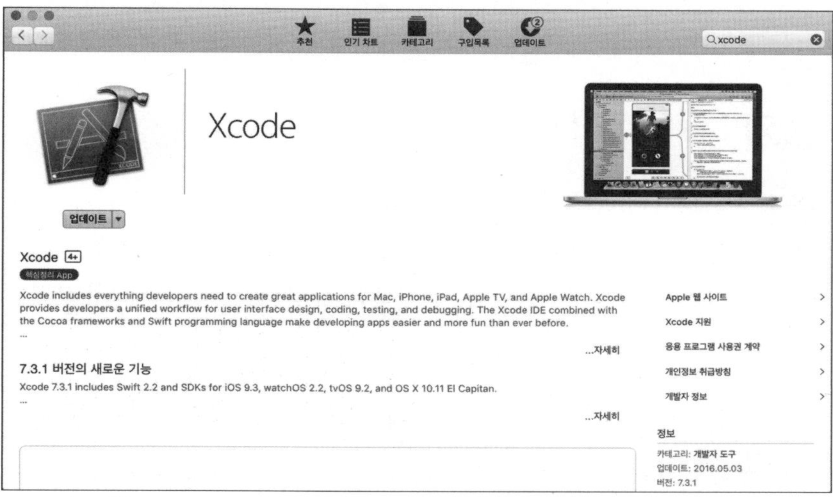

▲ **xcode 설치**

이어서 터미널 앱을 시작하여 다음 명령어를 실행하여 Command Line Tools를 설치한다.

```
xcode-select --install
```

그 뒤 터미널에서 다음 명령어를 실행해 Homebrew를 설치한다. 이 명령어는 Homebrew의 웹 사이트에서 복사하여 붙이기(copy&paste)할 수 있다.

```
$ ruby -e "$(curl -fsSL https://raw.githubusercontent.com/Homebrew/install/
master/install)"
```

```
Homebrew(한국어) 웹사이트
http://brew.sh/index_ko.html
```

Homebrew가 설치되면 Node.js를 설치하기 위해 터미널에서 다음 명령어를 실행한다.

```
$ brew install node
```

Rhino 설치

Rhino 실행 엔진은 Java SE6부터 표준으로 Java에 탑재되어 있으나, Mozilla의 공식 페이지에서 최신 버전을 구할 수 있다. 더욱 유연한 구문을 기술하는 것이 가능하다. 이 책 집필 시점의 최신 버전은 Rhino 1.7R5(2015-01-29)이다. 다음 사이트로부터 내려받는다. Rhino의 본체는 압축 파일에 포함된 js.JAR 파일이다.

```
Rhino download archive
https://developer.mozilla.org/en-US/docs/Mozilla/Projects/Rhino/Download_Rhino
```

Rhino를 동작시키기 위해서는 Java 런타임이 필요하다. 설치되어 있지 않다면, 다음 사이트에서 내려받아 설치하도록 한다.

```
Java 사이트
http://java.com/ko/
```

윈도우의 경우

윈도우에서는 Rhino를 손쉽게 실행할 수 있도록 다음과 같은 배치(batch) 파일을 준비해 두면 편리하다. 이 책에서는 이 배치 파일이 환경 변수에 등록된 경로에 놓여 있다고 전제한다.

File src/App/rhino.bat

```
java ^
  -cp "c:/bin/*" ^
  org.mozilla.javascript.tools.shell.Main %*
```

위에서 내려받은 Rhino 본체인 js.jar와 rhino.bat을 C 드라이브 바로 밑 c:/bin에 복사한다.

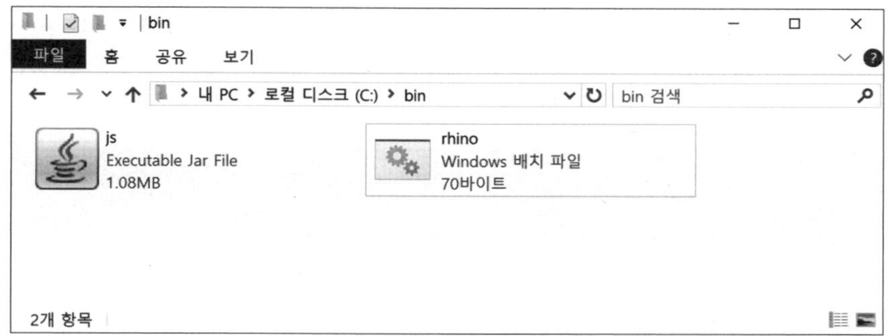

▲ batch 파일과 JAR 파일 복사

그리고 환경 변수를 설정하는 방법은 다음과 같다. 먼저, 명령 프롬프트를 관리자 권한으로 실행한다. 그렇게 하려면 시작 메뉴의 명령 프롬프트 아이콘을 마우스 오른쪽 버튼을 클릭하여 '관리자 권한으로 실행'을 선택한다. 사용자 계정의 확인 다이얼로그가 나오면 '예'를 선택한다.

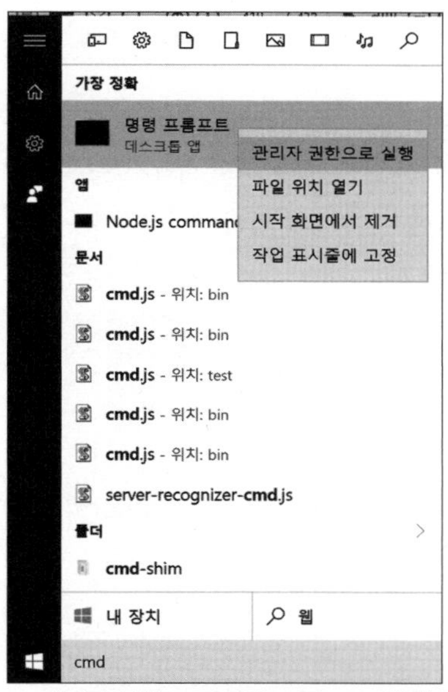

▲ 관리자 권한으로 명령 프롬프트 실행(Window10 이미지)

이어서 다음 명령어를 실행한다. 이것으로 bin 폴더가 환경 변수에 등록된다.

```
> SETX /M PATH "%PATH%;c:\bin"
```

이상으로 설치가 완료되었다. 잘 설치되었는지 확인해 보자. 다음 프로그램을 실행하면 Rhino 명령어가 실행된 후 11이 표시된다.

```
> rhino -e "print(3 + 8)"
11
```

Mac OS X의 경우

Mac OS X에서는 Homebrew를 이용해 Rhino를 설치할 수 있다.

```
$ brew install rhino
```

Nashorn 설치

Nashorn은 Java8 이후의 JRE(자바 실행 엔진) 혹은 JDK(자바 개발 도구)에 포함되어 있다. 자바 사이트로부터 최신 버전의 자바를 내려받아 설치하면 그 안에 포함되어 있다.

```
자바 사이트
http://java.com/ko/
```

JRE/JDK가 설치된 경로의 bin 디렉터리 밑에 jjs라는 실행 파일이 있다. 이것이 Nashorn의 실행 파일이다.

윈도우의 경우

윈도우에서는 Program Files 폴더 밑의 Java/jre***/bin 폴더에 있는 jjs.exe가 Nashorn의 본체다. jjs.exe를 실행하기 위해서는 이 폴더를 환경 변수 PATH에 추가해야 한다.

PATH를 추가하기 위해서는 Rhino에서와 같은 방법으로 관리자 권한으로 명령 프롬프트를 실행하여 SETX 명령어로 PATH에 추가한다. 혹은, 제어판의 '시스템 및 보안 ➡ 시스템 ➡ 고급 시스템 설정 ➡ 환경 변수'를 통해 환경 변수를 설정할 수도 있다. PATH 항목을 찾아 편집 버튼을 누르고 bin 폴더를 PATH에 추가한다.

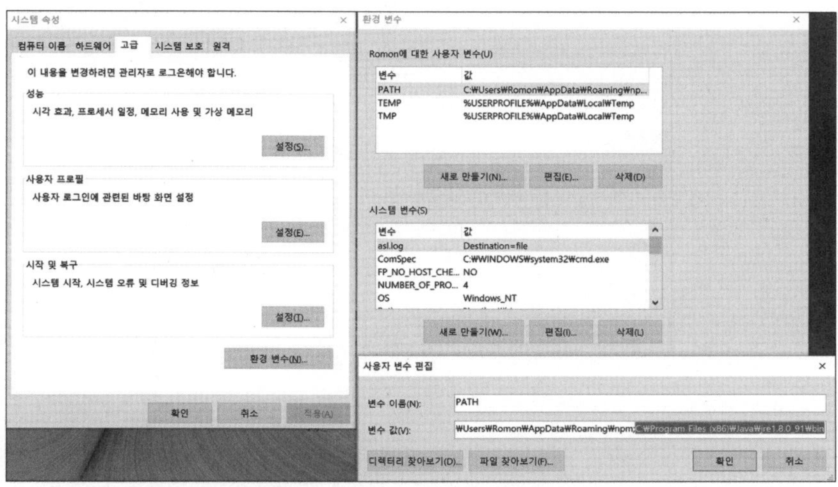

▲ 환경 변수 PATH에 bin 폴더를 추가한다(Window10 이미지).

Mac OS X의 경우

Mac OS X에서는 자바 홈 디렉터리 밑의 bin/jjs가 Nashorn의 실행 파일이다. 자바 홈 디렉터리를 확인하려면 터미널에서 다음과 같은 명령어를 실행한다.

```
$ /usr/libexec/java_home
```

위 명령어를 실행하면, 필자의 OS X에서는 Library/Java 디렉터리 아래로 Path가 표시된다. 이 실행 결과는 환경에 따라 다를 수 있다.

```
/Library/Java/JavaVirtualMachines/jdk1.8.0_25.jdk/Contents/Home
```

여기서 다음과 같이 심벌릭 링크를 해놓으면 손쉽게 Nashorn(jj명령어)을 실행할 수 있다.

```
$ ln -s `/usr/libexec/java_home`/bin/jjs /usr/local/bin/jjs
```

부록 2

HTML/XML의 PATH 파싱을 간단하게 수행

웹사이트로부터 내려받은 HTML이나 XML 데이터로부터 임의의 값을 쉽게 취득할 수 있게 도와주는 라이브러리가 있다. 바로 cheerio 모듈이다. 2장에서도 소개하였으나, 여기서는 조금 더 자세한 사용 방법을 소개한다.

cheerio와 cheerio-httpcli에 관하여

cheerio 모듈을 사용하면 HTML/XML 데이터에 대해 jQuery처럼 임의의 요소를 획득하여 조작할 수 있다. 이것을 이용한 모듈이 cheerio-httpchli다. 이것은 cheerio에 웹 페이지 취득 기능을 추가한 것이다. 단지 페이지를 취득하는 것뿐 아니라 번거로운 문자 코드의 변환까지 자동으로 처리해 준다.

그래서 웹 페이지를 취득하는 경우에는 cheerio-httpcli 모듈을 사용하고, 웹 API 등으로 이미 취득한 데이터에서 임의의 데이터를 가져오는 경우에는 cheerio 모듈을 사용한다.

cheerio-httpcli 모듈에 관해서는 이미 2장에서 소개했으므로 여기서는 cheerio 모듈의 사용 방법에 관해 자세히 살펴보자.

기본적인 사용 방법

cheerio 모듈은 npm 명령어를 통해 설치할 수 있다.

```
$ npm install cheerio
```

XML 데이터로부터 책의 제목 일람을 표시해 보자.

File src/App/01-cheerio/xml-title-list.js

```
// 모듈을 로드함
var cheerio = require('cheerio');

// 샘플 XML 데이터
var xml = "<books>" +
  "<book><title>사과의 산</title><author>송중기</author></book>" +
  "<book><title>귤의 노래</title><author>김수현</author></book>" +
  "<book><title>바나나의 언덕</title><author>배용준</author></book>" +
  "</books>";

// cheerio를 통해 XML 데이터를 읽음 ——※1
$ = cheerio.load(xml);

// 책의 제목 일람을 표시 ——※2
```

```
$("title").each(function(i, e) {
  var title = $(e).text();
  console.log(title);
});
```

프로그램을 실행하려면 command line에서 다음 명령어를 입력한다.

```
$ node xml-title-list.js
사과의 산
귤의 노래
바나나의 언덕
```

프로그램의 ※1과 같이 load() 메소드로 XML을 읽어들인다. 그리고 ※2처럼 $("title")로 <title> 태그의 일람을 취득한다. each() 메소드는 취득한 요소의 각각에 대해 처리를 수행할 때 사용한다. 즉, <title> 태그를 열거하고, 각각의 요소에 대해 텍스트 부분을 잘라 내어 콘솔에 출력하는 동작을 수행한다.

또한, 열거한 요소에 대해 text() 메소드를 호출하여 텍스트를 취득한다. 이때 유념해야 할 점이 each() 메소드의 인자로 주어지는 객체 변수 e 자체에는 text() 메소드가 없다는 점이다. 따라서 $() 메소드를 사용하여 $(e).text()라고 기술해야 한다.

```
$("title").each(function(i, e) {
  console.log(e.text()); // ← 에러
  console.log($(e).text()); // ← OK
});
```

취득한 요소의 자식 요소 검색하기

지금부터는 여러 가지 프로그램을 작성하여 동작을 검증해 보자. 샘플로서 다음과 같은 내용의 XML 파일을 test.xml이라는 이름으로 저장한다.

File src/App/01-cheerio/test.xml

```
<books>
  <book id="b1000">
    <title> 사과의 산 </title>
    <author> 송중기</author>
    <price value="1500"/>
    <options>
      <color>red</color>
    </options>
  </book>
  <book id="b1001">
    <title> 귤의 노래 </title>
    <author> 김수현</author>
    <price value="1800"/>
    <options>
      <color>orange</color>
    </options>
  </book>
  <book id="b1002">
    <title> 바나나의 언덕 </title>
    <author> 배용준 </author>
    <price value="2400"/>
    <options>
      <color>yellow</color>
    </options>
  </book>
</books>
```

이 XML에서 제목, 저자를 취득하는 프로그램은 다음과 같다.

File src/App/01-cheerio/show-books.js

```
// 모듈 로드
var cheerio = require('cheerio');
var fs = require('fs');

// 샘플 XML을 cheerio로 읽어들임
var xml = fs.readFileSync("test.xml", "utf-8");
$ = cheerio.load(xml);

// 책의 정보를 표시
$("book").each(function(i, e) {
  // <book> 태그의 자식 요소로부터 값을 취득 ——※1
  var title = $(e).children('title').text();
  var author = $(e).children('author').text();
  console.log(title + " - " + author);
});
```

Command line에서 프로그램을 실행해 보자

```
$ node show-books.js
사과의 산 - 송중기
귤의 노래 - 김수현
바나나의 언덕 - 배용준
```

포인트가 되는 부분은 프로그램의 ※1부분으로, children() 메소드를 사용하여 <book> 요소의 자식 요소를 다루고 있다.

속성 값 가져오기

다음으로 태그의 속성 값을 가져오는 방법을 소개한다.

File src/App/01-cheerio/show-books-price.js

```
// 모듈 로드
var cheerio = require('cheerio');
var fs = require('fs');

// 샘플 XML을 cheerio로 읽어들임
var xml = fs.readFileSync("test.xml", "utf-8");
$ = cheerio.load(xml);

// 책의 ID와 가격을 표시
$("book").each(function(i, e) {
  // ID 속성 취득 ──※1
  var id = $(e).attr("id");
  // <price> 태그의 value 속성 취득 ──※2
  var price = $(e).children("price").attr("value");
  console.log(id + ":" + price);
});
```

프로그램을 실행하면 다음과 같은 결과가 출력된다.

```
$ node show-books-price.js
b1000 : 1500
b1001 : 1800
b1002 : 2400
```

cheerio로 태그의 속성 값을 얻기 위해서는 attr() 메소드를 사용한다. 프로그램의 ※1에서 attr("id")를 통해 id 속성을 취득하고 있다. ※2에서는 자식 요소 <price> 태그의 value 속성을 취득하고 있다.

자식 요소 밑의 태그 검색하기

그러면 취득한 요소의 자식 요소의 자식 요소, 즉 손자 요소에 해당하는 태그를 추출하고 싶을 때는 어떻게 하면 될까? children() 메소드는 자식 요소만 가져오므로 손자 요소를 검색 대상으로 하고 싶을 때는 find() 메소드를 사용해야 한다. 다음 프로그램에서는 book ➡ options ➡ color라는 손자 요소의 값을 가져온다.

File src/App/01-cheerio/show-book-color.js

```
// 모듈 로드
var cheerio = require('cheerio');
var fs = require('fs');

// 샘플 XML을 cheerio로 읽어들임
var xml = fs.readFileSync("test.xml", "utf-8");
$ = cheerio.load(xml);

// 책의 제목과 색을 표시
$("book").each(function(i, e) {
  // 제목 표시
  var title = $(e).children("title").text();
  // 색 표시 ——※1
  var color = $(e).find("color").text();
  console.log(title + " - " + color);
});
```

프로그램을 실행해 보자. 손자 요소에 해당하는 color 태그의 값이 표시됨을 알 수 있다.

```
$ node show-book-color.js
사과의 산 - red
귤의 노래 - orange
바나나의 언덕 - yellow
```

프로그램의 ※1에서 손자 요소인 color 태그를 찾기 위해 find() 메소드를 사용하고 있다.

테이블 내의 정보 가져오기

이번에는 HTML의 <table> 태그 안에 있는 데이터를 가져오는 프로그램을 만들어 보자. 여기서는 다음과 같은 HTML 파일을 대상으로 한다.

File src/App/01-cheerio/table.html

```
<!DOCTYPE html>
<html><body>
<table id="tbl">
  <tr><th>상품명</th><th>가격</th></tr>
  <tr><td>양파</td><td>220</td></tr>
  <tr><td>감자</td><td>140</td></tr>
  <tr><td>무</td><td>190</td></tr>
</table>
</body></html>
```

이 파일의 테이블을 해석하여 데이터를 가져오도록 하자.

File src/App/01-cheerio/read_table.js

```
// 모듈 로드
var cheerio = require('cheerio');
var fs = require('fs');

// 파일을 cheerio로 읽어들임
var html= fs.readFileSync("table.html", "utf-8");
$ = cheerio.load(html);

// 테이블 취득
var data = readTable("#tbl");
console.log(data);

// 테이블의 전체 셀을 읽음
function readTable(query) {
  var data = [];
  var table = $(query);
  var tr_list = $(table).children("tr");
  for (var i = 0; i < tr_list.length; i++) {
    var cells = tr_list.eq(i).children();
    var cols = [];
    for (var j = 0; j < cells.length; j++) {
      var v = cells.eq(j).text();
      cols.push(v);
    }
    data.push(cols);
  }
```

```
  return data;
}
```

Command line에 다음과 같이 입력하여 프로그램을 실행해 보자.

```
$ node read-table.js
[ [ '상품명', '가격' ],
  ['양파', '220'],
  ['감자', '140'],
  ['무', '190'] ]
```

readTable() 함수가 테이블을 읽어들이는 부분이다. table 태그를 읽어들여 2차원 배열 변수로 반환한다.

children() 메소드의 결과 값은 여러 개의 요소를 가지며, length 메소드를 통해 그 개수를 확인할 수 있다. 그리고 for 구문을 length만큼 돌려 eq() 메소드를 통해 지정된 순서로 요소를 취득하고 있다.

cheerio 마무리

이처럼 cheerio를 사용하면 HTML/XML의 요소를 손쉽게 취득할 수 있다. 익숙해지면 매우 편리하다. GitHub의 cheerio 페이지에는 각 메소드에 대한 매뉴얼이 있으니 참고하자.

```
GitHub > cheerio
https://github.com/cheeriojs/cheerio
```

진솔한 서평을 올려주세요!

이 책이나 이미 읽은 제이펍의 다른 책이 있다면, 책의 장단점을 잘 보여주는 솔직한 서평을 올려주세요.
매월 다섯 분을 선별하여 원하시는 제이펍 도서 1부씩을 선물해드리겠습니다.

- **서평 이벤트 참여 방법**
  - 제이펍의 책을 읽고 자신의 블로그나 인터넷 서점에 서평을 올린다.
  - 서평이 작성된 URL을 적어 아래의 계정으로 메일을 보낸다.
    review.jpub@gmail.com

- **서평 당선자 발표**
  매월 첫 주 제이펍 홈페이지(**www.jpub.kr**) 및 페이스북(**www.facebook.com/jeipub**)에 공지하고 당선된 분에게는 개별 연락을 드리겠습니다.

독자 여러분의 응원과 질타를 통해 더 나은 책을 만들 수 있도록 최선을 다하겠습니다.

찾아보기